Rainer Gröbel
Tanja Jacquemin
Norbert Winkeljohann (Hrsg.)

Corporate Responsibility

Mitbestimmte Aufsichtsratsarbeit im nachhaltigen Unternehmen

Rainer Gröbel
Tanja Jacquemin
Norbert Winkeljohann (Hrsg.)

Corporate Responsibility

Mitbestimmte Aufsichtsratsarbeit im nachhaltigen Unternehmen

Unter Mitarbeit von
Ruben Armbruster, Tobias Söchtig,
Dr. Willy Wirth und Hannah Zoller

BUND
VERLAG

Bibliografische Information der Deutschen Nationalbibliothek
Die Deutsche Nationalbibliothek verzeichnet diese Publikation in der Deutschen Nationalbibliografie; detaillierte bibliografische Daten sind im Internet über *http://dnb.d-nb.de* abrufbar.

Umschlag: Werbeagentur Zimmermann, Frankfurt am Main
Satz: Dörlemann Satz, Lemförde
Druck: CPI books GmbH, Birkstr. 10, 25917 Leck

ISBN 978-3-7663-7313-7

www.bund-verlag.de

Aufsichtsratsarbeit im nachhaltigen Unternehmen

Deutschland steht vor einem Generationenprojekt – dem digitalen, demografischen und ökologischen Wandel. Es wird die größte Transformation für unser Land seit dem Wiederaufbau der Nachkriegsjahre und der Deutschen Einheit. Nicht nur die Politik ist hier gefordert, sondern alle Akteure der Sozialen Marktwirtschaft. Gerade für Unternehmen wird es immer wichtiger, nachhaltige Antworten auf die großen Entwicklungen dieses Jahrzehnts zu finden.
Ganz besonders zeigt sich das heute schon am Arbeitsmarkt. Dabei wird immer deutlicher: Die Personalfrage wird für Unternehmen in Zukunft zur Existenzfrage. Berufsbilder und Qualifikationsprofile verändern sich in rasantem Tempo. Nur mit gut ausgebildeten Beschäftigten können Unternehmen den Strukturwandel zum Erfolg führen. Fachkräftesicherung ist für die Unternehmen deshalb Wachstumssicherung – und gleichzeitig Voraussetzung für den Wohlstand und die soziale Sicherheit der Zukunft.
Es braucht daher eine Veränderung der Unternehmens- und Arbeitskultur, um Fachkräfte auszubilden, zu qualifizieren und an das eigene Unternehmen zu binden, denn der Arbeitsmarkt reagiert längst auf die Umkehrung von Angebot und Nachfrage: Wo noch vor kurzem ein Mangel an Arbeitsplätzen herrschte, ist längst der Mangel an Arbeitskräften zu einem zentralen Problem für den Standort Deutschland geworden. Viele Arbeitnehmerinnen und Arbeitnehmer können es sich schon jetzt aussuchen, wo und vor allem wie sie arbeiten wollen. Vier Faktoren sind dabei entscheidend:

1) Gute Arbeitsbedingungen
Im Mittelpunkt stehen Fragen der Vereinbarkeit von Beruf- und Privatleben, flexible Arbeitszeitmodelle, aber auch das Thema faire Bezahlung. Der Dreh- und Angelpunkt guter Arbeitsbedingungen sind faire Tarifverträge und Betriebsvereinbarungen. Deshalb ist die Sozialpartnerschaft im Strukturwandel so wichtig.

2) Ein gutes Betriebsklima
Arbeit ist mehr als Broterwerb. Der Arbeitsplatz ist über Jahrzehnte ein Mittelpunkt in unserem Alltag. Kollegialität, Wertschätzung, eine gute Feedback- und

Fehlerkultur, echtes Teamwork und gute berufliche Entwicklungsmöglichkeiten sind für Mitarbeiterinnen und Mitarbeiter zentrale Faktoren bei der Jobauswahl.

3) Qualifizierung
Aus- und Weiterbildung sind der beste Schutz vor Arbeitslosigkeit im Strukturwandel und zentral für das Thema Fachkräftesicherung. Wir werden deshalb die berufliche Ausbildung mit einer Ausbildungsgarantie stärken. Außerdem ermöglichen wir mit der Bildungszeit mehr Selbstbestimmung bei der Karriereplanung. Damit unterstützen wir auch eine Umorientierung hin zu den Jobs von morgen.
Und last, but not least

4) Mitbestimmung
Mitbestimmung sichert Arbeitnehmerinnen und Arbeitnehmern die Teilhabe an betrieblichen und unternehmerischen Planungen und Entscheidungen. Sie sorgt für ein faires Miteinander und die Einhaltung von Arbeitnehmerrechten. Für Arbeitnehmerinnen und Arbeitnehmer bedeutet das soziale Sicherheit, für die Unternehmen Stabilität und Planungssicherheit.
Die Transformation kann deshalb nur gelingen, wenn die Beschäftigten auf Augenhöhe eingebunden werden. Sie sollen mitreden können, wenn es um ihre Zukunft geht. Darum geht es bei der betrieblichen Mitbestimmung, aber gerade auch bei der Unternehmensmitbestimmung – der Mitarbeit der Beschäftigten im Aufsichtsrat großer Unternehmen. Sie sind primär am langfristigen Erfolg des Unternehmens, an der Sicherung und Schaffung von Arbeitsplätzen interessiert.
Wissenschaftliche Untersuchungen zeigen: Unternehmen mit Unternehmensmitbestimmung und betrieblicher Mitbestimmung sind besser in der Lage, Krisen und Transformation zu bewältigen. So waren mitbestimmte Unternehmen während der Wirtschafts- und Finanzkrise resilienter und haben sich anschließend auch schneller erholt. Außerdem fördert eine starke Unternehmensmitbestimmung höhere Investitionsquoten, was wiederum Ausdruck für eine langfristige und damit nachhaltige Unternehmensführung ist.
Gerade in der Transformation ist Mitbestimmung eine wichtige Voraussetzung für einen nachhaltigen Unternehmenserfolg: Sie ist mitentscheidend für die Motivation der Belegschaft und die Innovationsfähigkeit des Unternehmens. Deutschland ist ein Land ohne Bodenschätze, aber wir haben fleißige Hände und kluge Köpfe. Ein nachhaltiges Unternehmen investiert deshalb in seine wertvollste Ressource: seine Mitarbeiterinnen und Mitarbeiter.
Wir werden uns daher auch weiterhin für die Mitbestimmung einsetzen. Übrigens nicht nur bei uns im Land, sondern auch auf europäischer Ebene. Es ist nicht

hinnehmbar, wenn grenzüberschreitend tätige Konzerne Mitbestimmungsrechte aushebeln. Es muss selbstverständlich sein, dass hohe Umwelt- und Sozialstandards das Gütezeichen für Produkte und Dienstleistungen aus Deutschland sind. Dafür muss »Made in Germany« stehen, denn unseren wirtschaftlichen Erfolg verdanken wir ganz wesentlich einer besonderen Stärke: der konstruktiven Zusammenarbeit der Sozialpartner.

Hubertus Heil, MdB
Bundesminister für Arbeit und Soziales

Inhaltsverzeichnis

Abkürzungsverzeichnis

A	
Abb.	Abbildung
Abs.	Absatz
AG	Aktiengesellschaft
AI	Artificial Intelligence (Künstliche Intelligenz)
AktG	Aktiengesetz
Anm.	Anmerkung
Anm. d.Ü.	Anmerkung der Übersetzerin
ApS	*Anpartelsselskab* (dänische Gesellschaftsform)
Art.	Artikel
AEUV	Vertrag über die Arbeitsweise der Europäischen Union
AR	Aufsichtsrat
AR	Augmented Reality (erweiterte Realität)
ARUG II	Gesetz zur Umsetzung der zweiten Aktionärsrechterichtlinie
AT	Allgemeiner Teil
Aufl.	Auflage
AuR	Arbeit und Recht (Zeitschrift)
B	
B2B	Business to Business
BAG	Bundesarbeitsgericht
BAnz	Bundesanzeiger
BDA	Bundesvereinigung der deutschen Arbeitgeberverbände
BDI	Bundesverband der Deutschen Industrie e. V.
BFSFJ	Bundesministerium für Familie, Senioren, Frauen und Jugend
BGBl.	Bundesgesetzblatt
BGH	Bundesgerichtshof
BGHZ	Entscheidungssammlung des BGH
BilMoG	Bilanzrechtsmodernisierungsgesetz

BMZ	Bundesministerium für wirtschaftliche Zusammenarbeit und Entwicklung
BPM	Bundesverband der Personalmanager:innen
BSCI	Business Social Compliance Initiative
bspw.	beispielsweise
BT	Bundestag
BT-Drs.	Bundestags-Drucksache
B.V.	*Besloten Vennootschap* (niederländische Gesellschaftsform)
bzw.	beziehungsweise

C

ca.	circa
CDAX	deutscher Aktienindex
CDSB	Climate Disclosure Standards Board
CEO	Chief Executive Officer
CO_2	Kohlendioxid
COO	Chief Operating Officer
COP	Conference of the Parties
CR	Corporate Responsibility
CS	Corporate Sustainability
CSDDD	Corporate Sustainability Due Diligence Directive (EU-Wertschöpfungsketten-Richtlinie)
CSR	Corporate Social Responsibility
CSR-RUG	CSR-Richtlinien-Umsetzungsgesetz
CSR	Corporate Sustainability Reporting
CSRD	Corporate Sustainability Reporting Directive

D

DAAD	Deutscher Akademischer Austauschdienst
DAX	deutscher Aktienindex
DCGK	Deutscher Corporate Governance Kodex
DEI	*diversity, equity, inclusion*
DGB	Deutscher Gewerkschaftsbund
d. h.	das heißt
DM	Deutsche Mark
DNA	*deoxyribonucleic acid* (Desoxyribonukleinsäure, der Träger der Erbinformationen bei allen Lebewesen)
DRS	Deutscher Rechnungslegungsstandard
DRSC	Deutsches Rechnungslegungs Standards Committee e. V.
DSGVO	Datenschutz-Grundverordnung

E

ebd.	ebenda
EFRAG	European Financial Reporting Advisory Group
EG	Europäische Gemeinschaften
EGB	Europäischer Gewerkschaftsbund
Empf.	Empfehlung
eNPS	*employee* Net Promoter Score
ESEF	European Single Electronic Format (einheitliches elektronisches Berichtsformat)
ESG	Environmental Social Governance
ESMA	European Securities and Markets Authority (Europäische Wertpapier- und Marktaufsichtsbehörde)
ESRG	European Sustainability Reporting Guideline(s)
ESRS	European Sustainability Reporting Standard(s)
et al.	und andere
etc.	et cetera
EU	Europäische Union
EuGH	Europäischer Gerichtshof

F

f., ff.	folgende
FISG	Finanzmarktintegritätsstärkungsgesetz
FSB	Financial Stability Board
FüPoG	Führungspositionengesetz
FWF	Fair Wear Foundation

G

GBR	Gesamtbetriebsrat
ggf.	gegebenenfalls
GmbH	Gesellschaft mit beschränkter Haftung
GNDEW	Gesetz zum Neustart der Digitalisierung der Energiewende
GRI	Global Reporting Initiative

H

HDE	Handelsverband Deutschland – HDE e. V.
HGB	Handelsgesetzbuch
HLEG	EU High-Level Group on Sustainable Finance
HR	Human Resources
HRM	Human Resource Management

Hrsg.	Herausgeber
HSG	Universität St. Gallen

I

IAS	International Accounting Standards (Internationale Rechnungslegungsstandards)
IDW	Institut der Wirtschaftsprüfer
IFRS	International Financial Reporting Standards (Internationale Rechnungslegungsstandards)
IG	Industriegewerkschaft
IG BCE	Industriegewerkschaft Bergbau, Chemie und Energie
IKS	Internes Kontrollsystem
ILO	International Labour Organization
iMSys	Intelligente(s) Messsystem(e)
insb.	insbesondere
IOSCO	International Organization of Securities Commissions (Internationale Organisation der Wertpapieraufsichtsbehörden)
ISSB	International Sustainability Standards Board
i. S. v.	im Sinne von
IT	Informationstechnologie
i. V. m.	In Verbindung mit

J

Jg.	Jahrgang

K

Kap.	Kapitel
KG	Kommanditgesellschaft
KI	Künstliche Intelligenz
KIWW	KI Wissens- und Weiterbildungszentrum
KMU	kleine und mittelgroße Unternehmen
KPI	Key Performance Indicator
kW	Kilowatt
kWh	Kilowattstunde(n)

L

LkSG	Lieferkettensorgfaltspflichtengesetz
LNG	Liquid Natural Gas
LTI	Long Term Incentive (langfristiger Anreiz)
LUP	Langfristige Unternehmensplanung

M

M&A	Mergers & Acquisitions
MB-ix	Mitbestimmungsindex
M-DAX	deutscher Aktienindex
MgFSG	Gesetz über die Mitbestimmung der Arbeitnehmer bei grenzüberschreitendem Formwechsel und grenzüberschreitender Spaltung
Mio.	Million(en)
MIT	Mittelstands- und Wirtschaftsunion
mMe	Moderne Messeinrichtung(en)
MSI	Multi-Stakeholder-Initiative
MOT	Mensch-Organisation-Technik
Mrd.	Milliarde(n)
MTO	Mensch-Technik-Organisation

N

n. F.	neue Fassung
NFRD	Nonfinancial Reporting Directive
NGO	Non-Governmental Organization (Nichtregierungsorganisation)
NJW	Neue Juristische Wochenschrift
NPO	Non-Profit Organization
NPS	Net Promoter Score
Nr.	Nummer
NRW	Nordrhein-Westfalen
NZA	Neue Zeitschrift für Arbeitsrecht
NZG	Neue Zeitschrift für Gesellschaftsrecht

O

o. A.	ohne Angabe
OECD	Organisation for Economic Co-operation and Development (Organisation für wirtschaftliche Zusammenarbeit und Entwicklung)
o. g.	oben genannt
o.J.	ohne Jahresangabe

P

PCGK	Richtlinie guter Unternehmensführung – Public Corporate Governance Kodex der Stadt Frankfurt
Pkw	Personenkraftwagen

PR	Public Relations
PTF	Project Task Force (Projektarbeitsgruppe)

R

RBC	Responsible Business Conduct
RL	Richtlinie
RMS	Risikomanagementsystem
Rn.	Randnummer

S

S.	Seite
SBT	Scientific Based Targets
SASB	Sustainability Accounting Standards Board
SDG	Sustainable Development Goals
SE	Societas Europaea (Europäische (Aktien-)Gesellschaft)
SEBG	Gesetz über die Beteiligung der Arbeitnehmer in einer Europäischen Gesellschaft
SEC	Securities and Exchange Commission (US-amerikanische Börsenaufsichtsbehörde)
SFDR	Sustainable Finance Disclosure Regulation (EU-Offenlegungsverordnung, Verordnung (EU) 2019/2088)
SME	Small and medium-sized enterprises
SMGW	Smart Meter-Gateway
sog.	sogenannt
SOP	Start of Production
SR	Sustainability Reporting (Nachhaltigkeitsberichterstattung)
SSAF	Sustainability Standards Advisory Forum
STI	Short Term Incentive (kurzfristiger Anreiz)

T

TCFD	Task Force on Climate-related Financial Disclosures
TEG	Technical Expert Group on Sustainable Finance
TOM	Technik-Organisation-Mensch
TRWG	Technical Readiness Working Group

U

u. a.	unter anderem
u. a.m.	und andere mehr
UK	United Kingdom (Vereinigtes Königreich)
UN	United Nations (Vereinte Nationen)

UNGC	UN Global Compact
US, U.S. und USA	United States (of America) (Vereinigte Staaten von Amerika)
USP	Unique Selling Proposition (Alleinstellungsmerkmal)
usw.	und so weiter

V

vbw	Vereinigung der bayerischen Wirtschaft
vgl.	vergleiche
VRF	Value Reporting Foundation
vs.	versus (gegen(über))
VUKA	Volatilität, Unsicherheit, Komplexität, Ambiguität

W

WBCSD	World Business Council for Sustainable Development
WEF	World Economic Forum (Weltwirtschaftsforum)
WoB	Women-on-Board
WPg	Die Wirtschaftsprüfung (Zeitschrift)
WTO	World Trade Organization

Z

z. B.	zum Beispiel
z. T.	Zum Teil
ZGR	Zeitschrift für Unternehmens- und Gesellschaftsrecht
Z. Arb. Wiss.	Zeitschrift für Arbeitswissenschaft

Rainer Gröbel, Tanja Jacquemin & Norbert Winkeljohann

Einleitung: Corporate Responsibility – Mitbestimmte Aufsichtsratsarbeit im nachhaltigen Unternehmen

Der strukturelle und ökologische Wandel hat Wirtschaft und Unternehmen fest im Griff. Stetig wachsen die Anforderungen an eine nachhaltige Unternehmensgestaltung, und neue Erwartungen werden seitens der Beschäftigten, Investoren, Kund:innen und nicht zuletzt seitens des Gesetzgebers formuliert. Aufsichtsräte müssen schnell reagieren und können sich meist nur unzureichend mit unternehmensstrategischen Fragen befassen. Doch gute Aufsichtsratsarbeit nimmt neben aktuellen Herausforderungen auch ihre langfristigen Auswirkungen auf verschiedene Stakeholder und Unternehmensbereiche in den Blick. Sie reagiert nicht nur auf Veränderungen, sondern antizipiert sie. Mit diesem Buch wollen wir zeigen, dass das trotz der gestiegenen Anforderungen möglich ist, und zugleich einen Einblick in die drängendsten Fragen von Strategie, Personal, Finanzierung, Standortpolitik und Governance geben.
Unter Corporate Responsibility verstehen wir die verantwortungsbewusste und zugleich langfristige Ausrichtung der Unternehmenspolitik. Neben einer rein ökonomischen Zielsetzung braucht es die Einbeziehung von ökologischen, sozialen und Governance-Zielen – wie es der unter Investoren inzwischen weit verbreitete ESG-Ansatz (Environment, Social, Governance) vorsieht. Vorangeschritten ist die Abkehr vom mittlerweile umstrittenen Shareholder-Value-Ansatz, der geprägt war vom neoliberalen Denken Milton Friedmans, hin zu einem Stakeholder-Ansatz mit einer mittel- und langfristigen Zielperspektive. Die langfristige Entwicklungsfähigkeit des Unternehmens steht nunmehr im Vordergrund, nicht die kurzfristige Gewinnmaximierung.
An der Ausrichtung der Unternehmensziele an ESG-Kriterien wird schon bald keine Unternehmensstrategie mehr vorbeikommen. Das beinhaltet vor allem die Entwicklung von Produkten und Prozessen, die neben der ökonomischen Betrachtung zunehmend im Einklang mit den ökologischen Notwendigkeiten stehen müssen, sowie die Berücksichtigung der langfristigen Interessen der Beschäftigten am Erhalt und der Fortentwicklung ihrer Arbeitsplätze zu fairen und wertschätzenden Bedingungen (im besten Fall über Tarifverträge abgesichert). Auch wenn aktuell viele Krisen die Unternehmenspolitik von außen herausfordern (Ukraine-Krieg, Coronapandemie), wird die Konkretisierung einer

nachhaltigen und an sozialen sowie ökologischen Zielen ausgerichteten Unternehmenspolitik branchenübergreifend voranschreiten. Ziele sollten konkret messbar sein, sodass sie in die Vergütungsstruktur der obersten Führungskräfte einbezogen werden können.
Ein Festhalten an klassischen Vergütungssystemen verlangsamt eine nachhaltige Transformation. Nicht mehr die billigste Produktionsstätte oder der preiswerteste Zulieferer sind das Maß aller Dinge. Neben der Kostenbetrachtung müssen auch die Zuverlässigkeit von Lieferketten, politische Instabilitäten im weltweiten Warenaustausch, die Verfügbarkeit von Fach- und Führungskräften, die ökologischen Bedingungen und faire Arbeitsbedingungen (so auch das Einhalten des Verbots von Kinderarbeit) in der Vergütung berücksichtigt werden.
Die Begleitung bei der Entwicklung konkreter nachhaltiger Unternehmensziele und die Überwachung deren Umsetzung sind vorrangige Aufgaben des Aufsichtsrats in der heutigen Zeit. Dies kann nur in einer engen Zusammenarbeit mit der Unternehmensleitung erfolgen. Insbesondere die Zusammensetzung des Aufsichtsrats in der deutschen Mitbestimmung kann hier zu einem entscheidenden Vorteil werden. Aktuelle Studien auf Basis des Mitbestimmungsindexes der Hans-Böckler-Stiftung zeigen, dass mitbestimmte Aufsichtsräte zu Wettbewerbsvorteilen und besserer Corporate Governance beitragen (Campagna et al., 2020; Eulerich & Fligge, 2020).
Bei der Entwicklung strategischer Ziele und deren Überwachung hat sich die Zusammensetzung aus Kapital- und Arbeitnehmervertreter:innen im Aufsichtsrat als besondere Stärke erwiesen. Die unterschiedlichen Erfahrungen und Einblicke in das Unternehmen und sein Umfeld gehen in die Analyse und Bewertung mit ein. Insbesondere in Krisenzeiten und Umbauprozessen wie der digitalen und industriellen Transformation dient die Mitbestimmung als Stabilisierungsanker. Dies liegt auch daran, dass alle Interessengruppen im Unternehmen einbezogen sind. Erforderlich sind aber auch eine bänke-übergreifende Zusammenarbeit und eine systematische Schulung der Aufsichtsratsmitglieder. Denn diese Arbeit hat deutlich an Komplexität gewonnen und erfordert einen ganzheitlichen Blick auf Unternehmensentwicklung, Führung und ESG-Ziele. Das bedeutet, dass neben den betriebswirtschaftlichen und finanziellen Kompetenzen auch die Fähigkeit gefordert ist, strategische und zukunftsgerichtete Fragestellungen offen zu reflektieren.
Dieses Buch soll eine Hilfestellung bieten, dem Thema Unternehmensverantwortung vor dem Hintergrund der veränderten Anforderungen im Aufsichtsrat zu begegnen. Der einstige Schwerpunkt auf die Unternehmenskontrolle hat sich deutlich erweitert hin zu einer proaktiven beratenden Rolle bei der Entwicklung der Unternehmensstrategie sowie der Überwachung ihrer Umsetzung. Es gibt viele Beispiele, wie durch fehlende Aufsichtsratsarbeit gravierende Fehlentwick-

lungen zu Lasten der Anteilseigner:innen, der Beschäftigten und der Gesellschaft entstehen konnten.

Uns kam es darauf an, unterschiedliche und auch kontroverse Sichtweisen zu berücksichtigen. Dazu haben wir uns für eine Betrachtung jedes der Schwerpunktthemen aus drei Perspektiven entschieden. Einleitend wird das jeweilige Thema mit seinen Nachhaltigkeitsanforderungen wissenschaftlich kontextualisiert, das heißt nach aktuellem Stand der Wissenschaft eingeordnet und hinsichtlich der ESG-Kriterien analysiert. Dem folgt ein Beitrag aus Sicht der Kapitalseite. Abgeschlossen werden die Themenschwerpunkte mit einer fachlichen Einordnung von Aufsichtsratsmitgliedern der Arbeitnehmerseite. Zum besseren Verständnis von bestimmten Begriffen, Institutionen und Handlungsansätzen beinhalten einige Kapitel zudem Exkurse. Über diesen Dreiklang verfolgen wir das Ziel, möglichst umfassend Perspektiven auf die Themenschwerpunkte sowie die Praxis der Aufsichtsratsarbeit aufzuzeigen.

Das einleitende Kapitel *Corporate Responsibility – Mitbestimmte Aufsichtsratsarbeit im nachhaltigen Unternehmen* verschafft einen Überblick über die wichtigsten Verordnungen und rechtlichen Grundlagen im Zusammenhang mit dem Europäischen Green Deal und formuliert Anforderungen an die Nachhaltigkeitsberichterstattung. Beiträge aus Kapital- und Arbeitnehmersicht ordnen die neuen rechtlichen Rahmenbedingungen anschließend ein.

Im zweiten Kapitel wird das Thema *Strategie* wissenschaftlich wie kapital- und arbeitnehmerseitig beleuchtet. Im Vordergrund stehen dabei Produkt- und Prozessinnovationen als Ergebnis der Anforderungen an die Nachhaltigkeit bzw. Resilienz des Unternehmens. Einen besonderen Fokus richten wir auf den Industriezweig Automotive, der von der digitalen und industriellen Transformation besonders getroffen wurde, da ganze Geschäftsmodelle grundsätzlich zur Disposition stehen.

Wie sich der Druck zur nachhaltigen Ausrichtung auf die Unternehmensbereiche Corporate Governance und Finanzierung auswirkt, wird anhand der chemischen bzw. Pharmaindustrie im dritten Kapitel *Corporate Governance und Finanzierung* diskutiert. Die EU-Taxonomie führte in den letzten Jahren zu verschiedenen Richtlinien, innerhalb derer Unternehmen agieren müssen. Besonders zu nennen sind die Corporate Sustainability Due Diligence Directive (CSDDD) und die Corporate Sustainability Reporting Directive (CSRD). Daraus resultierende Verpflichtungen werden in diesem Kapitel aus Sicht von Wissenschaft, Kapital- und Arbeitnehmerseite dargelegt.

Das vierte Kapitel *Standorte, Liefer- und Wertschöpfungsketten* diskutiert Nachhaltigkeitserwartungen an Standorte, Liefer- und Wertschöpfungsketten mit einem Fokus auf die Textilindustrie. Die Diskussion um das Lieferkettensorgfaltspflichtengesetz (LkSG) führte innerhalb dieses Wirtschaftszweigs zu vielen Fragen über Standortentscheidungen und die Herstellung von Transparenz. Die

Beiträge dieses Kapitels nehmen das neue Gesetz sowie dessen Potenziale zur Verbesserung sozialer Nachhaltigkeit in den Blick. Ein Exkurs zu Labels zum Nachhaltigkeitsnachweis für Verbraucher:innen schließt dieses Kapitel ab.
Inwiefern die *Digitalisierung* und der gezielte Einsatz von *Künstlicher Intelligenz als Nachhaltigkeitsfaktor* in der Versorgungsdienstleitung eingesetzt werden kann, berichtet das fünfte Kapitel. Im Mittelpunkt der Diskussion aus Wissenschaft, Arbeitnehmer- und Kapitalseite stehen die Chancen, etwa zur Substitution monotoner und potenziell gesundheitsgefährdender Tätigkeiten, sowie die Risiken, beispielsweise individuelle Sorgen vor Arbeitsplatzverlust oder die Abwertung menschlicher Arbeit. Für Aufsichtsräte gilt es, die Sorgen der Beschäftigten im Blick zu behalten und zugleich notwendige transformative Prozesse anzustoßen und zu begleiten.
Die Aufsichtsratspraxis zeigt, dass Themen der Personalstrategie noch immer unzureichend im Aufsichtsrat diskutiert werden. Soziale Nachhaltigkeit bedeutet auch eine nachhaltige, strategische Personalplanung inklusive Sicherung und Ausbau der Kompetenzen der Beschäftigten. Im sechsten Kapitel *Strategische Personalarbeit für einen nachhaltigen Personal- und Führungskräfteaufbau* werden daher die Anforderungen an die Personalstrategie im Kontext von ökologischer, ökonomischer und sozialer Nachhaltigkeit gezeigt. Denn: Eine engere Abstimmung von Unternehmens- und Personalstrategie liegt im Einflussbereich des Aufsichtsrats. Im siebten Kapitel *Europäische Aufsichtsratsarbeit* erweitern wir den Fokus auf die grenzüberschreitende Zusammenarbeit in Europa.
Das letzte Kapitel *Der mitbestimmte Aufsichtsrat als wesentliche Säule im nachhaltigen Unternehmen* bildet zugleich das Fazit unseres Buches. Aus unserer Sicht ist der mitbestimmte Aufsichtsrat ein entscheidender Faktor und strategischer Vorteil für die nachhaltige und verantwortungsbewusste Ausrichtung des Unternehmens. Erst mit den Arbeitnehmervertreterinnen und -vertretern an Bord wird die Unternehmenspolitik nachdrücklich auf soziale Nachhaltigkeit und langfristige Zielvorstellungen ausgerichtet. Die Gründe werden im letzten Kapitel ausführlich beschrieben.

Quellenangaben

Campagna, S., Eulerich, M., Fligge, B., Scholz, R. & Vitols, S. (2020). Entwicklung der Wettbewerbsstrategien in deutschen börsennotierten Unternehmen. Der Einfluss der Mitbestimmung auf die strategische Ausrichtung und deren Performanz. Mitbestimmungsreport Nr. 57, 04/2020. Institut für Mitbestimmung und Unternehmensführung (I.M.U.) der Hans-Böckler-Stiftung, Düsseldorf.

Eulerich, M. & Fligge, B. (2020). Aggressive Berichterstattung in deutschen Unternehmen. Der Einfluss der Mitbestimmung auf die Ausnutzung von Bilanzierungs- und Steuergestaltungsspielräumen. Mitbestimmungsreport Nr. 62, 07/2020. Institut für Mitbestimmung und Unternehmensführung (I.M.U.) der Hans-Böckler-Stiftung, Düsseldorf.

I. Nachhaltigkeit im Unternehmen – Eine Herausforderung für Management und Mitbestimmung

Übersicht

Georg Lanfermann

Die Nachhaltigkeit von Unternehmen: Berichterstattung als Wegbereiter für die Transformation

Inhalt

1. Transformation als umfassende Herausforderung für die Europäische Union

Mit der Vorstellung des »Europäischen Grünen Deals« (siehe dazu Europäische Kommission 2019) unterstrich Kommissionspräsidentin Ursula von der Leyen Ende 2019 die Ambition der Europäischen Union, die grundlegende Transformation des EU-Binnenmarktes in Richtung Klimaneutralität energisch voranzutreiben. Neben der Zielsetzung des Pariser Klimaabkommens (BMZ o. J.), eine Klimaneutralität bis zum Jahre 2050 zu erreichen, sollten bereits im Jahre 2030 die CO_2-Emissionen erheblich reduziert werden. Im gleichen Atemzug wurden die angestrebten Klimaziele in eine grüne und nachhaltige Wachstumsstrategie eingebettet. Die notwendige Transformation soll zur Stärkung der Wettbewerbsfähigkeit der EU-Mitgliedstaaten beitragen, z. B. im Energie- und Transportsektor. Durch die neue Ausrichtung sind viele Politikbereiche betroffen und die Europäische Kommission startete eine Vielzahl neuer gesetzgeberischer Initiativen wie insb. das Maßnahmenpaket »Fit für 55: auf dem Weg zur Klimaneutralität – Umsetzung des EU-Klimaziels für 2030« (Europäische Kommission 2021a).
Der Europäische Grüne Deal behandelte fünfzig konkrete Maßnahmenfelder, deren Einzelheiten binnen kurzer Frist weiter ausgearbeitet und umgesetzt werden sollten, was einen erheblichen Finanzierungsbedarf zur Folge hat. Sie reichen von der Energieversorgung, Verkehr, Handel, Industrie bis hin zu Land- und Forstwirtschaft. Durch die COVID-19-Krise entstand die dringende Notwendigkeit, mit einem europäischen Konjunkturprogramm NextGenerationEU die europäische Wirtschaft zu stützen (Europäische Kommission o. J.a). Das Konjunkturprogramm beläuft sich auf ein Finanzierungsvolumen von ca. 750 Mrd. EUR. Ein zentrales Element von NextGenerationEU war die Aufnahme von Fremdmitteln, die teils als Subventionen und teils als Kredite für Regionen und Wirtschaftssektoren zur Verfügung stehen sollen, die von COVID-19 schwer getroffen wurden. Maßgabe hierbei ist, dass die Investitionen zu einer grünen, digitalen und resilienten EU beitragen.
Das im Juli 2021 von der Europäischen Kommission veröffentlichte und im Juni 2022 von den EU-Mitgliedstaaten gebilligte Maßnahmenpaket »Fit für 55: auf dem Weg zur Klimaneutralität – Umsetzung des EU-Klimaziels für 2030« dient der Umsetzung des Europäischen Grünen Deals. Es enthält Entwürfe zu 12 Gesetzgebungsverfahren, die in der Folge behandelt, abgestimmt und erlassen werden sollen. Die EU soll bis 2050 klimaneutral werden. Bis 2030 sollen die Netto-Treibhausgasemissionen innerhalb der EU um mindestens 55 % gegenüber 1990 gesunken sein. Unternehmen müssen sich auf wesentliche Änderungen einstellen, die zum Beispiel die Ausweitung des EU-Emissionshandelssystems oder die Etablierung eines CO_2-Grenzausgleichssystems für energie- und

handelsintensive Sektoren betreffen. Das Paket umfasst auch vier Vorschläge für eine technologieneutrale Förderung saubererer Fahrzeuge und Kraftstoffe (z. B. Ladeinfrastruktur, Anpassung der CO_2-Flottengrenzwerte für Pkw). Der soziale Ausgleich in der EU als auch innerhalb der EU-Mitgliedstaaten wird ebenfalls hervorgehoben.
Die Europäische Kommission will zudem 30 % des ca. 750 Mrd. EUR umfassenden NextGenerationEU-Konjunkturpakets durch die Ausgabe von grünen Anleihen finanzieren (Europäische Kommission o. J.b), mit denen die Anleger sich direkt an der Finanzierung der Klimaprojekte beteiligen konnten. Mit der Ausgabe der Anleihen mittel- und langfristiger Laufzeit wird die EU zum mit Abstand größten Emittenten grüner Anleihen. Der Mobilisierung der Finanzmärkte für Zwecke der Finanzierung des grünen Transformationsprozesses kommt somit entscheidende Bedeutung zu, da hier über den Großteil der notwendigen Investitionen in der privaten Wirtschaft entschieden wird. Dieser Aspekt hatte bereits unter der vorherigen Junker-Kommission einen ersten bedeutenden Schub erhalten.

2. Aktionsplan: Finanzierung nachhaltigen Wachstums als Impuls für verstärkte Nachhaltigkeitsberichterstattung innerhalb der EU

In Anlehnung an entsprechende Gesetzgebung in Frankreich und auf Basis der Vorarbeiten einer Sachverständigengruppe hatte die Europäische Kommission im März 2018 einen »Aktionsplan: Finanzierung nachhaltigen Wachstums« (Europäische Kommission 2018) verkündet, der sukzessive weiterentwickelt wurde. Die im Aktionsplan enthaltenen zehn Maßnahmen wurden zügig in einer Reihe von EU-Gesetzgebungsverfahren umgesetzt, deren inhaltliche Verhandlungen bereits Ende 2019 weitestgehend abgeschlossen wurden. Vorrangiges Ziel war es, die für grüne Investitionen notwendige Infrastruktur zu schaffen. Die Regelungen reichen von der EU-weit einheitlichen Definition grüner Aktivitäten in Form einer EU-Taxonomie über die Schaffung eines EU Green Bond-Standards bis hin zu Transparenzpflichten von Finanzmarktteilnehmern und Finanzberatern bzw. Finanzprodukten sowie zur Berücksichtigung von Nachhaltigkeitsrisiken im Risikomanagement von Banken. Die Verhandlungen der entsprechenden EU-Gesetzgebung, insbesondere der EU-Taxonomie-Verordnung (Verordnung (EU) 2020/852) sowie der EU-Offenlegungs-Verordnung (Verordnung (EU) 2019/2088), wurden durch parallele Arbeiten einer von der Europäischen Kommission eingesetzten Sachverständigengruppe flankiert. Deren Berichte zur EU-

Taxonomie und drei weiteren Bereichen bildeten die Grundlage für detailliertere Vorgaben in Form von delegierten Rechtsakten, die ihrerseits auf den parallel verhandelten Basisrechtsakten fußen.

Tabelle 1: Übersicht zum Stand des EU-Gesetzgebungspakets bzgl. Nachhaltiger Finanzierung aus dem Jahr 2018

Thema	Legislativakte	Stand der Gesetzgebung
EU-Taxonomie für nachhaltige Wirtschaftsaktivitäten	neue EU-Taxonomie-Verordnung delegierter Rechtsakt zu zwei klimabezogenen Umweltzielen delegierter Rechtsakt zur Berichterstattung	Abschluss im Frühjahr 2020 delegierte Rechtsakte im vierten Quartal 2020
Investorentransparenz	neue EU-Offenlegungs-Verordnung	Abschluss im Dezember 2019
nachhaltige Anlageberatung	delegierter Rechtsakt zur EU-Finanzmarkt-Richtlinie und zur EU-Versicherungsvertriebs-Richtlinie	Abschluss im Dezember 2019
Klima-Benchmarks	Änderung der EU-Benchmark-Verordnung	Abschluss im Dezember 2019

Auch wenn die Auswirkungen der neuen EU-Gesetzgebung auf private Investitionsentscheidungen erst allmählich sichtbar werden, waren nächste gesetzgeberische Schritte vorprogrammiert. Eine der Maßnahmen des Europäischen Grünen Deals ist eine Weiterentwicklung des Aktionsplans: Finanzierung nachhaltigen Wachstums hin zu einer Strategie zur Finanzierung einer nachhaltigen Wirtschaft (Europäische Kommission 2021b).

Ein zentrales Element der Strategie zur Finanzierung einer nachhaltigen Wirtschaft ist die Bereitstellung von Nachhaltigkeitsdaten durch Unternehmen der Realwirtschaft. Aufgrund der neuen EU-Gesetzgebung für ein nachhaltiges Finanzwesen benötigen andere Finanzmarktteilnehmer wie institutionelle Investoren, Vermögensverwalter und Banken für eigene Compliance-Zwecke entsprechende Nachhaltigkeitsangaben seitens der Unternehmen, denen sie finanzielle Mittel zur Verfügung stellen. Nötig ist dies bspw. für die erwartete Transparenz von Vermögensverwaltern gegenüber ihren Endkunden bzw. Kleinanlegern oder Banken für das Risikomanagement von Kreditportfolios. Dementsprechend hat dies auch in der Regulierungsdebatte zu dem Wunsch nach einer stärker standardisierten und zuverlässigeren Nachhaltigkeitsberichterstattung der Realwirtschaft geführt. Erste Offenlegungsanforderungen finden sich in der EU-Taxonomie-Verordnung, wonach große Unternehmen von öffentlichem Interesse in ihrer nichtfinanziellen Erklärung Taxonomieangaben berichten müssen. Diese Pflicht zur Bereitstellung von Nachhaltigkeitsdaten hat sich mit dem im Frühjahr 2021 veröffentlichten Vorschlag für eine EU-Nachhaltigkeitsberichterstattungs-Richtlinie (Corporate Sustainability Reporting Directive, CSRD) (Europäische Kommission 2021c) intensiviert, die Ende 2022 veröffentlicht wurde (Richtlinie (EU) 2022/2464; Lanfermann & Hebestreit 2021).

3. Erste Fingerübung zur Berichterstattung – die EU-Taxonomie zu ökologisch nachhaltigen Wirtschaftsaktivitäten

Große kapitalmarktorientierte Unternehmen arbeiten gegenwärtig bereits intensiv an der Bereitstellung von Nachhaltigkeitsdaten für eines der großen Projekte zum Grünen Deal. Eine nachhaltig ausgerichtete Finanzwirtschaft soll Kapitalströme in nachhaltige Investitionen lenken, was mittels der EU-Gesetzgebung für ein nachhaltiges Finanzwesen (Sustainable Finance) bewusst gefördert wird. Notwendige Schmiermittel für eine effektive Umsetzung der Kapitallenkung sind Transparenz und ein einheitliches Verständnis von nachhaltigen Unternehmensaktivitäten.

Ordnendes Element ist die EU-Taxonomie-Verordnung, die ein EU-einheitliches weltweit einzigartiges Klassifikationssystem für grüne Wirtschaftsaktivitäten schuf. Zur Informationsbereitstellung sieht diese EU-Verordnung vor, dass insbesondere große kapitalmarktorientierte Unternehmen der Realwirtschaft in ihrer nichtfinanziellen Erklärung bereits im Jahr 2022 für das Geschäftsjahr 2021 über den prozentualen Anteil ihrer sog. taxonomiefähigen Umsätze, Investitions- und Betriebsausgaben berichten mussten. Ab 2023 müssen auch die taxonomiekonformen Umsätze, Investitions- und Betriebsausgaben berichtet werden.

Den bisher in Deutschland rund 500 berichtspflichtigen Unternehmen – vornehmlich große kapitalmarktorientierte Kapitalgesellschaften, aber auch zahlreiche große Kreditinstitute und Versicherungsunternehmen – bot sich erst relativ spät ein umfassendes Bild ihrer konkreten Berichtspflichten. Ein entsprechender delegierter Rechtsakt zu den Berechnungsregelungen wurde erst im Sommer 2021 von der Europäischen Kommission veröffentlicht und im Dezember 2021 endgültig verabschiedet.

Es zeigt sich für Unternehmen der Realwirtschaft, dass durch die starke Bezugnahme auf einzelne Unternehmensaktivitäten eine komplexe, tabellarische Angabe der Taxonomieangaben notwendig ist. Dass die Erfüllung der Berichtspflicht nicht einfach würde, zeigte auch eine Erhebung des Deutsches Rechnungslegungs Standards Committee (DRSC) zum Stand der Umsetzung der DAX-30-Unternehmen im Jahr 2021 (DRSC 2021a). Den Bedenken der deutschen Unternehmen kam die Europäische Kommission zumindest in der Weise entgegen, dass im ersten Berichtsjahr 2022 nur vereinfachte Offenlegungspflichten für taxonomiefähige Angaben gelten. Erst 2023 greifen die ausführlichen Offenlegungspflichten für taxonomiekonforme Angaben.
Neben der Compliance treibt die berichtenden Unternehmen insbesondere die Frage nach ihrer zukünftigen Finanzierungsfähigkeit um. Es ist zu erwarten, dass die Taxonomieangaben zunehmend Investitions-, aber auch Kreditvergabeentscheidungen beeinflussen werden. Dies sichert der Thematik eine hohe Aufmerksamkeit in den Unternehmensleitungen und als Folge wurden mit entsprechender Sorgfalt aufwändige Umsetzungsprojekte zur Berichterstattung über die Taxonomieangaben angestoßen. Diese Umsetzungsprojekte brachten auch grundsätzliche Konzeptionsdefizite der EU-Taxonomie zutage. Da die EU-Taxonomie hinsichtlich der zwei klimabezogenen Umweltziele zunächst darauf ausgerichtet ist, jene Unternehmensaktivitäten zu behandeln, die hohe Treibhausgasreduktionen versprechen, werden die Aktivitäten zahlreicher Industrien – insbesondere auch des Dienstleistungssektors – nicht in der EU-Taxonomie berücksichtigt. Dementsprechend gibt es auch keine Möglichkeit, entsprechende taxonomiekonforme Angaben offenzulegen.
Zudem verbleiben alle als nicht-taxonomiefähig definierten Aktivitäten unbestimmt und bilden aus Sicht der Investoren und Kreditgeber eine nicht differenzierbare Restgröße. Im Ergebnis werden bei deutschen Unternehmen der Realwirtschaft Anteile taxonomiekonformer Umsätze, Investitions- und Betriebsausgaben von maximal fünf Prozent erwartet. Dies ist weder für berichtende Unternehmen als potenziell attraktive nachhaltige Investitionsobjekte noch für Investoren und Kreditgeber als zukünftige Kapitalgeber ein gangbarer Weg.
Es bleibt abzuwarten, wie die Unternehmensberichterstattung im Detail aussehen wird. Zwei Dinge dürften bereits heute klar sein: Erstens gibt es die Notwendigkeit, weiterhin bestehende Unsicherheiten bei den Unternehmen und konzeptionelle Unklarheiten bei der Berechnung der Taxonomieangaben abzubauen. Das DRSC hatte hierzu bereits seit 2021 eine Vielzahl von Anwenderforen abgehalten und daraus Eingaben an die Europäische Kommission und an die Plattform für ein nachhaltiges Finanzwesen (Platform on Sustainable Finance, eine Expertengruppe, die die Europäische Kommission zur EU-Taxonomie berät) formuliert (DRSC 2021b). Die Europäische Kommission hatte noch im Dezember 2021 begonnen, erste Fragen-und-Antworten-Dokumente in Bezug

auf die Anwendungsfragen zu veröffentlichen (Europäische Kommission 2022a), die sukzessive ausgebaut werden.
Zweitens spielt eine geeignete Weiterentwicklung der EU-Taxonomie eine wichtige Rolle. Dazu gehören die Projekte zur Aufnahme weiterer Unternehmensaktivitäten in die EU-Taxonomie für andere Umweltziele (Platform on Sustainable Finance 2022a) sowie zur Entwicklung einer EU-Sozial-Taxonomie (Platform on Sustainable Finance 2022b). Weiterhin ist dies insbesondere das von der Plattform angestoßene Projekt einer Ausdifferenzierung der EU-Taxonomie (Platform on Sustainable Finance 2022c), bei der Aktivitäten mit einem breiteren Spektrum von Umweltauswirkungen versehen werden könnten.
Vielleicht bietet auch die CSRD eine Chance, die Transformation von Geschäftsmodellen besser im (Konzern-)Lagebericht zu kommunizieren. Das ergibt sich nur schwerlich aus den bisher anzugebenden Taxonomieangaben.

4. Corporate Sustainability Reporting Directive (CSRD) und European Sustainability Reporting Standards (ESRS)

4.1 Umwälzende Entwicklung in der Nachhaltigkeitsberichterstattung

Die Nachhaltigkeitsberichterstattung erfährt gegenwärtig durch die zunehmende Bedeutung der EU-Gesetzgebung eine umwälzende Entwicklung. Die European Financial Reporting Advisory Group (EFRAG) hat zwölf Entwürfe zu sektorübergreifenden EU-Berichtsstandards zur Nachhaltigkeit (European Sustainability Reporting Standards, ESRS) erarbeitet. Die Entwürfe wurden im November 2022 der Europäischen Kommission übergeben, welche sie dann auf Grundlage der CSRD als delegierte Rechtsakte erlassen wird. Weitere sektorspezifische ESRS, ESRS für kleine und mittelgroße Unternehmen und ESRS für Drittstaatenunternehmen werden seit 2022 erarbeitet. Parallel dazu laufen Arbeiten zur Digitalisierung der CSRD- und Taxonomieangaben. Die ESRS werden von ca. 49 000 EU-Unternehmen und einer unbestimmten Zahl von Drittstaatenunternehmen verpflichtend anzuwenden sein. Betroffene Unternehmen müssen zukünftig umfangreiche Nachhaltigkeitsangaben im (Konzern-)Lagebericht machen. Im Folgenden wird ein Überblick über die zu erwartenden künftigen Berichtsanforderungen und -standards gegeben und auch deren Entwicklung im Zusammenspiel mit internationalen Initiativen, insbesondere den Berichtsstandards des International Sustainability Standards Board (ISSB), beleuchtet.
Nicht nur in der EU lassen sich derzeit vielfältige Initiativen verzeichnen, die auf einheitliche Offenlegungspflichten von Unternehmen mit Blick auf deren

Nachhaltigkeit zielen. In der EU steht dabei die CSRD im Vordergrund, die im Dezember 2022 im EU-Amtsblatt veröffentlicht wurde. Zentrales Element der CSRD sind neue, granulare EU-Berichtsstandards für die Nachhaltigkeitsberichterstattung, die die Breite der Berichtsthemen aus den Bereichen der Umwelt-, Sozial- und Governance-Belange abdecken sollen. Von faktisch ähnlicher Bedeutung ist zudem für viele Unternehmen die Initiative der International Financial Reporting Standards Foundation (IFRS Foundation), einen Satz von weltweit anwendbaren Berichtsstandards für die Nachhaltigkeitsberichterstattung im Sinne globaler Mindeststandards (Global Baseline) durch das ISSB zu erarbeiten. Auch andere Regulatoren wie die US-amerikanische Börsenaufsichtsbehörde Securities and Exchange Commission (SEC 2022) verfolgen im globalen Kontext ähnliche Vorhaben. Besondere Priorität genießen hierbei zumeist Angaben zum Klimawandel, da dieses Nachhaltigkeitsthema prominent im Mittelpunkt der politischen Debatte steht.

4.2 CSRD als rechtlicher Bezugsrahmen

Im April 2021 stellte die Europäische Kommission ihren Vorschlag zur CSRD der Öffentlichkeit vor. Sie begründete ihren Vorschlag mit der Notwendigkeit, dass Unternehmen zukünftig verstärkt relevante, vergleichbare und verlässliche Nachhaltigkeitsinformationen offenlegen müssen (Lanfermann, Schwedler & Schmotz 2021). Die CSRD ersetzt die bisherigen Anforderungen zur nichtfinanziellen Berichterstattung, die mit der Corporate Social Responsibility (CSR)-Richtlinie (Richtlinie 2014/95/EU) und der Bilanz-Richtlinie (Richtlinie 2013/34/EU) erstmals eine umfassende gesetzliche Grundlage erhalten hatte. Eine Initialzündung erhielten die neuen Offenlegungspflichten auch durch die EU-Offenlegungs-Verordnung (Sustainable Finance Disclosure Regulation – SFDR, Verordnung (EU) 2019/2088). Diese verpflichtet eine Vielzahl von Finanzmarktakteuren, darunter Vermögensverwalter und Kreditinstitute, ihr Handeln an Nachhaltigkeits- und insbesondere Klimarisiken auszurichten. Notwendige Grundlage hierfür sind zuverlässige Nachhaltigkeitsdaten. Damit einher geht die Befassung der Finanzfunktion der Unternehmen zur Sicherstellung belastbarer Berichtsprozesse, die jener in der Finanzberichterstattung gleichen.

Die CSRD sieht eine erhebliche Ausweitung des Kreises der berichtspflichtigen Unternehmen vor. Statt gegenwärtig ca. 11 000 werden künftig ca. 49 000 EU-Unternehmen berichtspflichtig. In Deutschland allein wird aufgrund der hiesigen Wirtschaftsstruktur mit 15 000 Unternehmen gerechnet. Die stark erweiterte Anzahl berichtspflichtiger EU-Unternehmen rührt daher, dass neben den sog. Unternehmen von öffentlichem Interesse auch alle großen haftungsbeschränkten Kapitalgesellschaften, ihnen gleichgestellte Personengesellschaften und kapitalmarktorientierte kleine und mittelgroße Kapitalgesellschaften in den

Anwendungsbereich fallen. Zudem wird die Arbeitnehmerschwelle von 500 auf 250 abgesenkt. Betroffene Unternehmen müssen Nachhaltigkeitsberichte künftig zwingend in den (Konzern-)Lagebericht aufnehmen, wozu auch die Taxonomieangaben gehören. Separate Nachhaltigkeitsberichte würden zur Erfüllung der Berichtspflichten nicht mehr ausreichen.
Zudem sollen die Nachhaltigkeitsinformationen auch in Form eines einheitlichen elektronischen Berichtsformats vergleichbar dem einheitlichen elektronischen Berichtsformat ESEF (European Single Electronic Format; ESEF-Verordnung, Delegierte Verordnung (EU) 2019/815) für die IFRS-Berichterstattung zur Verfügung gestellt werden. Zur Sicherung der Zuverlässigkeit der berichteten Nachhaltigkeitsdaten sind diese verpflichtend extern zu prüfen. Dies hat zunächst mit begrenzter Sicherheit und nach einer Übergangsphase mit hinreichender Sicherheit zu erfolgen. Die Ausgestaltung der detaillierten Berichtsanforderungen soll mittels der ESRS geschehen.
Nachdem die CSRD im Dezember 2022 im EU-Amtsblatt veröffentlicht wurde, trat sie am 5. Januar 2023 in Kraft. EU-Mitgliedstaaten haben die neuen Vorschriften bis spätestens Juli 2024 in nationales Recht umzusetzen.

Tabelle 2: Überblick über zentrale Inhalte der CSRD

Persönlicher Anwendungsbereich	• große haftungsbeschränkte EU-Unternehmen • große EU-Versicherungsunternehmen • große EU-Kreditinstitute • alle kapitalmarktorientierten Kapitalgesellschaften (mit Ausnahme von EU-Mikro-Unternehmen) • Drittstaatenunternehmen mit über 150 Mio. Euro Umsatz innerhalb der EU und mit EU-Niederlassungen (40 Mio. Euro Umsatz innerhalb der EU) oder EU-Tochterunternehmen (groß oder EU-kapitalmarktorientiert)
Gestaffelte Einführung der Berichtspflichten	• Geschäftsjahr 2024: bisher zur Abgabe einer nichtfinanziellen Erklärung verpflichtete Unternehmen • Geschäftsjahr 2025: alle anderen großen Unternehmen • Geschäftsjahr 2026: kapitalmarktorientierte kleine und mittelgroße Unternehmen (KMU) • Geschäftsjahr 2028: Nicht-EU-Unternehmen mit EU-Niederlassungen oder EU-Tochterunternehmen • Opt-out-Möglichkeit für kapitalmarktorientierte KMU: Nutzung eines zweijährigen Übergangszeitraums, d. h. erstmalige Anwendung im Geschäftsjahr 2028 möglich
Berichtsort	• verpflichtend in einem gesonderten Abschnitt des (Konzern-)Lageberichts

Digitalisierung	• (Konzern-)Lagebericht wird in einheitlichem elektronischem Format gem. ESEF-Verordnung (Delegierte Verordnung (EU) 2019/815) erstellt; Nachhaltigkeitsangaben sollen nach zukünftigem Standard gekennzeichnet werden
Berichterstattung auf Konzernebene / Befreiung für Tochterunternehmen	• Tochterunternehmen werden grundsätzlich von der Berichterstattungspflicht befreit • Ausnahmen/Besonderheiten: 1. keine Befreiung für große kapitalmarktorientierte Tochterunternehmen 2. besondere Berichterstattung über Risiken und Auswirkungen im Konzernlagebericht in Bezug auf bestimmte Tochternehmen, wenn signifikante Unterschiede in den Risiken und Auswirkungen von Tochterunternehmen im Vergleich zum Gesamtkonzern bestehen
Besonderes Regime für kapitalmarktorientierte KMU	• reduzierte KMU-Berichtspflichten • erwartete Ausstrahlungswirkung der CSRD-Vorschriften auf KMU außerhalb des CSRD-Anwendungsbereichs, insb. über Angaben zur Wertschöpfungs- und Lieferkette
EFRAG als Standardsetzer für die Nachhaltigkeitsberichterstattung	• EFRAG als die EU-Institution, die die ESRS ausarbeitet und der Europäischen Kommission in Form von fachlichen Empfehlungen unterbreitet
Verfahren für die verbindliche Annahme von ESRS durch die Europäische Kommission / Beachtung von internationalen Standardsetzungsinitiativen	• Europäische Kommission konsultiert ESRS-Entwürfe mit einer Reihe von EU-Institutionen (u. a. mit ESMA); ESRS werden als delegierte Rechtsakte durch die Europäische Kommission verabschiedet und sind direkt für betroffene Unternehmen verbindlich • Beachtung von internationalen Standardsetzungsaktivitäten sowie EU-Vorgaben, u. a. EU-Taxonomie-Verordnung und EU-Offenlegungs-Verordnung • Berücksichtigung von internationalen Standardsetzungsinitiativen in »größtmöglichem Umfang«; Erwägungsgrund zur besonderen Bedeutung der Arbeiten des ISSB als globaler Mindeststandard (Global Baseline)
Sektorspezifische Standards	• insbesondere für Sektoren mit hohen Risiken/Auswirkungen, u. a. Land- und Forstwirtschaft, Bergbau, Verarbeitendes Gewerbe/Herstellung von Waren, Energie- und Wasserversorgung, Baugewerbe, Handel, Verkehr und Lagerung und Grundstücks- und Wohnungswesen

Gestaffelte Verabschiedung der ESRS	• erster Satz von ESRS zu allen Berichtsbereichen und Aspekten wird bis zum 30. Juni 2023 als delegierter Rechtsakt verabschiedet • zweiter Satz u. a. zu ersten sektorspezifischen ESRS und ESRS für KMU ist bis zum 30. Juni 2024 zu verabschieden • weitere Sätze sind von EFRAG geplant
Pflichtprüfung für die Nachhaltigkeitsberichterstattung im (Konzern-)Lagebericht	• Prüfung durch den Abschlussprüfer, einen anderen Wirtschaftsprüfer oder einen unabhängigen Erbringer von Bestätigungsleistungen (Mitgliedstaatenwahlrecht)
Prüfungstiefe	• zunächst Prüfung mit begrenzter Sicherheit (prüferische Durchsicht) • Erarbeitung von EU-Prüfungsstandards zur Prüfung mit hinreichender Sicherheit (Prüfung) bis Oktober 2028 • anschließend geplante Anhebung der Prüfungstiefe (von prüferischer Durchsicht hin zur Prüfung)

Quelle: DRSC, Briefing Paper zum CSRD-Kompromiss (DRSC 2022a)

Zur Konkretisierung der Berichtspflichten sieht die CSRD die Einführung der ESRS vor, mit deren Ausarbeitung EFRAG beauftragt wird. EFRAG erarbeitet jeweils ESRS-Entwürfe als fachlichen Ratschlag für die Europäische Kommission. Es liegt dann in der Verantwortung der Europäischen Kommission, diese fachlichen Ratschläge als delegierte Rechtsakte i. S. v. Art. 290 AEUV zu erlassen.

4.3 EFRAG in der Rolle des europäischen Standardsetzers

Bislang betätigte sich EFRAG als privatrechtlich organisiertes EU-Expertengremium, das die Europäische Kommission bei der Übernahme der International Financial Reporting Standards (IFRS) in Unionsrecht beraten hat. Nach der CSRD wird EFRAG zukünftig eine gesetzlich verankerte neue Aufgabe zugewiesen. Sie hat die ESRS zu entwickeln und diese als fachlichen Ratschlag der Europäischen Kommission zu unterbreiten. Im Gegensatz dazu wurde die Rolle von EFRAG mit Blick auf die IFRS im Rahmen der IAS-Verordnung (Verordnung (EG) Nr. 1606/2002) nicht ausdrücklich geregelt.
Auf Grundlage einer Beauftragung durch die zuständige EU-Kommissarin Mairead McGuinness startete im Frühjahr 2021 eine bei EFRAG angesiedelte Project Task Force on European Sustainability Reporting Standards (EFRAG PTF-ESRS) (Mairead McGuinness 2021) mit konkreten Vorarbeiten zu sektorübergreifenden ESRS. Die EFRAG PTF-ESRS setzte sich aus freiwilligen Unterstützern aus verschiedenen EU-Mitgliedstaaten zusammen und war bis Ende April 2022 tätig.

Parallel dazu unternahm EFRAG eine grundlegende Governance-Reform. Diese hatte das Ziel, neben den Tätigkeiten im Bereich der Finanzberichterstattung eine zweite Säule zur Nachhaltigkeitsberichterstattung zu etablieren (EFRAG 2021). Die Governance-Reform konnte im Frühjahr 2022 abgeschlossen werden.
Ein erstes Arbeitsprodukt stellte die EFRAG PTF-ESRS im Herbst 2021 vor – einen Prototypen zur Klimaberichterstattung. Dieser zog jedoch wegen des Umfangs und der Komplexität der angestrebten Berichtsanforderungen erhebliche Kritik auf sich. Ab Jahresbeginn 2022 veröffentlichte die EFRAG PTF-ESRS in kurzer Folge sog. Working Paper ESRS, um einen Einblick in die beabsichtigte Struktur und die vorgesehenen Inhalte der sektorübergreifenden ESRS zu geben. Im Ergebnis veröffentlichte die EFRAG PTF-ESRS 24 Working Paper mit über 200 Berichtsanforderungen. Auch wenn diese ausdrücklich nicht als Konsultationsentwürfe verstanden werden sollten, wurden aus einzelnen EU-Mitgliedstaaten – so auch vom DRSC (DRSC 2022b) für Deutschland – erneut Bedenken hinsichtlich des Umfangs und der Komplexität dieser Working Paper geäußert.
Ende April 2022 veröffentlichte die EFRAG PTF-ESRS zum Abschluss ihrer Tätigkeit 13 sektorübergreifende ESRS-Konsultationsentwürfe (EFRAG o. J.). Mittels eines umfangreichen internetbasierten Fragebogens wurden von den Stakeholdern detaillierte Einschätzungen zu den Konsultationsentwürfen erhoben. Teilweise wurden aber auch andere Arten der Stellungnahme genutzt. Die Ende April 2022 angestoßene 100-tägige Konsultationsfrist lief bis zum 8. August 2022. Es gingen gut 750 Stellungnahmen bei EFRAG ein. Es war Aufgabe des neu eingerichteten EFRAG Sustainability Reporting Board (SR Board), mit Hilfe der EFRAG Sustainability Reporting Technical Expert Group (SR TEG) hieraus die notwendigen Schlussfolgerungen hinsichtlich der Konsultationsentwürfe zu ziehen und entsprechende Anpassungen in den der Europäischen Kommission zu übergebenden fachlichen Ratschlägen vorzunehmen. Die Entwürfe der finalen zwölf ESRS wurden Mitte November 2022 an die Europäische Kommission übergeben (EFRAG 2022).

4.4 European Sustainability Reporting Standards

Gegenstand der im August 2022 abgeschlossenen Konsultation waren 13 sektorübergreifende ESRS. Zuvor wurden die bereits veröffentlichten insg. 24 Working Paper ESRS und Working Paper European Sustainability Reporting Guidelines (ESRG) von der EFRAG PTF-ESRS auf dreizehn ESRS-Konsultationsentwürfe reduziert. Die Zahl der Berichtsanforderungen reduzierte sich von ca. 200 auf 137 aufgrund von Streichungen, Zusammenfassungen oder Verschiebungen von Berichtsanforderungen in die Anwendungsleitlinien (Application Guidance). Im Anschluss an die Konsultation verringerte sich die Anzahl der finalen ESRS-Entwürfe auf zwölf.

Die zwölf sektorübergreifenden ESRS-Konsultationsentwürfe umfassen zunächst zwei ESRS zu übergreifenden Prinzipien und Angaben. Die zehn themenspezifischen sektorübergreifende ESRS lassen sich in Umwelt-, Sozial- und Governance-Aspekte unterteilen.

Tabelle 3: Übersicht zu den zwölf ESRS-Entwürfen

Übergreifende Standards

ESRS 1	ESRS 2

Themenspezifische, sektorübergreifende Standards

Umwelt	Sozial	Governance
ESRS E1	ESRS S1	ESRS G1
ESRS E2	ESRS S2	
ESRS E3	ESRS S3	
ESRS E4	ESRS S4	
ESRS E5		

Quelle: DRSC, Briefing Paper zum ESRS (DRSC 2022c)

Übergeordnetes Ziel der sektorübergreifenden ESRS ist es, unter Anwendung des Prinzips der doppelten Wesentlichkeit über die Auswirkungen der Unternehmenstätigkeiten sowie über die daraus entstehenden Chancen und Risiken für das Unternehmen Bericht zu erstatten. Das Verständnis von doppelter Wesentlichkeit wird insbesondere in den übergreifenden ESRS 1 und 2 thematisiert und folgt dabei zunächst dem Prinzip der widerlegbaren Vermutung bei der Bestimmung von wesentlichen Angaben. Danach sollten die vielfältigen Einzelangaben in den themenbezogenen ESRS vom Unternehmen darauf überprüft werden, ob diese für das einzelne Unternehmen wesentlich sind. Die themenspezifischen ESRS enthalten eine Vielzahl an Berichtsanforderungen, die für alle betroffenen Unternehmen gelten sollen. Dabei ist jedoch zu beachten, dass die Berichtsanforderungen durch die Anwendungsleitlinien präzisiert und erweitert werden.

Tabelle 4: Inhalt der einzelnen ESRS-Entwürfe

ESRS	Inhalt
ESRS 1	*General Principles* • zugrunde zu legende Konzepte und Prinzipien für die Erstellung und Darstellung von Nachhaltigkeitsberichten im (Konzern-)Lagebericht im Einklang mit Art. 19a und 29a BilanzRL n. F.
ESRS 2	*General, Strategy, Governance, and Materiality Assessment Disclosure Requirements* • themenübergreifende Berichtsanforderungen
ESRS E1	*Climate Change* • Angaben über Auswirkungen der Unternehmenstätigkeit auf den Klimawandel • Anstrengungen im Hinblick auf das Pariser Klimaabkommen und das 1,5°-Ziel • Vorhaben und Möglichkeiten zur Anpassung des Geschäftsmodells (Beitrag zum 1,5°-Ziel)
ESRS E2	*Pollution* • Angaben über Auswirkungen der Unternehmenstätigkeit auf die Verschmutzung von Luft, Wasser, Boden, lebende Organismen, Nahrungsressourcen • Angaben über Maßnahmen zum Umweltschutz
ESRS E3	*Water and Marine Resources* • Angaben über Auswirkungen der Unternehmenstätigkeit auf Wasser und Meere (inkl. Schutzmaßnahmen, Wassernutzung, Abwasser etc.)
ESRS E4	*Biodiversity and Ecosystems* • Angaben über den Beitrag der Unternehmenstätigkeit zu Zielen des Europäischen Grünen Deals (insb. EU-Biodiversitätsstrategie für 2030), den UN-Zielen für nachhaltige Entwicklung (Ziele 12, 14 und 15), dem Post-2020 Global Biodiversity Framework und zur Berücksichtigung der planetaren/ökologischen Grenzen
ESRS E5	*Resource Use and Circular Economy* • Angaben über Auswirkungen der Unternehmenstätigkeit auf den Ressourcenverbrauch • Angaben über Maßnahmen zur Entkopplung von Ressourcenverbrauch und Wachstum
ESRS S1	*Own Workforce* • Angaben über Auswirkungen der Unternehmenstätigkeit auf die eigene Belegschaft in Bezug auf Arbeitsbedingungen, Chancengleichheit und sonstige Arbeitnehmerrechte

ESRS	Inhalt
ESRS S2	*Workers in the Value Chain* • Angaben über Auswirkungen der Unternehmenstätigkeit auf Mitarbeiter in der Wertschöpfungskette (eigene, vor- und nachgelagerte Aktivitäten)
ESRS S3	*Affected Communities* • Angaben über Auswirkungen der Unternehmenstätigkeit auf lokale Gemeinschaften in der Wertschöpfungskette des Unternehmens
ESRS S4	*Consumers & End Users* • Angaben über Auswirkungen der Unternehmenstätigkeit/-Produkte oder -Dienstleistungen auf Konsumenten und Endnutzer
ESRS G1	*Business Conduct* • Angabe zum unternehmerischen Verhalten, u. a. hinsichtlich Unternehmenskultur, Lieferantenbeziehungen, Zahlungspraktiken gegenüber KMU

Quelle: DRSC, Briefing Paper zum ESRS

In der Endphase der Diskussion im SR Board sowie der SR TEG ergaben sich weitere Änderungen der sektorübergreifenden ESRS. So wurde insbesondere das Konzept der Wesentlichkeitsbestimmung mehr auf die unternehmensindividuelle Bestimmung der Wesentlichkeit angepasst, um damit nicht-wesentliche Angaben zu vermeiden. Zudem wurde der Umfang der erforderlichen Berichtsanforderungen nochmals halbiert, um die Anwendung zu erleichtern. Auch wurde der Konsultationsentwurf zum ESRS G1 gestrichen, da die politische Einigung zur CSRD nur nachhaltigkeitsbezogene Governance-Angaben vorsieht. Angaben zu Risikomanagement und internen Kontrollsystemen wurden in den ESRS 2 verlagert. Weiterhin gibt es Möglichkeiten zur Referenzierung zu anderen Berichtsteilen im (Konzern-)Lagebericht, was eine integrierte Berichtserstattung begünstigen könnte. Schließlich wurden weitere Anstrengungen unternommen, das Zusammenspiel von EU- und internationalen Vorgaben, insbesondere denen des ISSB, zu verbessern.

4.5 Künftige Phasen der ESRS-Entwicklung

Neben der Finalisierung der sektorübergreifenden ESRS haben Ende 2022 Arbeiten an sektorspezifischen ESRS begonnen, die schrittweise in mehreren Paketen fertiggestellt werden sollen. Dabei soll das erste Paket sektorspezifischer ESRS bereits im Frühjahr 2023 zur Konsultation gestellt werden. Dieses Paket wird voraussichtlich fünf sektorspezifische ESRS umfassen. Diese sollen sich neben

den bereits vorhandenen Vorarbeiten auf Grundlage der sektorspezifischen Sustainability Accounting Standards Board (SASB)-Standards auch an bereits entwickelte sektorspezifische Berichtsstandards der Global Reporting Initiative (GRI) anlehnen. Besonders bedeutsam erscheinen aus deutscher Sicht sektorspezifische Vorgaben in den Bereichen Energiewirtschaft, Automobil- und Transportwesen. Gerade hier können die Vorarbeiten zu sektorspezifischen ESRS zum Tragen kommen, die die EFRAG PTF-ESRS auf Grundlage der SASB-Standards unternommen hatte. Weitere ESRS sollen im Jahr 2023 für kleine und mittelgroße Unternehmen sowie für Drittstaatenunternehmen erarbeitet werden. Zudem sind Anpassungen an den sektorübergreifenden ESRS vorzunehmen, um insbesondere die Begrenzungen der Informationspflichten in der Wertschöpfungskette in den ESRS umzusetzen, was durch die CSRD verlangt wird. Auch diese Entwürfe werden voraussichtlich im Laufe des Frühjahrs 2023, ggf. stufenweise, konsultiert. Sämtliche diesbezüglichen ESRS-Entwürfe sind der Europäischen Kommission im November 2023 als fachliche Ratschläge zu übergeben, damit diese das Verfahren zu deren Annahme als delegierte Rechtsakte durchführen kann. Die finale Annahme muss bis Mitte 2024 erfolgen.
Zudem hat EFRAG im Herbst 2022 eine externe Ausschreibung für die Erarbeitung einer Taxonomie zur digitalen Berichterstattung für die sektorübergreifenden ESRS veröffentlicht. Diese soll auch die Angaben nach Art. 8 der EU-Taxonomie-Verordnung umfassen. Die Arbeiten des zu beauftragenden externen Beraters sollen bis Ende 2023 final vorliegen. Die Arbeitsergebnisse werden in der Folge an die Europäische Kommission und die europäische Wertpapieraufsichtsbehörde ESMA übergeben. Letztere soll dann innerhalb eines Jahres die Umsetzung der Taxonomie in die europäische ESEF-Verordnung vorbereiten.
Darüber hinaus wird EFRAG über einen mehrjährigen Zeitraum weitere Pakete zu sektorspezifischen Standards erarbeiten. Bis November 2024 ist eine Vielzahl von ESRS-Entwürfen für verschiedene Branchen, u. a. zu Chemieprodukten, geplant. Bis November 2025 werden vermutlich die übrigen sektorspezifischen ESRS folgen.
Abschließend könnten sich für die weitere Erarbeitung der ESRS noch Wechselwirkungen mit einer parallelen Gesetzgebungsinitiative für eine EU-Wertschöpfungsketten-Richtlinie (Corporate Sustainability Due Diligence Directive, CSDDD) (Europäische Kommission 2022b) ergeben. Nach diesem Richtlinienentwurf müssen Unternehmen Sorgfaltspflichten in der Wertschöpfungskette nachkommen. Diese Sorgfaltspflichten umfassen die Identifizierung, Beendigung, Vorbeugung, Verringerung, Überwachung und Berichterstattung in Bezug auf negative Auswirkungen auf Menschenrechte und Umweltbelange sowie die Einrichtung eines Beschwerdeverfahrens. Diese Betrachtung umfasst neben der Geschäftstätigkeit des Unternehmens und der einbezogenen Tochterunternehmen auch die vor- und nachgelagerte Wertschöpfungskette. Eine Wechsel-

wirkung mit den ESRS kann insofern entstehen, dass Unternehmen nach der CSDDD bestimmten Berichtspflichten unterliegen. Die Berichterstattung nach der CSDDD kann jedoch unterbleiben, sofern Unternehmen bereits nach der CSRD berichten müssen. Eine eigenständige Berichtspflicht zu den Sorgfaltspflichten im Rahmen der CSDDD wäre ansonsten separat auf der Unternehmensinternetseite zu berichten. Bei den ESRS wären je nach Ausgang des Gesetzgebungsverfahrens zur CSDDD mit Blick auf die ersetzende Wirkung einer CSRD-Berichterstattung ggf. Anpassungen vorzunehmen.

5. Gemeinsame Grundlagen für die internationale Berichterstattung mittels des International Sustainability Standards Board (ISSB)

5.1 Errichtung des ISSB in Frankfurt am Main

Die IFRS Foundation hatte im November 2021 die Gründung des ISSB verkündet. Damit entsprach sie dem Wunsch wichtiger internationaler Stakeholder – wie den G20-Regierungen und der Vereinigung der internationalen Börsenaufsichten IOSCO – nach weiterer internationaler Standardisierung im Bereich der Nachhaltigkeitsberichterstattung. Konzeptionell soll vom ISSB die Global Baseline entwickelt werden, die um regionale Besonderheiten ergänzt werden kann. Im Juni 2022 wurden am Frankfurter Hauptsitz des ISSB erste Entwürfe in Form eines vom DRSC organisierten Outreach-Events öffentlich diskutiert.
Im März 2022 hatten die öffentliche Hand und die Privatwirtschaft in Frankfurt am Main Vereinbarungen mit der IFRS Foundation unterzeichnet, welche die Präsenz des ISSB in Frankfurt regeln. Bei dem Festakt im Frankfurter Römer wurden die Absichtserklärungen von der IFRS Foundation sowie hochrangigen Vertretern der Bundesrepublik Deutschland, des Landes Hessen und der Städte Frankfurt und Eschborn für die öffentliche Hand und des Deutschen Aktieninstituts, des DRSC, des IDW, der Wirtschaftsförderung Frankfurt und der Finanzplatzinitiative Frankfurt Main Finance für die Privatwirtschaft unterzeichnet. Das ISSB wird weltweit an mehreren Standorten vertreten sein, wobei das Frankfurter Büro den Sitz des Vorstands und das Büro des ISSB-Vorsitzenden beherbergen wird. Zwischenzeitlich wurde im April 2022 in Kanada ein weiteres Abkommen bezüglich des Standortes Montreal unterzeichnet. Die Vorbereitungen für die Präsenz des ISSB in Asien werden ebenfalls vorangetrieben.
Der ISSB soll unter Führung seines Vorsitzenden Emmanuel Faber grundlegende Standards für die globale Nachhaltigkeitsberichterstattung von Unternehmen erarbeiten.

Derweil schreitet auch die Konsolidierung der freiwilligen Initiativen weiter voran. Wie bereits zuvor das Climate Disclosure Standards Board (CDSB) ist die Value Reporting Foundation (VRF) zum Ende Juni 2022 im ISSB aufgegangen. Mit der weltweit ebenfalls bedeutsamen Initiative der GRI wurde im April 2022 eine Kooperationsvereinbarung geschlossen, wobei deren Schwerpunkt auf der Behandlung von Impact-Aspekten bei der Nachhaltigkeitsberichterstattung liegen soll. Das ISSB wird sich auf finanzielle Aspekte im Sinne einer Investoreninformation fokussieren.

5.2 Fokussierter Ansatz mit zwei Berichtsstandards; Agendakonsultation

Zur inhaltlichen Vorbereitung der ISSB-Arbeiten hatte die IFRS Foundation im Jahr 2021 die Technical Readiness Working Group (TRWG) eingerichtet, die im November 2021 zwei Prototypen betreffend Angabenleitlinien und klimabezogenen Angaben veröffentlicht hatte. Diese Prototypen wurden anschließend überarbeitet. Das Due Process Oversight Committee der IFRS Foundation hatte Mitte März 2022 der Veröffentlichung der ersten zwei Entwürfe und begleitender Dokumente zugestimmt (IFRS Foundation 2022a). Beide Entwürfe konnten bis Juli 2022 von der interessierten Öffentlichkeit kommentiert werden.

Im Konsultationsentwurf zu IFRS S1 General Requirements for Disclosure of Sustainability-related Financial Information werden allgemeine Vorgaben für die Angabe von nachhaltigkeitsbezogenen Finanzinformationen behandelt. Der Konsultationsentwurf zu IFRS S2 Climate-related Disclosures hat klimabezogene Angaben zum Gegenstand. Die Vorschläge basieren auf Empfehlungen der Task Force on Climate-related Financial Disclosures (TCFD) des Financial Stability Board (FSB) und beziehen branchenspezifische Angabeanforderungen ein, die vom SASB entwickelt wurden.

2023 sollen zunächst die beiden ersten IFRS S1 und S2 endgültig vom ISSB verabschiedet werden. Es wird sich eine Agendakonsultation anschließen, bei der die weiteren Themen für die Standardsetzung durch das ISSB vorbereitet werden sollen.

5.3 Initiativen zur weltweiten Verbreitung der ISSB-Standards

Mit Blick auf die zeitnahe Absicherung der Entwicklung einer Global Baseline wurde Ende April 2022 vom ISSB insbesondere eine Arbeitsgruppe mit Vertretern jener Jurisdiktionen eingerichtet, die sich aktuell aktiv mit der Erarbeitung eigener Nachhaltigkeitsberichtsvorgaben beschäftigen (IFRS Foundation 2022b). Damit soll die Kompatibilität zwischen den Standardentwürfen des ISSB und diesen laufenden Initiativen anderer Jurisdiktionen sichergestellt werden.

Mitglieder der Arbeitsgruppe sind neben der Europäischen Kommission und EFRAG die US-amerikanische SEC, das chinesische Finanzministerium, die japanische Finanzaufsichtsbehörde und der noch endgültig zu bildende japanischen Standardsetzer sowie die britische Financial Conduct Authority. Das ISSB hatte bei dieser Gelegenheit zudem die Bildung eines Sustainability Standards Advisory Forum (SSAF) bekannt gegeben, um den regelmäßigen Austausch mit einer noch breiteren Vielzahl von Einzeljurisdiktionen zu erleichtern.

5.4 Zusammenspiel von EU- und US-Berichtspflichten

Die Notwendigkeit einer solchen, nunmehr in eine förmliche Arbeitsgruppe überführten Diskussion wird angesichts der anhaltenden weltweiten Dynamik besonders eindrucksvoll vor Augen geführt. Die EU wird mit den ESRS-Aktivitäten bei EFRAG bis Mitte 2023 über einen ersten Satz von sektorübergreifenden Berichtsstandards zur Breite von ESG-Themen verfügen. Die SEC hatte im April 2022 ihren mehr als 500-seitigen Vorschlag für Proposed Rules zur Klimaberichterstattung zur Konsultation gestellt (SEC 2022), wo auch nach der zukünftigen Bedeutung der Global Baseline-Berichtsstandards zumindest für die Berichterstattung von Nicht-US-Emittenten für US-Kapitalmarktzwecke gefragt wird. Die ISSB-Arbeitsgruppe wird die Kompatibilität dieser Initiativen erörtern, um festzustellen, wie die Global Baseline (welche an den Bedürfnissen der globalen Marktteilnehmer ausgerichtet ist) dazu beitragen kann, die Effizienz der Berichterstattung für Unternehmen in diesen Rechtskreisen zu optimieren, und wie diese Rechtskreise entsprechend ihren Bedürfnissen auf der Global Baseline aufbauen können. Das ISSB hat seinerseits bei einer Sitzung am 3. November 2022 erste Gedanken zur Interoperabilität seiner Berichtsstandards mit den einzelnen Jurisdiktionen geäußert (IFRS Foundation 2022c 41 ff.) Dabei wäre zunächst auch eine Bezugnahme zu den ESRS möglich, soweit keine diesbezüglichen IFRS Sustainability Disclosure Standards vorliegen.

6. Quellenangaben

BMZ (o. J.). Übereinkommen von Paris. Abgerufen am 4. 11. 2022, *https://www.bmuv.de/fileadmin/Daten_BMU/Download_PDF/Klimaschutz/paris_abkommen_bf.pdf.*

DRSC (2021a). Kurzumfrage des DRSC zum Stand der Umsetzung in deutschen DAX-30-Unternehmen. Abgerufen am 4. 11. 2022, *https://www.drsc.de/app/uploads/2021/04/210412_Bericht-DAX30-TVO-Umsetzung.pdf.*

DRSC (2021b). 4th Submission of requests regarding disclosures to be made according to the EU Taxonomy-Regulation. Abgerufen am 4.11.2022, *https://www.drsc.de/app/uploads/2021/12/211207_ASCG_EU-Tax_Submission4.pdf.*

DRSC (2022a). DRSC Briefing Paper: Corporate Sustainability Reporting Directive (CSRD). Abgerufen am 4.11.2022, *https://www.drsc.de/app/uploads/2022/07/220704_DRSC_Briefing_Paper_CSRD_final-1.pdf.*

DRSC (2022b). Initial Reaction of the ASCG on the Working Papers of EFRAG's Project Task Force on European Sustainability Reporting Standards (PTF-ESRS). Abgerufen am 4.11.2022, *https://www.drsc.de/app/uploads/2022/02/220225_initial-reaction_WP_PTF-ESRS_ASCG.pdf.*

DRSC (2022c). DRSC Briefing Paper: European Sustainability Reporting Standards (ESRS). Abgerufen am 4.11.2022, *https://www.drsc.de/app/uploads/2022/11/221124_DRSC_Briefing_Paper_ESRS.pdf.*

EFRAG (2021). Final Report on the ad personam mandate in potential need for changes to the governance and funding of EFRAG. Abgerufen am 4.11.2022, *https://www.efrag.org/Assets/Download?assetUrl=/sites/webpublishing/SiteAssets/Jean-Paul%2520Gauz%c3%a8s%2520-%2520Ad%2520Personam%2520Mandate%2520-%2520Final%2520Report%2520-%252005-03-2021.pdf.*

EFRAG (2022). First Set of draft ESRS. Abgerufen am 4.1.2023, *https://www.efrag.org/lab6.*

EFRAG (o.J.). Public consultation on the first set of Draft ESRS. Abgerufen am 4.11.2022, *https://www.efrag.org/lab3.*

Europäische Kommission (2018). Aktionsplan: Finanzierung nachhaltigen Wachstums. Abgerufen am 4.11.2022, *https://eur-lex.europa.eu/legal-content/EN/TXT/?uri=CELEX:52018DC0097.*

Europäische Kommission (2019). Europäischer Grüner Deal. Abgerufen am 4.11.2022, *https://eur-lex.europa.eu/legal-content/DE/TXT/?qid=1576150542719&uri=COM%3A2019%3A640%3AFIN.*

Europäische Kommission (2021a). »Fit für 55«: auf dem Weg zur Klimaneutralität – Umsetzung des EU-Klimaziels für 2030. Abgerufen am 4.11.2022, *https://eur-lex.europa.eu/legal-content/DE/TXT/?uri=CELEX%3A52021DC0550.*

Europäische Kommission (2021b). Strategie zur Finanzierung einer nachhaltigen Wirtschaft. Abgerufen am 4.11.2022, *https://eur-lex.europa.eu/legal-content/DE/TXT/?uri=CELEX:52021DC0390.*

Europäische Kommission (2021c). Vorschlag für eine Corporate Sustainability Reporting Directive, Begründung. Abgerufen am 4.11.2022, *https://eur-lex.europa.eu/legal-content/DE/TXT/?uri=CELEX:52021PC0189.*

Europäische Kommission (2022a). Bekanntmachung der Kommission zur Auslegung bestimmter Rechtsvorschriften des delegierten Rechtsakts über die

Offenlegungspflichten nach Artikel 8 der EU-Taxonomieverordnung für die Meldung von taxonomiefähigen Wirtschaftstätigkeiten und Vermögenswerten. Abgerufen am 4. 11. 2022, *https://eur-lex.europa.eu/legal-content/DE/TXT/?uri=uriserv%3AOJ.C_.2022.385.01.0001.01.DEU&toc=OJ%3AC%3A2022%3A385%3AFULL.*

Europäische Kommission (2022b). Vorschlag für eine Corporate Sustainability Due Diligence Directive. Abgerufen am 4. 11. 2022, *https://eur-lex.europa.eu/legal-content/DE/TXT/?uri=CELEX%3A52022PC0071.*

Europäische Kommission (o. J.a). NextGenerationEU. Abgerufen am 4. 11. 2022, *https://next-generation-eu.europa.eu/index_de.*

Europäische Kommission (o. J.b). NextGenerationEU Green Bonds. Abgerufen am 4. 11. 2022, *https://ec.europa.eu/info/strategy/eu-budget/eu-borrower-investor-relations/nextgenerationeu-green-bonds_en.*

IFRS Foundation (2022a). ISSB delivers proposals that create comprehensive global baseline of sustainability disclosures. Abgerufen am 4. 11. 2022, *https://www.ifrs.org/news-and-events/news/2022/03/issb-delivers-proposals-that-create-comprehensive-global-baseline-of-sustainability-disclosures/.*

IFRS Foundation (2022b). ISSB establishes working group to enhance compatibility between global baseline and jurisdictional initiatives. Abgerufen am 4. 11. 2022, *https://www.ifrs.org/news-and-events/news/2022/04/issb-establishes-working-group-to-enhance-compatibility-between-global-baseline-and-jurisdictional-initiatives/.*

IFRS Foundation (2022c). ISSB meeting 1–3 November 2022, General Sustainability-related Disclosures. Abgerufen am 4. 11. 2022, *https://www.ifrs.org/content/dam/ifrs/meetings/2022/november/issb-supplementary-meeting/ap3-sources-of-guidance-to-identify-sustainability-related-risks-and-opportunities-and-disclosures.pdf.*

Lanfermann, G. & Hebestreit, G. (2021). Nachhaltigkeitsberichterstattung. Der neue Richtlinienentwurf der EU-Kommission verschiebt die Kräfteverhältnisse zwischen finanzieller und nicht-finanzieller Berichterstattung. *Zeitschrift für Internationale Rechnungslegung*, 305–308.

Lanfermann, G., Schwedler, K. & Schmotz, T. (2021). Nachhaltigkeitsberichtsstandards im Fokus der EU-Gesetzgebung. *Die Wirtschaftsprüfung*, 762–768.

Mairead McGuinness (2021). Brief. Abgerufen am 4. 11. 2022, *https://www.efrag.org/Assets/Download?assetUrl=/sites/webpublishing/SiteAssets/210512%2520Commissioner%2520McGuinness%2520to%2520EFRAG%2520on%2520sustainability.pdf.*

Platform on Sustainable Finance (2022a). Berichte für neue technische Bewertungskriterien. Abgerufen am 4. 11. 2022, *https://finance.ec.europa.eu/system/files/2022-04/220330-sustainable-finance-platform-finance-report-remaining-*

environmental-objectives-taxonomy_en.pdf und *https://finance.ec.europa.eu/system/files/2022-03/220330-sustainable-finance-platform-finance-report-remaining-environmental-objectives-taxonomy-annex_en.pdf* und *https://finance.ec.europa.eu/system/files/2022-11/221128-sustainable-finance-platform-technical-working-group_en.pdf.*

Platform on Sustainable Finance (2022b). Final Report on Social Taxonomy. Abgerufen am 4. 11. 2022, *https://finance.ec.europa.eu/system/files/2022-08/220228-sustainable-finance-platform-finance-report-social-taxonomy_en.pdf.*

Platform on Sustainable Finance (2022c). Final Report on Taxonomy extension options supporting a sustainable transition. Abgerufen am 4. 11. 2022, *https://finance.ec.europa.eu/system/files/2022-03/220329-sustainable-finance-platform-finance-report-environmental-transition-taxonomy_en.pdf.*

SEC (2022). The Enhancement and Standardization of Climate-Related Disclosures for Investors. Abgerufen am 4. 11. 2022, *https://www.sec.gov/rules/proposed/2022/33-11042.pdf.*

Siegfried Russwurm

Nachhaltigkeit als unternehmerische Verantwortung

Take-Aways:

→ Die Herausforderungen sind immens: Dekarbonisierung, Digitalisierung, demografischer Wandel und Re-Globalisierung müssen gleichzeitig bewältigt werden. Hierfür sind enorme Investitionen, angepasste Lösungsmodelle und der Aufbau neuer bzw. Ausbau bestehender handels- und energiepolitischer Beziehungen nötig.

→ Das Prinzip der Nachhaltigkeit muss dabei umfassend berücksichtigt werden, ebenso wie die Weiterentwicklung des Prinzips der sozialen Marktwirtschaft. Die klimapolitischen Entwicklungen der jüngeren Vergangenheit, gesellschaftspolitische Priorisierungen und die Nachhaltigkeitsagenda führender Finanzmarktteilnehmer schaffen jedoch eine neue Dimension von Ambition.

→ Nachhaltigkeit muss im Wettbewerbszusammenhang gedacht werden. Für viele Unternehmen gehört nachhaltiges Agieren mittlerweile zum strategischen Kern. Zeitgleich gilt es, die aus gestörten Lieferketten und geo- bzw. sicherheitspolitischen Umbrüchen entstandenen Fragen der Resilienz ausreichend zu adressieren und neue technologische Lösungen dauerhaft zu sichern.

Inhalt

1. Gleichzeitige Transformationserfordernisse für die deutsche Industrie

1.1 Dekarbonisierung, Digitalisierung, demografische Herausforderung, Re-Globalisierung: Nachhaltigkeit als gemeinsame Zielgröße

Es ist eine Binsenweisheit: Die Herausforderungen, vor denen wir in Deutschland stehen, sind immens. Die Megatrends Dekarbonisierung, Digitalisierung, demografischer Wandel und Re-Globalisierung müssen gleichzeitig bewältigt werden. Als selbstverständlich vorausgesetzte Gewissheiten existieren nicht mehr. Der Begriff der »Zeitenwende« trifft damit nicht nur auf die geo- und sicherheitspolitische Ausrichtung zu, sondern auch auf die wirtschafts- und gesellschaftspolitischen Trends.

Manche Entwicklung wie der demografische Wandel waren schon lange vorherzusehen. Die Effekte auf den Arbeitsmarkt und die sozialen Sicherungssysteme werden immer deutlicher erkennbar. Die Corona-Pandemie hat der Digitalisierung einen neuen Schub verpasst, jedoch ist die Lücke zu dem, was insgesamt möglich wäre, weiterhin viel zu groß. Die Auswirkungen des Klimawandels werden immer deutlicher sichtbar und die sich daraus für Unternehmen und die Gesellschaft ergebenden Anforderungen wachsen von Jahr zu Jahr an. Zudem hat der russische Angriffskrieg in der Ukraine die weltweiten Energiemärkte destabilisiert und einige vormals wirtschaftlich machbare Lösungsansätze für die Dekarbonisierung aus dem Rennen geworfen. Die Lieferkettenprobleme verleihen dem Faktor »Unsicherheit« als planerische Größe eine neue Bedeutung und zeigen die Verwundbarkeit einer stark in die internationale Arbeitsteilung integrierten Volkswirtschaft auf.

Enorme Investitionen, angepasste Lösungsmodelle und der Aufbau neuer bzw. Ausbau bestehender handels- und energiepolitischer Beziehungen sind notwendig, um die definierten Ziele zu erreichen. Das Prinzip der Nachhaltigkeit muss bei der Bewältigung dieser Herausforderungen umfassend berücksichtigt werden, denn nur, wenn wir Lösungen entwickeln und auch umsetzen, die verantwortlich mit endlichen Ressourcen umgehen und langfristig Bestand haben, werden wir den erforderlichen Fortschritt erzielen und unser Wohlstandsniveau dauerhaft sichern können.

1.2 Soziale Marktwirtschaft als Ordnungsrahmen – Unternehmerisches Handeln als unverzichtbares Element

In Deutschland haben wir mit der sozialen Marktwirtschaft den richtigen Rahmen, um flexibel mit diesen Herausforderungen umgehen zu können, denn es handelt sich gerade nicht um eine bestimmte Politik mit vordefinierten Maßnahmen in vollständig bekanntem und überschaubarem Terrain. Vielmehr setzt die soziale Marktwirtschaft als offenes und dynamisches System mit ihrem klaren Leitbild für Politik, Wirtschaft und Gesellschaft (BDI 2019, 4) den angemessenen Rahmen: Individuelle Freiheit und Verantwortung stehen im Mittelpunkt. Unternehmen und Konsumenten agieren in einem vom Staat gesetzten Rahmen, in dem sie frei handeln und wirtschaften und vor allem auch mit Innovationen in Neuland vorstoßen können.

Die soziale Marktwirtschaft stößt auf breite Akzeptanz – bei den Unternehmen, aber auch bei den Bürgerinnen und Bürgern. 2021 hatten 56 % eine positive Einstellung zum deutschen Wirtschaftssystem. Dies war der höchste Wert seit 1996. Lediglich 15 % der Befragten hatten ein weniger positives Bild (Allensbach 2021, 6). Der Erhalt dieses flexiblen Systems liegt demnach im Interesse vieler und sollte beim Umgang mit den großen Herausforderungen das Fundament darstellen. Benötigte Rahmenbedingungen dürfen sich nicht zu sehr im Detail verlieren, wie es zum Beispiel bei der Bestimmung der Nachhaltigkeitsdefinition im Finanzsektor durch die EU-Taxonomie der Fall ist. Das schafft zusätzliche Belastung und nimmt der Kreativität ihren Raum.

Klar ist: Viele der benötigten Lösungen hängen von der Innovationskraft unserer Unternehmen ab. Innovation braucht unternehmerische Freiheit und kreative Köpfe. Auch ein moderner, digitaler und effizienter Staat sowie ein produktives Zusammenspiel von Wissenschaft, Wirtschaft und Politik sind die Voraussetzung dafür, dass wir auch in Zukunft erfolgreich sind.

2. ESG als Ergänzung und nicht als Hindernis

2.1 Nachhaltigkeit aus Unternehmenssicht – eine kurze Einordnung

Nachhaltigkeit ist kein Novum für die deutsche Industrie. Effizienzsteigerungen in der Ausgestaltung von Produktionsprozessen bei gleichzeitiger Reduktion der Nutzung natürlicher Ressourcen ist fester Bestandteil ihrer DNA. Die klimapolitischen Entwicklungen der jüngeren Vergangenheit, gesellschaftspolitische Priorisierungen und die Nachhaltigkeitsagenda führender Finanzmarktteilnehmer schaffen jedoch eine neue Dimension von Ambition.

Die zunehmende Tiefe und Breite regulatorischer Anforderungen, die nicht immer miteinander abgestimmt sind, und die hohe Geschwindigkeit, mit der diese Regelungen erstellt werden und Gültigkeit erlangen sollen, wirken auf Unternehmen zunehmend als Hindernis und weniger als nützliches Rahmenwerk bei der Umsetzung ihrer eigenen Nachhaltigkeitsbestrebungen. Regelkomplexität an sich und fehlende Standards in der Bereitstellung von Nachhaltigkeitsinformationen und im Finanzmarkt erschweren die Aufgabe. Für Unternehmen bedeutet das erhöhten betrieblichen Aufwand in Strategie, Controlling und Personal und Kostenbelastungen – die eine sinnvollere und vor allem zielgerechtere Mittelverwendung einschränken.

Die Maßnahmenpakete der EU im Rahmen des New Green Deal, die verstärkte Integration von Aspekten der Ökologie, Sozialem und einer guten Unternehmensführung in den Finanzmarkt und die hiermit im Zusammenhang stehende EU-Taxonomie und Nachhaltigkeitsberichterstattung sind offenkundige strategische Aufgaben für die Leitungsorgane von Unternehmen. Unternehmen müssen sie in ihrer Geschäfts- und Finanzierungsstrategie berücksichtigen. Die nun für viele Unternehmen verpflichtende Berichterstattung kann und sollte im Regelfall zur strategischen Unternehmenssteuerung genutzt werden, da sich die Produkt- und Kapitalmärkte mehr und mehr darauf ausrichten.

2.2 Environmental: Quick Wins und große Investitionsentscheidungen unter Unsicherheit

Der Umbau Deutschlands zu einem klimaneutralen Industrieland bis 2045 bei gleichzeitiger Wiederherstellung unserer Ökosysteme sowie einer verstärkt kreislauforientierten Wirtschaft ist äußerst anspruchsvoll. Zwar gibt es schnell umsetzbare Lösungen wie das Bestücken von Hallendächern mit Solaranlagen oder die energetische Modernisierung von Bürogebäuden. Maßnahmen mit größerer Hebelwirkung sind jedoch komplex und weisen einen deutlich längeren und kostenintensiveren Planungs- und Investitionszeitraum auf.

Für Investitionen in den Klimaschutz benötigen Unternehmen zunehmend einen Zugang zu klimafreundlichen Energien, zum Beispiel Strom oder Wasserstoff aus erneuerbaren Energien. Hierfür ist der Ausbau der dazugehörigen Infrastruktur und Verkehrswege eine Grundvoraussetzung. Zugleich muss sichergestellt sein, dass die benötigten Energieträger in ausreichender Menge zu akzeptablen Preisen verfügbar sind. Bei Investitionsentscheidungen sind nicht allein die Kapitalkosten, sondern vor allem die deutlich höheren Betriebskosten von klimafreundlichen Technologien die größte Herausforderung. Die Nutzungskosten CO_2-armer Produktionsverfahren und Energieträger müssen wettbewerbsfähig gegenüber den etablierten Prozessen und Verfahren gemacht werden, die meist noch auf fossilen Energieträgern beruhen.
Da die erforderlichen Voraussetzungen in vielen Branchen, Betrieben und deren infrastrukturellem Umfeld derzeit oft noch nicht erfüllt sind, können Unternehmen ihre Entscheidungen oftmals nur unter großer Unsicherheit bzw. mit erheblichen Risiken für die Investition treffen. Durch den Krieg in der Ukraine sind zudem die Erwartungen für die mittelfristige Preisentwicklung zentraler Energieträger erheblich unsicherer geworden. Dies allein schafft ein hohes Maß an Unsicherheit und wirkt dämpfend auf die Investitionstätigkeit. Zudem ist die gezielte politische Rahmensetzung noch schwieriger geworden, weil vormals avisierte Lösungen aufgrund der neuen Marktverhältnisse nicht mehr tragfähig sind und technologische Rahmenbedingungen in neuem Licht gesehen und bewertet werden müssen.
Ebenso bedeutend für das Erreichen der ambitionierten Klimaziele ist eine grundlegende Reform der Planungs- und Genehmigungsverfahren für wesentliche Infrastrukturen und für Produktionsanlagen. Eine Beschleunigung auf allen Ebenen und Verfahrensstufen ist dringend geboten. Außerordentlich lange Verfahren sind seit Jahren der Normalfall. Im Fokus stehen verfahrensrechtliche Hürden sowie Anforderungen des europäischen Umweltrechts und dessen teilweise noch strengere nationale Umsetzung. Um den Fuß von der Bremse zu bekommen, würde helfen, die gutachterliche Mitwirkung zu verschlanken, Standards und technische Anleitungen klarer zu formulieren, die Personalausstattung und Sachkompetenz in den Behörden zu erhöhen, Verfahren zu digitalisieren sowie die Kontrollprozesse effizienter zu gestalten.
Deutlich beschleunigte Genehmigungsverfahren sind nicht nur elementar für das Erreichen der Nachhaltigkeitsziele. Die dann erreichbare raschere Modernisierung von Infrastruktur und Industrieanlagen wirkt sich auch positiv auf die Wettbewerbsfähigkeit von Unternehmen und des Standorts insgesamt aus. Innovationen gelangen somit schneller in den Markt und können dort wiederum ihren Beitrag für ein nachhaltigeres Wirtschaften entfalten.

2.3 Social: Selbstverständlichkeiten und große Herausforderungen

2.3.1 Good Corporate Citizenship

Das gesellschaftliche Engagement von Unternehmen hat in den letzten zwanzig Jahren erheblich an Aufmerksamkeit gewonnen. Die Erwartungen der Gesellschaft an eine aktive Rolle von Unternehmen in der Bewältigung sozialer Belange ist ebenfalls gewachsen. Sozial verantwortliches Handeln von Unternehmen wird insbesondere in den westlichen Industriegesellschaften ebenso erwartet wie ein aktiver Beitrag der Unternehmen zu kommunalen oder regionalen Themen. Dies ist an sich kein neues Phänomen, denn die soziale Marktwirtschaft beruht auf dem Engagement von Unternehmen, die nicht nur als Produzenten von Gütern oder Dienstleistungen auftreten, sondern in breiter gesellschaftlicher Verantwortung aktiv sind. Zudem gibt es schon länger spezialisierte Sozialunternehmer, die mit einem funktionierenden Geschäftsmodell gezielt soziale Prioritäten bedienen. Auf die Vielfalt unternehmerischen Engagements kann an dieser Stelle nur hingewiesen werden. Das Spektrum reicht von Bildungsaktivitäten über fokussiertes Sponsoring für soziale Zwecke bis hin zur raschen Integration von Geflüchteten in die Betriebe. Zudem spielen in Deutschland Unternehmensstiftungen mit vielfältigen sozialen Aktivitäten eine bekannte und anerkannte Rolle.

2.3.2 Soziale Taxonomie

Im Rahmen der Diskussion um Nachhaltigkeit in Unternehmen wird verstärkt auch die Entwicklung einer Definition von sozialen Aspekten forciert. Ein erster prominenter Versuch ist die soziale Taxonomie, ein Vorschlag eines Beratungsgremiums der Europäischen Kommission zu Nachhaltigkeitsfragen im Finanzmarkt (Platform on Sustainable Finance 2022). Sie orientiert sich an der Methodik der EU-Taxonomie zur Definition ökologischer Nachhaltigkeit und hat drei Ziele definiert: menschenwürdige Arbeit (auch in der Wertschöpfungskette), das Wohlbefinden der Verbraucher und inklusive und nachhaltige Kommunen. Unter Rückgriff auf existierende rechtliche Normen soll dem Finanzmarkt ein Hilfsmittel für die Identifikation von sozial nachhaltigen Finanzierungen an die Hand gegeben werden. Soziale Nachhaltigkeit ist jedoch schon in der EU nur sehr schwer zu definieren. Zwar ist mit keiner raschen gesetzgeberischen Lösung zu rechnen, die Forderung nach einer einheitlichen Definition von sozialer Nachhaltigkeit für Finanzierungsaktivitäten in Deutschland bzw. der EU wird aber von diversen Interessengruppen vertreten und steht im Raum. Zudem werden erste entsprechende Finanzierungsinstrumente im Markt angeboten, auch wenn keine verbindlichen Standards vorliegen.

2.3.3 Lieferkettensorgfaltspflicht

Die Sorgfaltspflichten in Bezug auf die Einhaltung der Menschenrechte in der Lieferkette sind der Kern der aktuellen Diskussion im Bereich der sozialen Nachhaltigkeit. Die deutschen bereits verabschiedeten und europäischen noch in Verhandlung befindlichen gesetzlichen Vorgaben haben die Transparenz in der Lieferkette und die Achtung sowie den Schutz von Menschenrechten zum Ziel. Diese Ziele teilt die deutsche Industrie.

Wie so häufig treten auch hier die eigentlichen Herausforderungen erst im Detail zu Tage. Primär staatliche Aufgaben im Bereich des Menschenrechts- und Umweltschutzes werden auf Unternehmen übertragen, liegen jedoch jenseits ihres Einflussbereichs. In der Hauptverantwortung stehen die jeweiligen Regierungen vor Ort. Diese müssen dafür sorgen, dass international gültige Standards auch umgesetzt werden. Die Bundesregierung und ihre europäischen und internationalen Partner dürfen die lokalen Regierungen dabei nicht aus der Verantwortung entlassen.

Ein deutsches oder europäisches Gesetz kann die Probleme vor Ort nicht lösen. Hierbei wird die Komplexität globaler Lieferketten verkannt und der politische Einfluss von Unternehmen überschätzt. Im Zweifel werden deutsche Unternehmen ihre Aktivitäten in Schwellen- und Entwicklungsländern auf den Prüfstand stellen und ggf. aufgeben, um dem Risiko einer Nichterfüllung zu entgehen. Wirtschaftlich, vor allem aber auch entwicklungspolitisch entsteht eine Dilemmasituation: Diversifizierungsbemühungen der Unternehmen entlang von Lieferketten werden konterkariert und die Bemühungen der Bundesregierung, beispielsweise durch den Marshall-Plan mit Afrika mehr deutsche Unternehmen für ein Engagement in Entwicklungs- und Schwellenländern zu gewinnen und damit zu lokalem Fortschritt beizutragen, in Frage gestellt.

2.3.4 Diversity in Führungsfunktionen

Ein weiterer Aspekt der sozialen Nachhaltigkeit ist die Verankerung von Diversity-Ansätzen in der Unternehmensstrategie. Führungsgremien und Personalverantwortliche haben diese Thematik in ihren vielfältigen Dimensionen schon seit geraumer Zeit im Blick. Hierzu gehören über das Geschlecht hinaus Herkunft, Alter, körperliche Einschränkungen, Religion, sexuelle Orientierung und kultureller bzw. auch familiärer Hintergrund. Das Bewusstsein für die Mehrdimensionalität der Fragestellung wächst in den letzten Jahren in der gesellschaftlichen und gesellschaftspolitischen Debatte ebenso wie in den Entscheidungsgremien der Unternehmen. Durch die Implementierung flexibler und maßgeschneiderter Konzepte werden Vielfalt und Chancengleichheit in den Unternehmen zunehmend gefördert. Zudem sind »diverse« Unternehmen – so legen es Studien nahe

(StepStone 2020; Dauth et al. 2022) – wirtschaftlich erfolgreicher; während diesbezüglich im strengen Sinn nur eine Korrelation beweisbar ist, ist es mittlerweile Common Sense bei den Verantwortlichen deutscher Unternehmen, dass »diverse« Unternehmen genau deshalb auf dem umkämpften Fachkräftemarkt an Attraktivität gewinnen.
Seit Mai 2015 gilt das Gesetz für die gleichberechtigte Teilhabe von Frauen und Männern an Führungspositionen in der Privatwirtschaft und im öffentlichen Dienst (Führungspositionengesetz kurz: FüPoG). Die fixe Quote für Aufsichtsräte aus dem FüPoG wird seit August 2022 durch ein Mindestbeteiligungsgebot für Vorstände ergänzt. Börsennotierte und paritätisch mitbestimmte Unternehmen müssen seither mindestens eine Frau in den Vorstand berufen, wenn ihr Vorstand aus mehr als drei Personen besteht.
Jenseits aller formalen Aspekte ist mehr und mehr unbestritten: »Diverse« Führungsgremien, die eine Vielzahl an Blickwinkeln, Erfahrungen und Lebenswirklichkeiten abbilden, sichern den wirtschaftlichen Erfolg von Unternehmen. Aufsichtsräte müssen daher immer ein großes Interesse daran haben, bei ihren Auswahlentscheidungen Kompetenz und Vielfalt im Blick zu haben.

2.4 Governance: Nachhaltigkeit in Unternehmensstrukturen und -prozessen

2.4.1 Entscheidungsprozesse und Risikomanagement

Die stabilen und aus dem Konzept der sozialen Marktwirtschaft abgeleiteten rechtlichen Rahmenbedingungen in Deutschland leisteten und leisten einen entscheidenden Beitrag zu der Wettbewerbsfähigkeit der deutschen Industrie. Allerdings zeigt sich in den letzten Jahren ein bedenklicher Trend: Es ist eine wachsende Zahl regulatorischer Hürden zu bewältigen, der daraus resultierende Komplexitätsgrad nimmt erheblich zu – für Investitionsvorhaben, bei Genehmigungsprozessen jeder Art und für internationale Transaktionen. Das unternehmerische Handeln wird nicht zuletzt dadurch immer stärker verrechtlicht. Umso wichtiger ist es, immer wieder ins Gedächtnis zur rufen, dass Risikomanagement als notwendige Voraussetzung für einen fundierten Umgang mit Risiken und für Entscheidungen zur Risikoprävention zunächst eine adäquate Risikoidentifikation, -aggregation und -bewertung erfordert. Schulungen und Verhaltenskodexe können nur unterstützend sein, dienen der Sensibilisierung und Vorbeugung, ergänzende Kontrollmechanismen wirken rechtswidrigem Verhalten so weit wie möglich entgegen und unterstützen ggf. dessen Aufdeckung.
Durch immer mehr formale Pflichten werden umfangreiche personelle und finanzielle Ressourcen der Unternehmen gebunden. Der Unternehmensleitung kommt dabei die Aufgabe zu, dies in vernünftige und zugleich maßvolle Bah-

nen zu lenken, die gleichzeitig alle regulatorischen Auflagen berücksichtigen, um nicht einem noch teureren und rufschädigenden Sanktionsmechanismus zu unterfallen. In Rechts- und Finanzabteilungen, der Revision und beim Chief Compliance Officer muss zusätzlich immer das Verhältnis zu Rechtsordnungen anderer Staaten mitbedacht werden. Unternehmen, die nachhaltig handeln, übernehmen Verantwortung. Wenn Unternehmen dieses Bewusstsein in ihre Entscheidungen integrieren wollen, muss entsprechendes nachhaltiges unternehmerisches Handeln über das Instrument des mitbestimmten Aufsichtsrats gemeinsam von Arbeitgeber- und Arbeitnehmervertretern als Auftrag angenommen und gestaltet werden.

Am Beispiel der Berichts- und Überwachungspflichten zur Sorgfalt in der Lieferkette wird deutlich, dass die Strukturierung der Risikoanalyse unerlässlich ist. Ebenso deutlich wird, dass eine effektive Risikoanalyse nur so weit gehen kann, wie es den Unternehmen überhaupt möglich ist, hier präventiv tätig zu werden. Nur, wenn Sorgfaltspflichten auch umsetzbar sind, kann von Leitungsorganen der Unternehmen auch erwartet werden, sie durchzusetzen.

2.4.2 Deutscher Corporate Governance Kodex

Mit der jüngsten Reform des Deutschen Corporate Governance Kodex wird ein besonderer Schwerpunkt auf die nachhaltige Unternehmensführung gelegt. Börsennotierte Unternehmen sollen in ihrer Unternehmensstrategie und Unternehmensplanung soziale und ökologische Nachhaltigkeit berücksichtigen. Die Verantwortlichkeit von Vorständen und Aufsichtsräten wird dadurch um Nachhaltigkeitsthemen erweitert.

Die Empfehlungen des Kodex verdeutlichen konkret den Umfang, in dem Nachhaltigkeitsaspekte abgebildet werden sollen. Bereits in der Präambel des Kodex wird hervorgehoben, dass Vorstand und Aufsichtsrat Sozial- und Umweltfaktoren bei der Führung und Überwachung im Rahmen des Unternehmensinteresses zu berücksichtigen haben. Überwachung und Beratung des Vorstands durch den Aufsichtsrat sollen ebenfalls Nachhaltigkeitsfragen umfassen. Das Kompetenzprofil des Aufsichtsrats muss daher die Expertise für das Unternehmen betreffende Nachhaltigkeitsfragen einschließen. In die Erklärung zur Unternehmensführung ist eine Qualifikationsmatrix für den Aufsichtsrat aufzunehmen. Der Kodex empfiehlt weiter, dass das interne Kontroll- und Risikomanagementsystem künftig nachhaltigkeitsbezogene Ziele abdecken soll. Hinsichtlich der Qualifikation der Finanzexperten im Prüfungsausschuss empfiehlt der Kodex, dass zu den bisherigen Kenntnissen und Erfahrungen auch Kenntnisse der Nachhaltigkeitsberichterstattung und deren Prüfung gehören.

Die neuen Anforderungen an die Kompetenzen von Aufsichtsräten börsennotierter Unternehmen stellen eine enorme Herausforderung dar, denn eine generische Qualifikation dürfte kaum mehr reichen. Nur ein spezifischer Bezug zu Unternehmen, Geschäftstätigkeit und aktueller Lage ermöglicht dem Aufsichtsrat eine effektive Beratung und Überwachung bei strategischen Nachhaltigkeitsthemen und konkreten Einzelfragen. Gremienmitglieder sind daher gut beraten, sich zeitnah verstärkt mit den relevanten Nachhaltigkeitsfragen zu befassen und in die betreffenden Fachgebiete einzuarbeiten.

3. Nachhaltiger wirtschaftlicher Erfolg im Wettbewerb: Wachstum, Profitabilität und Innovation

In den Demokratien sind die gesellschaftlichen Erwartungen an unternehmerische Verantwortung stetig angestiegen. Dies spiegelt sich in einer Vielzahl an gesetzgeberischen und regulatorischen Änderungen wider, mit denen insbesondere die ökologische Nachhaltigkeit gestärkt, die soziale Verantwortung erhöht und die Steuerung von Unternehmen durch deren Leitungspersonen oder Organe an diesen Zielsetzungen und Anforderungen ausgerichtet werden sollen. Dieser Trend hat sich in autokratischen Gesellschaften bisher als viel schwächer dargestellt. Dies birgt zunehmend Konfliktstoff in der internationalen Politik und führt zu Verzerrungen im internationalen Wettbewerb – es fehlt ein »Level Playing Field«.

Der Trend zur nachhaltigen Finanzierung verstärkt den Druck. Dieser besteht bisher hauptsächlich am Aktienmarkt, nimmt aber auch rasch an den Anleihemärkten und im Kredit- und Versicherungsgeschäft der Banken und Versicherungen zu. Kapital, Kredit und Versicherung werden Schritt für Schritt an Nachhaltigkeit ausgerichtet. Noch fehlen international verbindliche und weitgehend einheitliche Standards für die Rechnungslegung für Nachhaltigkeit, aber daran wird gearbeitet.

Daher spielt Nachhaltigkeit für die meisten deutschen Unternehmen, insbesondere in der Industrie, heute nicht mehr eine optionale ergänzende Rolle, sondern gehört fest zum strategischen Kern. Geschäftsmodelle werden verändert und Produktionsprozesse in der Wertschöpfungskette stärker an Nachhaltigkeit ausgerichtet.

Zugleich haben die Pandemie und die jüngsten Kriege und Konflikte in der internationalen Politik nur überdeutlich klar werden lassen, dass Deutschland und Europa ihre Resilienz gegenüber Schocks auf Feldern wie Gesundheit oder Energieversorgung überprüfen und erhöhen müssen. Die dramatische Rückkehr weltpolitischer Risiken trifft auch die Unternehmen der deutschen Industrie im

Kern. Auf unternehmerischer Ebene sind Resilienzfragen ebenso anzugehen, etwa durch neue Strategien für Beschaffung und Absatz.
Der Herausforderung für Unternehmen, durch neue technologische Lösungen und Geschäftsmodelle ihre Profitabilität dauerhaft zu sichern, ist erheblich angestiegen. Die Transformation der Unternehmen, insbesondere die Dekarbonisierung der energieintensiven Industrien, stellt dabei eine Jahrhundertaufgabe dar. Nur dann, wenn es gelingt, den wirtschaftspolitischen Rahmen richtig zu setzen, die Grundlagen in der Berichterstattung angemessen zu legen und innovative Lösungen für Nachhaltigkeit in den Unternehmen zu entwickeln und zu etablieren, werden Wettbewerbsfähigkeit und Profitabilität dauerhaft gesichert werden können. Nachhaltigkeit ist eine unternehmerische Verantwortung, keine Frage. Der Verantwortung der politischen Entscheidungsträger für zielführende Rahmenbedingungen und der Bürgerinnen und Bürger für nachhaltiges Handeln in allen ihren Bezügen kommt jedoch eine gleichermaßen große Bedeutung zu.

4. Quellenangaben

Bundesverband der Deutschen Industrie e.V., BDI (2019). Soziale Marktwirtschaft im 21. Jahrhundert – Die Perspektive der deutschen Industrie. Abgerufen am 29. 8. 2022, *https://bdi.eu/publikation/news/soziale-marktwirtschaft-im-21-jahrhundert/.*

Institut für Demoskopie Allensbach (2021). Nachhaltigkeit in der sozialen Marktwirtschaft. Abgerufen am 29. 8. 2022, *https://bdi.eu/publikation/news/nachhaltigkeit-in-der-sozialen-marktwirtschaft-nachhaltigkeit-klimaschutz/.*

Platform on Sustainable Finance (2022). Final Report on Social Taxonomy. Abgerufen am 29. 8. 2022, *https://ec.europa.eu/info/sites/default/files/business_economy_euro/banking_and_finance/documents/280222-sustainable-finance-platform-finance-report-social-taxonomy.pdf.*

StepStone GmbH (2020). Repräsentative Studie zu Diversity. Abgerufen am 29. 8. 2022, *https://www.stepstone.de/ueber-stepstone/press/reprasentative-studie-zu-diversity/.*

Dauth, T., Schmid, S., Baldermann, S. & Orban, F. (2022). Attracting talent through diversity at the top: The impact of TMT diversity and firms' efforts to promote diversity on employer attractiveness. Abgerufen am 9. 11. 2022, *https://www.sciencedirect.com/science/article/pii/S026323732100150X?via%3Dihub.*

Yasmin Fahimi

»Eine nachhaltige Unternehmenspolitik bedarf einer starken Mitbestimmung der Arbeitnehmer:innen«

Take-Aways:

→ Die Unternehmensmitbestimmung leistet in verschiedenen Feldern nachweislich positive Beiträge zur unternehmerischen Nachhaltigkeitspolitik, z.B. mit Blick auf eine gute Corporate Governance sowie eine engagierte Nachhaltigkeitsberichterstattung. Die Debatte über eine nachhaltige Unternehmensführung ist daher viel enger und systematischer mit der Diskussion um Mitbestimmung zu verknüpfen.

→ Das Nachhaltigkeitspotenzial der Unternehmensmitbestimmung lässt sich jedoch nur dann voll ausschöpfen, wenn es gelingt, ihre drohende Erosion zu stoppen. Dafür ist es dringend notwendig, die Schlupflöcher zur Vermeidung der Unternehmensmitbestimmung im deutschen und europäischen Recht zu schließen.

→ Eine erfolgreiche Bewältigung der Transformation erfordert eine umfassende Modernisierung der Unternehmensmitbestimmung auf allen Ebenen, die nur dann gelingen wird, wenn wir das Denken in den engen Grenzen historisch gewachsener Gesetze überwinden. Stattdessen sollte sich solch eine grundlegende Reform an der Zielmarke einer paritätischen Unternehmensmitbestimmung »aus einem Guss« orientieren.

Inhalt

1. Einleitung

Corporate Responsibility, auch Corporate Social Responsibility (kurz: CSR) genannt, ist das zentrale Thema dieses Sammelbandes. Lange Zeit handelte es sich dabei um einen schillernden Begriff. Von den einen wegen des Ansatzes der Freiwilligkeit euphorisch gefeiert, wurde er von anderen genau deshalb misstrauisch beäugt.[1]

Kritische Stimmen äußerten dabei vor allem die Sorge, dass ein Ausweichen auf freiwillige Lösungen die Weiterentwicklung gesetzlicher Regulierung verhindern könnte. So stellte der Deutsche Gewerkschaftsbund (DGB) im Jahr 2010 in einem Beschluss fest, dass Unternehmen »*nicht dazu legitimiert sind, ihre Verantwortung gegenüber der Gesellschaft allein zu definieren*« (DGB 2010).

So berechtigt diese Sorge damals auch gewesen sein mag: Zwölf Jahre später kann man festhalten, dass die berechtigten Zweifel nicht vollständig eingetreten sind.

1 Vgl. für eine Einordnung aus gewerkschaftlicher Sicht: Thannisch, R. (2020a).

Die befürchteten Verdrängungseffekte sind nicht erfolgt. Ein wesentlicher Grund dafür ist, dass Fragen der Nachhaltigkeit in der Unternehmenspolitik stetig an Bedeutung gewonnen haben, auch weil sich Gewerkschaften und Teile der Zivilgesellschaft dafür stark gemacht haben.

Nachhaltigkeitsaspekte spielen zwar auch bei freiwilligen Selbstverpflichtungen von Unternehmen eine immer wichtigere Rolle. Wie insbesondere die jüngste Reform des Deutschen Corporate Governance Kodex (DCGK) belegt, gilt das auch für das »soft law«, mit dem der Rahmen für diese Selbstverpflichtungen abgesteckt wird.

Dennoch bedeutet dies nicht, dass der deutsche und insbesondere der europäische Gesetzgeber untätig geblieben sind. Im Gegenteil: Auf beiden Gesetzgebungsebenen hat sich zunehmend die Notwendigkeit gezeigt, auf dem Gebiet der Unternehmenspolitik regulierend tätig zu werden, wenn es um Fragen der Nachhaltigkeit geht. Die aktuelle Bandbreite gesetzgeberischen Handelns reicht dabei vom EU-Richtlinienvorschlag zur Nachhaltigkeitsberichterstattung bis hin zum deutschen Lieferkettensorgfaltspflichtengesetz sowie seinem europäischen Pendant, der Wertschöpfungsketten-Richtlinie (Corporate Sustainability Due Diligence Directive kurz: CSDDD).

Selbstläufer sind diese Entwicklungen allerdings nicht, denn jeder Fortschritt im Kontext der unternehmerischen Nachhaltigkeitspolitik musste mühsam erkämpft werden: oftmals gegen den Widerstand anderer EU-Mitgliedstaaten im Rat, aber stets gegen die deutschen Arbeitgeberverbände.

Die Argumentation der Arbeitgeberseite folgt dabei immer der gleichen Leier: Sie beschwören auch im Zusammenhang mit den wachsenden Anforderungen an eine nachhaltige Unternehmensführung regelmäßig das Schreckgespenst eines neuen »Bürokratiemonsters« herauf.

So spricht beispielsweise die Mittelstands- und Wirtschaftsunion (MIT) von einem »*Schock für den Mittelstand*«, um gegen die neuen Regeln zur Nachhaltigkeitsberichterstattung für Unternehmen zu agitieren (MIT 2022). Die Bundesvereinigung der deutschen Arbeitgeberverbände (BDA) warnt auch mit Blick auf die Taxonomie-Verordnung der EU vor einer »*vielfachen, überbürokratisierten Berichterstattungspflicht zum teils selben Gegenstand*« (BDA 2022). Die Vereinigung der bayerischen Wirtschaft wiederum fordert in einer Positionsbestimmung vom Juni 2022 sehr konkret, dass die europäischen Pläne u. a. für eine Lieferkettenregulierung, zur sozialen Taxonomie und zur Nachhaltigkeitsberichterstattung *auf Eis gelegt* werden sollten (vbw 2022, 3).

Jenseits dieser dogmatischen Abwehrhaltung im Arbeitgeberlager krankt die aktuelle Debatte aber daran, dass die zentrale Rolle der Mitbestimmung der Arbeitnehmer:innen oftmals ausgeblendet wird. Und das, obwohl – wie im Folgenden veranschaulicht wird – Studien belegen, dass die Mitbestimmung in vielfacher Weise positive Auswirkungen auf die Nachhaltigkeit der Unternehmenspolitik

hat. Umso unverständlicher ist es, dass viele Initiativen der Europäischen Kommission die Mitbestimmung überhaupt nicht oder bestenfalls am Rande thematisieren (Europäische Kommission 2020).
Diese Ignoranz gegenüber der Mitbestimmung verkennt völlig, dass die Klimawende und die digitale Wende nur dann gelingen werden, wenn der dafür erforderliche Umbau unserer Wirtschafts- und Arbeitswelt demokratisch – und d. h. gemeinsam mit den Beschäftigten und nicht über ihre Köpfe hinweg – erfolgt. Es ist wichtig, dass Arbeitnehmer:innen im Wandel nicht ausgeliefert und fremdbestimmt sind, sondern selbst mitgestalten und mitentscheiden können. Die Sicherheit und das Vertrauen der Beschäftigten, sich selbst beteiligen und etwas bewirken zu können, stärkt nicht nur die betriebliche Demokratie, sondern unser demokratisches System insgesamt.
Aus all diesen Gründen ist es wichtig, die Debatte über eine nachhaltige Unternehmensführung viel enger und systematischer mit der Diskussion um Mitbestimmung zu verknüpfen. Dafür möchte dieser Beitrag Erfahrungswissen beisteuern und Perspektiven aufzeigen. Im folgenden Kapitel wird zunächst gezeigt, wo praktische Anknüpfungspunkte zwischen der Mitbestimmung im Aufsichtsrat und einer nachhaltigen Unternehmenspolitik bestehen. Darauf folgt ein Überblick über aktuelle Forschungsergebnisse sowohl zur ökonomischen Wirkung von Mitbestimmung als auch zu ihren Nachhaltigkeitseffekten. Darauf aufbauend werden die durchweg positiven Beiträge eingehender erläutert, welche die Mitbestimmung ganz konkret in verschiedenen Feldern unternehmerischer Nachhaltigkeitspolitik leisten kann. Dann wird in einem weiteren Schritt der Frage nachgegangen, wie es gelingen kann, die Rolle der Mitbestimmung in diesen Politikfeldern weiter auszubauen.
Da das Nachhaltigkeitspotential der Mitbestimmung jedoch nur ausgeschöpft werden kann, wenn es gelingt, ihre drohende Erosion zu stoppen, schließt dieser Beitrag mit einer empirischen Betrachtung von Unternehmenspraktiken, mit denen gezielt Mitbestimmungsvermeidung betrieben wird, und einem Überblick über die zentralen gewerkschaftlichen Forderungen zur Stärkung der Mitbestimmung auf Unternehmensebene.

2. Rolle und Funktion der Mitbestimmung im nachhaltigen Unternehmen

2.1 Mitbestimmung im Aufsichtsrat und ihre Schlüsselrolle für eine nachhaltige Unternehmenspolitik

»Als demokratisches Gestaltungsprinzip der sozialen Marktwirtschaft schafft die Mitbestimmung die Grundvoraussetzung dafür, dass Arbeitnehmer:innen zu Bürger:innen im Betrieb und in Verwaltungen werden.« (Hoffmann et al. 2021)

Mitbestimmte Unternehmen sind besonders gut aufgestellt, wenn es darum geht, den erforderlichen Umbau unserer sozialen Marktwirtschaft zu einer sozial-ökologischen Marktwirtschaft erfolgreich voranzutreiben. Sie können sich dabei einerseits auf das Modell der dualistischen Unternehmensverfassung stützen, die eine strikte Trennung der Verantwortlichkeiten von Vorstand und Aufsichtsrat vorsieht. Andererseits verfügen sie bei gleichzeitig paritätischer Besetzung des Aufsichtsrats durch die Kapitalseite und die Arbeitnehmerbank über ideale Voraussetzungen, um sozial, ökonomisch und ökologisch nachhaltiger zu produzieren und zu wirtschaften.

Mitbestimmung unterstützt in vielfacher Weise eine Unternehmenspolitik, die allen drei Dimensionen von Nachhaltigkeit (Ökonomie, Ökologie und Soziales) verpflichtet ist und sie in ein ausgewogenes Verhältnis zueinander setzt, statt sich an kurzfristigen Investoreninteressen zu orientieren. Stattdessen fließen dank der Mitbestimmung auch die Interessen der Beschäftigten an Guter Arbeit und einer langfristigen Standortsicherung für den Erhalt bestehender und die Schaffung neuer Arbeitsplätze in die Unternehmenspolitik ein. Bereits seit Jahren gibt es starke empirische Belege dafür, dass die Mitbestimmung in ihren verschiedenen Facetten ein wichtiger Bestandteil des nachhaltigen Unternehmens ist (Vitols & Kluge 2011).

Es sind gerade ihre fundierten Kenntnisse der Situation in den Betrieben und ihr kritisch-aufmerksamer Blick, durch die die Arbeitnehmervertreter:innen in Aufsichtsräten die Nachhaltigkeit der Unternehmenspolitik verbessern. Gerade die betrieblichen Arbeitnehmervertreter:innen sind oftmals DIE Expert:innen für die Situation in den Betrieben und bringen damit unverzichtbares Wissen in die Aufsichtsratsarbeit ein.

Die außerbetrieblichen Gewerkschaftsvertreter:innen in Aufsichtsräten wiederum tragen mit ihren Branchenkenntnissen, ihrer rechtlichen Expertise und ihrer unternehmensübergreifenden Perspektive auf wirtschaftliche Zusammenhänge dazu bei, dass nicht nur die Kapitalmarktziele, sondern auch die langfristigen Interessen des Unternehmens und der Beschäftigten im Blick behalten werden.

In der Praxis kann sich die Arbeitnehmerbank im Aufsichtsrat an vielen Stellen für die Nachhaltigkeit der Unternehmenspolitik einsetzen. Angefangen bei der Auswahl von Vorstandsmitgliedern mit einschlägigen Kompetenzen über die Integration von nachhaltigkeitsorientierten Vergütungselementen in die Vorstandsvergütung bis hin zur Einrichtung eines Nachhaltigkeitsausschusses im Aufsichtsrat stehen ihr eine ganze Reihe von Möglichkeiten zur Verfügung, von denen auch aktiv Gebrauch gemacht wird. Und dies mit Erfolg, zeigte doch eine von der Hans-Böckler-Stiftung beauftragte Untersuchung zur Vorstandsvergütung bereits im Jahr 2014, dass die Initiativen zur Einführung von sozialen oder ökologischen Vergütungskriterien in fast allen Fällen von der Arbeitnehmerseite ausgingen (Hadwiger et al. 2014).

2.2 Die Unternehmensstrategie als zentraler Hebel für unternehmerische Nachhaltigkeit

Die oben beschriebenen Maßnahmen sind wichtige Werkzeuge für Arbeitnehmervertreter:innen, um Einfluss auf die Ausrichtung der Unternehmensstrategie zu nehmen. Und genau hier – in der Unternehmensstrategie – liegt der zentrale Hebel für die Arbeitnehmerbank im Aufsichtsrat, um ein Unternehmen auf Nachhaltigkeitskurs zu bringen.

Die Entwicklung und Umsetzung der Unternehmensstrategie liegt zunächst einmal in der Verantwortung des Vorstands. Dieser ist gemäß § 76 des Aktiengesetzes eigenverantwortlich zuständig für die Unternehmensleitung. Die Rolle des Aufsichtsrats wiederum liegt in der Überwachung und Beratung des Vorstands – wobei diese Beratungsfunktion in den letzten Jahren immer wichtiger geworden ist.

Auch der Deutsche Corporate Governance Kodex fordert in seinem Grundsatz Nr. 2:

»Der Vorstand entwickelt die strategische Ausrichtung des Unternehmens, stimmt sie mit dem Aufsichtsrat ab und sorgt für ihre Umsetzung« (DCGK 2022).

In diesem Prozess sollte der Aufsichtsrat seine Rolle möglichst aktiv wahrnehmen und die Entwicklung der Unternehmensstrategie kompetent und kritisch begleiten. Denn – wie es die Hans-Böckler-Stiftung treffend in einer aktuellen Arbeitshilfe betont – es ist gerade aus Mitbestimmungssicht wichtig, Einfluss zu nehmen und sich mit Expertise einzubringen. Schließlich geht es bei den strategischen Fragen auch um die langfristige Standort- und Beschäftigungsperspektive (Campagna 2020).

Eine wesentliche Rolle spielen dabei ökologische und soziale Zielsetzungen, aber auch andere Handlungsfelder wie Innovation, Unternehmenskultur oder

Kunden- und Mitarbeiterzufriedenheit. All diese strategischen Orientierungspunkte sind, unterlegt mit finanziellen und nicht-finanziellen Indikatoren, entscheidungsrelevant, bestimmen sie in ihrer Gesamtheit doch über die künftige Wettbewerbsfähigkeit der Unternehmen.
Ganz wesentlich ist in diesem Zusammenhang auch die Festlegung eines Katalogs zustimmungspflichtiger Geschäfte. Mit diesem Katalog kann jeder Aufsichtsrat für sein Unternehmen Maßnahmen festlegen, die der Vorstand bzw. die Geschäftsführung nicht ohne die Zustimmung des Aufsichtsrats beschließen darf. Dazu können beispielsweise der Kauf oder Verkauf von Betrieben und Tochterunternehmen, die Freigabe von Investitionen ab einer bestimmten Höhe, die Erteilung von Prokura oder – im schlimmsten Fall – auch das Schließen von Betrieben und Standorten gehören. Die Arbeitnehmervertreter:innen sind daher gut beraten, auf eine umfassende Festschreibung solcher Kataloge zustimmungspflichtiger Geschäfte zu dringen, so dass sie bei allen Maßnahmen mitentscheiden können, die Relevanz für die Zukunftsperspektiven des Unternehmens und seiner Beschäftigten haben.
Entsprechende Kataloge können auch als Grundlage für sogenannte »Best Ownership Programme« dienen, mit deren Hilfe beim Verkauf von Unternehmensteilen die Einhaltung bestimmter sozialer Standards vereinbart wird. Ein gutes Beispiel dafür ist die Fair- und Best-Owner-Vereinbarung zwischen der IG Metall und den neuen Eigentümern der im Jahr 2020 verkauften Aufzugssparte von ThyssenKrupp. Konkret vereinbart wurde in diesem Fall u. a. eine langjährige Standort- und Beschäftigungsgarantie, die Beibehaltung aller Tarifverträge, die Fortführung der betrieblichen Altersvorsorge und der Erhalt der bestehenden Mitbestimmungsstrukturen (IG Metall NRW 2020).

2.3 Notwendigkeit eines ganzheitlichen Verständnisses von Nachhaltigkeit

Aus gewerkschaftlicher Sicht bemisst sich gute Unternehmenspolitik daran, ob bzw. inwieweit sie einem ganzheitlichen Verständnis von Nachhaltigkeit folgt.
Ein Öko-Supermarkt, dessen Produkte strengsten Bio-Kriterien entsprechen, dessen Geschäftsführung jedoch illegalerweise die Gründung eines Betriebsrats behindert, kann ebenso wenig eine nachhaltige Unternehmenspolitik für sich reklamieren wie ein mitbestimmtes Unternehmen, in dessen Zulieferkette die Umwelt geschädigt oder Menschenrechte verletzt werden.
Besonders prägnant auf den Punkt gebracht werden die Anforderungen an ein solch umfassendes Nachhaltigkeitsverständnis beim CSR-Preis der Bundesregierung, in dessen Jury auch der DGB mitarbeitet. Ausgezeichnet werden mit diesem Preis nur Unternehmen, die – so wörtlich – *»faire Geschäftspraktiken und eine mitarbeiterorientierte Personalpolitik umsetzen, natürliche Ressourcen*

sparsam nutzen, Klima und Umwelt schützen, sich vor Ort engagieren und Verantwortung auch in der Lieferkette übernehmen« (BMAS 2020).

Festzuhalten ist aber auch, dass der ganzheitliche CSR-Ansatz dieses Preises der Bundesregierung bislang eine Ausnahmeerscheinung bleibt und sich noch längst nicht in der Breite durchgesetzt hat. So muss es aus gewerkschaftlicher Sicht durchaus bedenklich stimmen, dass wir auf EU-Ebene inzwischen zwar über eine ökologische Taxonomie verfügen, also über klare Vorgaben für die Bewertung und Klassifizierung wirtschaftlicher Tätigkeiten anhand von Umweltzielen, dass es aber gleichzeitig fraglich erscheint, ob die derzeit noch in der Entwicklung befindliche soziale Taxonomie jemals gesetzlich umgesetzt wird (Leuchters 2022).

In gewisser Weise ist dieses Beispiel symptomatisch für weite Teile der politischen und öffentlichen Debatte der letzten Jahre. Getrieben u. a. durch die immer größere Dringlichkeit einer erfolgreichen Klimawende tendiert diese Debatte nach wie vor dazu, die Betonung einseitig auf die ökologische Dimension von Nachhaltigkeit zu legen, während die soziale Dimension von Nachhaltigkeit nicht den gleichen Stellenwert genießt oder vereinzelt sogar aus dem Blick zu geraten droht.

Nicht zuletzt, um zu verhindern, dass aus dieser Unwucht massive Akzeptanzprobleme für den Umbau in eine klimaneutrale Wirtschaft resultieren, ist es hier höchste Zeit für ein grundlegendes Umdenken in Politik und Gesellschaft. Soziale Nachhaltigkeitsaspekte müssen endlich auf Augenhöhe mit ökologischen Nachhaltigkeitsaspekten diskutiert, daraus resultierende Zielkonflikte offengelegt und unter Berücksichtigung aller relevanten Interessen sorgfältig gegeneinander abgewogen werden. Auch hierbei kommt einer starken Mitbestimmung eine Schlüsselrolle zu – gerade, wenn es um die Entwicklung von Nachhaltigkeitskonzepten auf Unternehmensebene geht.

Hinzukommt, dass Mitbestimmung nicht nur den Interessen der Beschäftigten in der Unternehmenspolitik Geltung verschafft, sondern zusätzlich positive Wirkung auf die Funktionsweise der Unternehmensorgane insgesamt entfaltet. Oder anders ausgedrückt: Durch die Einbeziehung von Arbeitnehmervertreter:innen in den Aufsichtsrat verbessert sich auch die Nachhaltigkeit der Unternehmens-Governance.

Deutlich wird dies u. a. dadurch, dass Mitbestimmung bei uns im Lande den Anteil von Frauen im Aufsichtsrat vergrößert hat, und dies bereits, bevor die Geschlechterquote mit dem Führungspositionengesetz (FüPoG) im Jahr 2015 verbindlich eingeführt wurde. Gestützt auf Zahlen des Women-on-Board-Index (WoB-Index) hat die 5. Bilanz Chancengleichheit der Bundesregierung schon im Juni 2013 dokumentiert, dass sich der Frauenanteil in den 160 größten börsennotierten Unternehmen auf Anteilseignerseite zwar von 5,01 % (Januar 2011) auf 12,1 % (März 2013) erhöht hat, der Frauenanteil auf Arbeitnehmerseite zu diesem Zeitpunkt aber bereits 22,82 % betrug (BFSFJ 2013, 89). Auch im Jahr 2022 liegt der Frauenanteil im Aufsichtsrat der 160 im DAX, MDAX, SDAX und den 23 paritätisch mitbestimmten im Regulierten Markt notierten Unternehmen auf Arbeitnehmerseite (36,6 %) höher als auf der Kapitalseite (31,4 %) (FidAR e.V. 2022, 24–26).

Dadurch hat sich auch die Qualität der Governance von Unternehmen nachweislich verbessert. Wie eine Studie der Hans-Böckler-Stiftung zeigt, wirkt sich ein höherer Frauenanteil positiv auf die Arbeitsweise des Aufsichtsrats aus. Die Studie kommt zu dem Ergebnis, dass Aufsichtsrätinnen zur Versachlichung der Diskussion und zur Konfliktlösung beitragen. Sie stellen mehr Fragen, wünschen Erklärungen, wollen mehr Details wissen und dulden kein rüdes Verhalten, so dass ihre Anwesenheit auch eine disziplinierende Wirkung auf Männer hat (Böckler Impuls 2019, 2).

Die oben genannten positiven Effekte eines größeren Frauenanteils im Aufsichtsrat werden durch aktuelle Befragungen im Top-Management und unter Betriebsräten zu Effekten von Geschlechterdiversität auf die Gremienarbeit anlässlich der Evaluation des FüPoG bestätigt. Die Befragung im Rahmen des Evaluationsgutachtens bilanziert (deutliche) Verbesserungen beim wertschätzenden Umgang miteinander, der Vermittlung zwischen konträren Positionen, der Bedeutung der sozialen Führungskompetenzen und der Sachlichkeit der Diskussionen. Auch Aspekte wie Arbeitgeberattraktivität, Mitarbeiterzufriedenheit oder Familie und Vereinbarkeitsthemen würden mit steigendem Frauenanteil verstärkt thematisiert, was Unternehmen vor allem mit Blick auf die Fachkräftegewinnung in eine bessere Position bringen dürfte.

Durch Mitbestimmung verbessert sich jedoch nicht nur das Geschlechterverhältnis im Aufsichtsrat. Darüber hinaus wird das Gremium auch größer und heterogener und damit grundsätzlich weniger anfällig für Korruption. Auch die Unabhängigkeit des Gremiums verbessert sich, weil demokratisch von den Beschäftigten gewählte Arbeitnehmervertreter:innen über eine starke eigene Legitimation verfügen und damit unabhängig von Vorstand bzw. Geschäftsführung agieren können.

So stärken Arbeitnehmervertreter:innen in Aufsichtsräten auch die Überwachung von Compliance- und Risikomanagement-Systemen. Maßgeblichen Anteil daran hat ihr unersetzliches Wissen um die Risiken, die in der Wertschöpfungs- und Lieferkette auch mit Blick auf die Einhaltung von Arbeitnehmerrechten bestehen.

Einen weiteren Bedeutungszuwachs erfahren diese Zuständigkeiten von Aufsichtsräten im Compliance- und Risikomanagement durch das kürzlich verabschiedete deutsche Lieferkettensorgfaltspflichtengesetz, für das sich der DGB und seine Mitgliedsgewerkschaften stark gemacht haben. Dort gibt der wegweisende Paragraf 4 Unternehmen u.a. vor, menschenrechts- und umweltbezogene

Risiken im eigenen Geschäftsbereich sowie bei ihren unmittelbaren Zulieferern im Rahmen einer Risikoanalyse zu ermitteln, diese angemessen zu gewichten und zu priorisieren und intern an die maßgeblichen Entscheidungsträger:innen zu kommunizieren.

2.4 Produktives Zusammenspiel mit Betriebsräten und Gewerkschaft als notwendige Voraussetzung für eine funktionierende Unternehmensmitbestimmung

Bei all diesen Überlegungen muss eines klar sein: Die Mitbestimmung im Aufsichtsrat funktioniert nur dann, wenn sie sich auf starke Betriebsräte und eine starke Gewerkschaft stützen kann. Auf sich alleine gestellt können Arbeitnehmervertreter:innen im mitbestimmten Aufsichtsrat kaum Wirkung entfalten. Wenn sie jedoch in engem Schulterschluss mit engagierten Betriebsratsmitgliedern und als deren Sprachrohr agieren, können sie tiefes Wissen über betriebliche Abläufe in die direkte Diskussion mit den Kapitalvertreter:innen sowie dem Vorstand einspeisen und somit manchen »Filter« um den Vorstand herum durchdringen. Gleichzeitig ermöglicht es erst das enge Zusammenspiel zwischen der Arbeitnehmerbank in Aufsichtsräten und der Tarifpolitik der Gewerkschaften, echte Zukunftskonzepte zu vereinbaren und umzusetzen.
Wie wichtig das enge Zusammenwirken zwischen Unternehmensmitbestimmung, betrieblicher Mitbestimmung und Tarifpolitik für eine erfolgreiche Vertretung der Beschäftigteninteressen ist, illustriert das Beispiel der Hauni Maschinenbau GmbH in Hamburg. Das Management dieses Unternehmens plante aufgrund der negativen Marktentwicklung in der Tabakindustrie eine umfassende Verlagerung von Produktionsstätten und Outsourcing, verbunden mit betriebsbedingten Kündigungen und massivem Personalabbau. Damit wollten sich die Betriebsratsmitglieder keinesfalls abfinden, weshalb sie gemeinsam mit den Beschäftigten und unter Einbindung der Arbeitnehmervertreter:innen im Aufsichtsrat sowie der Vertrauensleute der IG Metall ein Alternativkonzept erarbeitet haben.
Im Ergebnis wurde gemeinsam mit der IG Metall ein neuer Ansatz entwickelt, der sogenannte »Hauni Weg«. Dazu wurde ein Zukunftstarifvertrag geschlossen: Auf betriebsbedingte Kündigungen wurde verzichtet. Pläne zum Outsourcing wurden zurückgenommen. Arbeitsplätze in Kernbereichen und in den Querschnittsfunktionen wurden gesichert und Hierarchien abgeflacht. Zwar mussten dennoch 700 Arbeitsplätze abgebaut werden. Dies gelang aber sozialverträglich und ohne betriebsbedingte Kündigungen. Im Gegenzug konnten 1600 Arbeitsplätze langfristig gesichert werden. Außerdem wurde ein Innovationsfonds geschaffen, in dem das Unternehmen jährlich 1 Mio. Euro zur Verfügung stellt

und über dessen Verwendung Geschäftsleitung und Betriebsrat gemeinsam entscheiden (Herrmann 2022).
Als weiteres Unternehmensbeispiel sei an dieser Stelle die Bayer AG genannt, bei der Vorstand und Gesamtbetriebsrat im März 2022 ein Zukunftskonzept mit klaren Investitionszusagen vereinbart haben (Bayer 2022). Und im Falle der ERGO Versicherung ist es im Dezember 2021 gelungen, gemeinsam mit ver.di einen neuen sozialen Ordnungsrahmen zu vereinbaren, der u. a. einen weitreichenden Verzicht auf betriebsbedingte Kündigungen, einen Schutz für die Verwaltungsstandorte in Deutschland sowie ein klares Bekenntnis zur Erstausbildung in Deutschland beinhaltet (ERGO 2021). Beide Unternehmen verfügen über mitbestimmte Aufsichtsräte.
Etwas anders gelagert ist schließlich das Fallbeispiel der belgischen Solvay-Gruppe. Hier ist es der IndustriAll Global Union 2013 gelungen, mit der Leitung dieser international operierenden Unternehmensgruppe ein »Weltweites Abkommen zur sozialen Verantwortung« zu vereinbaren, das 2017 verlängert und aktualisiert wurde. Neben dem Bekenntnis zur Einhaltung der ILO-Sozialstandards und der Prinzipien des UN Global Compact beinhaltet das Abkommen die Verpflichtung zur Einhaltung der OECD-Leitsätze für multinationale Unternehmen – nicht nur für die Solvay-Gruppe selbst, sondern auch für ihre Lieferant:innen und Partnerfirmen.
In der gewerkschaftlichen Diskussion gilt dieses Abkommen als beispielhaft für globale Rahmenabkommen zwischen multinationalen Unternehmen auf der einen und internationalen oder europäischen Gewerkschaftsföderationen auf der anderen Seite. Am Beispiel Solvay zeigt sich besonders anschaulich, wie gut es in Unternehmen mit starken Gewerkschaften und starker Mitbestimmung gelingen kann, die Unternehmensleitung auch über nationale Grenzen hinweg freiwillig auf die wirksame und verbindliche Einhaltung von sozialen und arbeitnehmerrechtlichen Mindeststandards zu verpflichten.

2.5 Studien belegen die positive ökonomische Wirkung der Mitbestimmung und ihren Beitrag zur Nachhaltigkeit

Wurden bislang eher allgemeine Einschätzungen vorgenommen und Best-Practice-Beispiele erörtert, sollen nun Ergebnisse der quantitativen Forschung genauer in den Blick genommen werden. Aktuelle Studien belegen in aller Deutlichkeit, dass Unternehmen mit einem mitbestimmten Aufsichtsrat ökonomisch erfolgreicher sind, nachhaltiger wirtschaften und besser durch Krisen kommen (Hans-Böckler-Stiftung 2022).
Eine vielbeachtete Arbeit von Rapp & Wolff (2019) zeigt beispielsweise, dass sich Unternehmen mit Unternehmensmitbestimmung in und nach der Finanz- und Wirtschaftskrise besser entwickelt haben als europäische Vergleichsfirmen ohne

Mitbestimmung. Das gilt für die operative Performance und die Bewertung am Kapitalmarkt ebenso wie für die Beschäftigungsentwicklung und die Investitionen in Anlagen und Forschung. In die gleiche Richtung weist eine Studie von Redeker (2019), die belegt, dass die paritätische Mitbestimmung in Deutschland die Investitionen der Unternehmen erhöht. Mit Blick auf die Europäischen Institutionen kommt der Autor deshalb zu der Schlussfolgerung, dass eine Stärkung der Verhandlungsmacht der Arbeitnehmer:innen sinnvoll sei, um – volkswirtschaftlich erwünscht – das Investitionsverhalten von Unternehmen anzukurbeln. Auch Vitols & Scholz (2021) weisen überzeugend nach, dass die Stärke der Verankerung der Mitbestimmung signifikant positiv mit der Kapitalinvestitionsquote zusammenhängt.

Campagna et al. (2020) betrachten wiederum die ökonomische Wirkung der Unternehmensmitbestimmung im Kontext der jeweils gewählten Unternehmensstrategie. Sie kommen zu dem Ergebnis, dass Unternehmen, in denen die Mitbestimmung stark verankert ist, mit höherer Wahrscheinlichkeit eine Differenzierungsstrategie (anstelle einer Kostenführerstrategie) verfolgen. Die Forschergruppe wertet diese strategische Ausrichtung der Unternehmenspolitik als Indiz für mehr Innovationen und Ausdruck einer »positiven Standort- und Beschäftigungsperspektive.« Zudem gelingt dem Autorenteam der Nachweis, dass stark mitbestimmte Unternehmen insgesamt eine bessere wirtschaftliche Performance (gemessen an verschiedenen Renditekennzahlen) aufweisen als Unternehmen ohne oder mit schwach ausgeprägter Unternehmensmitbestimmung (Campagna et al. 2020). Schon in ihrer 2017 erschienenen Studie sind Hassel & Helmerich (2017) bei der Betrachtung der 100 größten europäischen Unternehmen zu ähnlichen Ergebnissen gekommen.

Ergänzt werden diese Erkenntnisse durch eine weitere Arbeit von Eulerich et al. aus dem Jahr 2022, die zeigt, dass stark mitbestimmte Unternehmen weniger Risiken bei Mergers & Acquisitions eingehen. Bereits zwei Jahre zuvor hatten Eulerich und Fligge (2020) Forschungsergebnisse vorgelegt, denen zufolge Unternehmen mit starker Mitbestimmung deutlich seltener Steuervermeidung betreiben und seltener Bilanzierungsspielräume ausnutzen.

All die genannten aktuellen Forschungsarbeiten bestätigen und konkretisieren somit die insgesamt überwiegend positiven Erkenntnisse der älteren ökonomischen Mitbestimmungsforschung.[2] Darüber hinaus lassen sich aber auch positive Zusammenhänge nachweisen, wenn direkt die Wirkung der Unternehmensmitbestimmung auf einzelne Nachhaltigkeitsaspekte im Unternehmen untersucht

2 Jirjahn (2011) fasste die ökonomische Wirkung der betrieblichen und unternehmerischen Mitbestimmung im Jahr 2011 in einem vielbeachteten Literaturüberblick wie folgt zusammen: »*Insgesamt lässt sich gerade auch bei Berücksichtigung aktueller Studien festhalten, dass Mitbestimmung durchaus ein Potenzial zur Steigerung der ökonomischen Leistungsfähigkeit beinhaltet*«.

wird. Auf Basis des von ihnen entwickelten Mitbestimmungsindex MB-ix gelangen Vitols et al. zu dem Ergebnis, dass Unternehmen mit starker Mitbestimmung mehr ausbilden, ein höheres Maß an Arbeitsplatzsicherheit bieten, mehr Frauen in den Aufsichtsrat berufen, ihre täglichen Entscheidungen stärker an Nachhaltigkeitsaspekten ausrichten, einen intensiveren Dialog mit Stakeholdern führen und die Vorstandsvergütung häufiger an Nachhaltigkeitsziele koppeln (Vitols et al. 2018).

3. Verzahnung der Debatte um Mitbestimmung mit weiteren aktuellen regulativen Vorhaben bzw. Diskursen im Bereich der Nachhaltigkeit

3.1 Neue EU-Regelungen zur Nachhaltigkeitsberichterstattung

Wie in den vorangehenden Kapiteln herausgearbeitet wurde, kann die Mitbestimmung einen elementaren Beitrag zu einer nachhaltigen Unternehmenspolitik leisten, insbesondere mit Blick auf die ökonomische und die soziale Dimension der Nachhaltigkeit sowie die Governance-Strukturen eines Unternehmens. Im Folgenden soll nun der Frage nachgegangen werden, ob und inwieweit aktuelle Regulierungsvorhaben und Diskurse im Bereich der Nachhaltigkeit neue Möglichkeiten eröffnen, die Rolle der Mitbestimmung zu stärken und weiter auszubauen.

Dass sich hier durchaus erhebliche Spielräume für mehr Mitbestimmung eröffnen können, wird am deutlichsten an der neuen EU-Richtlinie zur Nachhaltigkeitsberichterstattung (englisch: Corporate Sustainability Reporting Directive, kurz: CSRD), auf die sich die Europäische Kommission, das Europäische Parlament und der Rat im Juni 2022 im sogenannten Trilog verständigt haben. Der im Trilog gefundene politische Kompromiss wurde am 10. November 2022 vom Europäischen Parlament und am 28. November 2022 vom Ministerrat final bestätigt.

Diese neue EU-Richtlinie steht in direkter Nachfolge der Richtlinie zu nichtfinanzieller Berichterstattung, auch CSR-Richtlinie genannt, die in Deutschland im Jahr 2017 durch das CSR-Richtlinien-Umsetzungsgesetz (kurz: CSR-RUG) implementiert wurde. Es handelt sich jedoch keineswegs lediglich um ein Update der bisherigen Richtlinie. Im Gegenteil: Die Richtlinie zur Nachhaltigkeitsberichterstattung geht sowohl in quantitativer als auch in qualitativer Hinsicht weit über die bisherigen Vorgaben hinaus.

So umfasst der Anwendungsbereich der Nachhaltigkeitsberichterstattung zukünftig alle größeren Kapitalgesellschaften, alle größeren haftungsbeschränkten Personenhandelsgesellschaften und sämtliche Banken und Versicherungen.
Inhaltlich sind aus gewerkschaftlicher Sicht insbesondere die Ergänzung und die Präzisierung im Bereich der Sozialbelange von großer Bedeutung.[3]
So legt die EU-Kommission laut Art. 29b CSRD Standards für die Nachhaltigkeitsberichterstattung fest und präzisiert die Informationen, die Unternehmen u. a. über Arbeitsbedingungen, Arbeitszeiten, angemessene Löhne, die Einhaltung der Vereinigungsfreiheit, die Existenz von Betriebsräten, den Anteil der unter Tarifverträge fallenden Arbeitnehmer:innen, das Recht der Arbeitnehmer:innen auf Unterrichtung, Anhörung und Mitbestimmung, die Vereinbarkeit von Beruf und Privatleben sowie über Gesundheit und Arbeitsschutz berichten müssen. Erwägungsgrund 49 der Richtlinie weist sogar ausdrücklich darauf hin, dass zur Berichterstattung über die Arbeitnehmerbeteiligung auch Informationen über die Mitbestimmung von Arbeitnehmervertreter:innen im Aufsichtsrat gehören. Angesichts der fortschreitenden Erosion der Unternehmensmitbestimmung können diese Veröffentlichungspflichten dabei helfen, Fälle von legaler oder illegaler Mitbestimmungsvermeidung aufzudecken und zu dokumentieren.
Ein echter Quantensprung wird auch hinsichtlich der Einbeziehung der Beschäftigten erreicht. So sieht Art. 19a der neuen Richtlinie explizit vor, dass das Unternehmens-Management Arbeitnehmervertreter:innen informieren und mit diesen relevante Informationen sowie die Mittel zur Beschaffung und Überprüfung von Nachhaltigkeitsinformationen erörtern soll.
Besonders spannend: Nach den EU-Vorgaben muss eine etwaige Stellungnahme der betrieblichen Interessenvertretung an den Aufsichtsrat weitergeleitet werden. Dies führt zu dem erfreulichen Ergebnis, dass dort, wo Unternehmensmitbestimmung existiert, Arbeitnehmervertreter:innen im mitbestimmten Aufsichtsrat die angemessene Einbeziehung der Betriebsräte in die Erarbeitung der Nachhaltigkeitsprozesse überwachen und deren Einschätzungen in ihre eigene Arbeit im Aufsichtsrat einfließen lassen können.
Die geschilderte Einbindung der betrieblichen Interessenvertretung ist ein großer Schritt hin zu mehr Qualität in der Nachhaltigkeitsberichterstattung, denn die Mitglieder der Betriebsräte sind – wie bereits eingangs ausgeführt – die ausgewiesenen Expert:innen für Gute Arbeit im Unternehmen und können somit wesentliche Belange der Beschäftigten in die Erarbeitung der Nachhaltigkeitsberichte einbringen.
Die durch die Richtlinie vorgegebene »unterjährige« Einbeziehung der betrieblichen Interessenvertretung ist zudem aus rein praktischen Erwägungen sinnvoll,

3 Vgl. auch zu anderen Verweisen auf die gewerkschaftliche Positionsbestimmung DGB (2021).

legt doch die Erfahrung nahe, dass eine Diskussion des Nachhaltigkeitsberichts in der bilanzfeststellenden Sitzung des (mitbestimmten) Aufsichtsrats in aller Regel zu spät kommt, um noch Ergänzungen vornehmen zu können.
Die neuen Vorgaben sind letztlich auch ein großer Erfolg für den DGB und seine Mitgliedsgewerkschaften, die zusammen mit dem Europäischen Gewerkschaftsbund seit Jahren gefordert haben, dass die Geschäftsleitung hinsichtlich der Nachhaltigkeitsberichterstattung bereits vor Beendigung des Geschäftsjahres das korrespondierende Gremium der betrieblichen Interessenvertretung zu informieren und sich mit diesem zu beraten hat (bspw. DGB 2016). Die Bundesregierung ist nunmehr gefordert, die neuen EU-Vorgaben angemessen in deutsches Recht umzusetzen.

3.2 Notwendigkeit einer grundlegenden Reform des Deutschen Corporate Governance Kodex in Richtung Nachhaltigkeit

So erfreulich diese jüngsten Entwicklungen auf EU-Ebene auch sind, so gilt doch: Nachhaltigkeitsberichte können die Unternehmenspolitik letztlich nur indirekt beinflussen, indem sie durch mehr Transparenz Anreize für tatsächliche Veränderungen schaffen. Eine unmittelbare Änderung der Unternehmenspolitik muss daraus nicht resultieren. Dafür sind weitere Instrumente erforderlich.
Ein solcher weiterer Ansatz könnte darin bestehen, die nachhaltige Ausrichtung der Unternehmenspolitik über entsprechende Reformen des Deutschen Corporate Governance Kodex (DCGK) zu verstärken. Dieser Kodex erläutert – insbesondere mit Blick auf internationale Investoren – die gesetzlichen Vorschriften zur Leitung und Überwachung deutscher börsennotierter Gesellschaften und enthält zudem weitere Empfehlungen und Anregungen für gute und verantwortungsvolle Unternehmensführung.
Da es sich bei dem Kodex um klassisches »Soft Law« handelt, müssen die Unternehmen seinen Empfehlungen nicht folgen. Um dennoch die gewünschten Anreizwirkungen zu erzielen, sind börsennotierte Gesellschaften allerdings dazu verpflichtet, Abweichungen vom Kodex zu begründen (»comply or explain«).
Eine explizite Beschreibung der Funktionsweise der Mitbestimmung im Kodex könnte sich gerade vor diesem Hintergrund als sehr sinvoll erweisen. Immerhin muss eine moderne Corporate Governance auch gewährleisten, dass sich Unternehmen nicht nur mit den ökonomischen Folgen ihres Wirtschaftens, sondern auch mit den damit verbundenen gesellschaftlichen Auswirkungen befassen. Innovative Geschäftsmodelle müssen daher auf das Gleichgewicht zwischen finanziellem Erfolg und der Wahrung von Interessen der Zivilgesellschaft und der Beschäftigten ausgerichtet sein.
Dieser Gedanke scheint langsam auch in der überwiegend von liberalen Jurist:innen dominierten deutschen Debatte von Corporate Governance anzukommen.

So hat die Regierungskommission Deutscher Corporate Governance Kodex im Januar 2022 den Entwurf für einen überarbeiteten DCGK in eine Stakeholder-Konsultation gegeben, an der sich auch der DGB beteiligt hat. Dabei stand eine stärkere Orientierung des Kodex an Nachhaltigkeitsfragen im Fokus der Änderungen.
Wie die Hans-Böckler-Stiftung in einer Zusammenschau hervorhebt, sollen die Unternehmensvorstände nach den neuen Empfehlungen die wirtschaftlichen, sozialen und ökologischen Belange berücksichtigen. Zugleich soll die soziale und ökologische Nachhaltigkeit ein integraler Bestandteil der Geschäftsstrategie werden. Der Aufsichtsrat müsse dies kontrollieren, was sich auch in den überarbeiteten DCGK-Anforderungen zu seinem Kompetenzprofil niederschlägt (Sick 2022).
Die am 27. Juni 2022 im Bundesanzeiger veröffentlichte neue Fassung des DCGK sieht mit Blick auf die Nachhaltigkeit u. a. eine neue Empfehlung A.1 mit dem nachfolgenden Inhalt vor:

»Der Vorstand soll die mit den Sozial- und Umweltfaktoren verbundenen Risiken und Chancen für das Unternehmen sowie die ökologischen und sozialen Auswirkungen der Unternehmenstätigkeit systematisch identifizieren und bewerten. In der Unternehmensstrategie sollen neben den langfristigen wirtschaftlichen Zielen auch ökologische und soziale Ziele angemessen berücksichtigt werden. Die Unternehmensplanung soll entsprechende finanzielle und nachhaltigkeitsbezogene Ziele umfassen.«

Der erweitere Grundsatz 6 ergänzt, dass die Überwachung und Beratung des Vorstands durch den Aufsichtsrat insbesondere auch Nachhaltigkeitsfragen erfassen soll. Gerade diese Formulierung hätte die Regierungskommission Deutscher Corporate Governance Kodex zum Anlass nehmen können, zumindest in der Begründung auf die diesbezüglich wichtige Rolle der Arbeitnehmervertreter:innen im mitbestimmten Aufsichtsrat hinzuweisen – was aber ausgeblieben ist. Überdies wurde versäumt klarzustellen, dass zur sozialen Nachhaltigkeit auch die Rechte der Arbeitnehmer:innen, die Rechte ihrer Gewerkschaften und eng damit verbunden auch die gesetzliche Mitbestimmung gehören.
Insbesondere auch mit Blick auf internationale Investoren, immerhin eine wesentliche Zielgruppe des DCGK, wäre es mehr als hilfreich gewesen, wenn sich die Regierungskommission mehrheitlich dazu durchgerungen hätte, den Kodex durch konkrete Hinweise auf die Praxis der Unternehmensmitbestimmung und auf ihren positiven Beitrag zu guter Corporate Governance zu ergänzen.
All dies ist nicht geschehen. Insoweit bleibt aus gewerkschaftlicher Sicht festzuhalten, dass die Überarbeitung des Kodex zwar erste Schritte in Richtung eines zeitgemäßen Verständnisses von unternehmerischer Nachhaltigkeit unter-

nimmt, eine echte und spürbare DCGK-Reform jedoch weiterhin auf sich warten lässt.

3.3 Progressive Ansätze zur Corporate Governance im Entwurf des Europäischen Lieferkettengesetzes (CSDDD)

Gerade angesichts der zögerlichen Bereitschaft, den DCGK grundlegend zu überarbeiten, hat sich das Hauptaugenmerk der Gewerkschaften zunehmend auf einen weiteren Akt »harter« EU-Gesetzgebung verlagert, durch den die künftigen Anforderungen an unternehmerische Nachhaltigkeit grundlegend neu definiert werden könnten: Gemeint ist der derzeit diskutierte Vorschlag der Europäischen Kommission für eine »Corporate Sustainability Due Diligence Directive (CSDDD)«. Bislang enthält dieser Richtlinienvorschlag neben diversen Regelungen zu Sorgfaltspflichten in der Lieferkette noch recht zaghafte Vorgaben zu einer nachhaltigen Corporate Governance. Hier bieten sich aber ganz konkrete Ansatzpunkte, um in der Richtlinie auf eine stärkere Betonung der Mitbestimmung und deren positiven Einfluss auf eine nachhaltige Unternehmenspolitik hinzuwirken.
Es handelt sich konkret um Regelungen in Art. 15, 25 und 26 sowie (insbesondere) die Erwägungsgründe 51 und 63, die auch Vorgaben zur Berücksichtigung der Nachhaltigkeit in der Vorstandsvergütung sowie zur Ausgestaltung eines pluralistischen Unternehmensinteresses im europäischen Gesellschaftsrecht enthalten.
So sieht Art. 15 des Richtlinienvorschlags vor, dass die Unternehmen u. a. Aspekte des Klimawandels bzw. der Emissionsreduzierung berücksichtigen müssen, wenn ein variabler Bestandteil der Vorstandsvergütung an die Nachhaltigkeit der Unternehmenspolitik geknüpft ist (Europäische Kommission 2021).
Aus gewerkschaftlicher Sicht gehen diese Regelungen zwar nicht weit genug, weil sie sich auf die variablen Vergütungsbestandteile beschränken und gleichzeitig eine echte Verpflichtung zur Ausrichtung der Vorstandsvergütung an Nachhaltigkeitskriterien unterbleibt.
Positiv ist aber immerhin, dass der Richtlinienentwurf in den Artikeln 25 und 26 die Verantwortung von Vorstand und Aufsichtsrat für eine nachhaltige Unternehmenspolitik stärkt. Bislang fehlt in diesem Zusammenhang allerdings eine ausformulierte Bezugnahme auf das pluralistische Unternehmensinteresse als zentrale Richtschnur für diese stärkere Nachhaltigkeitsorientierung. Dies sollte im weiteren Gesetzgebungsverfahren noch nachgeholt werden. Herangezogen werden könnte dafür etwa ein Formulierungsvorschlag des DGB aus dem Jahr 2018, wonach im EU-Gesellschaftsrecht festzuschreiben ist, dass das Managementorgan das Unternehmen im Unternehmensinteresse, also unter Berücksichtigung der Belange der Aktionär:innen, seiner Arbeitnehmer:innen und der

sonstigen dem Unternehmen verbundenen Gruppen (Stakeholder) mit dem Ziel nachhaltiger Wertschöpfung zu führen hat.
Außerdem sollte der EU-Gesetzgeber die positive Wirkung der Unternehmensmitbestimmung auf eine nachhaltige Corporate Governance explizit berücksichtigen und die Richtlinie entsprechend um Maßnahmen zur Stärkung der Mitbestimmung ergänzen.

4. Notwendigkeit der Stärkung der Mitbestimmung

4.1 Die Erosion der Unternehmensmitbestimmung stoppen

Soll das immense Potenzial der Mitbestimmung im Aufsichtsrat für eine nachhaltigere Unternehmenspolitik ausgeschöpft werden, so setzt dies unabdingbar voraus, dass der schleichenden Erosion der Unternehmensmitbestimmung, wie wir sie in den letzten Jahrzehnten erleben, endlich ein Ende gesetzt und eine Trendwende herbeigeführt wird.
Die Ursache für diese Entwicklung ist der gemeinsame Europäische Binnenmarkt, in dem Unternehmen deutscher Rechtsform (z. B. Aktiengesellschaft und GmbH) in Konkurrenz mit originär europäischen Kapitalgesellschaftsmodellen (z. B. Europäische Aktiengesellschaft SE) geraten. Gleichzeitig eröffnet sich für deutsche Unternehmen die Möglichkeit, durch grenzüberschreitende Sitzverlegung in nationale Rechtsformen anderer EU-Mitgliedstaaten zu wechseln, die keine Form der Unternehmensmitbestimmung kennen. Dadurch entstehen Schlupflöcher zur Vermeidung der deutschen Gesetze zur Unternehmensmitbestimmung, die von vielen jungen, wachsenden Unternehmen, insbesondere von Familienunternehmen und vormaligen Start-ups, genutzt werden.
Die Konsequenzen können durchaus als dramatisch bezeichnet werden: Mit Stand 2020 haben sich nach Angaben der Hans-Böckler-Stiftung insgesamt mindestens 307 Unternehmen mit zusammen mindestens 2,1 Mio. Beschäftigten der paritätischen Mitbestimmung im Aufsichtsrat entzogen oder ignorieren gesetzeswidrig ihre Anwendung (Sick 2020).
Dieser Trend schlägt längst auch auf den DAX durch, wo (Stand September 2022) nur noch 29 von 40 gelisteten Unternehmen paritätisch mitbestimmt sind,[4] nachdem deren Anzahl noch im Jahr 2015 im damaligen DAX 30 bei 29 von 30 lag (Pietrella & Tomkos 2021).

4 Eigene Recherche auf Grundlage von öffentlich zugänglichen Daten und Informationen der Hans-Böckler-Stiftung. Zu den 29 Unternehmen mit paritätisch besetztem Aufsichtsrat kommen drei Unternehmen mit einem drittelbeteiligten Aufsichtsrat.

Betrachten wir die rechtlichen Tricks der Mitbestimmungsvermeidung, dann fällt der Blick zunächst auf die Europäische Aktiengesellschaft (SE). Kurz vor dem Erreichen des im deutschen Mitbestimmungsgesetz vorgesehenen Schwellenwertes von mehr als 2000 Beschäftigten kann sich ein Unternehmen deutscher Reform in eine SE umwandeln, um so den Zustand ohne Mitbestimmung dauerhaft »einzufrieren«, selbst wenn es später noch zu einem massiven Ausbau der Beschäftigung kommen sollte.

Diese Form der Vermeidung wird u.a. bei Freudenberg, Pro Sieben, Vonovia und Zalando genutzt (Sick 2020). Möglich wird dieses »Einfrieren« durch die Auffanglösung in der europäischen SE-Richtlinie, die dann greift, wenn sich Unternehmensleitung und Arbeitnehmervertreter:innen in den nach europäischem Recht vorgesehenen Verhandlungen nicht auf ein gemeinsames Mitbestimmungsmodell einigen können. Diese Auffanglösung sichert jedoch lediglich das Mitbestimmungsniveau, das vor der Umwandlung bestanden hat.

Die SEs, die sich der Unternehmensmitbestimmung entzogen haben, umgehen – durch die gesetzliche Verknüpfung der Geschlechterquote mit der paritätischen Mitbestimmung – auch die Geschlechterquote im Aufsichtsrat sowie die Mindestbeteiligung von Frauen und Männern im Vorstand. Diese Unternehmen entziehen sich ihrer sozialen Verantwortung also in doppelter Hinsicht.

Teilweise werden bestehende Schlupflöcher im nationalen Mitbestimmungsrecht auch mit europäischen Vermeidungsstrategien kombiniert. Insbesondere die »Lücke in der Drittelbeteiligung«, mit der mitbestimmungskritische Unternehmen relativ unkompliziert die Anwendung des Drittelbeteiligungsgesetzes vermeiden können, wirkt als »Sprungbrett« für weitergehende Mitbestimmungsvermeidung. Diese Lücke entsteht dadurch, dass im Drittelbeteiligungsgesetz bei der Berechnung des Schwellenwertes von 500 Arbeitnehmer:innen unter bestimmten Voraussetzungen nur die Beschäftigten der Holding berücksichtigt werden müssen und nicht die der Tochtergesellschaften.

Ein besonders prominentes Beispiel für die Nutzung dieser Lücke war die Wirecard AG, die auf diesem Wege einen drittelbeteiligten Aufsichtsrat vermeiden konnte.[5] Außerdem ist die Mitbestimmung in einer Kapitalgesellschaft & Co. KG zwar im Mitbestimmungsgesetz, nicht jedoch im Drittelbeteiligungsgesetz einbezogen.

5 Vgl. u.a. zu Wirecard und Tönnies Hans-Böckler-Stiftung (2020). Prof. Walter Bayer und Thomas Hoffmann (Universität Jena) haben jüngst exemplarisch herausgearbeitet, wie sich die Wirecard AG Ende 2017 gezielt der Drittelbeteiligung im Aufsichtsrat entzogen hat und welche weitergehenden Maßnahmen das Unternehmen möglicherweise ergriffen hätte, um eine paritätische Mitbestimmung in seinem Aufsichtsrat zu vermeiden, wäre es nicht vorher zur Insolvenz gekommen. Kurz vor seiner Insolvenz waren für das Skandalunternehmen nämlich offenbar fast 2000 Beschäftigte tätig. Es stand damit an der Schwelle zur paritätischen Mitbestimmung. Vgl. dazu Bayer & Hoffmann (2022).

Eine weitere, häufig angewandte Vermeidungsstrategie ist die Nutzung ausländischer Unternehmensformen, wie sie beispielsweise bei der Tönnies Unternehmensgruppe zum Einsatz kommt: Der Fleischhersteller mit ca. 10 000 Inlandsbeschäftigten nutzt die Rechtsformgestaltung mit einer dänischen Anpartelsselskab (ApS) als Komplementärin, um die Mitbestimmung auszuhebeln (ApS & Co. KG).

Dazu gesellen sich Unternehmen, die die Anwendung der Unternehmensmitbestimmung schlichtweg ignorieren, wie es u. a. bei Rossmann oder Burger King der Fall ist.

Vermeidungsstrategien und rechtswidrige Ignorierung stehen dabei in engem Zusammenhang. Denn eigentlich könnten Beschäftigte vor Gericht beantragen, dass ein Unternehmen, das unter die deutschen Mitbestimmungsgesetze fällt, diese auch anwenden muss. In der Praxis erleben wir jedoch oftmals, dass solche Unternehmen eine der oben beschriebenen Vermeidungsstrategien anwenden, noch ehe das zuständige Gericht zu einer Entscheidung kommt.

4.2 Schlupflöcher zur Vermeidung der Unternehmensmitbestimmung im deutschen Recht schließen

Um die zahlreichen Schlupflöcher zur Vermeidung der Mitbestimmung zu schließen, haben der DGB und seine Mitgliedsgewerkschaften eine ganze Reihe von Vorschlägen vorgelegt.

Diese beinhalten auf nationaler Ebene insbesondere (DGB 2022a):

- die Anwendung der deutschen Gesetze zur Unternehmensmitbestimmung auch auf Unternehmen ausländischer Rechtsform mit Verwaltungssitz in Deutschland (siehe dazu Seifert 2021),
- das Schließen der »Lücke in der Drittelbeteiligung« dadurch, dass stets auch die Beschäftigten der Tochtergesellschaften zu erfassen sind, wenn es um die Anwendung des Drittelbeteiligungsgesetzes geht, und durch Einbeziehung der Kapitalgesellschaft & Co. KG in dieses Gesetz,
- die Klarstellung im SE-Beteiligungsgesetz sowie in den Regelwerken für grenzüberschreitende Umwandlung, Verschmelzung und Spaltung, dass neu über die Mitbestimmung zu verhandeln ist, wenn die Zahl der Beschäftigten in Deutschland über die Schwellenwerte der deutschen Mitbestimmungsgesetze steigt,
- effektive Sanktionen, wenn die Mitbestimmungsgesetze ignoriert werden.

4.3 Europäische Rahmenrichtlinie für Unterrichtung, Anhörung und Unternehmensmitbestimmung verabschieden

Eine langfristige Sicherung der Unternehmensmitbestimmung erfordert neben den oben genannten Maßnahmen im deutschen Mitbestimmungsrecht einen wirksamen und grundlegenden Schutz auf europäischer Ebene. Es kann nicht länger angehen, dass die Europäischen Institutionen die Niederlassungsfreiheit der Unternehmen immer weiter ausbauen, ohne im Gleichlauf auch den Schutz der Arbeitnehmer:innen zu garantieren. Neue EU-Richtlinien im Gesellschaftsrecht dürfen nicht zu weiteren Risiken für die Mitbestimmung führen.[6]

Der DGB und seine Mitgliedsgewerkschaften fordern deshalb die EU-Institutionen dazu auf, die vom EGB sowie dem DGB geforderte Europäische Rahmenrichtlinie zur Unterrichtung, Anhörung und Unternehmensmitbestimmung politisch zu unterstützen. Für Unternehmen, die die SE-Richtlinie nutzen oder sich grenzüberschreitend umwandeln wollen, soll ein Mechanismus zur Sicherung der Unternehmensmitbestimmung eingeführt werden, der sich am sog. »Escalator-Prinzip« orientiert, wie es vom EGB vorgeschlagen wird. Dieses Prinzip sieht europaweite Schwellenwerte und Mindeststandards der Unternehmensmitbestimmung (je nach Größe des Unternehmens von zwei bis drei Arbeitnehmervertreter:innen bis hin zu paritätischer Besetzung des Aufsichts- oder Verwaltungsrates) vor (EGB 2020; Thannisch 2020b).

Sehr ermutigend ist in diesem Zusammenhang eine im Dezember 2021 vom Europäischen Parlament mit großer Mehrheit (476 Ja-Stimmen gegen 115 Nein-Stimmen bei 99 Enthaltungen) verabschiedete Resolution, die die Europäische Kommission u. a. dazu auffordert, eine solche Rahmenrichtlinie zur Unterrichtung, Anhörung und Beteiligung der Arbeitnehmer:innen einzuführen (Europäisches Parlament 2021).

Dieses Ergebnis unterstreicht anschaulich, dass in Europa die Bereitschaft zu einer grundlegenden Stärkung der Mitbestimmung vorhanden ist. Es ist daher höchste Zeit, dass die Europäische Kommission ihre zögerliche Haltung aufgibt.

4.4 Qualitative und quantitative Stärkung der Unternehmensmitbestimmung

Auch dort, wo Unternehmensmitbestimmung existiert, sollte ihr Einfluss ausgebaut werden, denn Unternehmen sind keine konstitutionellen Monarchien. Um die Demokratie in der Wirtschaft zu stärken, muss an allererster Stelle das

---

6 Vgl. grundlegend zu den Risiken für die deutsche Unternehmensmitbestimmung, aber auch zu den Gestaltungsmöglichkeiten der Bundesregierung im Rahmen der nationalen Umsetzung der EU-Umwandlungsrichtlinie DGB (2022b).

Doppelstimmrecht des oder der Aufsichtsratsvorsitzenden abgeschafft werden, wie es nach wie vor im Mitbestimmungsgesetz vorgesehen ist.
Es geht einfach nicht an, dass der stets der Kapitalseite angehörige Aufsichtsratsvorsitzende in Pattsituationen Entscheidungen bis hin zur Schließung ganzer Standorte alleine mit seiner Doppelstimme durchsetzen kann, wie dies erst jüngst bei Continental geschehen ist.
Für den DGB und seine Mitgliedsgewerkschaften bleiben dann auch die Montanmitbestimmung und deren Regelungen das Leitbild und Ziel einer umfassenden Unternehmensmitbestimmungsreform. Kapital und Arbeit sind in der Montanmitbestimmung völlig gleichberechtigt vertreten; bei einem Stimmenpatt entscheidet eine neutrale Person, auf die sich beide Seiten einigen können. Es spricht vieles dafür, dieses konsensorientierte Schlichtungsmodell auf alle paritätisch mitbestimmten Aufsichtsräte zu übertragen, zumindest dann, wenn es um Maßnahmen der strategischen Ausrichtung des Unternehmens mit Personalbezug geht, darunter Werks- und Betriebsschließungen, Sitzverlagerungen ins Ausland, Rechtsformänderungen, Unternehmensverschmelzungen, Standortverlagerungen, Unternehmenskäufe und -verkäufe oder Massenentlassungen.
Wichtig ist auch eine Stärkung der mitbestimmten Personalarbeit. Gerade im Übergang zur Wirtschaft 4.0 sind die Beschäftigten mit ihrem Wissen, ihren Fähig- und Fertigkeiten von zentraler Bedeutung. Ohne deren Unterstützung und Akzeptanz kann der Wandel schlichtweg nicht gelingen. Dafür braucht es eine Unternehmenspolitik, die den Menschen in den Mittelpunkt stellt. Und genau dafür steht die mitbestimmte Personalpolitik der Montanmitbestimmung. Nach deren Vorbild sollte die:der Arbeitsdirektor:in (Personalvorstand) eines Unternehmens auch im Geltungsbereich des Mitbestimmungsgesetzes nicht gegen den Willen der Arbeitnehmerseite im Aufsichtsrat bestellt werden dürfen.
Außerdem sollten wieder mehr Unternehmen in die Unternehmensmitbestimmung hineinwachsen. Daher müsste der Schwellenwert im Mitbestimmungsgesetz von 2000 auf 1000 Arbeitnehmer:innen und im Drittelbeteiligungsgesetz von 500 auf 250 gesenkt werden.
Letztlich benötigen wir nicht weniger als eine umfassende Modernisierung der Unternehmensmitbestimmung auf allen Ebenen.
Dabei sollten wir die engen Grenzen historisch gewachsener Gesetze überschreiten und eine (paritätische) Unternehmensmitbestimmung *aus einem Guss* erstreiten. Denn es ist bei Licht betrachtet nicht nachvollziehbar, warum viele hochmoderne Elemente der Unternehmensmitbestimmung auf die Branchen von Bergbau und Stahl beschränkt bleiben.

5. Ausblick

In der weltweiten und unter Bedingungen der Globalisierung stattfindenden Transformation steht die Funktionsfähigkeit unserer gesellschaftlichen Ordnung in Konkurrenz zu autokratischen Ideen und Systemen!
Eine erfolgreiche Bewältigung der Transformation hängt maßgeblich von wirksamen Vorgaben für eine nachhaltige Unternehmenspolitik ab. Diese Vorgaben sollten stets die positive Wirkung der Mitbestimmung berücksichtigen, die nachweislich die unternehmerische Nachhaltigkeit verbessert.
Denn nicht blindes Vertrauen auf die Kräfte des Marktes, sondern Vertrauen auf die Verlässlichkeit von Verabredungen ist der Schmierstoff für die Transformation.
Dazu benötigen wir eine echte Stärkung der gesetzlichen Mitbestimmung im Unternehmen und – ganz dringlich – ein Schließen der Schlupflöcher zur Vermeidung der Unternehmensmitbestimmung.
Außerdem brauchen wir ein entsprechendes Bewusstsein bei den politischen Entscheidungsträger:innen in Deutschland und Europa. Sie sind gefordert, die Mitbestimmung und deren Stärkung viel stärker als bislang mitzudenken, wenn sie Initiativen zur Nachhaltigkeit formulieren.
Die notwendige Stärkung der Unternehmensmitbestimmung ist dabei aber allerdings nur ein Baustein von mehreren. Die Mitbestimmung im Aufsichtsrat ist eine tragende Säule für die Gesamtarchitektur unseres Mitbestimmungssystems, aber dennoch nur eine von mehreren wichtigen Säulen. Die Stärkung der Mitbestimmung auf Unternehmensebene muss daher Hand in Hand gehen mit einer Stärkung der betrieblichen Mitbestimmung (dazu Allgaier et al. 2022) und der Tarifbindung.
Diese drei Säulen der Mitbestimmung bedingen einander, sie hängen voneinander ab. Nur wo es eine starke Mitbestimmung in Betrieb und Unternehmen gibt, können Tarifverträge durchgesetzt werden. Und Arbeitnehmervertreter:innen im mitbestimmten Aufsichtsrat werden nur dort erfolgreich agieren, wo ihre Arbeit auf der Interessenvertretung starker Betriebsräte und der gewerkschaftlichen Tarifpolitik aufbaut.
Wir brauchen deshalb dringend eine Stärkung aller drei Säulen wirtschaftlicher Demokratie. Mitbestimmung funktioniert da besonders gut, wo diese Säulen zusammenarbeiten, wo Gewerkschaft, Betriebsrat und Arbeitnehmervertreter:innen im mitbestimmten Aufsichtsrat an einem Strang ziehen.

6. Quellenangaben

Allgaier, A., Bolte, M., Buschmann, R., Däubler, W., zu Dohne, V., Eder, I., Heilmann, M., Jerchel, K., Klapp, M., Klebe, T. & Wenckebach, J. (2022). Betriebliche Mitbestimmung für das 21. Jahrhundert, Gesetzentwurf für ein modernes Betriebsverfassungsgesetz. AuR-Sonderausgabe April 2022.

Bayer (2022). Bayer nimmt Veränderungen im Führungsteam seiner Division Crop Science vor. Pressemitteilung vom 3.3.2022. Abgerufen am 28.12.2022, *https://www.bayer.com/media/bayer-nimmt-veranderungen-im-fuhrungsteam-seiner-division-crop-science-vor/.*

Bayer, W. & Hoffmann, T. (2022). Wirecard und die fehlende Mitbestimmung der Arbeitnehmer im Aufsichtsrat. In: Karami, B. (Hrsg): Skandalfall Wirecard, S. 361–411.

BDA (2022). EU-Berichterstattung zur Nachhaltigkeit: Gebündelte Vorgaben statt komplexer, nicht kohärenter Regelungen. Abgerufen am 27.12.2022, *https://arbeitgeber.de/wp-content/uploads/2022/01/bda-arbeitgeber-positionspapier-eu_berichterstattung_zur_nachhaltigkeit-2022-01.pdf.*

BMAS (2002). Über den Wettbewerb. Abgerufen am 27.12.2022, *https://www.csr-in-deutschland.de/DE/CSR-Preis/Ueber-den-Wettbewerb/ueber-den-wettbewerb.html.*

Böckler Impuls (2019). 3/2019. Abgerufen am 27.04.2023, *https://www.boeckler.de/de/boeckler-impuls-neue-perspektiven-im-aufsichtsrat-4443.htm.*

Bundesministerium für Familie, Senioren, Frauen und Jugend (2013). 5. Bilanz Chancengleichheit. Abgerufen am 27.12.2022, *https://www.bmfsfj.de/resource/blob/93182/5582278aaef0ebfb11f56ac2271ffff4/5-bilanz-chancengleichheit-data.pdf.*

Campagna, S. (2020). UNTERNEHMENSSTRATEGIE MITGESTALTEN. Arbeitshilfe für Aufsichtsräte. MITBESTIMMUNGSPRAXIS Nr. 29. Abgerufen am 27.12.2022, *https://www.boeckler.de/fpdf/HBS-007601/p_mbf_praxis_2020_29.pdf.*

Campagna, S., Eulerich, M., Fligge, B., Scholz, R. & Vitols, S. (2020). Entwicklung der Wettbewerbsstrategien in dt. börsennotierten Unternehmen. Mitbestimmungsreport Nr. 57. Abgerufen am 28.12.2022, *https://www.boeckler.de/de/faust-detail.htm?sync_id=8884.*

DCGK (2022). Deutscher Corporate Governance Kodex in der Fassung vom 28. April 2022. Abgerufen am 27.12.2022, *https://www.dcgk.de//files/dcgk/usercontent/de/download/kodex/220627_Deutscher_Corporate_Governance_Kodex_2022.pdf.*

DGB (2010). Nachhaltige Unternehmensverantwortung (CSR) – Verbindliche Regeln, die für alle gelten! Beschluss B 010 des 19. DGB-Bundeskongresses. Abgerufen am 27.12.2022, *https://www.dgb.de/-/a3I.*

DGB (2016). Stellungnahme zum Gesetzentwurf zur Stärkung der nichtfinanziellen Berichterstattung der Unternehmen in ihren Lage- und Konzernlageberichten. Abgerufen am 28.12.2022, *https://www.dgb.de/-/h2E.*

DGB (2021): Stellungnahme des DGB zum Richtlinienvorschlag der Europ. Kommission über eine »Corporate Sustainability Reporting Directive«. Abgerufen am 27.12.2022, *https://www.dgb.de/-/02a.*

DGB (2022a). Beschluss B004 »Tarifbindung und Mitbestimmung stärken« des 22. Ordentlichen Bundeskongresses. Abgerufen am 28.12.2022, *https://bundeskongress.dgb.de/-/cFw.*

DGB (2022b). Stellungnahme des Deutschen Gewerkschaftsbundes zum Regierungsentwurf eines Gesetzes zur Umsetzung der Umwandlungsrichtlinie (UmRUG). Abgerufen am 13.3.2023, *https://www.dgb.de/-/lVT.*

EGB (2020). ETUC Position on a new EU framework on information, consultation and board-level representation for European company forms and for companies making use of EU company law instruments enabling company mobility. Abgerufen am 28.12.2022, *https://www.etuc.org/en/document/etuc-position-new-eu-framework-information-consultation-and-board-level-representation.*

ERGO (2021). ERGO und ver.di setzen gemeinsam den erfolgreichen und sozial ausgeglichenen Transformationsprozess fort. Pressemitteilung vom 10.12.2021. Abgerufen am 28.12.2022, *https://www.ergo.com/de/Newsroom/Medieninformation/2021/20211210-ERGO-verdi.*

Europäische Kommission (2020). Nachhaltige Unternehmensführung. Über diese Konsultation. Abgerufen am 27.12.2022, *https://ec.europa.eu/info/law/better-regulation/have-your-say/initiatives/12548-Nachhaltige-Unternehmensfuhrung/public-consultation_de.*

Europäische Kommission (2021). Vorschlag für eine RICHTLINIE DES EUROPÄISCHEN PARLAMENTS UND DES RATES über die Sorgfaltspflichten von Unternehmen im Hinblick auf Nachhaltigkeit und zur Änderung der Richtlinie (EU) 2019/1937. Abgerufen am 28.12.2022, *https://eur-lex.europa.eu/legal-content/DE/TXT/?uri=CELEX:52022PC0071.*

Eulerich, M. & Fligge, B. (2020). Aggressive Berichterstattung in deutschen Unternehmen. Mitbestimmungs-Report Nr. 62. Abgerufen am 28.12.2022, *https://www.boeckler.de/pdf/p_mbf_report_2020_62.pdf.*

Eulerich, M., Fligge, B., Scholz, R., Vitols, S. & Campagna, S. (2022). Unternehmenskäufe und -übernahmen in Deutschland: Entwicklung, Goodwill und Mitbestimmung. In: Mitbestimmungsreport Nr. 74. Abgerufen am 28.12.22, *https://www.imu-boeckler.de/de/faust-detail.htm?produkt=HBS-008387.*

Europäisches Parlament (2021). Entschließung des Europäischen Parlaments vom 16. Dezember 2021 zu Demokratie am Arbeitsplatz, (2021/2005(INI)).

Abgerufen am 28. 12. 2022, *https://www.europarl.europa.eu/doceo/document/TA-9-2021-0508_DE.html.*

Hadwiger, F., Schmid, K. & Wilke, P. (2014). Die Anwendung von sozialen und ökologischen Kriterien in der Vorstandsvergütung. Arbeitspapier 293 der Hans-Böckler-Stiftung. Abgerufen am 27. 12. 2022, *https://www.boeckler.de/de/faust-detail.htm?sync_id=HBS-005724.*

Hans-Böckler-Stiftung (2020). WIRECARD: MITBESTIMMUNG IM AUFSICHTSRAT ÜBER RECHTSLÜCKE UMGANGEN – AUCH SCHLACHTKONZERNE HABEN ARBEITNEHMER IM KONTROLLGREMIUM VERHINDERT. Pressemitteilung vom 22. 9. 2020. Abgerufen am 13. 3. 2023, *https://www.boeckler.de/de/pressemitteilungen-2675-wirecard-mitbestimmung-im-aufsichtsrat-uber-rechtslucke-umgangen-27045.htm*

Hans-Böckler-Stiftung (2022). Auf einen Blick: WAS MITBESTIMMUNG BEWIRKT. Abgerufen am 28. 12. 2022, *https://www.boeckler.de/de/auf-einen-blick-17945-21087.htm.*

Hassel, A. & Helmerich, N. (2017). Workers' Voice in the 100 largest European Companies. MBF-Report Nr. 31, *https://www.boeckler.de/pdf/p_mbf_report_2017_31.pdf.*

Herrmann, C. (2022). Kündigungen – ohne uns. AiB 12/2022, 41–42. Der Beitrag enthält auch den Hinweis auf die Verleihung des Deutschen Betriebsrätepreises in Gold an den Betriebsrat von Hauni.

Hoffmann, R., Hannack, E., Körzell, S. & Piel, A. (2021). Arbeit aufwerten – Anforderungen an gutes Regieren. In: Hoffmann, R. (Hrsg.). Arbeit aufwerten – Demokratie stärken, S. 119–152.

IG Metall NRW (2020). Fair- und Best-Owner Vereinbarung mit Advent und Cinven: Sieben Jahre und einen Monat Sicherheit. Abgerufen am 27. 12. 2022, *https://www.igmetall-nrw.de/news/2020/fair-und-best-owner-vereinbarung-mit-advent-und-cinven-sieben-jahre-und-einen-monat-sicherheit/.*

Jirjan, U. (2011). Ökonomische Wirkung der Mitbestimmung in Deutschland: Ein Update. In: Schmollers-Jahrbuch 131, 3–57.

Leuchters, M. (2022). Sustainable Finance, Eine Chance für die Mitbestimmung. Mitbestimmungsreport Nr. 70.

MIT (2022). Schock für den Mittelstand. Nachhaltigkeitsberichtspflicht für Unternehmen soll kommen. Abgerufen am 10. 1. 2023, Schock für den Mittelstand: Nachhaltigkeitsberichtspflicht für Unternehmen soll kommen | Mittelstands- und Wirtschaftsunion (MIT) (mit-bund.de).

Pietralla, J.-T. & Tomkos, T. (2021). DAX 30 Aufsichtsratsanalyse 2021. Ausgewählte Ergebnisse. Abgerufen am 28. 12. 2022, *https://www.dropbox.com/s/zxj9qxs7u4ez39r/Russell_Reynolds_DAX30_Aufsichtsratsanalyse_2021.pdf?dl=0.*

Rapp, M.-S. & Wolff, M. (2019). Mitbestimmung im Aufsichtsrat und ihre Wirkung auf die Unternehmensführung: Eine empirische Analyse vor dem Hintergrund der Finanz- und Wirtschaftskrise. Abgerufen am 28. 12. 2022, *https://www.boeckler.de/pdf/p_study_hbs_424.pdf.*

Redeker, N. (2019). Unlocking Europe's Piggy Bank: Corporate Saving. Labor Power and Policies for Investment. Policy Paper, herausgegeben von Jacques Delors Centre und Bertelsmann Stiftung. Abgerufen am 28. 12. 2022, *https://www.bertelsmann-stiftung.de/de/publikationen/publikation/did/unlocking-europes-piggy-bank/.*

Seifert, A. (2021). Gesetzesentwurf zur Erstreckung der deutschen Mitbestimmung auf Auslandsgesellschaften. Rechtsgutachten für die Hans-Böckler-Stiftung. Mitbestimmungsreport Nr. 65. Abgerufen am 28. 12. 2022, *https://www.boeckler.de/de/faust-detail.htm?sync_id=HBS-008044.*

Sick, S. (2020). Erosion als Herausforderung für die Unternehmensmitbestimmung. Mitbestimmungsreport Nr. 58. Abgerufen am 28. 12. 2022, *https://www.boeckler.de/pdf/p_mbf_report_2020_58.pdf.*

Sick, S. (2022). Neuer Deutscher Corporate Governance Kodex 2022. Abgerufen am 28. 12. 2022, *https://www.mitbestimmung.de/html/offentliche-konsultation-zur-20416.html.*

Thannisch, R. (2020a). Gewerkschaften und Corporate Social Responsibility, in: Genders, S. (Hrsg.). CSR und Institutionen, 2020, S. 181–191.

Thannisch, R. (2020b). Nachhaltige Corporate Governance erfordert Stärkung der Unternehmensmitbestimmung: Plädoyer für eine Europäische Rahmenrichtlinie zur Mitbestimmung, in: AuR 7–8/2020, S. 310–315.

vbw (2022). Belastungsmoratorium für die Wirtschaft. Abgerufen am 27. 12. 2022, *http://www.vbw-bayern.de/Redaktion/Frei-zugaengliche-Medien/Abteilungen-GS/Volkswirtschaft/2022/Downloads/Belastungsmoratorium-bayme-vbm-vbw.pdf.*

Vitols, S. & Kluge, N. (2011). The sustainable company: a new approach to corporate governance.

Vitols, S. & Scholz, R. (2021). Unternehmensmitbestimmung und langfristige Investitionen in deutschen Unternehmen. WSI-Mitteilungen 2/2021, S. 87–97.

Vitols, S., Scholz, R., Wing, L. A., Holz, A., Nussbaum, I. & Kortas, A.-M. (2018). Mitbestimmung und eine zukunftsweisende Unternehmensführung. Abgerufen am 28. 12. 2022, *https://www.mitbestimmung.de/assets/downloads/2018-05-MB-ix_Broschuere-web.pdf.*

FidAR e. V. (2022). Public Women on Board Index. Abgerufen am 27. 12. 2022, *https://www.yumpu.com/de/document/read/67204216/public-wob-index-2022.*

Antonio Hautle

Praxisbericht: Unternehmerische Verantwortung und nachhaltige Entwicklung. Der UN Global Compact und die internationalen Rahmennetzwerke

Inhalt

1. Einleitung

Zweck dieses Artikels ist es, die internationalen Ansätze, insbesondere der UN-Organisationen und deren Relevanz für die unternehmerische Verantwortung, kurz einzuführen. Geschrieben wurde er aus Sicht eines Praktikers, der täglich im Kontakt mit Firmen und deren Herausforderungen steht und sie dabei in ihren Bemühungen zur Umsetzung der Zehn UN Global Compact-Prinzipien und der unternehmerischen Verantwortung unterstützt. Es besteht kein Anspruch auf Vollständigkeit. Ziel ist es, Vorstands- und Geschäftsleitungsmitglieder, Unternehmer:innen und weitere Interessierte zum Nachdenken anzuregen und die aus Sicht des Autors wesentlichen Fragestellungen kurz zu skizzieren.
Die Sensibilität für die komplexen Fragen der wirtschaftlichen, sozialen und ökologischen Nachhaltigkeit ist seit 2020 in der Aufmerksamkeit sowohl der breiten Öffentlichkeit als auch der wirtschaftlichen und politischen Akteure deutlich gestiegen. Die klimatischen Extremsituationen und die Corona-Pandemie haben

das Bewusstsein vieler bisher indifferenter Geister offensichtlich geschärft. Die Thematik ist aber seit Jahrzehnten wichtig und wird vielfältig thematisiert und erforscht. Der Autor hat in den späten Achtzigerjahren eine Licentiatsarbeit an der theologischen Fakultät der Universität Gregoriana in Rom zum Thema *Die Verantwortung des Unternehmers* verfasst. Die Schlussfolgerung war: »Ökonomie ohne Ethik ist in Gefahr, nicht nur ihr eigenes System, sondern den Menschen und die Umwelt ernstlich in Gefahr zu bringen oder gar zu zerstören. Es ist an der Zeit, dass die Verantwortlichen auf allen Ebenen und in allen Erdteilen sich dessen bewusst werden und danach handeln lernen. Dem Unternehmer, Manager und Bankier kommt neben den politischen Kräften in diesem Prozess eine Schlüsselposition zu, die er ethisch zu verantworten hat.« (Hautle 1989, 111). Für diese Zusammenfassung gab es bei den Kolleginnen und Kollegen in den frühen Neunzigerjahren an der Universität St. Gallen (HSG) und an der Universität Genf anfänglich nur Unverständnis; es war die Zeit des blühenden Shareholder-Value und des expansiven Liberalismus. Um die Jahrhundertwende wurde allmählich vielen immer klarer, dass das langfristig nicht gut gehen würde, die Finanzkrise ab 2008 und schließlich die deutlich sichtbaren klimatischen Veränderungen trugen zum Mentalitätswandel bei, der jedoch sehr zögerlich und langsam einsetzte.

Es ist ermutigend, dass die Nachhaltigkeitsdebatte nun allmählich Mainstream wird. Insbesondere große Firmen haben erkannt, dass ohne konsequente Berücksichtigung und umfassende Integration der unternehmerischen Verantwortung entlang der ganzen Wertschöpfungskette, die zwingend die drei Dimensionen der Nachhaltigkeit berücksichtigt, langfristig Wettbewerbsnachteile drohen. Kundenbedürfnisse, die Suche nach motivierten Talenten, steigende Ansprüche der Investoren sowie die zunehmenden nationalen, europäischen und internationalen Regulierungen erhöhen die Anforderungen an Firmenleitungen und Aufsichtsrät:innen. Innovative Firmen haben aber auch erkannt, dass sich gerade in diesen Bereichen große Chancen für Innovation und Marktpositionierung (USPs) bieten.

Grundsätzlich ist es zu begrüßen, dass nachhaltig produzierte Güter und Dienstleistungen als qualitativ hochwertiger beworben und vermarktet werden. Soziale und ökologische Qualitätsmerkmale von Produkten und Dienstleistungen als integraler Teil des Angebots haben einen entsprechenden *nachhaltigen* Wert und damit auch einen Preis. Kinderarbeit ist logischerweise günstiger als Arbeitskräfte, die existenzsichernde Löhne verdienen, und nur für die auf Billigstpreise getrimmte Konsumgesellschaft gilt *Geiz ist geil.* Für die Arbeiterinnen und Arbeiter in der Zulieferkette bedeutet dies jedoch sehr oft ausbeuterische Arbeitsverhältnisse.

Die Kehrseite dieses neuen Trends ist der potenzielle Missbrauch der Nachhaltigkeit für Marketing- und Reputationszwecke. Ohne dies untersucht zu

haben, scheint sich die Werbung in den letzten drei Jahren deutlich mehr der Nachhaltigkeit als Verkaufsargument zu bedienen, alles ist scheinbar nachhaltig geworden. Das birgt auch großes Potenzial von Missbrauch und Greenwashing. Die vermehrt kritische Berichterstattung und die zunehmenden Bestrebungen von Kontrollbehörden und Gerichten, Finanzdienstleister für falsch deklarierte *grüne* Anlagen haftbar zu machen, sind ein Warnsignal; ebenso drohende Klagen gegen große Textilanbieter, bei denen sichtbar wurde, dass *bio* deklariert, tatsächlich aber nur ein Bruchteil des Produkts nachhaltig hergestellt worden war.
Diese kurzen, unvollständigen Hinweise machen deutlich, dass Firmen vor großen Herausforderungen stehen, die durch die geopolitischen Spannungen und Veränderungen zusätzlich ansteigen. Die großen europäischen und amerikanischen multinationalen Unternehmen, insbesondere diejenigen mit direktem Kundenkontakt, sind deutlich weiter fortgeschritten als Mittelständer und Kleinfirmen; zudem gibt es deutliche Branchenunterschiede.
Die Frage, welche soziale und ökologische Verantwortung der Privatwirtschaft zugemutet und abverlangt werden darf oder muss, ist nicht neu, sie ist aber heute weit über die akademischen Debatten hinaus mitten im Zentrum insbesondere der europäischen und nordamerikanischen Gesellschaften und darüber hinaus angekommen. Darum ist sie für Aufsichtsrät:innen und Geschäftsführungen kein Luxus, sondern DIE große Chance für eine erfolgreiche, *sinnvolle* Zukunft ihrer Unternehmung und Organisationen.

2. Historische Herleitung

Der Begriff Nachhaltigkeit wurde im 18. Jahrhundert durch Hans Carl von Carlowitz eingeführt, um die nachhaltige Bewirtschaftung der übernutzten Wälder sicherzustellen. Auf die heutige Situation übertragen bedeutet dies, dass die Menschheit die planetarischen Grenzen der vorhandenen Ressourcen nicht übernutzen darf. Der ökologische Fußabdruck wächst aber immer noch. Die Industrie- und Schwellenländer überschreiten die planetarischen Grenzen deutlich, dies gilt auch für den gesamten Planeten (vgl. nachfolgende Grafik: Stockholm Resilience Centre 2023).

Quelle: In Anlehnung an Stockholm Resilience Centre 2023

Die Schweiz hat einen Fußabdruck von ca. drei Planeten, die USA mehr als vier, d.h. es bräuchte drei Planeten, wenn alle Menschen dem schweizerischen Lebensstandard mit entsprechendem Ressourcenverbrauch frönten. Weiter wie bisher ist definitiv keine Option, es sei denn, die Menschheit bringe sich und das ganze Ökosystem in ein derartiges Ungleichgewicht, dass die Grundlagen fürs Überleben kommender Generationen ernsthaft gefährdet werden. Der Planet wird das problemlos überstehen, die Spezies Mensch nicht.

Diese nun auch wissenschaftlich immer besser belegten Entwicklungen sind nicht neu. Im 20. Jahrhundert sehen wir eine Entwicklung der Diskussionen, die etliche Initiativen und Institutionen hervorbrachte, die heute eine zentrale und wichtige Rolle in den laufenden Debatten spielen.

3. Tripple Bottom Line

John Elkington hat 1994 erstmals den Ansatz der Triple Bottom Line formuliert, der Ende des 20. Jahrhunderts zur Grundlage in den meisten Nachhaltigkeitsansätzen wurde und es bis heute geblieben ist (Elkington 2004). Nachhaltig sind Unternehmen und Organisationen nur, wenn sie die drei Dimensionen Soziales, Ökologie und Ökonomie gleichgewichtet entlang ihrer ganzen Wertschöpfungskette respektieren und laufend verbessern.
Der ESG-Standard hat sich im Bereich der nachhaltigen Finanzanlagen, wie vielfach im Buch erklärt, etabliert. *E* steht für Environment, Umwelt, Biodiversität und Kreislaufwirtschaft. *S* steht für Social, internationale Arbeitsnormen, Diversität sowie gesellschaftliches Engagement inklusive Philanthropie. *G* steht für Governance, für nachhaltige Unternehmensführung, Steuerungs- und Kontrollprozesse sowie Compliance.
Eine Kombination der beiden Modelle kann für das Verständnis umfassender unternehmerischer Verantwortung und Nachhaltigkeit hilfreich sein, weil zeitgemäße Nachhaltigkeitsmodelle ökologische, soziale und ökonomische Aspekte gleich gewichten und auch in ökonomischen Schwierigkeiten die Balance möglichst beibehalten. Die Governance als vierter Begriff berücksichtigt die Dimension der ethisch begründeten Gesamtverantwortung von Eigentümern, Aufsichtsrät:innen und Management (»Warum führen wir unsere Unternehmung so, wie wir sie führen? Welche Werte und finalen Zwecke – *purpose* – verfolgen wir langfristig? Wie können wir diese begründen?«).

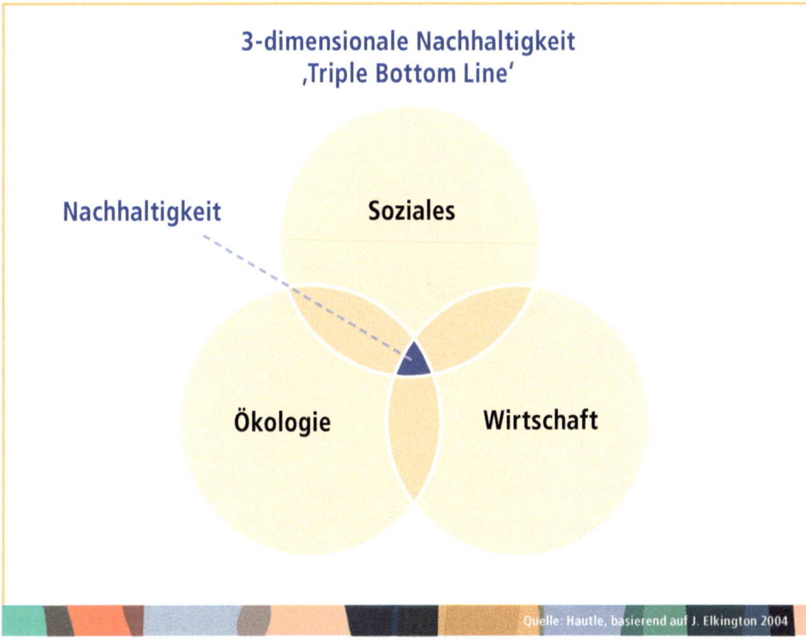

Corporate Social Responsibility (CSR), Corporate Sustainability (CS), Corporate Responsibility (CR) sind weitere Begriffe, die oft synonym, oft auch differenzierend gebraucht werden. In den vergangenen Jahren hat sich gezeigt, dass insbesondere in Schwellenländern, aber auch bei KMUs der Begriff CSR oft mit philanthropischem Engagement oder Sponsoring gleichgesetzt wird, ohne die sozial und ökologisch negativen Auswirkungen insbesondere in den Zuliefer- und Vertriebsketten zu berücksichtigen. Darum setzt sich vermehrt der Begriff Responsible Business Conduct der OECD durch. Unter diesem Begriff lassen sich sowohl die unternehmerische Gesamtverantwortung als auch die ökonomisch, sozial und ökologisch nachhaltige Unternehmensführung subsumieren.

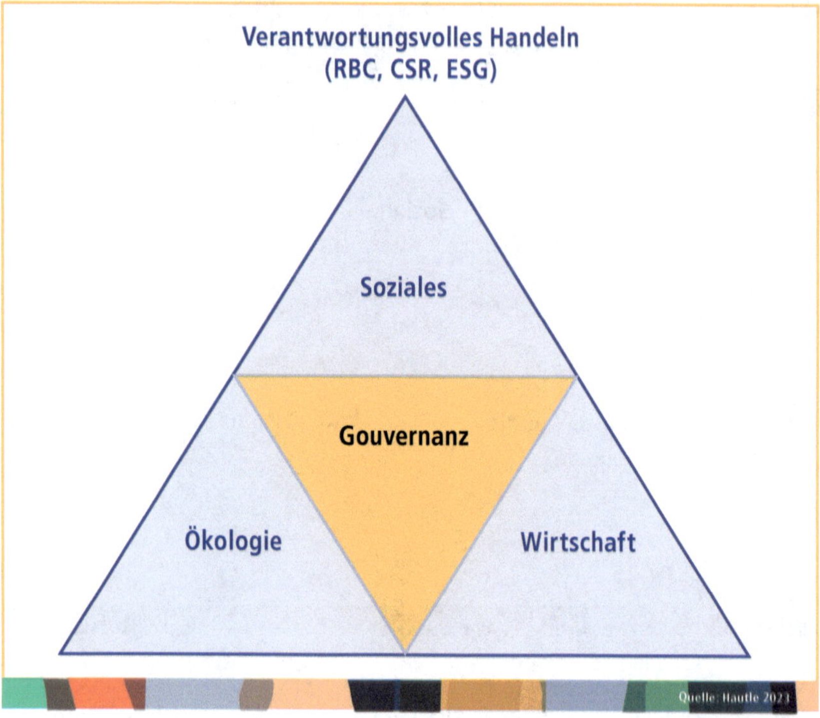

4. Die Zehn Prinzipien des UN Global Compact und die Agenda 2030

4.1 Auftrag

UN-Generalsekretär Kofi Annan lancierte 1999 auf dem World Economic Forum in Davos in einer brillanten Rede die Idee des UN Global Compact: »Ich schlage vor, dass Sie, die Wirtschaftsführer, und wir, die Vereinten Nationen, einen globalen Pakt gemeinsamer Werte und Prinzipien initiieren, um globale Märkte mit einem menschlichen Antlitz zu schaffen«.

Die Genialität bestand darin, dass sein Team um Georg Kell als Basis für die geteilten Werte und Prinzipien (*shared values and principles)* die vier international anerkannten und von den meisten Staaten ratifizierten UN-Konventionen als Grundlage der Zehn Prinzipien für eine verantwortliche und nachhaltige Wirtschaft nahmen: die UN-Menschenrechtskonvention, die ILO-Konvention, die Rio-Konvention zu Ökologie und die UN-Anti-Korruptionsprinzipien. Dadurch war von Beginn an die internationale Akzeptanz der Prinzipien als Grundlage für eine verantwortliche und nachhaltige Wirtschaft gegeben.

4.2 Die freiwillige Selbstverpflichtung auf die Zehn Prinzipien

Auf der Webseite formuliert der UN Global Compact (UNGC) sein Mandat wie folgt: »As a special initiative of the UN Secretary-General, the United Nations Global Compact is a call to companies everywhere to align their operations and strategies with Ten Principles in the areas of human rights, labour, environment and anti-corruption. Our ambition is to accelerate and scale the global collective impact of business by upholding the Ten Principles and delivering the Sustainable Development Goals through accountable companies and ecosystems that enable change. With more than 17,000 companies and 3,000 non-business signatories based in over 160 countries, and 62 Local Networks, the UN Global Compact is the world's largest corporate sustainability initiative – one Global Compact uniting business for a better world.« (*www.unglobalcompact.org*)
Das Engagement beruht auf Freiwilligkeit. Firmen und Organisationen sind eingeladen, sich aktiv zu engagieren, ob Anfänger:innen oder Fortgeschrittene. Es beginnt mit einem Letter of Engagement der Geschäftsleitung an den UN-Generalsekretär, setzt sich fort in der Erarbeitung konkreter Nachhaltigkeitsziele, der operativen Umsetzung und dem jährlichen Fortschrittsbericht, unterschrieben wiederum von der Geschäftsleitung. So soll sichergestellt werden, dass das Engagement nicht als Feigenblatt, sondern als Kern der Unternehmensstrategie verstanden wird. Die nachfolgenden Grafiken verdeutlicht dies.
Das Globale UNGC-Netzwerk und die rund 70 lokalen Netzwerke bieten den Firmen und Organisationen unzählige Trainings, Arbeitsgruppen, individuelle Coachings, Networking-Anlässe, eine Online-Academy und eine große Bibliothek und individuelle Vernetzung zwischen Firmen, UN-Organisationen und oft auch staatlichen Akteuren an. In Zusammenarbeit mit vielfältigen Partner:innen aus Forschung, Lehre, Wirtschaft, Politik und Zivilgesellschaft soll die Wirtschaft einen möglichst positiven Einfluss auf die lokale und globale Gesellschaft ausüben. Der UNGC erwartet das von seinen Participants, unterstützt sie aber auch aktiv in diesen Fragen.

Die Zehn Prinzipien des UN Global Compact

Menschenrechte

1. Unternehmen sollen den Schutz der internationalen Menschenrechte unterstützen und achten.
2. Unternehmen sollen sicherstellen, dass sie sich nicht an Menschenrechtsverletzungen mitschuldig machen.

Arbeitsnormen

3. Unternehmen sollen die Vereinigungsfreiheit und die wirksame Anerkennung des Rechts auf Kollektivverhandlungen wahren.
4. Unternehmen sollen für die Beseitigung aller Formen von Zwangsarbeit eintreten.
5. Unternehmen sollen für die Abschaffung von Kinderarbeit eintreten.
6. Unternehmen sollen für die Beseitigung von Diskriminierung bei Anstellung und Erwerbstätigkeit eintreten.

Umwelt

7. Unternehmen sollen im Umgang mit Umweltproblemen dem Vorsorgeprinzip folgen.
8. Unternehmen sollen Initiativen ergreifen, um größeres Umweltbewusstsein zu fördern.
9. Unternehmen sollen die Entwicklung und Verbreitung umweltfreundlicher Technologien beschleunigen.

Korruptionsprävention

10. Unternehmen sollen gegen alle Arten der Korruption eintreten, einschließlich Erpressung und Bestechung.

Wir erwarten von den Unternehmen, dass sie einen prinzipienbasierten Geschäftsansatz verfolgen, indem sie die **Zehn Prinzipien** überall in ihre **Strategien,** ihre **Arbeitsabläufe** und ihre **Kultur** einbeziehen.
Wir verbinden **verantwortungsbewusste** Unternehmensführung mit zentralen **UN-Werten**, die von Ländern auf der ganzen Welt akzeptiert werden.

Quelle: In Anlehnung an Global Compact Network 2023

Verpflichtung der UNGC-Participants

- **Engagement der Führung (CEO und Vorstand / Verwaltungsrat)**
  Schreiben des CEO an UN-Generalsekretär António Guterres
- **Bereitschaft zur kontinuierlichen Leistungsverbesserung**
  Festlegung strategischer und operativer Ziele, Messung der Ergebnisse, Kommunikation nach innen und außen
- **Offenheit für den Dialog und das Lernen in kritischen Fragen**
  Teilnahme an Veranstaltungen auf lokaler (und globaler) Ebene, Beteiligung am Dialog mit Interessengruppen
- **Verpflichtung zu Transparenz, Rechenschaftspflicht und öffentlicher Bekanntgabe**
  Jährlicher Communication on Progress (COP)

Quelle: In Anlehnung an Global Compact Network 2023

4.3 Die Agenda 2030 und die 17 Ziele für eine Nachhaltige Entwicklung

Am 25. September 2015 verabschiedete die UN-Vollversammlung die Agenda 2030 mit den 17 Zielen für Nachhaltige Entwicklung (Sustainable Development Goals, kurz SDG). Die Agenda ist insofern historisch, als sie erstmals globale Ziele für eine nachhaltige Entwicklung aller Staaten definiert, d. h. auch Deutschland, Österreich und die Schweiz sind gewissermassen Entwicklungsländer, die sich weiterentwickeln und etliche Hausaufgaben zu lösen haben.
Der Privatsektor ist in der Umsetzung zentral, ohne diesen sind die Ziele unmöglich erreichbar. Als größte Wertschöpferin ist die globale und lokale Ökonomie in der Pflicht, einen wesentlichen Beitrag zu leisten. Darum hat der UN Global Compact als wichtiger Akteur der Privatwirtschaft den Auftrag von der UNO bekommen, die 17 SDGs zusammen mit allen möglichen Akteuren möglichst rasch voranzubringen.
Die SDGs sind denn auch eine enorme Opportunität für die Wirtschaft, weil in den formulierten 17 Zielen und 169 Targets die Bedürfnisse der nahen Zukunft in aufwändigen Prozessen zusammengetragen wurden. Für innovative Firmen bietet sich hier die Chance, ihr Know-how für die Entwicklung neuer Produkte und Dienstleistungen zu nutzen und sich so neue Kunden- und Marktsegmente zu erschließen. Die Finanzwirtschaft ist gefordert, neue Instrumente und Produkte zu entwickeln, um die Finanzierung der riesigen Investitionsvolumina zu

unterstützen. In den vergangenen Jahren hat sich hier bereits viel bewegt und die Dynamik nimmt weiter zu.
Konkret hat folgendes Vorgehen für KMUs und große Firmen Sinn:
1. Erstellen einer Risikoanalyse (*do no harm*) auf der Basis der **Zehn Prinzipien**. So sollen die potenziellen Risken der Unternehmung bzw. Organisation entlang ihrer Wertschöpfungskette analysiert und bewertet werden.
2. Erstellen einer Potenzialanalyse auf der Basis der **Zehn Prinzipien**. So können bestehende Potenziale weiter verbessert und genutzt werden.
Nun folgt die Zielformulierung für die kommenden 12 bis 24 Monate. Empfehlenswert für Anfänger:innen, insbesondere KMUs, sind maximal vier bis acht Ziele mit entsprechend messbaren Indikatoren. Dadurch sollen eine Fokussierung gewährleistet und eine Überforderung vermieden werden.
Größere Firmen werden umfassende Strategieprozesse starten. Die Erfahrung zeigt, dass dies Jahre in Anspruch nimmt, aber die Firmenkultur nachhaltig zu prägen beginnt. Diese Prozesse lassen sich momentan in sehr vielen Firmen beobachten.
3. Erstellen einer Risiko- und Potentialanalyse auf der Basis der 17 Nachhaltigkeitsziele (SDG).
So wird sichtbar, auf welche SDGs die Unternehmung negative Auswirkungen hat und Wege finden muss, diese möglichst zu eliminieren bzw. zu minimieren (CO_2-Emissionen, *living wages* etc.) und wo sich auf der Basis der Kernkompetenz Produkte und Dienstleistungen verbessern bzw. neu entwickeln könnten.
Es gibt eine Vielzahl von Instrumenten und Hilfsmitteln, wie Firmen die Umsetzung konkret angehen können. Die Accelerator-Programme des UNGC sind nur ein Beispiel (UNGC, 2023). Eine methodische Hinführung bieten diverse Management Modelle (UNGC 2010, UNGC 2014 sowie UNGC 2022).

5. Die OECD-Leitlinien für multinationale Unternehmen

Die Übersicht wäre ohne die OECD-Richtlinien unvollständig. »Die OECD-Richtlinien für multinationale Unternehmen sind Empfehlungen, die Regierungen an multinationale Unternehmen richten, welche in oder aus den Mitgliedsländern heraus tätig sind. Sie enthalten unverbindliche Grundsätze und Standards für ein verantwortungsvolles Geschäftsgebaren in einem globalen Kontext, das mit den geltenden Gesetzen und international anerkannten Normen im Einklang steht. Die Richtlinien sind der einzige multilateral vereinbarte und umfassende Kodex für verantwortungsvolles unternehmerisches Handeln, zu dessen Förderung sich die Regierungen verpflichtet haben« (OECD 2011; Übersetzung des Verfassers).

Diese Richtlinien basieren auf diversen Grundlagen, u. a. auch auf den zehn Prinzipien. Sie dienen primär den Regierungen im Umgang mit den multinationalen Unternehmen. In der Praxis richten sich viele Firmen an diesen Richtlinien aus, weil sie einen international akzeptierten Standard bieten, der auch in vielen lokalen Gesetzgebungen enthalten ist. Sie stellen hohe Anforderungen an die Firmen und werden darum von den meisten Business Networks wie dem World Business Council for Sustainable Development (kurz WBCSD) und dem UNGC empfohlen und in die Ausbildungen integriert.

Die nachfolgende Grafik zeigt zusammenfassend den Rahmen für den Beitrag des Privatsektors zu nachhaltiger Wirtschaft und Entwicklung.

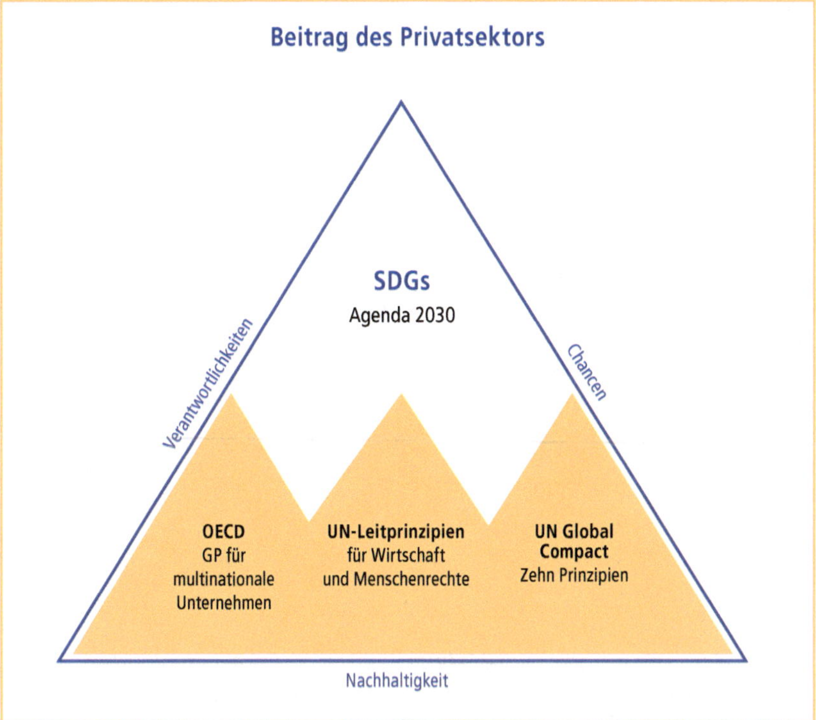

Quelle: In Anlehnung an Global Compact Network 2023

6. Zur Verantwortung des Managements und der Aufsichtsrät:innen

Das Bewusstsein in Aufsichtsräten und Managementteams für die multiplen Aspekte unternehmerischer Verantwortung und Nachhaltigkeit steigt erfreulicherweise immer noch stark an. Die oben skizzierten Ideen und Ansätze können anleiten und unterstützen. In der Praxis zeigt sich aber immer noch ein Defizit, besonders auf Ebene der Aufsichtsräte. Die Relevanz von Responsible Business Conduct (kurz RBC) und die Agenda 2030 für langfristigen und damit nachhaltigen unternehmerischen Erfolg werden noch nicht überall verstanden. Ohne diese Führungsgremien ist die Wende aber nicht machbar. Die neueste CEO-Studie, die Accenture mit dem UNGC jährlich durchführte zeigt, wo CEOs die Chancen für resiliente und damit nachhaltig geführte Firmen sehen (Accenture 2022). Es gibt noch einiges zu tun.

7. Quellenangaben

Accenture (2022). 12th UN Global Compact-Accenture CEO Study. Abgerufen am 24. 2. 2023, *https://info.unglobalcompact.org/ceo-study.*

Elkington, J. (2004). Enter the Triple Bottom Line. Abgerufen am 25. 2. 2023, *https://johnelkington.com/archive/TBL-elkington-chapter.pdf.*

Hautle, A. (1989). Das schwierige Verhältnis der katholischen Soziallehre zu Wirtschaft und Unternehmertum. Unveröffentlichtes Manuskript. Rom.

OECD (2011). OECD Guidelines for Multinational Enterprises 2011 EDITION. Abgerufen am 24. 2. 2023, *https://www.oecd.org/daf/inv/mne/48004323.pdf.*

Stockholm Resilience Centre (2023). Planetary Boundaries. Abgerufen am 24. 2. 2023, *https://www.stockholmresilience.org/research/planetary-boundaries.html.*

United Nations Global Compact (2023). Accelerators. Abgerufen am 24. 2. 2023, *https://unglobalcompact.org/take-action/accelerators.*

United Nations Global Compact (2022). An Analysis of the Goals and Targets 2022. Abgerufen am 24. 2. 2023, *https://unglobalcompact.org/library/5361.*

United Nations Global Compact (2014). Guide to corporate sustainability. Abgerufen am 24. 2. 2023, *https://unglobalcompact.org/library/1151.*

United Nations Global Compact (2010). Management Model. New York. 2010. Abgerufen am 24. 2. 2023, *https://unglobalcompact.org/library/231.*

II. Nachhaltigkeit als wesentlicher Faktor für die strategische Ausrichtung des Unternehmens

Übersicht

Roman Stöger

Strategie der Nachhaltigkeit

Inhalt

1. Nachhaltigkeit als Schlüsselthema für Aufsicht und Führung

Das Thema der Nachhaltigkeit ist zum bestimmenden Diskursfeld in Politik, Gesellschaft, Wirtschaft und Wissenschaft geworden. Begriffe wie Corporate Social Responsibility (CSR), ESG (Environment, Social and Governance) oder Nachhaltige Unternehmensführung umreißen nur einen kleinen Teil der unterschiedlichen Konzepte und Vorstellungswelten. Gleichzeitig macht dies aber auch deutlich, dass in Aufsicht und Führung oftmals ein unterschiedliches Verständnis zur Nachhaltigkeit herrscht – frei nach dem Spruch: »Wir alle wissen, was gemeint ist, jeder meint aber etwas anderes«. In den letzten Jahren hat sich aber einiges bewegt. So wird in der aktuellen Aufsichtsrats-Panel-Befragung eine intensive oder sehr intensive Befassung der Nachhaltigkeit in zwei Drittel der Unternehmen berichtet und drei Viertel erwarten Auswirkungen auf das Geschäftsmodell. Gleichzeitig wird aber kritisch aufgezeigt, »dass der Aufsichtsrat von einem kollektiven Aufbruch hin zum Stakeholder-Ansatz als Instrument der Nachhaltigkeitsziele weit entfernt ist« (Probst & Velte 2021, 156).

Nachhaltigkeit ist ein wesentlicher Erfolgsfaktor für die Positionierung von Unternehmen und ein Schlüsselthema für jede Strategie. So wird beispielsweise in der Audi »Roadmap Sustainability« in den Bereichen Health/Climate/Resources ein Programm vorgestellt, das repräsentativ für viele Unternehmen ist. Dieses Beispiel zeigt erstens, dass die Nachhaltigkeit das gesamte Unternehmen und das komplette Geschäftsmodell betrifft. Es wird immer schwieriger, punktuell und PR-fokussiert einzelne Nachhaltigkeits-Kampagnen zu starten. Zweitens geht es normativ nicht mehr nur um die Einhaltung von Gesetzen. Zunehmend werden Leitlinien, Kodices usw. von Unternehmen selbst, von Verbänden oder Branchen entwickelt. Drittens sprengt die Umsetzung auch die klassischen Unternehmensgrenzen. Es ist zu wenig, sich nur auf das eigene Verhalten zu beschränken und damit Kunden oder Lieferanten außen vor zu lassen. Und viertens bekommen Aufsicht und Führung eine Rolle, die bislang nicht im Fokus war – Verantwortung für die gesellschaftliche Entwicklung als Ganzes.

2. Das klassische Strategie-Verständnis und seine Grenzen für die Nachhaltigkeit

Die aktuell größten Probleme für Nachhaltigkeit sind einerseits die Dominanz des Tagesgeschäfts, andererseits die kurzfristige Profitabilitäts-Fokussierung. Wenn in einer Harvard-Studie festgestellt wird, dass Führungskräfte über 70 % ihrer Zeit operativ in Meetings verbringen, nur 3 % für Kund:innen und 3 % für die eigene Weiterbildung aufwenden, dann wird rasch klar, warum Zukunftsdiskussionen so schwierig sind (Porter & Nohria 2018). Das andere und noch größere Problem ist der Mainstream in Business Schools und in der herrschenden Führungs-Lehre: Gier nach ungebremstem Wachstum und schnellem Geld. Ein umfassender Strategie- und Nachhaltigkeitsansatz muss daher auf drei Ebenen stattfinden (siehe folgende Abbildung).

Ebene eins – operatives Geschäft: In allen strategischen und Nachhaltigkeits-Diskussionen sind operative Themen zu berücksichtigen, um Bodenhaftung zu haben und glaubwürdig zu sein. Erfolgsindikatoren sind Umsatz, Absatz, Kundenzufriedenheit, Profitabilität und Liquidität. Organisations-psychologisch interessant ist, dass das operative Geschäft im Fokus der meisten Mitarbeiter:innen und Führungskräfte steht. Augenfällig wird dies besonders in Krisenzeiten wie der Corona-Pandemie, wenn es etwa um Zahlungsfähigkeit geht. Aber auch in Boomzeiten sind viele Unternehmen verleitet, ausschließlich auf dieser Ebene zu denken und zu handeln. Automatische Nachfrage und ungebremstes Wachstum

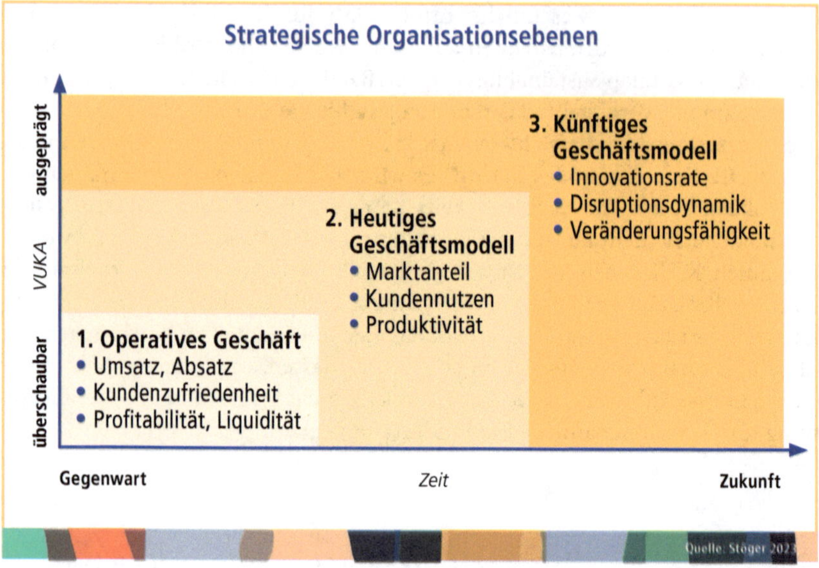

verleiten dazu, keine Zukunftsdiskussionen zu führen, weil augenscheinlich alles funktioniert.

Ebene zwei – heutiges Geschäftsmodell: Die Voraussetzung, dass operatives Business gemacht werden kann, ist das heutige Geschäftsmodell. Im Zentrum stehen Marktanteil, Kundennutzen und Produktivität. Das heutige Geschäftsmodell verändert nichts an der Logik des Geschäftes, es entwickelt dieses aber konsequent weiter. Markt- und Produktivitätsposition sind die Voraussetzungen für Gewinn und Liquidität. Umgekehrt können operative Zahlen eine gewisse Zeit schlecht sein; wenn dabei das heutige und zukünftige Geschäftsmodell gestärkt werden, liegt eine betriebswirtschaftlich gesunde Entwicklung vor. Soziale und ökologische Folgen werden im Rechnungswesen nicht ausgewiesen und bezeichnenderweise als »externe Effekte« beschrieben. Genau diese Leerstelle ist ein wesentlicher Gegenstand der Nachhaltigkeit.

Ebene drei – künftiges Geschäftsmodell: Auf den Ebenen eins und zwei geht es darum, Geschäfte zu machen. Strategie und Nachhaltigkeit bedeuten aber, langfristig im Geschäft zu bleiben. Daher sind Märkte, Bedürfnisse, Lösungen, Technologien usw. permanent auf dem Radar zu halten. Die Schlüsselfragen lauten: Wie sieht die Transformation des Geschäfts und des Unternehmens aus? Wie definieren wir Nachhaltigkeit im Sinn aller Stakeholder? Welche Kompetenzen bzw. Ressourcen müssen wir aufbauen und worin müssen wir investieren? Wie gestalten wir die Arbeitswelt der Zukunft? Operative Zahlen der Vergangenheit bzw. Gegenwart sind in Ebene drei meistens unbrauchbar und können sogar in die Irre führen, weil sie den Status zementieren. Schlüsselthema ist die Innovations- und Veränderungsfähigkeit des Unternehmens: neue Geschäftsmodelle, Produkte, Dienstleistungen usw. Dies setzt meistens schon bei der Frage des Unternehmenszwecks an. So hat sich beispielsweise Kion von einem ursprünglichen Gabelstapler-Hersteller zu einem weltweit führenden Anbieter von Lagertechnik- bzw. Lieferketten-Lösungen entwickelt – mit allen Konsequenzen für die Nachhaltigkeit.

Das Verständnis dieser drei strategischen Ebenen ist notwendig, um kompetente Diskussionen zu führen. Von Ebene eins bis drei wird der Zeitfaktor immer wichtiger. Gleichzeitig wächst auch das Ausmaß von VUKA: Volatilität, Unsicherheit, Komplexität, Ambiguität. Aufsicht und Management müssen immer wieder selbstkritisch prüfen, auf welcher der drei Ebenen diskutiert, entschieden und umgesetzt wird. Genau das ist gemeint mit der an sich simpel klingenden Frage: Führen wir die richtigen Diskussionen? Die drei strategischen Ebenen zeigen aber auch auf, dass die herrschende Betriebswirtschafts- und Managementlehre an ihre Grenzen gestoßen ist, wenn es um nachhaltige Unternehmenssteuerung geht. Ein Unternehmen kann in den drei Ebenen gute Zahlen liefern und gleichzeitig massiv negative ökologische bzw. soziale Effekte erzeugen. Mittlerweile äußern selbst liberale Wirtschaftswissenschaftler deutliche Kritik am herrschenden Wirtschaftsverständnis: kurzfristige Ausrichtung, Unternehmen als reine Effizienzmaschinen bei gleichzeitiger Ignoranz nachhaltiger Zusammenhänge (Martin 2020, Kap. 1 und 7).

3. Von rein betriebswirtschaftlicher Verantwortung zu echter Verantwortlichkeit durch ESG

Die dargestellte Navigation ist nicht grundsätzlich falsch, was die zeitlichen Ebenen und den Gedanken von Ursache-Wirkung betrifft. Sie bedarf aber einer Korrektur: von betriebswirtschaftlicher Verantwortung zu nachhaltiger Verantwortlichkeit. Aufgrund der desaströsen Auswirkungen der eindimensionalen Wachstums- und Profitabilitäts-Ideologie hat sich spätestens seit den 2000er Jahren der Nachhaltigkeits-Diskurs fest etabliert. Zwei Beispiele illustrieren unverantwortliche Unternehmenspolitik: der Zusammenbruch von Lehman 2008 und die Explosion der Ölplattform von Deepwater Horizon (BP) 2010. Andrew Gowers war Kommunikations-Chef in beiden Unternehmen in dieser Zeit. Als Fazit fasst er zusammen: »Man tat nichts. Und warum nicht? Weil man den Aktionären gute Ergebnisse liefern wollte. Die Aktionäre wollen immer das Gleiche: Sie wollen Wachstum, sie wollen Dividende, und sie wollen Kostenreduzierung.

Geld wird mit dem Istzustand verdient. Das Handeln ist kurzfristig. Eine kluge Zukunftsplanung stört und wird deshalb zur Seite gelegt« (Aisslinger & Lebert 2022, 33).

Verantwortliche Aufsicht und Führung ist mehr als das Maximieren ökomischer Größen oder das Verabschieden von Bilanzen. Die Einbeziehung externer Effekte auf Umwelt und Soziales korrespondiert auch mit einem Schwenk vom reinen Shareholder-Value hin zur Berücksichtigung der Interessen von Anspruchsgruppen, den Stakeholdern. Das in den letzten Jahrzehnten vorherrschende Konzept für verantwortliche und nachhaltige Unternehmensführung war Corporate Social Responsibility (CSR). Ursprünglich standen klassisch soziale bzw. mitarbeiterfokussierte Themen im Vordergrund, beispielsweise Arbeitsplatzgestaltung oder Lohnpolitik. Später wurde der Begriff des »social« um Umwelt und Technologie ergänzt. Zudem orientierte sich CSR zunehmend an einer ganzheitlichen Stakeholder-Betrachtung, d. h. möglichst viele Anspruchs- bzw. Interessensgruppen in den Diskurs zu integrieren. CSR bedeutet aber auch die Akzeptanz der kapitalistischen Wirtschaftsordnung. Politische bzw. staatliche Interventionen werden weitgehend abgelehnt und dafür Selbstverantwortung propagiert.

CSR mag in der Theorie vielleicht nachvollziehbar sein, deren weitgehende Wirkungslosigkeit in der Praxis hat zur Entwicklung von ESG geführt (Environment, Social and Governance). Nicht zufällig wird hier einerseits von Inhalten gesprochen (Environment, Social), andererseits aber auch von der rechtlichen bzw. unternehmerischen Verbindlichkeit (Governance). Im Kern ist ESG eine Diagnose-, Bewertungs- und Veränderungsmethode für die ökologische und soziale Nachhaltigkeit von Unternehmen im Sinn der Stakeholder. Dies korrespondiert auch mit den Nachhaltigkeitszielen der UN (United Nations 2022, 8 ff.). Früher oder später wird die Berichterstattung von Unternehmen, Branchen, Regionen und Staaten verbunden werden müssen, um gemeinsames Handeln überhaupt möglich zu machen. Gerade die Aufsichtsorgane sind hier gefordert, eine viel breitere Perspektive einzubringen als dies heute noch der Fall ist.

ESG ist aktuell noch stark als Bewertungsverfahren für Kapitalmärkte in Verwendung. Es zeichnet sich aber ab, dass es früher oder später einen Standard für Verantwortlichkeit geben wird, der für Aufsicht und Führung verbindlich ist. Es geht hier um deutlich mehr als die Veröffentlichung einer Sozial- bzw. Umweltbilanz oder um das Ausweisen eines Labels bzw. Audits. Jede Organisation – forprofit oder nonprofit, privat oder öffentlich – wird künftig an sechs Kernthemen gemessen werden (siehe folgende Abbildung): Umwelt, Gesellschaft, Recht, Arbeit, Vielfalt, Wirtschaft. Klarerweise gibt es hier Spannungsfelder und unterschiedliche zeitliche Dimensionen. Und ebenso groß werden die Auswirkungen auf Volkswirtschaft, Geschäftsmodelle oder Lieferketten sein. Diese sechs Themen stellen künftig die Agenda für professionelle Unternehmensaufsicht dar und sind der Maßstab für Strategie, Struktur, Kultur und Führung.

Kernthemen der Nachhaltigkeit

Kernthema	Kriterien
1. Umwelt	• Einhaltung von ökologischen Standards: Klima, Artenschutz, Wasser … • Ressourcenschonung bzw. -effizienz: Emissionen, Materialeinsatz, Müll, Energie … • Sensibilisierung bei Eigentümern, Kunden, Lieferanten, Mitarbeitern, Führungskräften …
2. Gesellschaft	• Beitrag zur Lösung globaler Herausforderungen: Armut, Hunger, Entwicklung … • Sicherstellung von Bildung, Informationszugang … • Fairness und moralisches Handeln im Sinn von Vorbildwirkung und respektvollem Umgang
3. Recht	• Einhaltung von Gesetzen: Menschenrechte, Compliance … • Vermeidung von Korruption und autoritären Praktiken • Unterstützung demokratischer Institutionen, Gewaltenteilung, freier Presse …
4. Arbeit	• Respektierung der Arbeitnehmer- und Konsumentenrechte • Etablierung von Sozial-, Gesundheits- und Sicherheitsstandards • Förderung von Arbeitnehmer-Organisationen bzw. -Interessenvertretungen
5. Vielfalt	• Förderung von Diversität: Biodiversität, Herkunft, Gender, Identität … • Entwicklung einer Kultur der Toleranz und der Inklusion • Sicherstellung von Gleichheit und Fairness
6. Wirtschaft	• Innovations- und Veränderungsfähigkeit in neuen Geschäftsmodellen • Markt- und Produktivitätsposition im aktuellen Geschäftsmodell • Umsatz, Kundennutzen, Profitabilität und Liquidität im operativen Geschäft

Quelle: Stöger 2023

Verantwortlichkeit in der Unternehmensführung ist keine Absage an klassisch-ökonomische Konzepte oder Erfolgsgrößen. Der Kontext wird um nicht-betriebswirtschaftliche Kriterien erweitert. So stellt beispielsweise der Gewinn nach wie vor einen wichtigen Orientierungspunkt dar. Nur wird zwischen gesunder und ungesunder Profitabilität, giergetriebenem und ökologischem Wachstum unterschieden. Plakativ gesprochen werden aus ESG-Sicht dann Gewinn oder Wachstum nicht mehr zu rechtfertigen sein, wenn diese durch moderne Wirtschafts-Sklaverei oder Umwelt-Raubbau entstehen.

4. Kritische Reflexion zur Weiterentwicklung der Nachhaltigkeit

Praxis und Theorie der Nachhaltigkeit sind seitens Aufsicht und Führung immer wieder zu reflektieren, um zu wirksamen Lösungen zu kommen. Ein erster Ansatzpunkt betrifft die Logik der Nachhaltigkeit. So wird kritisiert, dass das Unternehmen bzw. die einzelnen Personen in den Fokus gestellt werden. Verändern, anpassen, optimieren müssen sich nur einzelne Akteure oder Organisationen und nicht das Wirtschaftssystem als solches. Wachstum und Profitabilität sind nach wie vor dominante Größen in einem Kapitalismus, der zwar die Probleme erkannt hat, das System aber nicht ändern will. Gerade vor dem Hintergrund sozialer Zuspitzung und Klima-Katastrophen werden CSR oder ESG zwar nicht als falsch, aber als viel zu wirkungslos und zu langsam eingeschätzt. Zugespitzt: Der Kapitalismus auf »Autopilot Nachhaltigkeit« funktioniert nicht. Die zweite Art von Kritik adressiert primär Ernsthaftigkeit und Umsetzung. CSR oder ESG werden nicht als intrinsisches Anliegen verstanden, sondern anderen Motiven untergeordnet wie beispielsweise PR zur Steigerung von Umsätzen. Die Begriffe »green washing« oder »social washing« geben den Sachverhalt treffend wieder: Im Zentrum stehen ein möglichst positives Image und zielgruppen-fokussierte Öffentlichkeitsarbeit.

Mittlerweile ist ernsthaftes Problembewusssein auch in Vorstandsetagen angekommen. So schreibt etwa der ehemalige Chief Operating Officer (im Folgenden COO) von Timberland, K. Pucker: »In den letzten 20 Jahren hat sich die CSR-Berichterstattung verhundertfacht, die Summe der nachhaltigen Invesitionen ist auf ein Drittel der professionell verwalteten Vermögenswerte gestiegen – gleichzeitig nehmen CO_2-Belastung und soziale Ungleichheit zu. (…) In seiner 250-jährigen Geschichte ist der Kapitalismus immer wieder entgleist. Und wann immer dies passiert ist, war es eine Aufgabe der öffentlichen Ordnung, ihn wieder auf die Schienen zu setzen. (…) Letzlich sind Konzerne nur Teil eines größeren Systems. Dass sie sich so lange auf die Vorrangstellung der Aktionärinnen und Aktionäre fokussiert haben, war von großem Vorteil für Führungskräfte und Investoren; der jüngeren Generation jedoch haben sie eine erschütternde Rechnung hinterlassen. Auf dieser Rechnung stehen Umweltzerstörung, Verlust von Artenvielfalt, Einkommensungleichheit und Klimawandel« (Pucker 2021, 40 ff.).

Die Diskussion um Nachhaltigkeit zeigt einmal mehr auf, dass Aufsicht und Führung eine Kernfrage beantworten müssen: In welchem Interesse steht das Unternehmen? Im Manchester-Kapitalismus war dies der Eigentümer. Im Marktwirtschafts-Kapitalismus dient das Unternehmen der Befriedigung unterschiedlicher Gruppeninteressen. Im neoliberalen Kapitalismus werden Rendite und Wertsteigerung für Shareholder fokussiert. Umfassend verstandene Nachhaltigkeit fordert all diese Vorstellungen des Wirtschaftens heraus. Daher wird jede ernst gemeinte Diskussion folgende Fragen beantworten müssen:

1. Sind die Veränderungen der Außen- und Innenwelt auf dem Radar von Aufsicht und Führung?
2. Werden die Interessen aller Stakeholder und auch langfristige Themen berücksichtigt – oder nur Shareholder- und kurzfristige Geldinteressen?

3. Werden gesellschaftliche, ökologische und politische Nachhaltigkeitsziele konkret formuliert und als Maßstab für das Unternehmen festgeschrieben?
4. Werden konkrete Grenzen und Anforderungen an gesundes Wachstum, gesunde Profitabilität und gesunde Einkommens- und Vermögensverteilung formuliert?
5. Wie kann das Unternehmen zu einem Systemwechsel beitragen, um die negativen externen Effekte des Wirtschaftens aufzuhalten?

Es ist davon auszugehen, dass die Nachhaltigkeits-Debatte in den nächsten Jahrzehnten größere und umfangreichere Konsequenzen haben wird als Liberalismus, Kommunismus oder Nationalismus. Ob aus dem Shareholder-Kapitalismus ein Sustainability-Kapitalismus wird oder ein ganz anderes Wirtschaftssystem entsteht, ist noch offen. Verantwortliche Aufsichtsarbeit bedeutet, Gesamtzusammenhänge zu verstehen und das Unternehmensinteresse in Bezug zu etwas Größerem zu begreifen. »Despite this vast increase in economic growth and incomes, however, many people blame business for degrading the environment and creating societal dislocations from its globalization, outsourcing, and automation practices. Citizens are additionally frustrated when business does not use its resources and technological capabilities to solve the problems it helped to create. Many citizens and governments now want business to take a broader view of its role in society, and to shift from a shareholder to a stakeholder perspective« (Kaplan & McMillan 2020, 3).

5. Wirksame Umsetzung der Nachhaltigkeit durch professionelle Aufsicht

Analyen, Diagnosen und Erkenntnisse bleiben unwirksam, wenn sie nicht realisiert werden. So wichtig der Diskurs über Verantwortlichkeit und Nachhaltigkeit ist, so erfolgskritisch sind der Entscheidungs- und Umsetzungsprozess. Damit zeigt sich auch, ob Aufsicht und Führung ein gemeinsames Verständnis und ein Anliegen haben. Ein konfrontativ in Arbeitgeber- und Arbeitnehmerseite gespaltener Aufsichtsrat wird nur schwer eine gemeinsame Linie finden können. Nachhaltigkeit ist viel mehr und vor allem anders als der Gegensatz zwischen Arbeit und Kapital. Der Umsetzungsprozess der Nachhaltigkeit umfaßt fünf Bausteine (siehe folgende Abbildung). Punkt eins ist die Sicherstellung der Governance, d.h. die Nachhaltigkeits-Kompetenz und die entsprechende Verbindlichkeit in allen Organen. Als zweites geht es darum, Klarheit über die Anforderungen zu schaffen, d.h. Wissen um die rechtliche, politische, gesellschaftliche Bedeutung und die Ableitung der Konsequenzen für das Unternehmen. Zeitdruck, zu wenig

Vorbereitung oder gar zu geringe Kenntnisse der Zusammenhänge sind Ausschlußgründe für ein Mandat, weil ansonsten systematisch falsch diskutiert wird.

Umsetzungsprozess der Nachhaltigkeit

Schritt	Aufgaben
1. Sicherstellen der Governance	• Etablierung von Nachhaltigkeits-Kompetenz und -Verpflichtung in Aufsicht und Führung • Entsprechende Verbindlichkeit für Aufsicht, Beiräte, Management, Arbeitnehmer-Vertretung…
2. Klarheit über die Anforderungen	• Laufendes Monitoring der rechtlichen, politischen und gesellschaftlichen Bedeutung (Gesetzgeber, Lieferanten, Kunden…) • Ableitung verpflichtender bzw. freiwilliger Konsequenzen für das Unternehmen (Reports, Nachweise, Audits, Zertifikate, Publikationen…)
3. Einbau in die Strategie	• Einbau der Nachhaltigkeit im Leitbild und Strategie: Corporate, Geschäftsfelder, Funktionen und übergreifende Schlüsselthemen • Integration in das Geschäftsmodell: Innovation, Wertschöpfungs-Prozesse, Lieferketten, Daten, Zukunftskompetenzen…
4. Anpassung von Struktur und Kultur	• Adaption der Aufbau- bzw. Ablauforganisation und Führungsprozesse entsprechend der Anforderungen aus der Nachhaltigkeit • Impulse für eine Unternehmenskultur der Nachhaltigkeit: Werte, Spielregeln, Aus- und Weiterbildung…
5. Etablierung der Umsetzung	• Systematisches Umsetzungsprogramm auf allen relevanten Ebenen mit entsprechender Verbindlichkeit • Reporting bzw. Kommunikation der Wirkung innerhalb und außerhalb des Unternehmens (Stakeholder-bezogen)

Quelle: Stöger 2023

Schritt drei ist die Positionierung der Nachhaltigkeit und ihr Einbau in Leitbild, Strategie bzw. Geschäftsmodell. Gerade über innovative Produkte bzw. Dienstleistungen und die Wertschöpfungs-Prozesse werden die ökologischen und sozialen Dimensionen besonders deutlich. Viertens geht es um die Anpassung der Aufbau- bzw. Ablauforganisation, der Führungsprozesse und um Impulse für eine Kultur der Nachhaltigkeit. Punkt fünf ist die Etablierung der Umsetzungsmaßnahmen als systematischer Prozess auf Ebene des Gesamtunternehmens, der Geschäftsfelder, Funktionen, Regionen … Parallel dazu sind Reporting und Kommunikation an die entsprechende Zielgruppe (Stakeholder) sicherzustellen.

Es gibt mittlerweile neue Umsetzungsmethoden, z.B. die adaptierte Balanced Scorecard mit konsequentem Nachhaltigkeitsfokus. Unternehmen wie die InBev-Tochter Nile Breweries, Amanco (Spezialist für Kunststoffrohre und Wasserauf-

Produkt- und Prozessinnovationen, dass unsere Kund:innen ihre Nachhaltigkeitsziele erreichen, und wir engagieren uns im Dialog mit lokalen Gemeinschaften für eine nachhaltigere Zukunft. Für die Beschäftigten bei GEA ist dies nicht nur eine hoch motivierende Herausforderung, sondern leistet zugleich einen elementaren Beitrag für die Zukunftssicherheit des Unternehmens. Das anhaltende Engagement zur Verwirklichung unseres Unternehmenszwecks »Engineering for a better world« ist im Dezember 2022 durch die Aufnahme in den renommierten Dow Jones Sustainability Europe Index honoriert worden.

Peter Pleus

Die Transformation zur nachhaltigen Mobilität. Herausforderungen für Management und Aufsichtsräte in der Automobil- und Zulieferindustrie

Take-Aways:

→ Die Transformation der Automobilbranche vollzieht sich innerhalb eines Spannungsfeldes: Zum einen soll das bestehende Emissionsprofil trotz eines hohen Bestands an Altfahrzeugen schnell abgesenkt werden, zum anderen sollen die bestehenden Strukturen sozialverträglich umgebaut und der Wohlstandsbeitrag des Sektors gewahrt bleiben.

→ Der Veränderungsdruck auf die Automobil- und Zulieferindustrie ergibt sich aus den veränderten Kundenanforderungen, den Technologieveränderungen und den damit einhergehenden neuen Möglichkeiten in der Produkt- und Serviceentwicklung sowie der zunehmenden regulatorischen Intervention in Form strengerer Regulierung und neuer Standards.

→ Die Transformation der Automobil- und Zulieferindustrie zur nachhaltigen Mobilität kann nur gelingen, wenn Vorstand und Aufsichtsrat vertrauensvoll und eng zusammenarbeiten. Eine zentrale Aufgabe der Unternehmensorgane besteht darin, resiliente Geschäftsmodelle zu entwickeln, deren Risikotragfähigkeit und Flexibilität mit den veränderten Rahmenbedingungen Schritt halten können.

Inhalt

1. Ausgangssituation

Mit ca. 13 Mio. direkt und indirekt Beschäftigten (ACEA 2022) steht die Automobilindustrie und das Transportwesen in Europa für einen Großteil der Arbeitsplätze im verarbeitenden Gewerbe und den Dienstleistungen. Gleichzeitig betrug der Anteil des Mobilitätssektors an den gesamten europaweiten CO_2-Emissionen im Jahr 2020 über 23 % (Eurostat 2022). Diese Eckdaten kennzeichnen eindrucksvoll das Spannungsfeld, in dem die Automobilbranche ihre Transformation zu einer nachhaltigen Mobilität bewältigen muss. Zum einen soll vergleichsweise schnell das bestehende Emissionsprofil abgesenkt werden, und dies trotz eines hohen Bestands an Altfahrzeugen bzw. steigender Kilometerzahlen. Zum anderen sollen Industriestrukturen sozialverträglich umgebaut und der Wohlstandsbeitrag des Sektors gewahrt bleiben.

Individuelle Mobilität ist ein hohes Gut in modernen Volkswirtschaften. Möchte man diese Errungenschaft nicht preisgeben, kann die Transformation zur nachhaltigen Mobilität nur mit dem Einsatz neuer Technologien gelingen. Im Automobilsektor sind Anpassungs- und Verbesserungsprozesse besonders langwierig. Anpassungen der klassischen Produkte vollziehen sich kontinuierlich und inkrementell, werden jedoch zunehmend durch disruptive Technologiesprünge überlagert und begleitet. Die zentrale Aufgabe der Unternehmensleitung besteht deshalb darin, resiliente Geschäftsmodelle zu entwickeln, deren Risikotragfähigkeit und Flexibilität mit den veränderten Rahmenbedingungen Schritt halten können. Der wichtigste Sparringspartner in der Strategiedebatte ist der Aufsichtsrat. Die Transformation zur nachhaltigen Mobilität kann in der Automobil- und Zulieferindustrie nur gelingen, wenn Vorstand und Aufsichtsrat vertrauensvoll und eng zusammenarbeiten.

2. Transformationsdruck in der Zulieferindustrie

Die Autoindustrie erfährt schon seit über zehn Jahren umfassende Veränderungen, wobei die Komplexität der Herausforderungen stetig gestiegen ist. Der Veränderungsdruck ergibt sich im Wesentlichen aus drei Bereichen:

a) veränderte und gestiegene Anforderungen und Erwartungen der Endkunden an die Mobilität der Zukunft (Convenience, Sustainability, Connected, Safety, etc.),
b) neue Möglichkeiten in der Produkt- und Serviceentwicklung, insbesondere ausgelöst durch Technologieveränderungen (Software, Computing Power, Materials, Engineering, etc.),

c) Intervention von Regierungen und Behörden in Form neuer oder strengerer Regulierung und gesetzlicher Vorschriften und Standards (CO_2-Regulierung, CSRD-Standards, Batterie-Richtlinie, etc.)

Insbesondere die Dynamik der Regulierung auf globaler, landes- und lokaler Ebene stellt die Automobilindustrie aufgrund ihrer langen Investitionszyklen vor große Herausforderungen.

Der politische Wille setzt die Rahmenbedingungen, unter denen die Strategieentwicklung für ein künftiges Geschäftsmodell stattfindet, unabhängig von der Frage, ob die Regulierung das politisch gewollte Ziel auch erreichen kann. Eine derart grundlegende Anpassung des Geschäftsmodells in allen Dimensionen ist extrem aufwändig und langwierig. Die erforderlichen Ressourcen müssen im Legacy-Geschäft erwirtschaftet werden. Über die zwingend erforderliche Dekarbonisierung zur Erreichung der Emissionsziele eröffnet dabei die Digitalisierung neue Möglichkeiten im Transformationsprozess.

Hinzu kommen unerwartete Krisen und geopolitische Entwicklungen, die derzeit massiv auf die (kurzfristigen) Perspektiven von Automobilunternehmen und Zulieferern einwirken. Insbesondere die kapitalintensiven, globalen und komplexen Wertschöpfungsstrukturen fordern von den Unternehmen einerseits kurzfristig hohe Flexibilität und andererseits eine erfolgreiche mittel- und langfristige Unternehmenstransformation.

3. Geschäftsmodelle der Automobilunternehmen im Wandel

3.1 Impulsgeber für eine langfristige Strategie

Die Automobilzulieferer können heute kaum noch in Nischen verharren. Nicht nur die Aufsichtsräte fordern von der Unternehmensleitung die Entwicklung und Umsetzung einer zukunftssichernden Strategie, auch die Fremdkapitalgeber, insbesondere Banken, erwarten vom Management heute mehr denn je, die wichtigen strategischen Handlungsfelder zu analysieren und zu bewerten. Hierbei stehen zusehends auch Aspekte der unternehmerischen Nachhaltigkeit im Mittelpunkt. Alle Wirkungsbereiche von ESG – Environmental, Social and Governance – verlangen nach neuen Denkmustern und Antworten, teils aus eigener vorausschauender Motivation der Unternehmensführungen selbst, teils aus regulatorischem Zwang (Stichwort Lieferkettensorgfaltspflichtengesetz, LkSG).

Die Neuaufstellung und Transformation der Unternehmen muss mit einer langfristigen Perspektive gedacht werden, d.h. über einen Zeitraum von weit mehr als fünf Jahren. Dies verlangt den Verantwortungsträgern eine neue Form der Risikobereitschaft ab: sowohl auf der Ebene des Managements als auch in den Aufsichtsräten. Das bekannte inkrementelle Innovationsverständnis wird auf die Probe gestellt und reicht nicht mehr aus. Die aus der Vergangenheit bekannten Risiko-Return-Profile bei der Überleitung des Entwicklungs- in das Seriengeschäft gelten nicht länger. Wettbewerbsfähigkeit beim SOP ist das Gebot der Stunde. Exzellente Unternehmen zeichnen sich dabei nicht durch ein »inkrementelles« Innovationsverständnis aus, sondern sind in der Lage, Szenarien für die Märkte und deren Anforderungen in einer ferneren Zukunft zu entwerfen und daraus entsprechende Strategien abzuleiten.

3.2 Quellen der Disruption und die Finanzierung der Transformation

Disruptionen entstehen dann, wenn bestehende und beherrschte Technologiefelder unter dem Druck völlig neuer Produkte und Prozess-Technologien geräumt werden und die neuen Technologien durchdacht und aufgebaut werden müssen. Weitsichtige Unternehmensführer – Management wie Aufsichtsgremien – sind sich dieser Tatsache nicht erst seit heute bewusst, sondern haben den für die Automobilindustrie relevanten Umbruch schon seit Jahren antizipiert und begonnen, sich darauf vorzubereiten bzw. die notwendigen Entwicklungen einzuleiten. Insofern ist die »Disruption« zwar technisch als solche zu sehen, zeitlich aber nicht so radikal, als nicht die Chance bestünde, erfolgreich auf den Wandel zu reagieren. Dies gilt in gleicher Weise für die Zulieferindustrie, deren Vertreter in unterschiedlichem Maße betroffen sind. Es gilt sich ein Bild zu verschaffen, wie sich die Mobilität zukünftig verändern wird und welche Rolle das eigene Unternehmen hierbei spielen kann. Dabei beschränkt sich die Transformation keineswegs auf die Antriebsform allein, sondern umfasst alle Aspekte der Fahrzeugentwicklung und -produktion.
Gleichzeitig mit der Entwicklung einer tragfähigen Strategie für die Transformation darf die sorgfältige Analyse und Steuerung des kurz- und mittelfristigen (Bestand-) Geschäfts nicht außer Acht gelassen werden. Hier generierte Umsätze und Cashflows sind unabdingbare Voraussetzung für die Finanzierungsfähigkeit der Transformation. Nachhaltigkeit und Resilienz können so erreicht werden. Als Stör-Einflüsse sind die Auswirkungen der COVID-Pandemie, der Halbleiter-Versorgungskrise sowie zusätzlicher geopolitischer Spannungen und die damit zusammenhängenden Lieferkettenprobleme und Versorgungsengpässe insgesamt zu bewältigen. In der Vergangenheit wurden derartige Risiken oftmals als Schadensfall mit einer gewissen Eintrittswahrscheinlichkeit gewichtet. Heute wissen wir, dass dies ein vereinfachtes Bild der Risikolandschaft darstellt und Schadensereignisse nicht nur aus Sicht der Unternehmensführung vielmehr miteinander verflochten sind bzw. sich gegenseitig verstärken.

Die Einschätzung von Handlungsfeldern und -optionen setzt ein tiefes Verständnis der Veränderungen des Wettbewerbsumfelds, etwa durch regionale Verschiebungen der Absatz- und Beschaffungsmärkte oder neue Marktteilnehmer (z. B. Bedeutung Chinas, Indiens etc.), voraus.

4. Zentrale Handlungsfelder der Transformation

4.1 Integration von Kunden- und Umweltzentrierung

Die zentrale Fragestellung für jedes Unternehmen ist immer, welcher Kunde mit welchen Produkten oder Dienstleistungen bedient werden soll; was mit dem bestehenden Kompetenz-Profil machbar ist und in welche Richtung Kompetenz-Erweiterung oder -Aneignung notwendig sind, um im konkreten Fall der künftigen Mobilität erfolgreich zu sein. Dass dabei neue Non-Automotive-Kunden ins Blickfeld kommen, kann hilfreich sein, um ganz neue Technologien marktseitig breiter zu unterlegen. Wichtig ist aber, den Fokus auf keinen Fall zu verlieren.
Den Entwicklungsansatz heute gleichzeitig kunden- und *planet centric* zu denken, ist inzwischen Selbstverständlichkeit. *Planet centricity* ist direkt oder indirekt ein zentrales Element der Produkt- und Prozessentwicklung geworden und wird unmittelbar durch die CO_2-Bepreisung auch wirtschaftlich bzw. regulatorisch erzwungen. Hieraus ergibt sich die Notwendigkeit einer Kompetenz-Erweiterung oder -transformation: Die Mitarbeitenden und ihre Kompetenzen in der Organisation müssen mit den neuen Zielen und Notwendigkeiten in Einklang gebracht werden. Mitarbeitergewinnung, -entwicklung und -qualifizierung, somit eine starke Personalstrategie, sind für das Gelingen der Transformation erfolgsentscheidend. Soziale Nachhaltigkeit steht im Mittelpunkt und die Erfahrung zeigt, dass Weiter-Qualifizierung in großem Umfang möglich und im Lichte der demografischen Entwicklung unerlässlich ist.

4.2 Anorganisches Wachstum und seine Folgefragen

Der Kompetenzumbau kann insbesondere durch Akquisitionen von Start-up-Unternehmen und Spin-offs aus neuen Technologiefeldern begleitet oder ermöglicht werden. Diese *jump starts* bilden Kristallisationskeime für den Ausbau neuer Geschäftsfelder mit entsprechenden Chancen für anorganisches Wachstum. Dies bedeutet aber auch, dass redundante Kompetenzen und Kapazitäten im Unternehmen entstehen, die sorgsames Handeln von Management, Arbeitnehmerseite und Aufsichtsrat erfordern: Durch frühzeitiges Erkennen und

Handeln sind sozialverträgliche Lösungen für diese transformatorische Herausforderung leichter zu finden.
Die Dimensionen der Transformationsagenda sind vielfältig und ihre Erörterung würde hier den Rahmen sprengen, z. B. die Frage nach der richtigen internationalen Aufstellung, des sogenannten *footprints*, des Geschäftsmodells (*buy or build*) und der sich daraus ergebenden Lieferketten, des Partnerschaftsmodells, der eigenen Technologie- und Digitalisierungsstrategie oder des Innovationsmanagements.

5. Ausblick und Résumé über die Attraktivität des Standorts Deutschland

Sämtliche Dimensionen verlangen nach intrinsisch fokussierter Detailanalyse und konstruktivem Diskurs auch mit Experten von außerhalb der eigenen Organisation.
Auch diese können Fehleinschätzungen und -entscheidungen nur mitigieren, aber nicht ausschließen. So wurden beispielsweise bis in jüngste Zeit China und auch andere asiatische Länder in erster Linie als *best-cost*-Lieferant angesehen, ohne sich der politischen, makro-ökonomischen und logistischen Risiken der Lieferkette vollständig bewusst zu sein. Dies hat dazu geführt, dass in einigen Geschäftsfeldern wie Halbleitern oder Batterien Abhängigkeiten entstanden sind, die nur mit großen Anstrengungen abgebaut werden können. Derzeit scheint sich die Erkenntnis wieder durchzusetzen, dass in der Region für die Region gedacht und gefertigt werden muss. Heute als »resilient« gelobte Unternehmen waren sich dieses Zusammenhangs schon vor Jahren bewusst. Dies bedeutet gerade nicht ein Fernbleiben von diesen Märkten, sondern vielmehr eine global ausgewogene Ausgestaltung des Geschäfts und Geschäftsmodells. Standortentscheidungen in diesem Kontext müssen insbesondere auch in den Aufsichtsgremien im Konsens getroffen werden, um entsprechende soziale Auswirkungen frühzeitig zu erkennen und Maßnahmen zu ergreifen.
Trotz der grundsätzlichen Planbarkeit benötigt die Transformationsagenda der Unternehmen auch die Flexibilität, Anpassungen erforderlichenfalls schnell vorzunehmen und damit die erforderliche Resilienz zu gewährleisten. Voraussetzung hierfür ist die Etablierung eines ständigen, rollierenden Strategie-Prozesses mit dem rasch auf Veränderungen reagiert werden kann.
Die Automobilzulieferindustrie steht an einem Punkt, wo bereits hohe Investitionen in die Transformation hin zur Mobilität der Zukunft geflossen sind und die Anpassung in vollem Gange ist. Die Innovationskraft dieser Industrie bildet die

Grundlage, diesen Prozess erfolgreich weiterzuführen. Es gilt, Kurs und Fokus zu halten und unter dem Strich den erhofften positiven gesamtwirtschaftlichen Effekt zu realisieren.

6. Quellenangaben

The European Automobile Manufacturers' Association (ACEA)(2022). The EU auto industry accounts for 7% of all jobs. Abgerufen am 11.3.2023, *https://www.acea.auto/figure/employment-in-eu-automotive-sector/.*

Eurostat (2022). Statistics Explained. Greenhouse gas emissions by source sector, EU, 2020. Abgerufen am 11.3.2023, *https://ec.europa.eu/eurostat/statistics-explained/index.php?title=File:Greenhouse_gas_emissions_by_source_sector,_EU,_2020.png.*

Manfred Schoch

Transformation im Unternehmen – Keimzelle Aufsichtsrat

Take Aways:

→ In der Transformation eines Unternehmens ist die wichtigste Aufgabe der Arbeitnehmer:innen im Aufsichtsrat der Erhalt der Arbeitsplätze und Beschäftigungssicherung für die Belegschaft. Betriebsvereinbarungen sind hier nicht ausreichend, denn diese berücksichtigen lediglich bestehende Arbeitsplätze, nicht die natürliche Fluktuation der Arbeitnehmer:innen, was in Krisenzeiten zu einem massiven Personalabbau führen kann.

→ Der Aufsichtsrat muss als Schwerpunkt seiner Arbeit eine wegweisende, strategisch innovative Ausgestaltung der Produktpalette und eine zukunftsweisende Produktionsstrategie setzen. Dafür müssen die gesetzlichen Mitbestimmungsrechte weiter ausgebaut werden.

→ Die BMW-Historie hat es bereits mehrfach bewiesen: Eigenständigkeit und Zukunftsfähigkeit eines Unternehmens sind nur mit dem richtigen Marktangebot möglich. Diese strukturelle, zukunftsweisende Ausrichtung im Aufsichtsrat gepaart mit einer Beschäftigungssicherung sind Garant für eine erfolgreiche Transformation.

Inhalt

1. Rückblende

Der Tag der Entscheidung: In der Aktionärsversammlung am 9. Dezember 1959 sollte das Ende des traditionsreichen Unternehmens BMW beschlossen werden.

Das Übernahmeangebot von Daimler Benz war den Aktionären seit einer Woche bekannt. Das Münchner BMW-Werk mit seinen rund 5500 Mitarbeiter:innen sollte ein Produktionsstandort für Daimler werden! In dieser Vorgehensweise sahen Vorstand und Aufsichtsrat die einzige Möglichkeit, den Konkurs von BMW zu vermeiden.
Was war die Ursache für diese dramatische Lage?
War es die wirtschaftliche Lage in Deutschland, war die Automobilindustrie in der Krise?

Absolut nein – die Wirtschaft erlebte in diesen Jahren sogar einen Aufschwung!

Waren es die hohen Personal- oder Lohnkosten?

Absolut nein, die Löhne der BMW-Mitarbeiter:innen waren aufgrund der seit mehreren Jahren anfallenden Verluste unterproportional gestiegen!

Waren es stagnierende Zulassungen an Automobilen in der Bundesrepublik Deutschland?

Absolut nein – in den vergangenen fünf Jahren hatte sich der Absatz von Personenwagen nahezu verdoppelt!

Was war dann die Ursache, warum die BMW AG seit mehreren Jahren massive Verluste zu verzeichnen hatte?

Der Grund war der geringe Umsatz, dessen Wurzel in der Struktur des Fahrzeugangebotes lag!

1. Breite Teile der Bevölkerungsschichten lehnten das Motorrad zunehmend ab, bei dem man jeder Witterung ausgesetzt war. Die Absatzzahlen waren daher rückläufig.
2. Die kleine Isetta musste als zeitlich begrenzter Fahrzeugtyp als Übergang vom zweirädrigen zum vierrädrigen Kleinfahrzeug eingestuft werden. Die »Knutschkugel« mit ihrem Fronteinstieg war zudem sehr außergewöhnlich. Die Verkaufszahlen stagnierten auf geringem Niveau!
3. Die großen Wagen – der BMW 501 und der BMW 502 – trafen nur eine kleine Interessentenschicht, brachten nur geringe Stückzahlen, waren zu teuer und brachten trotzdem bis zu 5000 DM Verlust pro Fahrzeug.

Während BMW mit diesem Fahrzeugportfolio tief in den roten Zahlen lag, konnten die Wettbewerber glänzende Ergebnisse vorlegen. Daimler mit dem

Mercedes 190, Ford mit dem Ford 15M, Opel mit dem Opel Rekord und Porsche mit dem Porsche 1600.
Allen Verantwortlichen bei BMW war klar: Mit diesem Modellangebot war kein Überleben möglich. Aufgrund der jahrelangen Verluste war das Eigenkapital aufgebraucht und das Geld für ein neues Fahrzeugmodell fehlte. Aufgrund der desaströsen finanziellen Verhältnisse waren auch die Banken nicht bereit, finanziell zu unterstützen. Der Verkauf an Daimler war aus Sicht des Vorstandes in der Hauptversammlung am 9. Dezember 1959 die einzige Möglichkeit, die Arbeitsplätze zu retten. Das BMW-Werk sollte ein Daimler-Werk werden.
Der Vorstand hatte jahrelang auf die Marktentwicklung des Automobilsektors in den 50er Jahren nicht reagiert. Den internen BMW-Expertinnen und -Experten war inzwischen jedoch klar: Das Motorrad war zunehmend out, die Isetta zu klein und der BMW V8 zu groß und zu teuer. Was fehlte, war ein Fahrzeug dazwischen, in der Mitte: ein Mittelklassewagen!
Die Konzeption dieses neuen Mittelklassewagens, die »Neue Klasse« war schon in den Köpfen der Ingenieur:innen, aber aufgrund der anhaltenden Verluste war kein Geld in der Kasse, um dieses neue Fahrzeug umzusetzen.
Die Aufsichtsratsratsmitglieder von BMW, die zeitgleich die Interessenvertreter:innen der Deutschen Bank im Aufsichtsrat von Daimler waren, sahen in der Übernahme von BMW sogar den Vorteil, einen lästigen Wettbewerber von Daimler kaltzustellen!
Nur durch glückliche Umstände konnte der Verkauf von BMW am 9. Dezember verhindert werden. Die Arbeitnehmerinnen und Arbeitnehmer im Aufsichtsrat der BMW AG versuchten nun mit aller Kraft einen Investor zu finden, der die notwendigen Mittel für die »Neue Klasse« bereitstellte. Die Argumente der Arbeitnehmerseite lagen auf der Hand:

- Die neue Mittelklasse war das richtige Fahrzeug, die Pläne dafür schon weitestgehend vorhanden.
- Die Mitarbeiter:innen der BMW AG waren bereit, für das Überleben hart zu kämpfen.
- Die BMW-Händler:innen warteten dringend auf ein neues, zeitgemäßes Fahrzeug.

Den Arbeitnehmer:innen im Aufsichtsrat ist es dann glücklicherweise gelungen, einen Investor zu finden: Herbert Quandt stieg bei BMW ein, das Unternehmen war gerettet!

2. Mit Unternehmensstrategie gegen Krisenzeiten

Diese spannende Geschichte von BMW zeigt, dass die strategische Ausrichtung der Produktpalette die zentrale Aufgabe des Aufsichtsrats eines erfolgreichen Unternehmens sein muss! Eine gemeinsame, einvernehmliche Modell- und Produktstrategie muss die wichtigste Aufgabe des Aufsichtsrats sein; der zentrale Erfolgsfaktor für das Unternehmen.

Um langfristig Arbeitsplätze zu sichern, ist es wichtig, dass man auch Produkte produziert, die am Markt erfolgreich sind und entsprechende Umsätze bringen. Die Mitwirkung der Arbeitnehmer:innen im Aufsichtsrat bei der Produktstrategie, bei der Produktionsplanung, bei der Werkeplanung und der Personalplanung sind das wichtigste Element der aktiven Mitbestimmung. Die Arbeitnehmer:innen im Aufsichtsrat müssen diese Themen zum zentralen Element ihrer Arbeit für die Interessen der Beschäftigten machen. Zudem muss der Gesetzgeber dafür sorgen, dass die Mitbestimmungsrechte in entsprechenden Gesetzen erweitert werden.

Ein schweres Jahr für BMW: Am Donnerstag, 16. März 2000, beschloss der Aufsichtsrat der BMW AG, die Traditionsmarke Rover zu verkaufen. Ursache waren die ständig steigenden Verluste der englischen Tochtergesellschaft. Der radikale Kurswechsel führte zu einem Jahresfehlbetrag von 4,9 Mrd. DM in der Bilanz 1999. Im Jahre 1994 hatte BMW die englische Firma Rover für 2 Mrd. DM übernommen. BMW hatte damals erkannt, dass das untere Marktsegment zunehmend größer wird. Die Frage war, ob man für dieses Marktsegment unterhalb der BMW 3er Reihe ein eigenes Fahrzeug entwickelt oder ob diese Fahrzeuge ein »Partner« übernehmen soll. Der Vorstand kam zu dem Ergebnis, das Fahrzeug für dieses Marktsegment nicht in Eigenleistung zu machen, sondern der Marke Rover zu übertragen.

Ein schwerwiegender Fehler, der den BMW-Konzern viele Milliarden Euro gekostet hat.

Nach dem Rover-Verkauf haben sich die Arbeitnehmerinnen und Arbeitnehmer im Aufsichtsrat, zugleich die Betriebsratsvorsitzenden der BMW-Werke, sehr konsequent dafür eingesetzt, dass zukünftig das Fahrzeug für dieses untere Marktsegment unternehmensintern entwickelt und in einem eigenen BMW-Werk gebaut wird. Nach massiven Verhandlungen wurde im Aufsichtsrat entschieden, dass der BMW 1er geboren und das Werk Leipzig als Produktionswerk dafür festgelegt wird. Dieses Rover-Debakel zeigt wiederum, dass die strategische Ausrichtung der Produktpolitik und die langfristige Produktionsplanung die zentralen Punkte bei der strategischen Planung-im Aufsichtsrat sein müssen.

Eine intensive Diskussion und eine gemeinsame, einvernehmliche Entscheidungsfindung zusammen mit den Arbeitnehmer:innen im Aufsichtsrat sind zentrale Erfolgsfaktoren erfolgreicher Unternehmensstrategie.

Das Werk Leipzig hat heute über 5000 Mitarbeiter:innen. Zusammen mit der Zulieferindustrie und weiteren indirekten Dienstleistern wurden damit im Großraum Leipzig über 10 000 Arbeitsplätze gesichert. Die Schaffung und der Erhalt von Arbeitsplätzen sind eine der dringlichsten Aufgaben der Arbeitnehmerinnen und Arbeitnehmer im Aufsichtsrat. Die Schaffung von Arbeitsplätzen beginnt damit, dass man dafür sorgt, dass man die richtigen Produkte hat, und diese dann auch in Eigenleistung mit eigenen Mitarbeiter:innen in eigenen Werken fertigt. Die Arbeitnehmer:innen im Aufsichtsrat haben bei diesem Prozess eine ganz wichtige Rolle gespielt, die dadurch verstärkt wird, dass die entsprechenden Personen zugleich im Betriebsrat sind und dort ihre Mitwirkungsrechte ausüben können.

3. Zum Sozialplan

Am 21. Dezember 2007 wurde die BMW-Belegschaft mit einer Hiobsbotschaft zu Weihnachten überrascht. Auf der Titelseite einer großen, überregionalen Zeitung stand: BMW will 8000 Stellen streichen! Diese Titelstory war wenige Tage vor Weihnachten der »Hammer« für die Mitarbeiter:innen! Noch niemals in der Nachkriegsgeschichte, nicht einmal in den Krisenjahren 1956 bis 1959, war von Entlassungen die Rede. Diese geplanten Entlassungen waren kein Einzelfall in der deutschen Industrie. Es war die Reaktion des Managements auf die befürchtete Weltwirtschaftskrise 2008/2009. Die ersten Prognosen ließen einen Rückgang der Verkaufszahlen von 20 % bis 30 % vermuten. Für die Mitarbeiter:innen war das eine tiefgreifende Verunsicherung, die die gesamte Organisation durcheinanderwirbelte. Der Aufsichtsrat war über diese Entlassungen nicht informiert.

Die Arbeitnehmer:innen konfrontierten das Personalwesen mit dem Abschluss eines Sozialplans, der voll der Mitbestimmung unterlag. Ein Sozialplan greift, wenn ein Unternehmen tief in einer Krise steckt und eine gesetzlich definierte Grenze von Entlassungen überschritten wird. BMW war das einzige Unternehmen in Deutschland, das diese Grenze laut der Titelstory überschreiten würde. Die Mitarbeiter:innen, Kunden und Händler waren über diese Entwicklung bei BMW tief besorgt. Die Forderung der Arbeitnehmer:innen zeigte Wirkung! Ziel des Aufsichtsrates war es, nicht nur die Entlassungen zu verhindern, sondern den Mitarbeiter:innen in dieser Krisenzeit eine schriftliche Beschäftigungssicherung zu verschaffen. Die Arbeitnehmer:innen im Aufsichtsrat haben dann die Initiative ergriffen und für diese marktbedingten Schwankungen einen neuen, innovativen Ausgleichmechanismus vorgeschlagen.

Grundidee war, die in der Krise weniger produzierten Fahrzeuge nach der Krise wieder aufzuholen. Also in der Krise weniger als die Sollarbeitszeit zu arbeiten

und nach der Krise diese »Minusstunden« wieder aufzuholen, also nachzuarbeiten. Sprich: die monatlichen Sollarbeitszeiten entsprechend der durch die Kundennachfrage bedingten Produktionskurve festzulegen. Dies bedarf somit eines Ausgleichszeitraumes innerhalb der tariflich zulässigen Grenzen. Nach intensiven Verhandlungen gab es dann eine Einigung über einen Ausgleichszeitraum mit einem Gesamtrahmen von +/−300 Stunden. Bei einer wöchentlichen Arbeitszeit von 35 Stunden/Woche entspricht dies 152 Stunden im Monat. Es könnte damit ein Zeitraum von vier Monaten überbrückt werden. Da aber im Regelfall die Mitarbeitenden vor der Krise nicht immer +300 Stunden haben, ging man davon aus, dass ein Zeitraum von zwei Monaten damit überbrückbar ist. Der gesamte Mechanismus des Ausgleichzeitraumes wurde dann in einer Betriebsvereinbarung »BMW Zeitkonto« festgehalten. Bei der Nutzung des Ausgleichszeitraumes gab es zwei Prinzipien:
Bei betrieblichen Gründen (Krisen, Anläufe, Projekte), die eine Mehrzahl von Mitarbeiter:innen in einer Organisationseinheit betreffen, werden Zielwerte und Ausgleichszeiträume zwischen Fachbereich/Personalwesen und Betriebsrat vereinbart. Bei betrieblichen und persönlichen Gründen, die einzelne Mitarbeiter:innen betreffen, werden Zielwerte und Ausgleichszeiträume mit den Vorgesetzten vereinbart. Bei Nichteinigung zwischen Vorgesetzten und Mitarbeiter:in wird gemeinsam mit dem Personalwesen und dem Betriebsrat eine einvernehmliche Lösung herbeigeführt. Diese Regelung gab damit auch erstmals den Mitarbeitenden die Möglichkeit einer innerjährigen Optimierung der eigenen Arbeitstage. Viele Kolleg:innen nutzten diese Zeit, um den individuellen Urlaub zu verlängern.
Dieser neu geschaffene Puffer über das BMW Zeitkonto mit dem Ausgleichszeitraum brachte auch die Lösung zur Verhinderung von Entlassungen bzw. der Beschäftigungssicherung der Mitarbeiter:innen. Die Arbeitnehmer:innen im Aufsichtsrat rechneten dem Management vor, dass die zwei Monate über das Zeitkonto und die vier Wochen kollektiver Urlaub eine »Puffermöglichkeit« von 25 % der Jahresarbeitszeit darstellte. Das waren genau die 25 %, die in den Prognosen zur Weltwirtschaftskrise standen. Damit war der Weg für eine Regelung zur Beschäftigungssicherung frei. Aufgrund der starken Position der Arbeitnehmer:innen im Aufsichtsrat konnte folgende wichtige Regelung getroffen werden:
Für die Mitarbeiter:innen im Geltungsbereich dieser Vereinbarung erfolgen im quantitativen Langfristzeitraum keine betriebsbedingten Beendigungskündigungen infolge einer Betriebsänderung i. S. v. § 111 BetrVG. Diese Zusage gilt rollierend für den jeweiligen LUP-Zeitraum (LUP = langfristige Unternehmensplanung).
Beschäftigungssicherung in diesem Sinne setzt voraus, dass im Konzernabschluss der BMW AG ein positives Ergebnis vor Steuern ausgewiesen ist.

Voraussetzungen für einen individuellen Kündigungsschutz im Einzelfall ist darüber hinaus die Bereitschaft der Mitarbeiter:innen zu örtlicher Mobilität, Flexibilität in Bezug auf andere in Frage kommende Aufgabenstellungen bzw. Tätigkeitsinhalte sowie die Wahrnehmung angebotener Qualifizierungsmaßnahmen. Kündigungsschutz im Sinne dieser Vereinbarung ist für den jeweiligen Mitarbeitenden deshalb dann nicht gegeben, wenn er eine angebotene zumutbare Weiterbeschäftigung an demselben Standort oder an einem anderen Standort der BMW AG und/oder hierfür erforderliche Qualifizierungsmaßnahmen unbegründet ablehnt.

Da der Langfristzeitraum bei BMW immer sechs Jahre ist, gilt diese Vereinbarung immer für genau diesen Zeitraum. Und wenn sie nicht gekündigt wird, gilt sie automatisch immer für den nächsten Sechs-Jahres-Zeitraum. Aus Sicht der Arbeitnehmer:innen eine geniale Lösung! Das zeigt, dass die Langfristplanung, die im Aufsichtsrat beschlossen wird, ein fundamentales Element ist.

Erstaunlich ist aus heutiger Sicht, dass diese Vereinbarung nun schon rund 15 Jahre gültig ist. Die geplanten Entlassungen konnten damit verhindert werden. Der Personalabbau musste also über freiwillige Aufhebungsverträge, Altersaustritte oder Abbau von befristeten oder Zeitarbeitskräften erfolgen. Erstaunlich ist auch die Tatsache, dass diese richtungsweisende Vereinbarung innerhalb von vier Wochen verhandelt wurde und am 24. Januar 2008 unterzeichnet werden konnte. Dieser historische Vorgang zeigt, dass dem Aufsichtsrat gerade bei Krisenzeiten eine wichtige Initialfunktion zukommt.

Grundsätzlich anzumerken ist, dass man mit solchen Vereinbarungen zur Beschäftigungssicherung zwar die bestehenden Arbeitsverhältnisse absichern kann, aber ein Rückgang der gesamten Belegschaft wegen der Fluktuation nicht verhindert werden kann. Insgesamt gingen die Arbeitnehmer:innen mit dieser Vereinbarung gestärkt aus der Krise.

4. Transformation Richtung Elektromobilität

Eine richtungsweisende Wahl: Am 18. Juli 2019 wurde Oliver Zipse in der Aufsichtsratssitzung in Spartanburg/USA zum neuen Vorstandsvorsitzenden der BMW AG gewählt.

Zipse stand vor einer großen Herausforderung. Die Automobilindustrie stand nach dem Dieselskandal bei VW massiv unter Beschuss. Das Vertrauen der Politik in die Automobilmanager:innen war stark angeschlagen. Die aktuelle Debatte um die Klimaveränderung verstärkte die Diskussion um eine weitere Verschärfung der CO_2-Vorgaben für die Industrie. Die Klima-Aktivist:innen hatten eine zunehmende Unterstützung durch die Bevölkerung. Ein Wettbewerber

aus den USA – Tesla – zeigte, dass man erfolgreich auf klimaneutrale Fahrzeuge umstellen kann. BMW hatte mit dem BMW i3 ebenfalls ein vollelektrisches Fahrzeug, dass sich jedoch nur sehr schleppend verkaufen ließ. Ein Nachfolger war aufgrund dieser negativen Erfahrungen nicht vorgesehen. Die weitere Vorgehensweise lag nun darin, bestehende Fahrzeuge als Hybrid umzubauen und an speziellen vollelektrischen Lösungen zu tüfteln!
Die Aufgabe von Zipse war kristallklar: Ihm musste der Sprung in das Zeitalter der vollelektrischen Fahrzeuge gelingen. Mit seinem Nachfolger im Technik-Ressort und einem neuen Entwicklungs-Vorstand machte er sich an die Aufgabe. Ein Jahr später präsentierte er seine Lösung vor dem Aufsichtsrat. Eine »Neue Klasse« auf der Basis einer völlig neu entwickelten Plattform. Der Aufsichtsrat war von diesem neuen Ansatz sehr überzeugt. Die Analogie zu dem Neustart 1959 mit der »Neuen Klasse« sollte zeigen, dass BMW nun den Start ins Zeitalter der Elektromobilität entschieden hatte.
Die Arbeitnehmer:innen im Aufsichtsrat hatten sich massiv dafür ausgesprochen, Zipse als CEO zu benennen, der als starker Befürworter der Elektromobilität bekannt war. Der Aufsichtsrat muss dafür sorgen, dass Personen im Vorstand sind, die ein Gefühl haben, wie sich der Markt entwickelt, und dann dafür dem Aufsichtsrat diese zukunftsweisende Produktstrategie im Rahmen der Langfristplanung präsentiert. Im Vorfeld sind dazu natürlich intensive Gespräche und Diskussionen erforderlich, bei der sich gerade die Arbeitnehmer:innen im Aufsichtsrat intensiv einbringen müssen.
Alle vier Beispiele aus der Historie von BMW – 1959 mit dem neuen Mittelklasse-Wagen, 1999 mit dem neuen BMW 1er, 2007 die Vereinbarung zur Beschäftigungssicherung und 2019 mit der neuen, voll elektrischen »Neuen Klasse« – zeigen, dass der Erfolg des Unternehmens ganz wesentlich von dem richtigen, zukunftsweisenden Produktangebot abhängt, das in die Langfristplanung des Unternehmens eingehen muss. Der Aufsichtsrat hat die Pflicht und zentrale Aufgabe, diese Langfristplanung offen und kritisch zu diskutieren und zu beschließen.

5. Der ideale Aufsichtsrat

Die Aufgabe des Aufsichtsrats besteht nicht nur darin, Aufsicht zu führen, sondern ganz intensiv eine breite Diskussion um die dringend erforderlichen zukunftsweisenden, innovativen Produkte zu führen. Dabei kommt den Arbeitnehmer:innen im Aufsichtsrat eine bedeutende Rolle zu.
Damit diese Umsetzung des operativen Tagesgeschäftes auch erfolgreich durchgeführt wird, bedarf es der richtigen Personen an der Spitze des Vorstandes. Die

Berufung dieser Personen ist daher eine der wichtigsten Aufgaben des Aufsichtsrates. Die Historie von BMW hat bewiesen, dass dieser »Neuanfang« oftmals nur mit neuen Vorständen erfolgreich durchgeführt werden kann.
Bei der Auswahl dieser Personen muss man sich auf zwei Auswahlkriterien konzentrieren:

1. Geistige Geschicklichkeit:
   Unter geistiger Geschicklichkeit ist die Anwendung der Fachkenntnisse, selbstständiges Handeln, Verantwortungsbereitschaft und Urteilsfähigkeit zu verstehen.
2. Führungsverhalten:
   Unter Führungsverhalten versteht man die soziale Kompetenz, Förderung von Mitarbeiter:innen, Motivation der Mitarbeiter:innen und Teamfähigkeit.
   Größte Sorgfalt und Akribie ist bei der Auswahl dieser Personen erforderlich. Hilfreich ist es, auf das breite Netzwerk der Arbeitnehmer:innen zurückzugreifen, auf die vielen Mitarbeiter:innen, die die Führungskräfte kennen. Es erwies sich ebenso als hilfreich, Mitarbeiter:innen hierarchieübergreifend nach Empfehlungen für Vertretungen im Gremium zu befragen, um aussagekräftige Bilder und Einschätzungen zu Führungskräften zu erhalten.

6. Fazit

Mit der richtigen Person an der Spitze des Unternehmens und den zukunftsweisenden Produkten ist dann die Basis für eine erfolgreiche Umsetzung geschaffen. Konsequenterweise muss direkt im Anschluss dazu eine intensive Diskussion geführt werden: Wo und von wem werden diese Produkte entwickelt und gefertigt? Die Sicherung und der Ausbau der notwendigen personellen Kompetenzen sind ganz zentrale Fragen. Im Regelfall ist es erforderlich, für »Neue Produkte« auch neue Kompetenzen bei den Mitarbeiter:innen aufzubauen. Dies bedeutet zusätzliche Manpower und Investitionen in Qualifikation und Weiterbildung. Das Wissen der Mitarbeiter:innen ist die Schatztruhe des Unternehmens. Gerade die gegenwärtige Transformation vom Verbrennungsmotor in das Zeitalter der Elektromobilität erfordert völlig neue Kompetenzen und Qualifikationen. Wir müssen wirklich von der »Eisenzeit« in das Zeitalter der »Elektrik und Digitalisierung« kommen.
Der zweite wesentliche Schritt ist der Erhalt der Wertschöpfung. Auch hier müssen die Arbeitnehmer:innen dafür sorgen, dass diese Wertschöpfung in Eigenleistung erhalten bleibt, im Zeitalter der Elektronik sogar neu aufgebaut werden muss. Der Bau von neuen Werken ist ja eindeutig die Angelegenheit des Aufsichtsrats. Dabei müssen die Arbeitnehmer:innen im Aufsichtsrat dafür sorgen,

dass neue Werke nicht zu Lasten der bestehenden Arbeitsplätze im Inland führen und die Abhängigkeit von einem Land nicht zu groß wird. Hinzukommt, dass die aktuelle Transformation im Aufsichtsrat besprochen werden muss. Dabei gilt folgender Grundsatz:

Man muss dafür sorgen, dass die Produktion von Verbrennungsmotoren durch die Produktion von Elektromotoren ersetzt wird. Mit dieser einfachen Formel sind auch die Arbeitsplätze der Mitarbeiter:innen gesichert. Dazu sind in der Regel massive Investitionen erforderlich, die im Aufsichtsrat diskutiert und beschlossen werden müssen. Auch hier belegt wieder die Historie von BMW, dass dabei die Arbeitnehmer:innen im Aufsichtsrat eine zentrale Rolle spielen können.

Wie wichtig dabei die erforderlichen Investitionen sind, zeigte schon das Jahr 1959, als in die »Neue Klasse« investiert werden musste. Aber auch der Neubau des Werkes Leipzig veranschaulicht, dass ein Neuanfang erhebliche finanzielle Mittel erfordert. Und der aktuelle Aufbruch in das Zeitalter der vollelektrischen Mobilität verdeutlicht das Erfordernis von Milliarden an Investitionen. Mit diesen Neuinvestitionen in die Entwicklung und die Produktion werden automatisch die Arbeitsplätze der Kolleg:innen erhalten. Der Erhalt der Arbeitsplätze beginnt also weit im Vorfeld der Unternehmensstrategie: Er beginnt bei den richtigen Produkten, die die richtigen Menschen umsetzen. Bei beiden Entscheidungen haben die Arbeitnehmer:innen im Aufsichtsrat die Pflicht, sich aktiv einzubringen! Es genügt nicht, nur Aufsicht zu machen, sondern aktiv die Unternehmensstrategie mitzubestimmen.

III. Sustainable Corporate Governance und Sustainable Finance – EU-Gesetzgebung und Kapitalmarkt als Treiber für die Nachhaltigkeit im Unternehmen

Übersicht

Michael Wolff

Sustainable Corporate Governance: Folgen für die Aufsichtsratsarbeit

Inhalt

1. Einleitung

Mittlerweile fordern fast alle Stakeholder – unabhängig davon, ob es sich um private Investoren oder staatliche Institutionen handelt – von den Unternehmen eine stärkere Berücksichtigung von Nachhaltigkeitsaspekten in der Unternehmensführung und den dazu gehörigen Entscheidungsprozessen. Die letzten Anpassungen des Deutschen Corporate Governance Kodex (DCGK) belegen dies auf anschauliche Weise. So wird in der Präambel des DCGK gefordert, dass die Auswirkungen der Unternehmenstätigkeit auf die Umwelt vom Vorstand und Aufsichtsrat bei der Ausgestaltung der Führungs- und Überwachungsaktivitäten zu berücksichtigen sind. Diese und andere Forderungen aus der Öffentlichkeit, aber auch das mittlerweile veränderte Selbstverständnis vieler Unternehmen erfordern von Aufsichtsratsgremien, den Themenkomplex Nachhaltigkeit in eine unternehmensspezifische Sustainable Corporate Governance zu übersetzen.

Auch wenn der Begriff Sustainable Corporate Governance weder in der Praxis noch in der Wissenschaft exakt definiert ist, besteht doch größtenteils Einigkeit darüber, dass eine Sustainable Corporate Governance das Ziel verfolgt, alle relevanten Nachhaltigkeitsaspekte, d.h. sowohl soziale als auch umweltbezogene

Aspekte, systematisch bei der Ausgestaltung und Umsetzung von Corporate Governance-Elementen und -Abläufen zu berücksichtigen. Diesem Zielbild folgend wird auch die aktuelle Schieflage zahlreicher Debatten deutlich, denn häufig stehen leider ausschließlich die formalen Anforderungen an die Nachhaltigkeitsberichterstattung im Fokus. Auch wenn angesichts der regulativen Veränderungen und der intensiven Diskussionen darüber – hier kann beispielweise die im Jahr 2022 veröffentlicht Richtlinie über die Nachhaltigkeitsberichterstattung genannt werden – die Schieflage erklärbar ist, so hat sie doch in zahlreichen Aufsichtsräten dazu geführt, dass der Themenkomplex der Nachhaltigkeit aus einer sehr stark rechnungswesengetriebenen bzw. formalistischen Perspektive interpretiert wird. Dies ist aber angesichts der derzeitigen und zukünftigen Herausforderungen für Unternehmen, die sich durch die Transformation der Wirtschaft zu einer größeren Nachhaltigkeit ergeben, eine viel zu enge Auffassung. Der Druck auf etablierte Geschäftsmodelle, ein sich veränderndes Konsumentenverhalten oder die Desintegration von existierenden Wertschöpfungsketten erfordern nämlich von Aufsichtsratsgremien ein deutlich breiteres Verständnis darüber, wie sich die gestiegenen Forderungen nach einer größeren Nachhaltigkeit auf die verschiedenen Aspekte der Aufsichtsratsarbeit auswirken. Im Folgenden werden diese Aspekte näher beleuchtet.

2. Implikationen der Sustainable Corporate Governance für Aufsichtsratsgremien

Angesichts des transformativen Charakters der Nachhaltigkeit sind die Implikationen für die Aufsichtsräte vielfältig und von grundlegender Bedeutung. Sie erfordern von diesen Gremien, vor allem auch im zweigliedrigen (two-tier) System, eine systematische Reflektion und in vielen Fällen eine Anpassung der eigenen Arbeit. Noch immer sind leider viele Aufsichtsratsmitglieder der Auffassung, sich (fast) ausschließlich auf formale Kontrollaufgaben fokussieren zu können (und zu sollen). Diese aus Perspektive einer »Principal-Agent«-Theorie erklärbare Auffassung passt aber nicht mehr zu den aktuellen Herausforderungen der Aufsichtsratsarbeit. Dabei ist die nachhaltige Transformation neben der Digitalisierung und den Lieferkettenverschiebungen aufgrund der Pandemie und des Ukrainekriegs nur eine dieser Herausforderungen. Vielmehr müssen Aufsichtsräte angesichts der Komplexität der Aufgaben ihre verschiedenen Fähigkeiten und Erfahrungen aktiv einbringen und den Vorstand unterstützen, um die Herausforderungen meistern zu können. Bei der Aufsichtsratsarbeit geht es nicht nur um das Kontrollieren, sondern vor allem auch um die Gestaltung und

die Beratung des Vorstands. Die zukünftige Vorsitzende der Regierungskommission Deutscher Corporate Governance Kodex, Clara Streit, formulierte es 2022 im Handelsblatt sehr deutlich: »Aufsichtsräte kontrollieren nicht mehr allein, wir beraten und geben Impulse« oder »Als Aufsichtsrätin will ich gestalten, nicht verwalten« (Streit 2022, 5). Diese Perspektive auf die Aufsichtsratsarbeit leitet sich aus der »Resource-Dependence«-Theorie ab, die zunehmend als gleichbedeutend zur klassischen »Principal-Agent«-Theorie angesehen wird (vergleiche bspw. Oehmichen, Schult & Wolff 2014). Im Kern beschreibt diese Theorie, dass Aufsichtsräte mit ihrem Wissen (»Human Capital«) und ihrem Beziehungsnetzwerk bzw. den damit verbundenen Erfahrungen (»Relational Capital«) nicht nur den eigenen Aufgaben besser nachkommen, sondern auch die Vorstände bei ihrer Aufgabenerfüllung unterstützen können (Hillman & Dalziel 2003, 383). In der unternehmerischen Realität wünschen sich Aufsichtsräte zunehmend auch dieses breitere Verständnis der Aufsichtsratsarbeit. So zeigt eine gemeinsame Befragung der Universität Göttingen und der Boston Consulting Group unter Aufsichtsräten im deutschsprachigen Raum, dass sie sich eine stärkere Mitwirkung bei der Beratung unternehmerischer Entscheidungen und der strategischen Ausrichtung der Unternehmen wünschen (Pidun et al. 2019, 51). Moderne Aufsichtsräte sollten sich also von einer primären Kontrollperspektive lösen, denn die klassischen und tendenziell formalen Aufsichtsratsaufgaben sind zwar immer noch notwendig (und wichtig), aber ihre Erfüllung wird nicht ausreichen, um ein Aufsichtsgremium zu schaffen, welches die aktuellen Herausforderungen meistert. Erfolgsfaktoren der Gremienarbeit werden vielmehr eine effektive Teamarbeit und der strategische Fokus des Gremiums sein (ebd., 2).
Vor dem Hintergrund dieser Anforderungen an eine erfolgreiche Gremienarbeit wird mit Blick auf eine Sustainable Corporate Governance die Notwendigkeit von Veränderungen bei vielen Aufsichtsratsgremien deutlich. Dabei betrifft dies nicht nur klassische Aufgaben des Aufsichtsrats wie die Einforderung und Bewertung einer Nachhaltigkeitsstrategie, sondern auch strukturelle und prozessuale Aspekte der Gremienarbeit werden unter Umständen neu ausgerichtet werden müssen. Entsprechend wird im Folgenden zwischen Aufsichtsratsaufgaben, Aufsichtsratszusammensetzung und -zusammenarbeit und Vorstandsangelegenheiten unterschieden. Basis für die Adressierung der verschiedenen Facetten ist aber zuallererst die Entwicklung eines gemeinsamen Verständnisses über die Bedeutsamkeit der Nachhaltigkeit als Frage der Unternehmensführung.

2.1 Gemeinsames Verständnis (»Mindset«)

Analog zur Digitalisierung stellt der nachhaltige Umbau der Wirtschaft einen grundlegenden Transformationsprozess sowohl auf volkswirtschaftlicher als auch auf unternehmensspezifischer Ebene dar. Vor diesem Hintergrund ist für die erfolgreiche Begleitung der Transformation auf Unternehmensebene durch den Aufsichtsrat die Entwicklung des richtigen Mindsets im Gremium erfolgskritisch. Auch wenn es ausreichend empirische Evidenz – völlig losgelöst von ethischen oder moralischen Aspekten – für den positiven Einfluss der Nachhaltigkeit auf den langfristigen Erfolg von Unternehmen gibt, so sind längst noch nicht alle Aufsichtsratsmitglieder von der Sinnhaftigkeit verstärkter Nachhaltigkeitsaktivitäten überzeugt oder erkennen regelmäßig das disruptive Potenzial der Veränderungen noch nicht. Beide Effekte können dazu führen, dass der Themenkomplex primär aus einer einzelnen funktionalen Perspektive (z. B. Rechnungswesen, Marketing) oder einer bloßen Risikovermeidungsperspektive im Aufsichtsrat diskutiert werden. Damit wird der Komplexität von Nachhaltigkeitsaspekten im Rahmen der Unternehmensführung allerdings nicht ausreichend Rechnung getragen. Hierfür ist eine systematische Integration von ESG-Aspekten in die Reflektion möglicher strategischer und operativer Fragestellungen von Unternehmen nötig. Beispielhaft können Übernahme- oder Budgetentscheidungen genannt werden: Wie ändert eine angedachte Übernahme die CO_2-Bilanz des Gesamtunternehmens oder wie kann der CO_2-Preis der unterschiedlichen Geschäftsmodelle in die jährlichen Budgetplanungen integriert werden? Die Tiefgründigkeit der notwendigen Anpassungen innerhalb von Unternehmen vor dem Hintergrund der transformativen Veränderungen muss durch die Aufsichtsratsgremien hochpriorisiert und ein entsprechendes Mindset der Bedeutsamkeit muss individuell entwickelt werden. Fehlt dieses Mindset, wird dies zu einer oberflächlichen Behandlung des Themenkomplexes der Nachhaltigkeit im Aufsichtsrat führen und keine ausreichenden Impulse zu einer nachhaltigen Transformation liefern. Eine Befragung unter internationalen Aufsichtsräten zeigte beispielsweise, dass mehr als die Hälfte der Unternehmen nicht in der Lage ist, Nachhaltigkeit sinnvoll in die Unternehmensstrategie zu integrieren (Young & Soonieus 2022, 1).

2.2 Aufsichtsratsaufgaben

Auf Basis eines entsprechenden Mindsets des gesamten Aufsichtsrats stellen sich verschiedene konzeptionelle bzw. inhaltliche Fragen für die Gremien. Insbesondere drei Aspekte sind dabei von besonderer Bedeutung: Strategie, Risikomanagement und Berichterstattung.

Aus strategischer Perspektive sind zwei Elemente für den Aufsichtsrat besonders wichtig: der Strategiereview und eine Nachhaltigkeitsstrategie. Zunächst sollte der Aufsichtsrat Informationen darüber vom Vorstand verlangen bzw. mit diesem regelmäßig darüber diskutieren, welche Nachhaltigkeitsdimensionen vor dem Hintergrund der aktuellen Strategien auf Ebene des Gesamtunternehmens oder der einzelnen Geschäfte von besonderer Bedeutung sind. Dabei gilt es insbesondere, mögliche Chancen und Risiken, die sich durch die Transformation zu einer nachhaltigen Wirtschaft ergeben, herauszuarbeiten und zu beschreiben (z. B. Implikationen steigender CO_2-Preise, gesellschaftliche Akzeptanz spezifischer Geschäftsmodelle). Hierbei ist vor allem darauf zu achten, dass aus einer Relevanzperspektive wesentliche unternehmensspezifische Aspekte herausgearbeitet werden und eine bloße Aufzählung generischer ESG-Themen vermieden wird. Neben der Unternehmensspezifität möglicher ESG-Themen ist vor allem auf die Konkretheit der Wirksamkeitsbeschreibungen aus Aufsichtsratssicht zu achten, d. h. es wird der Einfluss der Nachhaltigkeit auf strategiespezifische Aspekte wie die benötigten Ressourcen oder des Fits zu aktuellen Kernkompetenzen des Unternehmens nachvollziehbar beschrieben. Auf Basis einer solchen nachhaltigkeitsorientierten Strategieanalyse müssen sich Vorstand und Aufsichtsrat über mögliche Anpassungsbedarfe der aktuellen Strategie im Rahmen eines Strategiereviews austauschen. Sowohl die Strategieanalyse als auch der entsprechende Strategiereview erfordern ausreichend zeitliche Kapazitäten sowie kognitive Aufmerksamkeit. Jedes Aufsichtsratsgremium sollte evaluieren, ob diese Kapazitäten sich angesichts anderer Themen (angespannte Lieferketten, Digitalisierung, etc.) in die regelmäßige Aufsichtsratsarbeit realistisch einbauen lassen oder ob neben den Regelsitzungen eine Reihe von Strategieworkshops notwendig sind, um strategischen Fragen, die sich angesichts der Nachhaltigkeitstransformation ergeben, ausreichend Zeit widmen zu können. Dies würde dem Aufsichtsrat eine bessere Möglichkeit geben, auch Perspektiven neben dem Vorstand sowie andere Ansprechpartner aus der Organisation (z. B. Supply Chain-Expert:innen zu Fragen der Lieferkettengestaltung) oder externe Expert:innen zu integrieren. Zusätzlich zur Integration von Nachhaltigkeitsthemen in die laufenden strategischen Prozesse auf Gesamtunternehmens- und Geschäftsfeldebenen kann es angesichts von Forderungen unterschiedlichster Stakeholder (NGOs, Politik, etc.) für die interne und externe Kommunikation zielführend sein, die geplanten Maßnahmen im Bereich der Nachhaltigkeit auch in einer unternehmensspezifischen Nachhaltigkeitsstrategie zu bündeln. Des Weiteren bietet sich die Entwicklung einer expliziten Nachhaltigkeitsstrategie an, um geschäftsübergreifende Dimensionen der Nachhaltigkeit und der dazu passenden Maßnahmen ausführlich angesichts des unternehmensspezifischen Status quo beschreiben zu können. Die Kondensierung der verschiedenen Maßnahmen zur Steigerung der Nachhaltigkeit in Form einer Nachhaltigkeitsstrategie ermöglicht dem Aufsichtsrat zudem, auch einen Überblick über die verschiedenen Maßnahmen innerhalb des Unternehmens zu gewinnen und deren Konsistenz zueinander zu prüfen.

Neben der strategischen Bewertung sollte sich der Aufsichtsrat auch aus einer Risikoperspektive dem Nachhaltigkeitsthema nähern. Welche spezifischen Risiken bergen die verschiedenen ESG-Dimensionen konkret für das Unternehmen? Dabei sind nicht nur konkrete wirtschaftliche Risiken für die Entwicklung der einzelnen Geschäftsfelder bzw. des Gesamtunternehmens relevant, sondern der Aufsichtsrat sollte auch mögliche Reputationsrisiken ins Auge fassen. Angesichts der zunehmenden gesellschaftlichen Sensibilisierung bezüglich ESG-Themen können solche Risiken auch aus finanzieller Perspektive eine größere Rolle spielen. Der Wert einer intensiven Auseinandersetzung mit ESG-Risiken konnte dabei von verschiedenen Studien belegt werden. Die Studie von Fafaliou et al. (2022) liefert empirische Evidenz u. a. für einen negativen Zusammenhang zwischen Reputationsstrategien und langfristigem Unternehmenswachstum und der Marktteilnahme. Ergebnis der Diskussionen über mögliche nachhaltigkeitsorientierte Risiken zwischen Vorstand und Aufsichtsrat sollte die Integration von Nachhaltigkeitsaspekten in eine Risk Map sein. Eine solche Risk Map zeigt dabei entlang der beiden Dimensionen die potenzielle Schadenshöhe und deren Eintrittswahrscheinlichkeit für die wesentlichen Unternehmensrisiken. Die Ergebnisse der bereits weiter oben skizzierten Strategieanalyse und des dazugehörige Strategiereviews bieten für eine solche Risikoanalyse und die dazugehörigen Diskussionen typischerweise eine erste Indikation. Ausgehend von der Risk Map sollte im Aufsichtsrat kritisch geprüft werden, ob entsprechende Vorkehrungen zum aktiven Management dieser Risiken (klar definierte Eskalationsprozesse und Verantwortlichkeiten, etc.) durch die Geschäftsführung getroffen wurden. Für diese Überprüfung kann typischerweise auch der Wirtschaftsprüfer zu Rate gezogen werden, indem bspw. das Risikomanagement von Nachhaltigkeitsrisiken als ein Prüfungsschwerpunkt definiert wird. Eine Studie von Asante-Appiah und Lambert aus dem Jahr 2022 zeigt beispielsweise einen positiven Zusammenhang zwischen der Einbindung des Wirtschaftsprüfers und dem Management von ESG-Risiken.

Und schließlich sind Nachhaltigkeitsaspekte systematisch in die Berichterstattung des Unternehmens zu integrieren. Angesichts der zahlreichen regulativen, bereits durchgeführten bzw. geplanten, Anpassungen wie bspw. des Vorschlags der EU-Kommission zur Änderung der CSR-Richtlinie (Corporate Sustainability Reporting Directive) müssen vor allem die Mitglieder des Prüfungsausschusses die verschiedenen Instrumente der Berichterstattung (z. B. den Lagebericht) hinsichtlich notwendiger Veränderungsbedarfe regelmäßig überprüfen. Typischer Sparringspartner dafür ist der Wirtschaftsprüfer. Generell ist bei der Berichterstattung im Sinne der Nachhaltigkeitskommunikation darauf zu achten, für eine Konsistenz des Fokus der verschiedenen Nachhaltigkeitsaspekte zur Strategie des Unternehmens zu sorgen, denn von Seiten der Investoren steht in den meisten Fällen nicht die reine Quantität von Informationen, sondern die Wesentlichkeit im Vordergrund.

2.3 Aufsichtsratszusammensetzung und -zusammenarbeit

Neben der Erweiterung der inhaltlichen Aufgaben des Aufsichtsrats sollte sich das Aufsichtsratsgremium auch mit der Zusammensetzung und der Zusammenarbeit innerhalb des Aufsichtsrats auseinandersetzen.
Zunächst besteht die Notwendigkeit, über das angestrebte Kompetenzprofil des Gremiums insgesamt und im Einzelnen zu diskutieren. Dabei sollte vor dem Hintergrund der Gesamtstrategie und der Nachhaltigkeitsstrategie des Unternehmens abgeleitet werden, welche Expertisen und Kompetenzen im Aufsichtsrat zukünftig benötigt werden. Bei der Diskussion über die notwendige Nachhaltigkeitsexpertise sollte allerdings nicht vergessen werden, dass dabei auch die Implikationen möglicher Strategieanpassungen bei den Geschäftsmodellen zu berücksichtigen sind. Die Entwicklung neuer, stärker nachhaltigkeitsorientierter Geschäftsmodelle oder der Aufbau neuartiger Produktionsfähigkeiten sind Beispiele für möglicherweise notwendige unternehmerische Anpassungen. Somit ist möglicherweise nicht nur die Erweiterung einer existierenden Kompetenzmatrix, die idealerweise für die Besetzung von vakanten Positionen genutzt wird, um Nachhaltigkeitsaspekte notwendig, sondern auch eine grundlegendere Überarbeitung zielführend. Verfügt der Aufsichtsrat bereits über passende Kompetenzen in seinen Reihen, sollte innerhalb des Gremiums festgelegt werden, welches Gremienmitglied sich vorbereitend um die verschiedenen unternehmensspezifischen Nachhaltigkeitsthemen kümmert. Wie wichtig eine solche Diskussion ist, unterstreicht eine Studie von Naciti (2019), die für ein Sample von 362 Unternehmen einen positiven Zusammenhang zwischen der Zusammensetzung des Aufsichtsrats (z. B. eine größere Diversität) und der Nachhaltigkeitsperformance findet. Somit bestätigt die Studie die Erkenntnisse zahlreicher anderer wissenschaftlicher Publikationen, die bereits für andere Kontexte die Bedeutsamkeit einer zielgerichteten Gremienzusammensetzung aufzeigten. Auch wenn diese Erkenntnisse wenig überraschend sind, so zeigt sich bei der Betrachtung vieler Aufsichtsratsgremien in Deutschland eine extrem hohe Stabilität der Zusammensetzung der Gremien. So betrug der Anteil der Aufsichtsratsmitglieder mit einer Amtszeit von mehr als neun Jahren 22 % allein bei den Dax-Unternehmen (Wolff 2022, 7). Und dies, obwohl sich die Rahmenbedingungen der Unternehmen und damit die Anforderungen an die Unternehmensgremien in den letzten Jahren deutlich geändert haben.
Ein Ansatz für eine stärkere strukturelle Institutionalisierung der Nachhaltigkeit in der Aufsichtsratsarbeit ist die Etablierung eines expliziten Nachhaltigkeitsausschusses. Eine zunehmende Anzahl von Unternehmen nutzt dieses Instrument. Allerdings sollte die Entscheidung über die Einführung eines solchen Ausschusses unternehmensspezifisch erfolgen. Vorteil eines expliziten Ausschusses ist zunächst die klare Signalsetzung nach innen und außen, dass der Themenkomplex

der Nachhaltigkeit für die Unternehmensführung von großer Bedeutung ist. Aber vor allem wird der Ausschuss neben den Sitzungen des Gesamtgremiums in der Lage sein, verschiedene Aspekte der Nachhaltigkeit intensiver zu beleuchten und Entscheidungen des Gesamtgremiums vorzubereiten. Gleichzeitig besteht durch die Implementierung des Ausschusses angesichts des Querschnittscharakters der Nachhaltigkeitsthematik die Gefahr, dass es zu inhaltlichen Abgrenzungsproblemen zwischen einzelnen Ausschüssen (z. B. zum Prüfungs- oder Vergütungsausschuss) kommt. Zudem sollte bei der Einführung eines Nachhaltigkeitsausschusses thematisiert werden, inwieweit die Nachhaltigkeit das existierende Geschäftsmodell des betreffenden Unternehmens in Frage stellt. Je stärker dies der Fall ist, desto weniger sollte die Nachhaltigkeit als Aufgabe an einen einzelnen Ausschuss delegiert werden, da die Strategie Kernaufgabe des Gesamtgremiums sein sollte. Unter Umständen kann eine zeitlich befristete Einführung eines Ad hoc-Ausschusses solche Probleme vermeiden und trotzdem für eine notwendige Initiierung der Transformation sorgen.

Angesichts der Bedeutung der Nachhaltigkeit für die zukünftige Aufsichtsratsarbeit und der Komplexität notwendiger Anpassungen zum Status quo der Gremienarbeit sollte jeder Aufsichtsrat im Rahmen der jährlichen (Selbst-)Evaluierung selbstkritisch der Frage nachgehen, ob dem Themenkomplex Nachhaltigkeit ausreichend Rechnung getragen wird. Wird beispielsweise ausreichend Zeit auf dieses Thema allokiert oder ist die Regelkommunikation des Vorstands ausreichend? Hoppmann et al. (2019) zeigen beispielsweise anhand von schweizerischen Energieunternehmen, wie unter anderem systematisch durchgeführte Selbstevaluierungen helfen können, Veränderungsprozesse anzustoßen und Beharrungskräfte, am Status quo festzuhalten, aufzulösen bzw. zu reduzieren.

2.4 Vorstandsangelegenheiten

Mit Blick auf die Vorstandsangelegenheiten sind vor allem zwei Aspekte von Seiten des Aufsichtsrats zu berücksichtigen: die Verankerung der Nachhaltigkeit im Management und in der Vorstandsvergütung.

Auf Basis der identifizierten Chancen und Risken im Rahmen des Strategiereviews sollte der Aufsichtsrat beleuchten, ob sich die aus der Nachhaltigkeitsstrategie ggf. neu abgeleiteten Anforderungen ausreichend in der existierenden personellen und strukturellen Zusammensetzung des Vorstands widerspiegeln. Beispielsweise könnte die Notwendigkeit gesehen werden, den Themenbereich Nachhaltigkeit explizit in einem Ressortnamen mit den entsprechenden organisatorischen Anpassungen aufzunehmen. Zumindest aber sollte der Aufsichtsrat mit dem Vorstand diskutieren, wie die verschiedenen Aspekte der Nachhaltigkeitsstrategie innerhalb der existierenden Aufbau- und Ablauforganisation verankert worden sind bzw. werden sollen. Eine solche Diskussion trägt auch dem

Trend Rechnung, dass institutionelle Investoren zunehmend die konkrete organisatorische Verantwortung für die verschiedenen unternehmensspezifischen ESG-Themen hinterfragen.
Neben der personellen bzw. organisatorischen Verankerung von Nachhaltigkeitsaspekten sollten auch die Vergütungssysteme entsprechende Elemente beinhalten. Dies stellt nicht nur entsprechende Anreize des Vorstands sicher, sondern signalisiert auch gleichzeitig die Bedeutung der Nachhaltigkeit für die Unternehmensführung nach innen und außen. Entsprechend des Whitepapers »Nachhaltigkeit, ESG-Ziele und deren Verankerung in der Vorstandsvergütung« des Arbeitskreises »Leitlinien für eine nachhaltige Vorstandsvergütung« sollte die Umsetzung vor allem unternehmensspezifisch sein und idealerweise einen signifikanten Teil der langfristigen Vergütungskomponente ausmachen. Eine solche Umsetzung entspricht dabei nicht nur der Logik einer langfristig orientierten Unternehmensführung, sondern auch den Forderungen institutioneller Investoren und anderer Stakeholder. Empirische Evidenzen für die positive Wirkung auf die Nachhaltigkeitsperformance einer entsprechend ausgerichteten Vorstandsvergütung existieren dabei im zunehmenden Maße (Winschel & Stawinoga 2019, 265).

3. Zusammenfassung

Auch wenn die verschiedenen Themenstellungen der Nachhaltigkeit und deren jeweilige konkrete Bedeutung für jedes Unternehmen unterschiedlich sind, steht außer Frage, dass die transformativen Kräfte der Nachhaltigkeitsdebatte eine Anpassung der Unternehmensführung auf allen ihren Ebenen erfordern. Ohne solche Anpassungen werden Unternehmen auf Dauer weder die gesellschaftliche Akzeptanz (»license to operate«) sicherstellen, noch ökonomisch erfolgreich sein. Hier kann die Sustainable Corporate Governance einen substanziellen Beitrag leisten, indem die Aufsichtsratsarbeit Fragen der Nachhaltigkeit ernsthaft aufgreift und strukturell bzw. prozessual adressiert.

4. Quellenangaben

Arbeitskreis Leitlinien für eine nachhaltige Vorstandsvergütung (2021). Nachhaltigkeit, ESG-Ziele und deren Verankerung in der Vorstandsvergütung. Abgerufen am 30.11.2022, *http://www.leitlinien-vorstandsverguetung.de/*.

Asante-Appiah, B., Lambert, T.A. (2022). The role of the external auditor in managing environmental, social, and governance (ESG) reputation risk. Review of Accounting Studies. Abgerufen am 23. 3. 2023, *https://doi.org/10.1007/s11142-022-09706-z.*

Fafaliou, I., Giaka, M. Konstantios, D., Polemis, M. (2022). Firms' ESG reputational risk and market longevity: A firm-level analysis for the United States. Journal of Business Research. Abgerufen am 23. 3. 2023, *https://doi.org/10.1016/j.jbusres.2022.05.010.*

Hillman, A. J., Dalziel, T. (2003). Boards of directors and firm performance: Integrating agency and resource dependence perspectives. Academy of Management Review, Vol. 28, S. 383–396.

Hoppmann, J., Naegele, F., Girod, B. (2019). Boards as a source of inertia: examining the internal challenges and dynamics of boards of directors in times of environmental discontinuities. Academy of Management Journal, Vol. 62, S. 437–468.

Naciti, V. (2019). Corporate governance and board of directors: The effect of a board composition on firm sustainability performance. Journal of Cleaner Production, Vol. 237. Abgerufen am 23. 3. 2023, *https://doi.org/10.1016/j.jclepro.2019.117727.*

Oehmichen, J., Schult, A. & Wolff, M. (2014). Former Executives Serving as Non-Executive Directors: Resource channels or ineffective monitors. Schmalenbach Business Review, Vol. 66, S. 438–469.

Pidun, U., Stange, S., Wolff, M. (2019). Aufsichtsräte im Spannungsfeld von Marktumbrüchen und Digitalisierung. Der Aufsichtsrat, Ausgabe 4, S. 50–52.

Pidun, U., Roos, A., Stange, S., Wolff, M. (2019). Was erfolgreiche Aufsichtsräte tatsächlich anders machen. Boston Consulting Group. Abgerufen am 23. 3. 2023, *https://www.bcg.com/was-erfolgreiche-aufsichtsr%C3 %A4tetats%C3 %A4chlich-anders-machen.*

Streit, C. (2022). Wir müssen gestalten, nicht verwalten. Handelsblatt Nr. 166 vom 29. 8. 2022, S. 5.

Winschel, J., Stawinoga, M. (2019). Determinants and effects of sustainable CEO compensation: a structured literature review of empirical evidence. Management Review Quarterly, Vol. 69, S. 265–328.

Wolff, M. (2022). Aufsichtsräte unter Druck. Handelsblatt Nr. 211 vom 30. 10. 2022, S. 7.

Young, D., Soonieus, R. (2022). How boards can focus on what matters in sustainability. Boston Consulting Group. Abgerufen am 23. 3. 2023, *https://www.bcg.com/publications/2022/how-boards-can-improve-sustainability-governance.*

Norbert Winkeljohann

Nachhaltigkeit in der Strategie, Steuerung und Lieferkette. Vom Sustainability Reporting zur Sustainable Corporate Governance

Take-Aways:

→ Gesetzliche Nachhaltigkeitspflichten wurden in Deutschland zuerst in der Unternehmensberichterstattung verankert (Sustainability Reporting). Die CSR-Richtlinie aus dem Jahr 2014 war die erste große Reform im Bereich der unternehmerischen Nachhaltigkeit.

→ Die CSR-Richtlinie wird durch die Corporate Sustainability Reporting Directive (CSRD) abgelöst, die am 5. Januar 2023 in Kraft getreten ist. Umfang und Komplexität der Nachhaltigkeitsberichterstattung werden hierdurch erheblich steigen.

→ Nachhaltigkeitsverpflichtungen bleiben nicht dauerhaft auf die Berichterstattung beschränkt, sondern werden künftig auch im Gesellschaftsrecht verankert (Sustainable Corporate Governance). Die Corporate Sustainability Due Diligence Directive sieht nachhaltigkeitsbezogene Sorgfaltspflichten entlang der gesamten Wertschöpfungskette vor.

Inhalt

1. Interessenpluralität und Soziale Marktwirtschaft

Ludwig Erhard bezeichnete die Soziale Marktwirtschaft der Bundesrepublik als eine Veranstaltung für Verbraucher – nicht nur für Unternehmen und nicht für ihre Aktionäre. Wesensprägende Merkmale der Sozialen Marktwirtschaft erhielten mit der Verabschiedung des Grundgesetzes im Mai 1949 Verfassungsrang. Anfang der Fünfzigerjahre begann eine Debatte über die Reform des Gesellschaftsrechts, denn die Merkmale der neuen Wirtschaftsordnung sollten auch im Recht der Aktiengesellschaft ihren Ausdruck finden. Ausgangspunkt dieser Diskussion war der Aktionär als wirtschaftlicher Eigentümer. Schon damals kreisten die Argumente um die zentrale Frage, wann und inwieweit die Rechte des Aktionärs zugunsten gesellschaftspolitischer Motive beschränkt werden dürften (Assmann 2004, Rn. 200). Die strategische Ausrichtung einer Aktiengesellschaft darf nicht ausschließlich nach den Wünschen ihrer Aktionäre bestimmt werden. Vorstand und Aufsichtsrat müssen bei ihren unternehmerischen Entscheidungen stets auch die Interessen der Arbeitnehmenden und der weiteren Öffentlichkeit berücksichtigen. Deshalb sind unternehmerische Entscheidungen nicht allein mit Blick auf ihre unmittelbaren wirtschaftlichen Resultate zu treffen, sondern auch vor dem Hintergrund ihrer sozialen und ökologischen Auswirkungen. Dieser Ordnungsrahmen wird im Schrifttum als interessenpluralistische Zielkonzeption der Aktiengesellschaft bezeichnet (Koch 2023, § 76 AktG, Rn. 28). Der Vorstand hat bei seinen Entscheidungen nicht nur das Aktionärsinteresse zu berücksichtigen, sondern ein darüberhinausgehendes Unternehmensinteresse (Nonnenmacher 2021, 168f.).

2. Die Mitunternehmerfunktion des Aufsichtsrats

Der Vorstand soll das Unternehmen in eigener Verantwortung im Unternehmensinteresse leiten (Grundsatz 1 DCGK 2022). Der Aufsichtsrat überwacht und berät den Vorstand bei der Leitung des Unternehmens und ist in Entscheidungen von grundlegender Bedeutung einzubinden (Grundsatz 6 DCGK 2022). Diese Beratungsfunktion ist für das Rollenverständnis von herausragender Bedeutung, denn der Aufsichtsrat muss die Gegenwart und Zukunft des Unternehmens mitgestalten. Seine Arbeit darf sich nicht in einer vergangenheitsbezogenen Überwachung erschöpfen. Prägend für dieses Rollenbild des Aufsichtsrats war die BGH-Entscheidung im Fall Deutscher Herold: »Kontrolle bezieht sich nicht nur auf abgeschlossene Sachverhalte, sondern erstreckt sich auch auf grundsätzliche Fragen der künftigen Geschäftspolitik; sie ist nicht auf eine Rechtmäßigkeitsprüfung beschränkt, sondern muß [sic] die Zweckmäßigkeit und Wirtschaftlichkeit der Geschäftsführung einbeziehen. Eine so verstandene Kontrolle kann wirksam nur durch ständige Diskussion mit dem Vorstand und insofern durch dessen laufende Beratung ausgeübt werden; die Beratung ist deshalb das vorrangige Mittel der in die Zukunft gerichteten Kontrolle des Vorstands [...].« (BGHZ 114, 129 – Deutscher Herold). In dem Maße, in dem sich die Überwachungs- und Beratungsfunktion auf zukunftsbezogene Belange erweitert hat, wuchsen dem Aufsichtsrat zunehmend unternehmerische Aufgaben zu (Hopt 2019, 523). Unternehmerische Aufgaben unterscheiden sich von gesetzlichen Pflichtaufgaben, weil sie durch ein hohes Maß an tatsächlicher Unsicherheit und Komplexität gekennzeichnet sind. Sie beziehen sich regelmäßig auf zukünftige Ereignisse und haben Prognosecharakter (Lieder 2018, 530f.). Der Zustimmungsvorbehalt gemäß § 111 Abs. 4 Satz 2 AktG ist ein Beispiel für eine solche unternehmerische Aufgabe (Koch 2023, § 111 AktG, Rn. 68). Durch die Schaffung eines entsprechenden Katalogs und die einzelfallbezogene Entscheidung über die Zustimmungserteilung und -verweigerung wird der Aufsichtsrat in den Prozess der unternehmerischen Entscheidungsfindung eingebunden (Lieder 2018, 540). Neben dieser inhaltlichen Veränderung der Aufgabenschwerpunkte hat sich auch der Umfang an Aufgaben erweitert. Diese Kombination aus einer inhaltlichen Veränderung der Aufgaben bei gleichzeitiger Ausweitung des Pflichtenkreises hat die Anforderungen an die Mandatsträger spürbar erhöht. Dies gilt zunächst in Hinblick auf die zeitliche Verfügbarkeit, insbesondere bei börsennotierten Kapitalgesellschaften: So empfiehlt der Kodex, dass ein Aufsichtsratsmitglied insgesamt nicht mehr als fünf Aufsichtsratsmandate bei börsennotierten Gesellschaften wahrnehmen soll. Der Kodex gibt damit international anerkannte Standards guter und verantwortungsvoller Unternehmensführung wieder. Sofern ein Mandatsträger den Aufsichtsratsvorsitz ausübt, wird diese Funktion doppelt gezählt (Empf. C.4 DCGK 2022). Darüber hinaus sind auch die fachlichen und persönlichen Anforderungen an die Mandatsträger stetig verschärft worden (Wirth 2021, 197–199). Der BGH hat mit seiner Hertie-Entscheidung 1982 die Leitplanken gezogen (BGHZ 85, 295 – Hertie). Die im normalen Geschäftsgang anfallenden Fragen muss jedes Aufsichtsratsmitglied auch ohne fremde Hilfe verstehen und beurteilen können (Hommelhoff 1983, 559ff.). Inzwischen hat auch der Gesetzgeber explizit gesetzliche Qualifikationsanforderungen formuliert. So verlangt § 107 Abs. 4 Satz 3 AktG i.V.m. § 100 Abs. 5 AktG, dass Unternehmen öffentlichen Interesses über zwei Finanzexperten in ihrem Aufsichtsrat verfügen müssen (BT-Drs. 16/10067, 21f.).

3. Sustainability Reporting als Zwischenschritt

3.1 Qualifikationsanforderungen an den Aufsichtsrat

Die Überwachung und Beratung durch den Aufsichtsrat umfasst insbesondere Fragen der Nachhaltigkeit (Grundsatz 6 DCGK 2022). Um die hierfür erforderliche Expertise im Überwachungsgremium sicherzustellen, verlangt der Gesetzgeber in § 100 Abs. 5 AktG, dass mindestens ein Mitglied des Aufsichtsrats über Sachverstand auf dem Gebiet der Rechnungslegung und mindestens ein weiteres Mitglied des Aufsichtsrats über Sachverstand auf dem Gebiet der Abschlussprüfung verfügen muss. Dies gilt für alle Aufsichtsräte von sogenannten Unternehmen öffentlichen Interesses i. S. v. § 316a Satz 2 HGB. Gemeint sind im Wesentlichen börsennotierte Kapitalgesellschaften, Banken und Versicherungen. Die Aufsichtsratsmitglieder, die diese Qualifikationsanforderung erfüllen, werden auch als *financial experts* bezeichnet. Diese Sachkundevorgabe hat im Aktiengesetz längere Tradition. Schon das BilMoG enthielt 2009 die Vorgabe, dass bestimmte Aufsichtsratsgremien über einen unabhängigen Finanzexperten in ihren Reihen verfügen sollten (BT-Drs. 16/10067, 21 f.). Damals begnügte man sich noch mit der Vorgabe, dass dieses Aufsichtsratsmitglied über Sachverstand entweder auf dem Gebiet der Rechnungslegung oder dem Gebiet der Abschlussprüfung verfügen solle. Geändert wurde dies nach dem Fall Wirecard. Im Finanzmarktintegritätsstärkungsgesetz (FISG) hat der Gesetzgeber die Qualifikationsanforderungen verschärft und fordert bei Neubestellungen seit dem 1. Juli 2021 nunmehr zwei *financial experts*; einen mit besonderem Sachverstand auf dem Gebiet der Rechnungslegung und einen weiteren mit besonderem Sachverstand auf dem Gebiet der Abschlussprüfung (BT-Drs. 19/26966, 115 f.). Durch die Änderungen des Finanzmarktintegritätsstärkungsgesetzes wurde auch eine Überarbeitung des Deutschen Corporate Governance Kodex (DCGK) erforderlich. In einer neuen Empfehlung konkretisiert der Kodex seit dem Frühjahr 2022 die Sachkundevorgabe an die *financial experts* hinsichtlich ihrer Kenntnisse im Bereich der Nachhaltigkeit. Nämlich gehöre zur Rechnungslegung und Abschlussprüfung auch die Nachhaltigkeitsberichterstattung und ihre Prüfung (Empf. D.3 DCGK 2022).

3.2 Nachhaltigkeit in der Strategie und Steuerung

Die Konkretisierung in Empfehlung D.3 hinsichtlich der Nachhaltigkeitsexpertise im Gebiet der Berichterstattung und ihrer Prüfung ist zutreffend und erforderlich. Sie darf allerdings nicht isoliert betrachtet und Nachhaltigkeit nicht auf ein Thema der Unternehmensberichterstattung reduziert werden. Nachhaltigkeit muss gedanklich und tatsächlich in den gesamten Prozess der unternehmerischen Wertschöpfung integriert werden. Den gedanklichen Überbau hierzu liefert das Prinzip der doppelten Wesentlichkeit, ein tragendes Fundament der Corporate Sustainability Reporting Directive (CSRD) vom 21. April 2021. Lange Zeit haben Unternehmen fast ausschließlich über die Ergebnisse ihres unternehmerischen Handelns berichtet – im Wesentlichen finanzielle Größen betreffend die Vermögens-, Finanz- und Ertragslage. In der CSRD wird dieser Wirkungskreis als »Outside-In-Perspektive« bezeichnet. Es liegt auf der Hand, dass die Unternehmen zur Erzielung finanzieller Überschüsse mit ihrer Außenwelt in eine Interaktion treten und unternehmerischen Handeln hierdurch zwangsläufig auch Auswirkungen auf die Gesellschaft und Umwelt entfaltet – in der Terminologie der CSRD wird dies als »Inside-Out-Perspektive« bezeichnet. Um über beide Wirkungskreise berichten zu können, muss das Prinzip der doppelten Wesentlichkeit im gesamten Wertschöpfungsprozess berücksichtigt werden.

(1) Dies beginnt mit der unternehmerischen Zielsetzung, denn wirtschaftliche, ökologische und soziale Ziele bedingen sich auf lange Sicht gegenseitig (Begründung zu A.I., A.1). Deshalb verlangt der Kodex in seiner ersten Empfehlung, neben den wirtschaftlichen Zielen auch ökologische und soziale Ziele angemessen zu berücksichtigen (Empf. A.1 DCGK 2022). Mit dieser Empfehlung untermauert die Regierungskommission den Stakeholder-Ansatz, auf dem die interessenpluralistische Zielkonzeption des Aktiengesetzes beruht (Begründung zu A.I., A.1; Nonnenmacher, 2021, 167–169).

(2) Die auf diesem Wege definierten Ziele bilden die Grundlage für die Erarbeitung und Ausformulierung einer Strategie zur Zielerreichung. Neben den langfristigen wirtschaftlichen Zielen sollen in der Unternehmensstrategie auch ökologische und soziale Ziele angemessen berücksichtigt werden (Empf. A.1 DCGK 2022). Damit dies gelingen kann, müssen Vorstand und Aufsichtsrat ein fundiertes Verständnis über die Erwartungen und Interessen ihrer Aktionäre und Stakeholder entwickeln (Begründung Teil 1 DCGK 2022: Allgemeine Erläuterungen).

(3) Die zur Strategieerreichung definierten Ziele müssen sodann im Planungswesen des Unternehmens verankert werden. Insoweit soll die Unternehmensplanung entsprechende finanzielle und nachhaltigkeitsbezogene Ziele umfassen (Empf. A.1 DCGK 2022).

(4) Zentrale Instrumente zur Erfassung und Verarbeitung der finanziellen und nachhaltigkeitsbezogenen Daten sind die Corporate Governance Systeme. Als Reaktion auf den Wirecard-Skandal hat der Gesetzgeber in § 91 Abs. 3 AktG vorgeschrieben, dass Vorstände börsennotierter Aktiengesellschaften dazu verpflichtet sind, ein angemessenes und wirksames internes Kontrollsystem (IKS) und Risikomanagementsystem (RMS) einzurichten. Folgerichtig müssen IKS und RMS neben den finanziellen Aspekten auch auf

nachhaltigkeitsbezogene Belange ausgerichtet sein und auch nachhaltigkeitsbezogene Ziele abdecken (Empf. A.3 DCGK 2022).

(5) In diesem Zusammenhang empfiehlt der Kodex eine Erweiterung der Unternehmensberichterstattung. Im (Konzern-)Lagebericht sollen die wesentlichen Merkmale des gesamten internen Kontrollsystems und des Risikomanagementsystems beschrieben werden und es soll zur Angemessenheit und Wirksamkeit dieser Systeme Stellung genommen werden (Empf. A.5 DCGK 2022; Hönsch, 2022, 109 f.). Die Empfehlung zur gesamthaften Systembeschreibung geht über die gesetzlichen Offenlegungspflichten und ihre Konkretisierung durch DRS 20 hinaus, die lediglich eine Berichterstattung über die rechnungslegungsbezogenen Komponenten des IKS und RMS verlangen (Begründung zu A.I., A.5). Die Zusatzangaben betreffen insbesondere die operativen, rein betrieblichen und nachhaltigkeitsbezogenen Prozesse und Kontrollen der Corporate Governance Systeme.

Insoweit bringt der Deutsche Corporate Governance Kodex in seiner Fassung vom 28. April 2022 sehr komprimiert und nachvollziehbar zum Ausdruck, dass ökologische und soziale Nachhaltigkeit nicht nur einen Gegenstand der Unternehmensberichterstattung darstellen, sondern auf allen Unternehmensebenen verankert werden müssen.

In Abb. 1 sind die unterschiedlichen Unternehmensebenen schematisch zueinander ins Verhältnis gesetzt, um zu verbildlichen, dass die Berichterstattung über Nachhaltigkeit nur ein Endprodukt darstellt. Es wird deutlich, dass die im Lage- bzw. Nachhaltigkeitsbericht publizierten Informationen am Ende eines Prozesses stehen, der bereits bei der strategischen Zieldefinition seinen Anfang genommen hat. Nach der Zieldefinition werden strategische und operative Maßnahmen ergriffen, wobei sowohl die »Outside-In«- als auch die »Inside-Out«-Perspektive zu berücksichtigen ist. Die nachhaltigkeitsbezogenen Ziele und strategischen Maßnahmen sind in die bestehende Planung zu integrieren, erst dann kann die Durchsetzung erfolgen. Die operative Steuerung und die laufende Kontrolle der Zielerreichung erfolgen auf Ebene der Ablauforganisation in den Corporate Governance Systemen. Die stichtagsbezogenen Ergebnisse werden in der Berichterstattung komprimiert.

4. Sustainable Corporate Governance

4.1 Verhaltensänderung durch Berichtspflichten?

Die erste große europäische Gesetzesinitiative im Bereich der unternehmerischen Nachhaltigkeit war die Corporate Social Responsibility (CSR)-Richtlinie vom 22. Oktober 2014, die 2017 durch das CSR-Richtlinie-Umsetzungsgesetz in deutsches Recht umgesetzt wurde (BGBl. I 2017, 802). Kern der Neuregelungen war eine Erweiterung der (Konzern-)Lageberichterstattung um eine nichtfinanzielle (Konzern-)Erklärung bzw. einen gesonderten nichtfinanziellen (Konzern-) Bericht. Der Gesetzgeber hat seine ersten Schritte auf dem Gebiet gesetzlicher Nachhaltigkeitspflichten nur vordergründig auf das Feld der Berichtspflichten begrenzt, denn die CSR-Richtlinie und das CSR-Richtlinie-Umsetzungsgesetz verfolgten einen sogenannten Nudging-Ansatz (Althoff/Wirth, 2018, 1138). Obwohl das Gesetz nur nachhaltigkeitsbezogene Publizitätsvorschriften vorsah und Unternehmen nicht unmittelbar zur Verfolgung nachhaltigkeitsbezogener Ziele verpflichtete, zielten die Neuregelungen mittelbar auf eine Verhaltensänderung in eben diese Richtung ab (Hommelhoff, 2015, 292). Unlängst wurde am 16. Dezember 2022 die Corporate Sustainability Reporting Directive (CSRD) im Amtsblatt der Europäischen Union veröffentlicht. Hierdurch werden die nachhaltigkeitsbezogenen Berichtspflichten erheblich erweitert und standardisiert. Auch der Anwendungsbereich wird erweitert und erstreckt sich bald auch auf kleine und mittelgroße Unternehmen (KMU). Der Nachhaltigkeitsbericht ist künftig zwingend im (Konzern-)Lagebericht zu verorten und unterliegt einer externen Prüfungspflicht (Schmotz/Lanfermann, 2022, 1217–1220). Die CSRD ist am 5. Januar 2023 in Kraft getreten und löst die CSR-Richtlinie aus 2014 ab. Die EU-Mitgliedstaaten haben die neuen Vorschriften bis spätestens Juli 2024 in nationales Recht umzusetzen.

4.2 Erste Anläufe auf eine Reform des Gesellschaftsrechts

Obwohl man den Eindruck gewinnen konnte, dass der mit der CSR-Richtlinie verfolgte Ansatz einer mittelbaren Verhaltenssteuerung (*nudging*) der Unternehmen sehr erfolgreich war, hat die EU-Kommission weitere Bemühungen unternommen, um das Verhalten von Unternehmen auch unmittelbar in die gewünschte Richtung zu lenken. Im Rahmen einer als Sustainable Corporate Governance-Initiative bezeichneten Initiative ist die Europäische Kommission der Frage nachgegangen, ob man die Unternehmensleitung durch eine Reform des Gesellschaftsrechts zu einer nachhaltigen Wertschöpfung verpflichten kann. Das vorläufige Ergebnis dieser Initiative ist der Richtlinienvorschlag zur Corporate Sustainability Due Diligence Directive (CSDDD), der am 23. Februar von der Europäischen Kommission angenommen wurde. Dem als EU-Lieferkettenrichtlinie bezeichneten Entwurf gingen zwei Auftragsstudien voraus. Eine der Studien trug den Namen der übergeordneten Initiative und stellte auf die nachhaltigkeitsbezogenen Pflichten der Unternehmensleitung ab (Study on directors' duties and sustainable corporate governance), während die zweite Studie die unternehmerischen Sorgfaltspflichten in der Lieferkette thematisierte (Study on due diligence requirements through the supply chain).

4.3 Der Blick in die Wertschöpfungs- und Lieferkette

Die EU-Lieferkettenrichtlinie sieht nachhaltigkeitsbezogene Sorgfaltspflichten entlang der unternehmerischen Wertschöpfungskette vor, die auf den Schutz der Menschenrechte und der natürlichen Umwelt abzielen. Verstöße sollen durch weitreichende zivilrechtliche Haftung sanktioniert werden können (König, 2022, 1187–1190). Der Richtlinienentwurf stellt hierzu sechs Sorgfaltspflichten heraus: nämlich sollen (1) die nachhaltigkeitsbezogenen Sorgfaltspflichten in die Unternehmenspolitik integriert werden; (2) geeignete Maßnahmen eingerichtet werden, um Schadenspotenziale ausfindig zu machen; (3) Maßnahmen zur Vermeidung und Abschwächung bzw. Verringerung von Schäden ergriffen werden; (4) ein neuen Beschwerdeverfahren geschaffen; (5) entsprechende Überwachungsmaßnahmen eingeführt sowie (6) alljährlich eine diesbezügliche Erklärung auf der Unternehmenswebsite veröffentlicht werden (Velte & Stave, 2022, 729). Eine besondere Herausforderung wird sein, dass die Vorkehrungen und Maßnahmen nicht auf die eigene Geschäftstätigkeit der betroffenen Unternehmen beschränkt bleiben, sondern auch direkte und indirekte Lieferanten einschließen sollen. Darüber hinaus sieht der Richtlinienentwurf vor, die strategischen Maßnahmen im Zusammenhang mit dem 1,5-Grad Ziel des Pariser Klimaschutzabkommens mit der variablen Organvergütung zu verknüpfen (König, 2022, 1190f.). In vielerlei Hinsicht geht der Entwurf der EU-Lieferkettenrichtlinie insoweit über das am 1. Januar 2023 in Kraft getretene deutsche Lieferkettensorgfaltspflichtengesetz (LkSG) hinaus (BT-Drs. 19/30505, 20f.). Nachdem Anfang Dezember 2022 der Europäische Ministerrat seinen Standpunkt zum Richtlinienvorschlag verkündet hat, steht eine Rückmeldung durch das Europäische Parlament noch aus. Sobald diese vorliegt, können der Europäische Ministerrat und das Europäische Parlament zusammen mit der Europäischen Kommission über die finale CSDDD beschließen, was eine Überarbeitung des LkSG erforderlich machen wird. Mit dem Inkrafttreten der Richtlinie vor 2024 ist nicht zu rechnen.

5. Zusammenfassung und Ausblick

Die *Corporate Social Responsibility-Richtlinie* (CSR-RL) aus dem Jahr 2014 markiert die erste große Reform im Bereich der unternehmerischen Nachhaltigkeit. Obwohl die CSR-RL nur Vorgaben über die nachhaltigkeitsbezogene Unternehmensberichterstattung enthielt, verfolgte der europäische Gesetzgeber mit ihr zugleich die Absicht, Unternehmen zu einer Verhaltensänderung zu bewegen, die den europäischen und weltweiten Nachhaltigkeitsbemühungen Vorschub leisten sollte. Die CSR-Richtlinie wird durch die Corporate Sustainability Reporting Directive (CSRD) abgelöst, die am 5. Januar 2023 in Kraft getreten ist. Umfang und Komplexität der Nachhaltigkeitsberichterstattung werden hierdurch erheblich steigen. Dies stellt künftig nicht nur erhöhte Anforderungen an den Vorstand als das berichterstattende Organ, sondern auch an den Aufsichtsrat, der die Rechtmäßigkeit der Nachhaltigkeitsberichterstattung überprüfen muss.
Die Europäische Kommission hat den von ihr zunächst eingeschlagenen Weg eines Regulierungsansatzes zur mittelbaren Verhaltenssteuerung (*nudging*) indes verlassen. Im Rahmen der Sustainable Corporate Governance-Initiative wurde eruiert, auf welchem Wege Unternehmen durch gesetzliche Vorgaben auch un-

mittelbar zu einer vom Gesetzgeber als nachhaltig verstandenen Wertschöpfung verpflichtet werden können. Als Ergebnis liegt nunmehr der Entwurf einer EU-Lieferkettenrichtlinie vor, der Corporate Sustainability Due Diligence Directive (CSDDD). Der Richtlinienentwurf sieht neue Vorschriften über nachhaltigkeitsbezogene Sorgfaltspflichten in der Lieferkette von Unternehmen vor. Die Namensgebung der Corporate Sustainability Due Diligence Directive erweckt den Eindruck, als seien die Reformbemühungen im Bereich des Gesellschaftsrechts zugunsten neuer Regelungen im Bereich der Lieferketten in den Hintergrund getreten. Bei genauerem Blick stellt sich jedoch heraus, dass auch der Entwurf der CSDDD viele Regelungsimpulse aus dem Bereich des Gesellschaftsrechts enthält. Dies betrifft insbesondere die in den Art. 4 bis 11 des Richtlinienentwurfs vorgesehenen Organisationspflichten. Die Einrichtung der Schutzsysteme durch den Vorstand und die diesbezügliche Überwachung durch den Aufsichtsrat erweitert die Pflichtenkreise beider Unternehmensorgane abermals.

6. Quellenangaben

Althoff, C./Wirth, W. (2018). Nichtfinanzielle Berichterstattung und Prüfung im DAX 30: Eine Analyse der Erstanwendung des CSR-Richtlinie-Umsetzungsgesetzes. In: Die Wirtschaftsprüfung (WPg), 71. Jg. (2018), S. 1138–1149.

Assmann, H.-D. (2004). Einleitung, in: Hopt, K. J. & Wiedemann, H. (Hrsg.): Großkommentar zum Aktiengesetz, Band 1, 4. Aufl., Berlin et al. 2004.

Hommelhoff, P. (1983). Die Autarkie des Aufsichtsrats – Besprechung der Entscheidung BGHZ 85, 293 »Hertie«. In: Zeitschrift für Unternehmens- und Gesellschaftsrecht (ZGR), 12. Jg. (1983), S. 551–580.

Hommelhoff, P. (2015). Nichtfinanzielle Ziele in Unternehmen von öffentlichem Interesse – Die Revolution übers Bilanzrecht. In: Bork, R., Kayser, G. & Kebekus, F. (Hrsg.): Festschrift für Bruno M. Kübler zum 70. Geburtstag. München, 2015, S. 291–300.

Hönsch, H. (2022). Mehr Augenmerk auf interne Kontroll- und Risikomanagementsysteme. In: Der Aufsichtsrat, 19. Jg. (2022), S. 109–111.

Hopt, K. J. (2019). Der Aufsichtsrat – Bedeutungswandel, Konvergenz, unternehmerische Mitverantwortung, Pflichten- und Haftungszuwachs. In: Zeitschrift für Unternehmens- und Gesellschaftsrecht (ZGR), 48. Jg. (2019), S. 507–543.

Koch, J. (2023). Kommentierung zu § 76 AktG und Kommentierung zu § 111 AktG. In: Koch, J. (Hrsg.): Kommentar zum Aktiengesetz. 17. Aufl., München, 2023.

König, C. (2022). Die geplante EU-Richtlinie über Nachhaltigkeitspflichten von Unternehmen: Zivilrechtliche Haftung und gesellschaftsrechtliche Konsequenzen. In: Neue Zeitschrift für Gesellschaftsrecht (NZG), 25. Jg. (2022), S. 1186–1192.

Lieder, J. (2018). Unternehmerische Entscheidungen des Aufsichtsrats. In: Zeitschrift für Unternehmens- und Gesellschaftsrecht (ZGR), 47. Jg. (2018), S. 523–583.

Nonnenmacher, R. (2021). Sustainable Corporate Governance. In: Dutzi, A., Gros, M. F., Nowak, K. u. a. (Hrsg.): Festschrift für Hans-Joachim Böcking zum 65. Geburtstag. München, 2021, S. 165–176.

Regierungskommission Deutscher Corporate Governance Kodex (2022). Deutscher Corporate Governance Kodex (in der Fassung vom 28. April 2022). Bekanntmachung im Bundesanzeiger durch das Bundesministerium der Justiz, veröffentlicht am 27. 6. 2022, BAnz AT 27. 6. 2022 B1.

Regierungskommission Deutscher Corporate Governance Kodex (2022). Begründung der am 28. April 2022 beschlossenen Änderungen des Deutschen Corporate Governance Kodex. Abgerufen am 13. 1. 2023, *https://www.dcgk.de/files/dcgk/usercontent/de/download/kodex/220517_Begruendung_DCGK_2022.pdf.*

Schmotz, T. & Lanfermann, G. (2022). Nachhaltigkeitsberichterstattung nach der Corporate Sustainability Reporting Directive (CSRD). In: Die Wirtschaftsprüfung (WPg), 75. Jg. (2022), S. 1216–1222.

Velte, P. & Stave, C. (2022). Zum Entwurf einer EU-Richtlinie zur Corporate Sustainability Due Diligence (CSDD): Unterschiede zum deutschen Lieferkettensorgfaltspflichtengesetz (LkSG). In: Die Wirtschaftsprüfung (WPg), 75. Jg. (2022), S. 724–734.

Wirth, W. (2021). Asymmetrische Geschäftsführungsprüfung: Konzeptionelle Defizite im Zusammenwirken von Aufsichtsrat und Abschlussprüfer bei ihrer Prüfung der Corporate-Governance-Systeme, Dissertation, Wiesbaden, 2021.

Hendrik Schmidt

Exkurs: Investorenperspektive

Mit den jüngsten Impulsen auf europäischer Ebene, namentlich der EU Corporate Sustainability Reporting Directive (CSRD) sowie dem Richtlinienvorschlag zur EU Corporate Sustainability Due Diligence Directive (CSDDD) wird auch das Pflichtenheft des Aufsichtsrats erweitert. Insbesondere die Aufhebung der Trennung zwischen finanzieller und nichtfinanzieller Berichterstattung zugunsten einer eng verzahnten Unternehmensbetrachtung sowie die künftige Allokation von Umsätzen und Investitionsausgaben nach den Taxonomien der EU stellen perspektivisch auch den Aufsichtsrat vor neue Aufgaben und Herausforderungen.

Hinzu kommen mehrere global ausgerichtete Governance-Rahmenwerke wie u. a. die G20/OECD Principles of Corporate Governance oder der UK Corporate Governance Code, die nach ihren jeweiligen Überarbeitungen Ende 2023 bzw. zu Beginn 2024 in Kraft treten sollen. Beiden Revisionen ist gemein, dass Nachhaltigkeitsaspekte stärker verankert und die Mitglieder der jeweiligen Aufsichtsgremien in Bezug auf die Prüfung der Nachhaltigkeitsberichterstattung intensiver in die Pflicht genommen werden.

In Deutschland hat der Deutsche Corporate Governance Kodex (DCGK) in seiner jüngsten Überarbeitung 2022 einige dieser Entwicklungen teils antizipiert und u. a. das Konzept der doppelten Wesentlichkeit in seiner Präambel als Teil der Verantwortung von Vorstand und Aufsichtsrat aufgegriffen. In seiner neuen Empfehlung A.1 werden außerdem die Pflicht zur systematischen Identifizierung und Bewertung von Chancen und Risiken ökologischer und sozialer Auswirkungen sowie die Berücksichtigung ebensolcher Ziele in der Unternehmensstrategie und -planung gefordert. Konsequenterweise werden in Empfehlung A.3 auch die internen Kontroll- und Risikomanagementsysteme um nachhaltigkeitsbezogene Ziele erweitert. Wie Aufsichtsräte diesen Empfehlungen allerdings nachkommen und die an sie gestellten Erwartungen erfüllen sollen, wird nicht weiter spezifiziert.

Aus der Investorenperspektive sind die vorgenannten Initiativen wichtige Entwicklungen, da sie zunächst den erweiterten Geltungsrahmen der Unternehmenskontrolle festschreiben und darüber hinaus Leitplanken setzen, innerhalb derer sich Unternehmen orientieren sollen. Gleichzeitig lässt sich bereits an der Vielfalt dieser Regelwerke erkennen, wie anspruchsvoll Aufsichtsratsarbeit künftig noch werden wird. Neben unternehmens- und sektorspezifischer Expertise und Erfahrung wird zusätzlich intensive Kenntnis der relevanten nachhaltigkeitsbezogenen Regelwerke und Berichtsstandards Voraussetzung zur effektiven Kontrolle.

Für die Aufsichtsratsarbeit bedeutet dies aus Investorensicht zunächst, dass die entsprechenden Anforderungen an neue Kandidat:innen formuliert werden müssen und diese Expertise belastbar und erkennbar sein muss. Darüber hinaus ist sicherzustellen, dass sich der Aufsichtsrat in seiner Gesamtheit regelmäßig fort- und weiterbildet. Dies gilt künftig noch stärker für den Bereich Nachhaltigkeit. Falls es auf der Ebene des Managements bisher noch nicht erfolgt ist, sollte auch die entsprechende Benennung des für Nachhaltigkeit zuständigen Vorstandsmitglieds erfolgen. Ebenso sollte sichergestellt sein, dass die auf der nachgeordneten Ebene zuständige Person regelmäßig im Aufsichtsrat vorträgt und Bericht erstattet. Bei ausreichender Größe des Aufsichtsrats kann es neben der zwischenzeitlich verpflichtenden Einführung von Prüfungsausschüssen außerdem sinnvoll sein, die primäre Nachhaltigkeitszuständigkeit einem bestehenden (z. B. Strategie oder Investition) oder neu zu etablierenden Ausschuss zu übertragen. Somit würde der Prüfungsausschuss entlastet und Raum für eine vertiefte Diskussion zu Nachhaltigkeitsthemen geschaffen, ohne zu Lasten des Arbeitsprogramms des Prüfungsausschusses zu gehen.

Dann ist allerdings auch sicherzustellen, dass die jeweilige Expertise in beiden Ausschüssen vorhanden ist und somit eine enge Abstimmung der Gremien erfolgen kann.

Als weiterer wesentlicher Anknüpfungspunkt ist die Vorstandsvergütung zu berücksichtigen. Sie ist in ihrer Ausrichtung nicht nur langfristig, sondern auch nachhaltig auszugestalten und soll für Investoren nachvollziehbare, idealerweise auditierte, nichtfinanzielle Leistungskriterien enthalten. Hier ist auch der Vergütungsausschuss entsprechend in der Verantwortung, Nachhaltigkeitsexpertise vorzuweisen.

Für mitbestimmte Aufsichtsräte gilt es außerdem, das Potenzial der Arbeitnehmerseite bestmöglich zu nutzen. In der Stakeholder-Betrachtung spielen die Arbeitnehmer:innen eine wesentliche Rolle. Hier bietet es sich automatisch an, diese Expertise im Interesse des gesamten Unternehmens zu nutzen. Darüber hinaus können Vertreter der Arbeitnehmer:innen Erfahrungen aus der Interaktion mit Kund:innen und Lieferanten z. B. im Rahmen der Wesentlichkeitsanalyse einbringen.

Aus der Investorenperspektive wird es daher künftig von hohem Interesse sein, nachvollziehen zu können, wie der Aufsichtsrat diesen gesteigerten Anforderungen in seiner Arbeit nachkommt.

Tatjana Diether

Finanzierung in der chemischen Industrie unter aktueller Berücksichtigung der EU-Taxonomie aus dem Blickwinkel der Arbeitnehmervertretung im Aufsichtsrat (mitbestimmte Unternehmensführung)

Take-Aways:

→ Chemieprodukte im weitesten Sinne haben eine Schlüsselfunktion in hochentwickelten Volkswirtschaften: Sie sind stofflicher Ausgangspunkt einer ganzen Reihe von Lieferketten in den verschiedenen Industriezweigen. Lokale Verfügbarkeit ist dabei ein wesentlicher Wettbewerbsvorteil.

→ Für Arbeitnehmervertreter:innen in Aufsichtsräten kommt die grundlegende Anforderung hinzu, den Faktor Mensch in allen seinen sozialen Dimensionen angemessen zu berücksichtigen.

→ Es ist notwendig, die Transformation im Sinne der Nachhaltigkeit und des Klimaschutzes voranzutreiben. Der Aufsichtsrat muss offen sein für neue Konzepte und Vorgehensweisen. Im Rahmen eines Ausblicks sind heutige Lösungsansätze bezüglich ihrer Eignung für künftige Problemstellungen im Rahmen der Sustainable Finance Strategie der EU zu hinterfragen.

Inhalt

1. Einleitung

Klimawandel, Krieg und Zerstörung, tiefgreifende Energiekrise – weltweit stehen Politik und Gesellschaften zu Beginn der Zwanziger Jahre des 21. Jahrhunderts vor ungeheuren Herausforderungen. Wer glaubte, beispielsweise mit der weltweiten Finanzkrise ab 2008 schon alles gesehen und erlebt zu haben, was den Unternehmen und den Menschen widerfahren kann, der wird eines Besseren belehrt. Es mag hilfreich sein, der vielfachen Betroffenheit von Menschen und Organisationen angemessen Raum zu geben. Betroffenheit schafft aber auch Verunsicherung. Gerade deshalb muss gehandelt werden. Lösungen mit unterschiedlichen Zeithorizonten *heute – morgen – übermorgen* müssen entwickelt, entsprechende Maßnahmen umgesetzt werden mit dem Ziel, in absehbarer Zeit ein vorerst sicheres Plateau zu erreichen. Ein mögliches Plateau könnte 2050 sein, wenn eine größere Zahl von Unternehmen Klimaneutralität erzielt haben will. Die Zeit der Appelle scheint vorbei zu sein. Handelnde Personen und Institutionen arbeiten an Mechanismen, mit denen Veränderungen in eine gewünschte Richtung praktisch erzwungen werden können. Ein solcher Mechanismus ist die neue EU-Taxonomie, entworfen von der EU-Kommission. Eine der Institutionen, die sich im Rahmen ihrer strategisch angelegten Aufgabe damit befassen müssen, sind die Aufsichtsräte börsennotierter Unternehmen. In diesem Beitrag geht es insbesondere um die Aufsichtsräte in der chemischen und pharmazeutischen Industrie mit Blick auf die Finanzierung der Unternehmen vor dem Hintergrund der EU-Verordnung zur Taxonomie. Ein weiterer Aspekt ist die Funktion der Arbeitnehmervertreterinnen und -vertreter im Aufsichtsrat im Rahmen der Mitbestimmung nach dem Betriebsverfassungsgesetz. Zentral ist aber auch die Frage nach dem Stellenwert, welchen die chemische Industrie in Wirtschaft und Gesellschaft hat, welche Rolle ihr zukommt und welche Relevanz sie hat.

2. Chemie als Schlüsselindustrie

In der über einhundertjährigen Entwicklung hat sich die Chemie[1] zu einer Schlüsselindustrie für eine Vielzahl weiterer Branchen entwickelt, zum Beispiel Ernährung, Gesundheit, Bauen, Wohnen, Mobilität, Sport- und Freizeitprodukte. Chemiefirmen liefern Ausgangsprodukte für andere Industrien, die damit wiederum Verbraucherprodukte des täglichen Bedarfs herstellen. Die Notwendigkeit des Erhalts der Chemie gilt deshalb als weitgehend unbestritten. Hinzu kommt der Umstand, dass Chemieprodukte überwiegend in den Regionen produziert werden, in denen sie benötigt werden. Es handelt sich vielfach um große Mengen mit relevanten Transportkosten. Die Nähe zu den Abnehmern ist ein Wettbewerbsvorteil. Es ist gängige Praxis, dass Anlagen zur Herstellung von Chemieprodukten den jeweiligen Abnehmerindustrien räumlich folgen. Wirkstoffe für die Agrar- und Pharmaindustrie haben in der Regel eine andere Mengen- und Kostenstruktur und können eher von einem Standort aus weltweit gehandelt werden. Dem stehen etwa Dispersionen gegenüber, die etwa zur Hälfte aus Wasser bestehen und somit bevorzugt in Kundennähe produziert werden. Chemieprodukte können Teil eines Konsumguts oder Verbraucherprodukts werden und ihm wesentliche Eigenschaften verleihen. Besonders augenfällig ist das beispielsweise bei Autolackierungen. Auch Zusatzstoffe für Nahrungsmittel werden Teil des eigentlichen Verbraucherprodukts wie zum Beispiel Vitamine. Es gibt aber auch Chemikalien, die lediglich eine Funktion bei der Herstellung weiterer Verbraucherprodukte haben und sich stofflich nicht darin wiederfinden. Beispiele dafür sind hochreine Reinigungschemikalien bei der Herstellung von Computerchips, aber auch viele andere funktionale Prozesschemikalien.

3. Nutzen für Gesellschaft und Wirtschaft

In der öffentlichen Debatte ist bereits seit vielen Jahren eine zweigleisige Sichtweise zu beobachten: Chemie wird gerne als etwas Künstliches und somit Negatives dargestellt, im Gegensatz zum positiv besetzten »Natürlichen«. Demgegenüber wird eine Kunststoffverpackung durchaus geschätzt, weil sie beispielsweise Lebensmittel hygienisch verpackt. Oder die leichte Funktionskleidung, die zum Sport getragen wird, erhält vielfach den Vorzug vor natürlicher Bekleidung, etwa

1 Es ist der Autorin bewusst, dass die Pharmaindustrie im Vergleich zur klassischen Chemieindustrie einige Besonderheiten aufweist. Dennoch gibt es Gemeinsamkeiten. Im Sinne einer besseren Lesbarkeit wird im Folgenden kurz von Chemieindustrie gesprochen. Besonderheiten der Pharmaindustrie werden explizit thematisiert, wenn es der Kontext erfordert.

auf Basis von Wolle, weil sich das Funktionsprofil mit Chemie besser auf die Bedürfnisse des jeweiligen Sports einstellen lässt. Tatsächlich haben sich die Akteure in dieser Situation eingerichtet. So wird beispielsweise der Sportartikelhersteller als der eigentliche Hersteller von Kleidung oder Schuhen wahrgenommen. Aus der Rolle der Chemieindustrie als Zulieferer wird keineswegs ein Geheimnis gemacht, aber der Zusammenhang ist einer breiten Öffentlichkeit nicht unbedingt bewusst. Für die Konsumgüterhersteller ist der Nutzen der Chemie in aller Regel klar. Neue Produktentwicklungen werden gerne gemeinsam mit Zulieferern aus der Chemie geplant und umgesetzt, um die gewünschten Eigenschaften des Produkts mit Hilfe geeigneter Chemieprodukte einstellen zu können.

Trotz gewisser Vorbehalte gegenüber der Chemie akzeptieren am Ende sowohl Verbraucher:innen als auch Konsumgüterhersteller die Chemie als praktisch unverzichtbare Rohstofflieferanten für die jeweiligen Verbraucherprodukte. Seien es hygienische Verpackungen, medizinische Geräte und Produkte aus Kunststoffen, Autos, Lebensmittel, Pharmazeutika, für deren Herstellung teils die Chemie wiederum die Rohstoffe liefert, und vieles andere: Es gibt am Ende einen breiten wirtschaftlichen und gesellschaftlichen Konsens darüber, dass Chemieprodukte einen hohen Nutzen haben. Dabei ist klar, dass es immer Nischenprodukte gibt, etwa aus rein natürlichen Rohstoffen. In der Breite und mit Blick auf eine Weltbevölkerung von nunmehr acht Milliarden Menschen wären solche Produkte aber weder verfügbar noch konkurrenzfähig. Landwirtschaftliche Nutzfläche ist begrenzt und wird in erster Linie zum Anbau von Nahrungsmitteln genutzt. Der Anbau von Pflanzen für technische oder textile Zwecke stößt hier an Grenzen.

Es stimmt in vielen Fällen, dass Chemieprodukte künstlich sind. Aktuelle Diskussionen über Plastikabfälle in der Umwelt, insbesondere in Gewässern, zeigen deutlich, dass es hier ein Problem gibt, das gelöst werden muss. Ein möglicher Ausweg wäre der konsequente Ausbau der Kreislaufwirtschaft mit der damit einhergehenden, umfassenden Logistik und Infrastruktur zum Einsammeln der Abfallprodukte. Chemische Reaktionen sind Stoffumwandlungen. Die Verwendung von gebrauchten Produkten mit Kunststoffanteil zum Beispiel ist für ein rohstoffliches Recycling chemisch gesehen kein Problem. Vor allem die mit Recycling verbundenen Kosten haben sich in der Vergangenheit als Hürde für eine flächendeckende Umsetzung erwiesen. Die Notwendigkeit zu nachhaltigem Wirtschaften führt hier aber bereits zu einem Umdenken.

4. Wirtschaftlicher Erfolg erlaubt Teilhabe für die Menschen

Die Chemieindustrie hat sich schon kurz nach ersten Anfängen in der zweiten Hälfte des 19. Jahrhunderts stürmisch entwickelt und ermöglichte den Betreibern und Firmenbesitzern beachtliche Gewinne. Die Beteiligung der Belegschaften hinkte dieser Entwicklung etwas nach. Um 1920 wurden erste Betriebsratsgremien etabliert. Insbesondere in der Nachkriegszeit nach 1945 setzte im Zuge des Wiederaufbaus eine Entwicklung ein, in der sich eine einzigartige Sozialpartnerschaft zwischen Arbeitgebern und Arbeitnehmervertretern in der Chemie etablierte. Diese Entwicklung hält bis heute (2023) an, auch wenn die Branche sich in Konjunkturzyklen, im Rohstoffwandel und in verschiedenen Krisen immer wieder neu sortieren musste.

Es bleibt festzuhalten, dass sich mittlerweile Generationen von Mitarbeitenden ihre Existenzen in der Chemieindustrie verdienen und sichern konnten. Die gemeinsamen Wege begannen im Tarifbereich meistens mit einer Ausbildung, im akademischen, außertariflichen Bereich mit einem Studium der Ingenieur- oder Naturwissenschaften und dem anschließenden Eintritt in Forschung und Entwicklung der Unternehmen. In der weiteren Entwicklung haben Betriebswirte, Juristen und weitere kaufmännische Disziplinen an Bedeutung gewonnen. An den Standorten der chemischen Industrie, bei denen über Jahrzehnte die Zentren in Leverkusen (Bayer), Frankfurt (Hoechst) und Ludwigshafen (BASF) maßgeblich waren, sorgte die Teilhabe der Menschen für stabile Bedingungen im Umfeld, vielfach mit begleitenden Aktivitäten, Kultur- oder Sportveranstaltungen, Maßnahmen für die Gesundheitsvorsorge und weiteren Angeboten. In der Breite und auf entsprechend niedrigerem Niveau gab es diese Entwicklung auch bei kleinen und mittleren Unternehmen in der Chemie. Insbesondere an den Standorten um diese Chemieunternehmen herum ist die Ansiedlung von Klein- Mittelbetrieben in erheblichem Maß erfolgt – als Kunden, Zulieferer oder Servicepartner. Hinzu kommen Initiativen wie Metropolregionen oder auch Exzellenzcluster in der Forschung, die als verstärkende Netzwerk- und Hochtechnologieplattformen ihre Wirkung entfalten. Insgesamt werden dadurch Attraktivität und Teilhabe für die Menschen über Generationen hinweg enorm verbessert.

5. Betriebliche Mitbestimmung als Impulsgeber und Stabilitätsfaktor

Über Jahrzehnte ist es den Sozialpartnern gelungen, angemessene Entgelte und eine Vielzahl betrieblicher Regelungen auszuhandeln, die weit über eine rein finanzielle Teilhabe hinausgehen: Elternzeiten, Weiterbildung, Angebote zur Kinderbetreuung, neuerdings sogar eine Pflegezusatzversicherung. Diese Errungenschaften haben dazu beigetragen, den Anforderungen an die moderne Gesellschaft besser gerecht zu werden.

Mit Blick auf einzelne Verhandlungserfolge wird eines oftmals übersehen: Das, was den Menschen insgesamt zugutekommt, ist das Ergebnis eines Systems der betrieblichen Mitbestimmung auf verschiedenen Ebenen. In den Unternehmen sind es Vertrauensleute und Betriebsratsmitglieder, die sich direkt vor Ort um die Belange der Mitarbeitenden kümmern. In den Betriebsräten und deren Gremien werden Sachverhalte für die gesamte Belegschaft erörtert und nach den Vorgaben der Mitbestimmung diskutiert, teils beschlossen. Mitglieder des Betriebsrats wiederum und Gewerkschaftsvertreter bilden zusammen die Bank der Arbeitnehmer im Aufsichtsrat. Jede Ebene hat ihre eigenen Aufgaben. Aber alle wissen um die verschiedenen Rollen und Anforderungen, nicht zuletzt deshalb, weil jetzige Mitglieder im Aufsichtsrat zugleich Mitglied im Betriebsrat sind und viele vorher als Vertrauensleute tätig waren. Alles das bedeutet, dass Mitbestimmung nunmehr über Jahrzehnte gelernt und praktiziert werden konnte. Die Sozialpartner haben Fronten geklärt und Kompromisslinien ausgelotet. Was hier aufgebaut wurde, ist wirtschaftliches und soziales Know-how. Was das wert ist und wie belastbar es ist, hat sich mittlerweile in verschiedenen Krisen gezeigt.

Die Arbeit der Vertrauensleute und Betriebsratsmitglieder ist ihrem Wesen nach »bottom-up« oder operativ, das heißt, sie findet sehr nah an der Belegschaft und im Zusammenwirken mit den Führungskräften statt. Demgegenüber können die Arbeitnehmervertreter im Aufsichtsrat »top-down« oder in die strategische Ausrichtung des Unternehmens hinein agieren. Damit kommt der Aufsichtsratsarbeit eine ausgeprägte soziale Nachhaltigkeitskomponente zu: Mitarbeiterbelange wie Arbeitssicherheit, Personalplanung oder -entwicklung können auf Ebene der Unternehmensführung und -kontrolle intensiv reflektiert und strategisch verankert werden. Dieses Wirken der Arbeitnehmervertreter im Aufsichtsrat ist umso effektiver, je diversifizierter die Zusammensetzung der Arbeitnehmerbank ist. Betriebsratsmitglieder (oftmals ehemalige Vertrauensleute) wirken hier zusammen mit Gewerkschaftsvertreter:innen. Letztere bringen Perspektiven ein, die zunächst einmal losgelöst vom jeweiligen Unternehmen sind und in der Regel eine starke Klammer zur Sozial- und Industriepolitik auf Bundesebene haben.

Ihrem Wesen nach war die Chemie immer einem mehr oder weniger intensiven Wandel unterworfen. Ihre Produktionsweise einerseits und die kontinuierliche Nachfrage aus der Gesellschaft andererseits haben dazu beigetragen, dass die Chemie eine überwiegend stetige und stabile Entwicklung genommen hat. Im Unterschied dazu gab es zum Beispiel Unternehmen oder Branchen, etwa in der Informationstechnologie oder bei der Solarenergie, die sich rasch entwickelt haben, aber fast ebenso schnell wieder verschwunden waren. In der Chemie gab es über Jahrzehnte weniger Brüche, sondern vielmehr eine stetige, evolutionäre Entwicklung. Die Chemieindustrie ist somit eine Säule der wirtschaftlichen Entwicklung und des gesellschaftlichen Wohlstands. An dieser Entwicklung hat die Mitbestimmung auf den verschiedenen Ebenen – operativ und strategisch – einen maßgeblichen Anteil.

6. Investitionen sind kapitalintensiv und langfristig angelegt

Chemieanlagen sind kapitalintensiv und haben Laufzeiten von einigen Jahrzehnten, in denen sie die Investitionskosten plus Rendite zur Bedienung der Investoren, etwa über die Dividende, wieder einspielen müssen. Die Bandbreite reicht von kleineren Anlagen im zweistelligen Millionenbereich bis hin zu Großanlagen im Bereich von einer Milliarde Euro. Es sind in der Regel Anlagen für die Herstellung eines bestimmten Produkts oder einer Produktgruppe. Die Investition erfordert demnach sowohl eine sorgfältige strategische Planung seitens des Unternehmens als auch verlässliche Rahmenbedingungen seitens der Politik.
Eine Steigerung der Effizienz, aber auch der Komplexität, bringt der chemische Verbund mit sich: Mehrere Anlagen beliefern sich gegenseitig mit Ausgangsprodukten und mit Energie in Form von Dampf und sind zu diesem Zweck über Rohrleitungen miteinander verbunden. Ein Verbundstandort wie bei der BASF in Ludwigshafen kann somit bei minimalen internen Transportkosten, optimiertem Energieeinsatz und minimierten Abfallmengen eine größtmögliche Menge an Chemieprodukten liefern. Ende 2021 betrug die Produktionsmenge insgesamt etwa 8,1 Mio. Tonnen pro Jahr (BASF 2021, 1).
Gerade mit Blick auf die aktuelle Energie- und Gaskrise muss man hinzufügen, dass für die Chemieproduktion im Verbund eine gesicherte, wettbewerbsfähige und zu den jeweiligen Bedingungen kontinuierliche Energieversorgung notwendig ist. In den 90er Jahren des 20. Jahrhunderts hat die BASF ihre Energie- und Rohstoffversorgung von Kohle auf Erdgas umgestellt. Gas ist zwar immer noch ein fossiler Rohstoff, aber im Vergleich zu Kohle bedeutete der Umstieg einen

Sprung nach vorn zu mehr Nachhaltigkeit. Vor allem die Kraftwerke bei BASF in Ludwigshafen wurden nach und nach auf Gasturbinen mit hocheffizienter Kraft-Wärme-Kopplung umgestellt. Es liegt heute auf der Hand, dass auch diese Technik im Laufe der nächsten Jahre abgelöst werden wird.

7. Finanzierung als Basis für eine nutzenbringende und innovative Chemie

An der Notwendigkeit einer langfristigen und sicheren Finanzierung der Unternehmen besteht aufgrund ihres Nutzens für Kunden und Mitarbeitende und somit für die Gesellschaft kein Zweifel, weder für die Kapitalseite noch für die Arbeitnehmervertreter im Aufsichtsrat. Das war auch schon in der Vergangenheit so. Neben der Kreditfinanzierung haben Chemieunternehmen Strategien entwickelt, in denen der Cash Flow als Kenngröße eine bedeutende Rolle gespielt hat. Für die Finanzierung über Kapitalmärkte wurden in der Vergangenheit die Aktien so angepasst, dass sie auch für private und Kleinanleger attraktiv gehalten wurden. So hat die BASF ihre vormaligen Aktien mit Nennwerten von 50 DM, später 5 DM auf Stückaktien umgestellt. Außerdem sollte eine ausgeprägte Dividendenpolitik die Attraktivität der BASF-Aktie längerfristig sicherstellen.

Mit der aktuell vorgelegten EU-Taxonomie ist die Industrie erstmals mit der Herausforderung konfrontiert, dass eine Fortführung bestehender Produktionsweisen, die nicht den geforderten Kriterien an Nachhaltigkeit genügen, die Finanzierung gefährden würde. Erforderlich ist jetzt vielmehr die Umstellung auf nachhaltige Geschäftspraktiken. Das gilt für die Etablierung nachhaltiger Produktionsweisen und nachhaltiger Produkte ebenso wie für die darauf aufbauende Berichtspraxis. Nur wenn die Berichte die Nachhaltigkeit durch Einhaltung bestimmter Standards (EU-Verordnung 2019/2088, Offenlegungsverordnung) sicher belegen, können und werden Anleger die Aktie für ein Investment in Betracht ziehen. »Greenwashing« soll damit vermieden werden.

Bedeutende Ansätze zu mehr Nachhaltigkeit in der Chemieindustrie reichen weit zurück, im Grunde bis in die 70er Jahre des 20. Jahrhunderts. Damals wurden erstmals Kläranlagen gebaut, die maßgeblich zur Verbesserung der Wasserqualität beispielsweise des Rheins beigetragen haben. In den nachfolgenden Jahrzehnten folgten Maßnahmenbündel zur Verbesserung der Anlageneffizienz, was sich unter anderem in verringerten Abfall- und Schadstofflasten äußerte. Auch die Luftreinhaltung wurde durch Filteranlagen nachhaltig verbessert. Die somit erzielten Erfolge wurden in ersten Umweltberichten transparent belegt. Es steht außer Frage, dass diese Maßnahmen dringend notwendig waren.

Die Chemieindustrie weiß um ihre Vergangenheit. Maßnahmen für Effizienzsteigerungen, die vielfach mit geringeren Umweltbelastungen einhergehen, werden kontinuierlich identifiziert und umgesetzt. Die Reihenfolge richtet sich entweder nach rechtlich zwingenden Maßnahmen, oder die Investitionsmittel werden so eingesetzt, dass möglichst große Effekte erzielt werden können.

Mit Blick auf bisherige Maßnahmen zur Verringerung der Umweltbelastung erscheinen die jetzt anstehenden Maßnahmen im Rahmen der Transformation als ein Quantensprung in der Chemieindustrie.

8. Aktuelle Herausforderungen

Krisen, Wandel, Herausforderungen – alles das hat es in der chemischen Industrie reichlich gegeben. Notwendige oder gebotene Veränderungen wie zum Bei-

spiel beim Umweltschutz konnten sukzessive geplant und umgesetzt werden. Selbstverständlich waren auch dafür zusätzliche Investitionen erforderlich, die jedoch in der Regel aus der Geschäftstätigkeit finanziert werden konnten.
Krisen wie die Wirtschafts- und Finanzkrise ab 2008 haben zwar zu einem zwischenzeitlichen Umsatz- und Gewinneinbruch geführt, der aber eher V-förmig verlief. Das ursprüngliche Geschäftsniveau wurde nach kurzer Zeit wieder erreicht.
2018 war ein Jahr mit extremem Niedrigwasser im Rhein. Es spricht alles dafür, dass es sich um eine Auswirkung des Klimawandels infolge der Erderwärmung gehandelt hat, mit der in Zukunft öfter zu rechnen sein wird. In der damaligen Situation zeigte die Economy of Scale des Verbundstandorts Ludwigshafen, sonst ein großer Effizienzvorteil, seine Achillesferse: Der Zulauf der Rohstoffe und die Abfuhr der Produkte erfordert eine funktionierende Logistik, die wegen der großen Mengen über den Rhein abgewickelt wird. Ein Umschwenken auf die Schiene war damals schon keine gangbare Alternative. Als eine Reaktion darauf legte die BASF in Windeseile ein Projekt zur Entwicklung eines speziellen Tankschiffs auf, das auch bei Niedrigwasser noch fahren kann. Die Logistik rund um den Standort Ludwigshafen, aber auch entlang des Rheins und anderer Flüsse, wird in der Zukunft aller Voraussicht nach eine Herausforderung bleiben und sich möglicherweise weiter verschlimmern.
Inzwischen hat der Klimawandel weitere Maßnahmen nach sich gezogen. Auf europäischer Ebene wurde der Green Deal aufgelegt. Es handelt sich um ein ganzes Paket zum Klimaschutz, für mehr Nachhaltigkeit und auch mit einer neuen Chemikalienpolitik. Es war klar, dass ein solches Paket nur mit erheblichen Investitionen umzusetzen sein wird.
Unabhängig davon brach 2020 die Corona-Pandemie aus. Praktisch aus dem Stand mussten Schutzmaßnahmen aufgesetzt und neue Arbeitsformen erprobt und eingeführt werden: Mobiles Arbeiten, verbunden mit einer bislang ungewohnten Nutzung digitaler und virtueller Arbeitsweisen. Wegen des kurzfristig hohen Bedarfs wurden plötzlich Produkte wie Desinfektionsmittel oder Gesichtsmasken knapp. Unter Ausnutzung vorhandener Anlagen und Infrastruktur ist es kurzfristig gelungen, eine mehr oder weniger improvisierte Abmischung von Desinfektionsmittel aufzubauen. Es mag sich dabei um ein kleines Nischenprodukt gehandelt haben, dass mit der eigentlichen Geschäftstätigkeit der BASF nichts zu tun hatte. Aber es hat gezeigt, wie nützlich vorhandene Produktionsstrukturen in einer Region sein können, um in einer Krisensituation schnell liefern zu können.
2021 kam es in Teilen von Nordrhein-Westfalen und Rheinland-Pfalz zu Überflutungen in Folge von Starkregen – mutmaßlich eine Folge des Klimawandels, ebenso wie das erwähnte Niedrigwasser als ein anderes Extrem.

Im Februar 2022 brach der Ukrainekrieg aus. In der Folge geriet die sicher geglaubte Gasversorgung in eine Schieflage. Nordstream 2 ging nicht mehr ans Netz, bei Nordstream 1 gingen die Mengen über die Monate zurück und sind mittlerweile auf Null heruntergefahren. Die Energiepreise sind stark gestiegen und heizen die Inflation an.
Es kam zu einer Verkettung von Krisenherden. Um Gas zu sparen, sollte beispielsweise für die Stromerzeugung mehr Kohle verwendet werden. Das war aber zunächst nicht im gewünschten Umfang möglich, weil die Transportkapazitäten auf dem Rhein wegen des wiederholt niedrigen Pegels nicht ausreichen. Fieberhaft versucht nun die Politik, neue Energiequellen zu erschließen, möglichst kurzfristig. Parallel dazu arbeitet die Industrie, auch die BASF als einer der größten Verbraucher, an Konzepten zur Gaseinsparung.
Dazu kommen weitere Probleme in der Infrastruktur. Die maroden Hochstraßen in Ludwigshafen müssen ersetzt werden. Die Bahn hat mit technischen Problemen zu kämpfen, die auch den Güterverkehr beeinflussen. Der Ausbau der Windenergie verläuft schleppend, und es fehlen die erforderlichen Stromnetze, um den in Norddeutschland erzeugten Windstrom nach Süden zu transportieren, wo er dringend benötigt wird.
Demografische Herausforderungen sind schon lange absehbar, wenn die Babyboomer in Rente gehen und aufgrund das Fachkräftemangels die frei werden Stellen nicht ohne weiteres nachbesetzt werden können. Als technische Herausforderung kommt die Digitalisierung hinzu, die zwar auf der einen Seite den demografischen Wandel eventuell abmildern könnte, auf der anderen Seite teils ins Stocken geraten ist, weil Chips fehlen. Insbesondere die Autoindustrie hat derzeit damit zu kämpfen.
Alles das erleben die Menschen entweder am eigenen Leib oder über die Medien. Von der Soziologie werden Antworten erwartet, welche gesellschaftlichen Veränderungen oder gar Verwerfungen zu erwarten sind. Von den handelnden Personen in Wirtschaft, Wissenschaft und Politik werden Lösungen erwartet. In der Wirtschaft, im Management und auch in den Aufsichtsräten stehen kurzfristige Maßnahmen zur Krisenbewältigung, aber auch längerfristige strategische Ausrichtungen zur Diskussion und zur Entscheidung an.
Es sind vor allem zwei Krisenkomplexe, die sich auf absehbare Zeit nicht mehr zurückdrehen lassen: der Klimawandel und die Gaspreiskrise. Der Klimawandel wird zum einen unmittelbare Auswirkungen wie Niedrigwasser und Extremwetterereignisse mit sich bringen. Die Gaspreiskrise wird sich zwar durch Umstellung auf LNG längerfristig und bis zur Ablösung durch erneuerbare Energien abmildern lassen. Allerdings wird das Preisniveau dauerhaft höher liegen als bei Gas aus der Pipeline. Das ist eine strukturelle Veränderung der Wettbewerbssituation für alle Unternehmen, die Gas oder die entsprechende Energie benötigen. Damit ist fast die gesamte Chemieindustrie betroffen.

Angesichts dieser Gemengelage sind Arbeitnehmervertreter:innen, vor allem Betriebsrät:innen, dazu übergegangen, eine Beschleunigung der Transformation einzufordern. Diese Forderung und die damit verbundenen Diskussionen haben infolgedessen in der Aufsichtsratsarbeit deutlich mehr Raum eingenommen. Es liegt auf der Hand, dass die Arbeitnehmervertreter:innen dieses Thema im Aufsichtsrat besonders wirkungsvoll und in kurzen Entscheidungszyklen vorantreiben können. Dabei überrascht es nicht, dass zwar einerseits ein hohes Maß an Übereinstimmung mit der Unternehmensführung besteht, andererseits jedoch die Arbeitnehmervertreter:innen die nachhaltig-sozialen und beschäftigungssichernden Komponenten der Transformation auf die Agenda setzen können.
Bei aller Kompetenz, aller Erfahrung und Diversifizierung, die in Aufsichtsräten vorzufinden ist, besteht die Einschätzung, dass es nicht für alles eine bereits vorhandene Blaupause gibt, die einfach aus der Schublade gezogen werden kann. Es besteht Einigkeit darüber, dass ein sachliches und verantwortungsvolles Handeln aller Beteiligten gefordert ist. Das mag für die Unternehmensseite etwa die Verlässlichkeit sein, die man in Richtung Kapitalgeber ausstrahlen möchte. Für die Arbeitnehmerseite sind es die Interessen der Belegschaften, die im Mittelpunkt stehen. Gerade dann, wenn mit der Transformation ein massiver Wandel ansteht, sind Sicherungsmechanismen für die Menschen essenziell, wenn die Veränderungen am Ende erfolgreich sein sollen. Unternehmenssteuerung und -kontrolle ist kein Experimentierfeld, insbesondere mit Blick auf die verschiedenen Stakeholder. Zum anderen erscheint es angesichts der Problemfelder aber unvermeidbar, dass auch neue Wege, neue Ansätze verfolgt werden sollten oder sogar müssen. Es ist bereits jetzt spürbar, dass die Gespräche im Aufsichtsrat von einer größeren Offenheit für optionale Lösungen geprägt sind.
Diese Entwicklung wird von einem entsprechenden Risk Management begleitet. Es sorgt dafür, dass mögliche Risiken angemessen berücksichtigt und transparent dargestellt werden, etwa im Rahmen der Unternehmensberichterstattung. Auch auf diesem Gebiet haben die Arbeitnehmervertreter die Aufgabe, mögliche Risiken im Interesse der Belegschaften zu bewerten und dadurch zu einer angemessenen Balance im Interesse aller Stakeholder zu gelangen.

9. UN-Ziele für Nachhaltigkeit

Die Vereinten Nationen haben 2015 eine Agenda 2030 mit 17 Zielen zur Nachhaltigkeit aufgestellt (UN 2016). Unter der Bezeichnung Sustainable Development Goals (SDG) werden mit den 17 Bereichen praktisch alle Bereiche des Lebens auf der Erde abgedeckt. Somit ist das Zielbild zum einen ambitioniert, zum anderen aber auch so umfassend, dass die Gefahr, bei einzelnen Problemfeldern stehen zu bleiben, deutlich geringer ist. Die Ziele werden zwar bei entsprechenden Aktionen oftmals einzeln bearbeitet, dann aber doch immer wieder im Zusammenhang gesehen. Somit bilden die SDGs einen idealen globalen Rahmen, der auf Regionen und Länder heruntergebrochen oder entsprechend weiterverfolgt werden kann. Die Europäische Union hat mit ihrem Green Deal genau das getan.

10. Green Deal der EU

Wie die Abbildung zeigt, sind die Ziele des Green Deal (EU Kommission 2020) der EU so aufgesetzt, dass sie das Potenzial haben, von einer großen Mehrheit in der EU unterstützt zu werden, auch von Unternehmen. Etwas anders sieht es aus, wenn man den Weg bis zum Erreichen der Ziele betrachtet. Hier stehen Unternehmen vor der Herausforderung, die notwendigen Veränderungen zu projektieren, zu finanzieren und umzusetzen. Bei der Finanzierung dient wiederum die EU-Taxonomie als Hebel, um notwendige Investitionen in die Nachhaltigkeit zu tätigen.

Dabei dient die EU-Taxonomie nicht nur dazu, den Zugang zum Kapitalmarkt zu steuern, sondern auch – so die Hoffnung der EU – mehr private Investitionen zu mobilisieren und den Unternehmen für den Umbau zur Verfügung zu stellen.

Der Grüne Deal ist eine der regulatorischen Grundlagen für die Transformation hin zu nachhaltigem Leben und Wirtschaften, basierend auf den 17 SDG der Vereinten Nationen.

11. Transformation erfordert zusätzliche, erhebliche Finanzmittel

Zu Beginn dieses Beitrags war von den ungeheuren Herausforderungen die Rede, vor denen wir am Beginn der Zwanzigerjahre stehen. Dabei geht es nicht nur um eine Fülle von Maßnahmen, sondern insbesondere um viel, viel Geld: Für das Maßnahmenpaket des Green Deal rechnet die EU-Kommission mit Investitionen in Höhe von 500 Billionen Euro (Leuchters 2022, 3). Die Transformation von Wirtschaft und Gesellschaft ist eine gewaltige Aufgabe, für die der Zeithorizont bis zur Treibhausgasneutralität 2050 nur eine vergleichsweise kurze Frist lässt. Es ist unrealistisch, vorhandene Unternehmensstrukturen mehr oder weniger auf einen Schlag umzubauen und in neuer klimaneutraler Form weiterzubetreiben. Aus gutem Grund sprechen wir von Transformation. Darin einbezogen ist der Faktor Zeit. Die BASF hat sich zum Beispiel das Ziel gesetzt, bis 2050 klimaneutral zu sein. Das würde aus heutiger Sicht eine Übergangszeit von weiteren 27 Jahren bedeuten. Diese Übergangszeiten werden die Unternehmen dazu nutzen müssen, Cash Flow aus vorhandenen Anlagen und Geschäften zu generieren und für die Aktivitäten rum um die Transformation nutzbar zu machen. Das umfasst mehrere Bereiche und Funktionen in den Unternehmen:

- Forschung und Entwicklung
  - Produkte und Formulierungen
  - Neue Produktionsverfahren
- Anlagenbau – von der Planung über den Betrieb bis zur Wartung und Optimierung
- Energieversorgung im Wesentlichen auf der Basis von erneuerbaren Energien (Wind, Photovoltaik, Elektrolyse für grünen Wasserstoff)
- Rohstoffversorgung mit integriertem Recycling
- Angepasste Logistik
- Angepasste Berichterstattung unter der Maßgabe der EU-Taxonomie

Eine zentrale Rolle nimmt in der Transformation der Faktor Mensch ein. Mitarbeitende haben die oben beschriebenen Tätigkeiten auszuführen. Bestehende Anlagen müssen bis zur Stilllegung im Interesse der Wertschöpfung weiterbetrieben werden. Im Übergang zu neuen Herstellverfahren und Anlagen müssen die Mitarbeitenden sehr wahrscheinlich auf andere, neue Kompetenzen und Tätigkeiten vorbereitet werden. Das bedeutet vor allem, die Aus- und Weiterbildung entsprechend aufzustellen und auszustatten, insbesondere mit einem soliden Budget, bestehend aus Zeit und Geld. Wie in anderen Fällen auch fallen hier mehrere Problemfelder zusammen: Es werden teils neue Kompetenzen gebraucht werden, vormalige Tätigkeiten werden wegfallen, die Digitalisierung wird sich weiter durchsetzen und im Zuge der Demografie werden erfahrende

Mitarbeitende in großem Umfang die Unternehmen verlassen, wenn die »Babyboomer« ins Rentenalter kommen.
Hinzu kommt eine weitere Anforderung: Die Veränderungsprozesse müssen so gestaltet werden, dass sie von den Mitarbeitenden ebenso wie von den Menschen im Umfeld der Unternehmen akzeptiert und mitgetragen werden. Zwar ist das Teil eines etablierten Veränderungsmanagements, weniger ein Spezifikum der Transformation. Als zusätzliche Herausforderung muss es gleichwohl berücksichtigt werden, gerade wenn es darum geht, die für die Transformation notwendigen Ressourcen zu planen.

12. EU-Taxonomie: Finanzierung als Hebel für nachhaltige Entwicklung

Die Implementierung nachhaltiger Prozesse und die Vermarktung nachhaltiger Produkte ist bereits eine Herausforderung für die Unternehmen, die neben den erforderlichen finanziellen Mitteln eine angemessene Übergangszeit erfordern wird. Veränderte Produktionsprozesse erfordern insbesondere Investitionen in Anlagen oder Teilen davon. Ein weiteres Problem besteht bei der Einführung möglicher neuer Produkte bei den Kunden im sogenannten Business-to-Business-Bereich: Hier müssen unter Umständen neue oder alternative Produkte in bestehende Prozesse integriert werden. Das könnte technische Anpassungen in den Anlagen erforderlich machen mit Kosten, die bei Kund:innen entlang der Wertschöpfungskette anfallen würden.
Im administrativen Bereich müssen geeignete Berichtsprozesse über die Nachhaltigkeit in Produktion und Vermarktung implementiert werden, damit die Anforderungen der EU-Taxonomie erfüllt werden. Ohne geeignete Berichte, die für mehr Transparenz sorgen und den Stand der Nachhaltigkeit belegen, sind die Fortschritte im geschäftlichen Bereich allein nicht ausreichend.
Ähnlich wie schon bei der Implementierung von Reach, der bisher noch immer gültigen EU-Chemikalienpolitik Anfang der 2000er Jahre, stoßen die Regularien auf eine diverse Unternehmenslandschaft von kleinen, mittleren und großen Unternehmen. Die Größe des Unternehmens sagt nichts aus über den wirtschaftlichen und gesellschaftlichen Beitrag, den es leistet. Jedes Unternehmen, egal wie groß, kann eine innovative und gewinnbringende Chemie betreiben. Es sind ja gerade die kleinen und mittleren Unternehmen (KMU), die mit Fokussierung auf bestimmte Produktlinien oder mit Nischenprodukten sehr erfolgreich im Markt sein können. KMU stoßen aber oftmals dann an ihre Grenzen, wenn Regularien wie Reach mit hohem administrativem Aufwand verbunden sind. Die aus Sicht

der EU-Kommission mangelnde Aussagekraft der über einzelne Substanzen angefertigten Dossiers soll, so heißt es, zur geplanten und verschärften Chemikalienpolitik unter dem Dach des Green Deal der EU beigetragen haben.
Die Finanzierung über Investoren mag für kleinere und mittlere Unternehmen nicht die Rolle spielen, wie es bei Kapitalgesellschaften der Fall ist. Insofern ist die Anwendung der EU-Taxonomie auf KMU vielleicht weniger problematisch. Der Green Deal wird sich allerdings mit seinen verschiedenen Problemfeldern auf alle Unternehmen der chemischen Industrie auswirken, wobei in der Chemie die Chemikalienpolitik eine besondere Bedeutung haben wird.
Für die Bewältigung der damit verbundenen Herausforderungen ergeben sich aus heutiger Sicht zwei Perspektiven, die bereits bei anderen Projekten, etwa bei der Einführung von Reach, geholfen haben: Eine Zusammenarbeit der verschiedenen Unternehmen, teils über Kund:innen/Lieferanten-Beziehungen, sowie die Nutzung des Netzwerks von Arbeitnehmervertreter:innen in den Aufsichtsräten, verbunden über die Industriegewerkschaft Bergbau, Chemie, Energie (IG BCE). Insbesondere Letzteres bietet der Arbeitnehmerbank in den Aufsichtsräten die Möglichkeit, neben der gewollten Transformation einschließlich der EU-Taxonomie auch die Interessen der Belegschaften in den Mittelpunkt zu rücken und somit angemessen zu berücksichtigen.

13. Ausblick

Die hier dargestellten Situationen und Schlussfolgerungen sind das Ergebnis von Erfahrungen, die sich aus der jüngsten Vergangenheit ergeben. In Deutschland haben wir insbesondere seit der Nachkriegszeit immer besser gelernt, mit Veränderungen und auch mit Krisen umzugehen. Das zeigt sich zum Beispiel in der aktuellen Energiekrise, in der wir zurückblicken auf die Ölkrise in den 70er Jahren und Vergleiche der Maßnahmen von damals und heute anstellen. Dabei ist klar, dass sich in Wirtschaft und Gesellschaft in den letzten Jahrzenten vieles verändert hat, das gilt es zu berücksichtigen. Der Rückgriff auf Erfahrungswerte kann den Handelnden dabei helfen, Entscheidungen für die aktuellen Krisen und Herausforderungen zu treffen. Es ist richtig, auf Bewährtes und auf gängige Unternehmenspraxis zurückzugreifen, anstatt mit der Zukunft von Gesellschaft und Wirtschaft, also letztlich auch mit Menschen, Roulette zu spielen.
Zugleich sollten wir versuchen, den Horizont unserer Überlegungen zu erweitern und prüfen, ob es nicht andere, neue oder vielleicht auch ältere und in Vergessenheit geratene Konzepte gibt, derer wir uns bedienen könnten. So wird zum Beispiel in einer jüngst erschienenen geschichtlichen Darstellung der Nachhaltigkeit (Kehnel 2021) die Frage aufgeworfen, ob wir aktuelle Heraus-

forderungen nicht mit Konzepten zu lösen versuchen, die eben diese Probleme erst verursacht haben. Anhand konkreter historisch belegter Quellen wird dargestellt, wie nachhaltiges Wirtschaften im späten Mittelalter als Teil einer Überlebensstrategie erfolgreich umgesetzt wurde, zum Beispiel von den Fischern am Bodensee oder bei der gemeinschaftlichen Nutzung von Weideflächen. Nicht um Rückschritt geht es hier oder um eine Verklärung der Vergangenheit, die ja tatsächlich gar nicht einfach für die Menschen war, sondern um die Frage, welche zurückliegenden Konzepte uns möglicherweise in der Zukunft helfen könnten, Nachhaltigkeit als selbstverständlichen Teil unseres Lebens, Handelns und Wirtschaftens zu begreifen. Das könnte bedeuten, ein Konzept so weiterzuentwickeln, dass es mit großer Wahrscheinlichkeit zukunftstauglich ist. Das, was wir heute unter Shared Economy verstehen und was in einfachen Ansätzen wie Bike oder Car Sharing bereits etabliert ist, könnte so ein Beispiel sein. Ein anderes, sicher noch weitreichenderes und vielversprechenderes Beispiel ist die Kreislaufwirtschaft.

Nach Beendigung des kalten Krieges in den 90er Jahren schien die wirtschaftliche Systemfrage zugunsten des Kapitalismus entschieden zu sein. Tatsächlich hat uns die kapitalistische Wirtschaftsform Fortschritt und Wohlstand gebracht, jedenfalls in weiten Teilen der Bevölkerungen, die in kapitalistisch organisierten Ländern leben. Dabei sind sich gerade Arbeitnehmervertreter:innen stets bewusst, welche Probleme zu Beginn der Industrialisierung gelöst werden mussten. Erst starkes gewerkschaftliches Engagement hat eine angemessene Teilhabe der Belegschaften am unternehmerischen Erfolg möglich gemacht. Die Tatsache, dass es den kommunistischen Block seit Anfang der 90er Jahre nicht mehr gibt, mag dazu beigetragen haben, dass wir die Organisation der Wirtschaft innerhalb des kapitalistischen Systems etwas freier denken können. So blieb der große Aufschrei aus, als unlängst ein Unternehmen wie die Lufthansa in der Coronakrise praktisch verstaatlicht wurde, jedenfalls vorübergehend, um einen möglichen irreversiblen Schaden vom Unternehmen abzuwenden. Ähnliche Diskussionen und Maßnahmen erleben wir derzeit auch in der aktuellen Energiekrise, diesmal sind Energieunternehmen wie Uniper betroffen. Dabei steht keineswegs die kapitalistische Wirtschaftsform in Frage. Vielmehr geht es darum, Lösungen für aktuelle Probleme zu finden, die sachorientiert und nicht ideologisch motiviert oder verboten sind. Letztendlich trägt dies zur Existenzsicherung industrieller und somit in der Regel gut bezahlter Arbeitsplätze bei.

Eine zentrale Frage mag in der Zukunft sein, wie wir Märkte und die Teilhabe daran organisieren. Grundlegende Regeln sind in der WTO beschrieben, weitergehende Vereinbarungen gibt es zwischen regional benachbarten Staaten wie zum Beispiel in der Europäischen Union, ebenso in Amerika oder in Asien. Marktzugang scheint zunehmend eine Frage der Regulatorik geworden zu sein. Auch die EU-Taxonomie ist eine Regelung, die den Zugang von Unternehmen

zum Finanzmarkt regeln und beeinflussen will. Die Finanzierung steht unter der Maßgabe, dass nachhaltiges Wirtschaften gefördert werden soll. Das ist kein Appell, sondern das ist ein konkreter, praktisch aufgezwungener Mechanismus, der zum nachhaltigen Wirtschaften führen soll.
Vermutlich werden weitere Schritte nötig sein, ähnlich konkret und mit ähnlichen Mechanismen, um die Transformation zu bewältigen. Von Arbeitnehmerseite wird aus gutem Grund gefordert, dass die Transformation sozial gestaltet werden muss. Insgesamt ist das eine Aufgabe, bei der die Arbeitnehmervertreter:innen in den Aufsichtsräten ihre Rollen wahrzunehmen haben. Es geht darum, die Entwicklung der Unternehmen durch die Kontrollfunktion der Aufsichtsräte zu fördern und dabei den Faktor Mensch zu jeder Zeit im Blick zu behalten.

14. Quellenangaben

BASF (2022). Standort Ludwigshafen 2021 in Zahlen. Abgerufen am 9.2.2023, *https://www.basf.com/global/de/who-we-are/organization/locations/europe/german-sites/ludwigshafen.html.*

EU Kommission (2020). Europäischer Grüner Deal. Erster klimaneutraler Kontinent werden. Abgerufen am 3.2.2023, *https://commission.europa.eu/strategy-and-policy/priorities-2019-2024/european-green-deal_de.*

EU-Verordnung 2019/2088, Offenlegungsverordnung (2019). Verordnung (EU) 2019/2088 des europäischen Parlaments und des Rates vom 27. November 2019 über nachhaltigkeitsbezogene Offenlegungspflichten im Finanzdienstleistungssektor. Abgerufen am 20.2.2023, *https://eur-lex.europa.eu/eli/reg/2019/2088/oj?locale=de.*

Kehnel, A. (2021). Wir konnten auch anders: Eine kurze Geschichte der Nachhaltigkeit. Karl Blessing Verlag, München.

Leuchters, M. (2022). SUSTAINABLE FINANCE. Eine Chance für die Mitbestimmung? Institut für Mitbestimmung und Unternehmensführung (Hrsg.). Abgerufen am 3.2.2023, *https://www.boeckler.de/fpdf/HBS-008215/p_mbf_report_2022_70.pdf.*

UN (2016, Erstentwurf). Ziele für nachhaltige Entwicklung. Abgerufen am 3.2.2023, *https://unric.org/de/17ziele/.*

IV. Standorte, Liefer- und Wertschöpfungsketten: Standort- und Zulieferentscheidungen unter dem Einfluss von Nachhaltigkeitserwartungen an die Unternehmen

Übersicht

Sabine Ferenschild

Von der Globalisierung zum Near-Shoring. Tendenzen in der globalen Textil- und Bekleidungsindustrie

Inhalt

1. Einleitung

Vor rund zehn Jahren erschütterten drei große Fabrikbrände und -einstürze die globale Textil- und Bekleidungsindustrie: Am 11. September 2012 starben mehr als 250 Arbeiter:innen bei einem Fabrikbrand in der Bekleidungsfabrik Ali Enterprises in Karachi, Pakistan. Viele weitere wurden schwer verletzt (Clean Clothes Campaign o. J.). Wenige Monate später, am 24. November 2012, führte ein Brand in der Bekleidungsfabrik Tazreen Fashion in Dhaka, Bangladesch zu 112 Toten und rund 200 Verletzten (Kampagne für Saubere Kleidung o. J.). Am 24. April 2013 kamen beim Einsturz des Rana Plaza Gebäudes in Dhaka, Bangladesch, in dem fünf Bekleidungsfabriken untergebracht waren, 1136 Menschen ums Leben, mehr als 2000 Menschen wurden verletzt (Bundeszentrale für politische Bildung 2018; Terwindt & Saage-Maass 2016, 3).
Zwei wichtige Produktionsländer für Textilien und Bekleidung, drei Fabrikkatastrophen in wenigen Monaten. Gemeinsam ist den drei Katastrophen, dass in den Fabriken Bekleidung für den globalen Markt, auch für Europa, produziert wurde. Europäische Unternehmen wie Kik, C&A oder Primark, aber auch US-amerikanische Unternehmen wie Wal-Mart bezogen Waren aus den Fabriken. Alle Fabriken waren in den Monaten vor den Unglücken sog. Sozialaudits unterzogen worden: Ali Enterprises war vom italienischen Unternehmen RINA nach den Kriterien des Social Accountability 8000-Standards überprüft worden.

Wal-Mart, C&A und die Business Social Compliance Initiative (im Folgenden BSCI) inspizierten Tazreen Fashion, kamen aber zu unterschiedlichen Ergebnissen: Während Wal-Mart und BSCI Risiken in der Fabrik u. a. in den Bereichen Gesundheit und Sicherheit erkannten, hatte das C&A-Team, das die Fabrik inspizierte, keine Bedenken, künftig von dort zu sourcen (SOMO & CCC 2013, 49 ff.). Und auch im Rana Plaza Gebäude wurden Fabriken wenige Monate vor dem Einsturz vom TÜV Rheinland und dem Bureau Veritas auditiert. Die Audits folgten dem Verhaltenskodex von BSCI (Terwindt & Saage-Maass 2016, 3).
Diese drei Katastrophen stellten die Glaubwürdigkeit von Sozialaudits in Frage und veränderten den Nachhaltigkeitsdiskurs im europäischen Textilsektor grundlegend. Waren die Dekaden zuvor von freiwilliger sozialer Unternehmensverantwortung, gestützt auf firmeninterne oder auch externe Sozialaudits, geprägt, so gewannen nun Themen an Bedeutung, die zuvor vor allem von zivilgesellschaftlichen Initiativen in die Debatte eingebracht worden waren. Verbindlichkeit und rechtliche Verantwortung der Auftraggeber für die Umsetzung von Menschenrechten in der Lieferkette rückten in den Vordergrund – anstelle von Freiwilligkeit in der sozialen Unternehmensverantwortung. Im Jahr 2021 mündete diese Debatte in der Verabschiedung des Lieferkettensorgfaltspflichtengesetzes (im Folgenden LkSG) durch den Deutschen Bundestag, ein Gesetz, das große Unternehmen mit Sitz oder Niederlassung in Deutschland ab 2023 dazu verpflichtet, menschenrechtliche Risiken in ihrer Lieferkette zu identifizieren, zu beheben bzw. zu minimieren und Wiedergutmachung zu leisten.
Bevor im Folgenden diskutiert wird, ob oder inwiefern diese Entwicklung im Nachhaltigkeitsbereich Standortentscheidungen großer Textilfirmen beeinflusst (Kap. 4 und 5), erfolgt eine Einbettung dieser Frage in die globale Struktur der Textil- und Bekleidungsindustrie (Kap. 2) sowie die zentralen Themen, die unter dem Begriff der Nachhaltigkeit seit 2012/13 diskutiert wurden (Kap. 3).

2. Die textile Kette – ein globales Produktionsnetzwerk

Die Textil- und Bekleidungsindustrie ist eine der globalsten Industrien der Welt. Von der Rohstoffproduktion (Fasern) über die Garn- und Stoffherstellung sowie die Veredelung der Textilien bis zur Konfektionierung ist die Produktion über hunderttausende Unternehmen mit vielen Millionen Beschäftigten und fast alle Länder verteilt.
Mit dem Ende des Welttextilabkommens im Jahr 2005 wurde der globale Textil- und Bekleidungshandel weitgehend liberalisiert, was zu einer massiven Verlagerung der Produktion nach China und in andere asiatische Länder führte. China

war kurz zuvor der Welthandelsorganisation beigetreten und profitierte nun von der Liberalisierung (Ferenschild & Schniewind 2016, 15). Innerhalb von zwei Jahrzehnten vervierfachte China seinen 10%-Anteil (2000) an den weltweiten Textilexporten auf mehr als 43% (2020). Und im Bekleidungsexport steigerte China seine Marktanteile von rund 18% (2000) auf knapp 32% (2020) (WTO 2021, Table A22+23).[1] Die Vorteile des Standorts China liegen vor allem darin, dass alle textilen Verarbeitungsstufen im Land vorhanden sind, China über eine gute Infrastruktur verfügt und trotz steigender Lohnkosten durch hohe Effizienz wettbewerbsfähig bleibt. Diese »Attraktivität« Chinas für internationale Auftraggeber hält im Textilbereich bis heute an. Im Bekleidungsbereich ist China zwar ebenfalls nach wie vor dominierend, allerdings gewinnen andere asiatische Produktionsländer wie Bangladesch, Pakistan, Indien, Vietnam, Indonesien oder Kambodscha seit Jahren an Bedeutung. Die Textil- und Bekleidungsindustrie dieser asiatischen Länder inklusive Chinas ist untereinander über den Handel mit textilen Vorprodukten und Investitionen eng verwoben und bildet das bedeutendste Produktionsnetzwerk der Welt. Daneben entstanden in den letzten Jahren regionale Produktionsnetzwerke in Mittelamerika, die primär den nordamerikanischen Markt beliefern, sowie in Süd-Ost-Europa und Nordafrika mit vorrangiger Ausrichtung auf den europäischen Markt.

Doch nicht nur asiatische Produzenten haben von der Liberalisierung profitiert. Vor allem die Marken- und Handelsunternehmen in den wichtigen Absatzmärkten Europa, Japan und Nordamerika sind deren Nutznießerinnen. Sie konnten in den letzten Jahren ihre Aufträge relativ frei weltweit platzieren. Durch ihre Kenntnis der Absatzmärkte und ihre Marktmacht dominieren sie die textile Wertschöpfungskette. Lange sprach man deshalb von einer »buyer-driven-chain«, einer Käufer-gesteuerten Wertschöpfungskette, in der die Marken- und Handelsunternehmen die Macht haben, Preise (und Lieferzeiten) zu diktieren, die sogar unter den Produktionskosten liegen können. Dieser Kostendruck führt wiederum bei den Zulieferbetrieben zu Löhnen unterhalb der gesetzlichen Mindestlohnhöhe sowie weiteren Arbeitsrechtsverletzungen (Dicken 2003, 339; Anner 2018, 2 und 4). Zwar sind mittlerweile in etlichen Produktionsländern große, vertikal integrierte Zulieferbetriebe entstanden, die alle Verarbeitungsschritte unter einem Firmendach vereinen und zum Teil auch die Rohstoffe selbst produzieren, beispielsweise die chinesische Esquel-Group (Esquel-Group 2022). Und außerdem stehen Zulieferbetrieben heutzutage auch Alternativen zu den klassischen Märkten EU, USA und Japan, die im Jahr 2020 immer noch 42% aller Textilien und knapp 60% aller Bekleidung importieren (WTO 2021, Table A22+23), zur Verfügung, zum Beispiel der wachsende chinesische Binnenmarkt. Dennoch besteht aufgrund der anhaltenden Bedeutung der großen Absatzmärk-

1 Letzteres entspricht allerdings einem Minus von 5% gegenüber dem Jahr 2010.

te in den Industrieländern die Machtasymmetrie zwischen Auftraggeber:innen und Zulieferbetrieben weiterhin.
Eine Folge der Machtasymmetrie und des Preisdrucks, unter dem die Zulieferbetriebe stehen, sind arbeitsrechtliche Risiken, die immer noch zu erheblichen Verletzungen von Grundrechten bei der Arbeit in nahezu allen Produktionsländern führen. Ob es um die Verhinderung von Vereinigungsfreiheit, Diskriminierung aufgrund des Geschlechts, Zwangs- und Kinderarbeit, Unterschreitung von Mindestlöhnen, Arbeitszeiten weit über das in nationalen Gesetzen erlaubte Maß hinaus oder das Arbeiten unter unsicheren und ungesunden Bedingungen geht – über die prekären Arbeitsbedingungen in der Textil- und Bekleidungsindustrie inklusive der Baumwollproduktion ist viel berichtet worden (Oxfam Australia 2019; European Parliament 2014; Ferenschild & Katiyar 2015; Ferenschild 2018). Gemeinsam mit den o. g. Katastrophen hat diese anhaltende öffentliche Aufmerksamkeit für Arbeitsrechtsverletzungen in der textilen Lieferkette zu vielfältigen Initiativen geführt, mehr Nachhaltigkeit in die textile Kette zu bringen.

3. Der Nachhaltigkeitsdiskurs

Parallel zur Liberalisierung im Welttextil- und Bekleidungshandel entfaltete sich eine globale Debatte zur Umsetzung von Menschenrechten in globalen Lieferketten auch auf internationaler Ebene, an der Akteursgruppen aus Staat, Wirtschaft und Zivilgesellschaft beteiligt sind. Ein erster Meilenstein wurde mit der Verabschiedung der UN-Leitprinzipien für Wirtschaft und Menschenrechte im Jahr 2011 gelegt. Diese Leitprinzipien formulieren die menschenrechtliche Schutzpflicht der Staaten und eine Pflicht der Unternehmen, Menschenrechte zu respektieren, ihrer Verletzung vorzubeugen und für den Fall, dass sie eingetreten ist, Wiedergutmachung zu leisten (Hamm 2016, 479ff.).[2]
Was die Erfüllung der von den Vereinten Nationen eingeforderten menschenrechtsbezogenen Sorgfaltspflichten von Unternehmen für Textil- und Bekleidungsunternehmen bedeutet, hat die OECD in einem Leitfaden festgehalten (OECD 2020), der mittlerweile breite Akzeptanz gefunden hat. Als menschenrechtliche und umweltbezogene Branchenrisiken identifiziert dieser Leitfaden in seiner aktuellen Fassung 1. Kinderarbeit, 2. Sexuelle Belästigung sowie sexuelle und geschlechtsspezifische Gewalt am Arbeitsplatz, 3. Zwangsarbeit, 4. Arbeitszeit, 5. Sicherheit und Gesundheitsschutz am Arbeitsplatz, 6. Gewerkschaften

2 Kritisch merkt Hamm (2016, 493) an, dass die Verabschiedung von Leitprinzipien anstelle eines verbindlichen UN-Vertrags die »Diskurshoheit des Privatsektors« widerspiegele.

und Tarifverhandlungen, 7. Löhne, 8. Gefährliche Chemikalien, 9. Wasser, 10. Treibhausgasemissionen, 11. Bestechung und Korruption sowie 12. Verantwortungsvolles Verhalten gegenüber Heimarbeiter:innen.
Um diesen Branchenrisiken zu begegnen, müssen Unternehmen – so die Empfehlung der OECD, aufbauend auf den Vorgaben der UN-Leitprinzipien – Sorgfaltspflichten in ihre Unternehmensstrategien und ihre Managementsysteme integrieren. Sie müssen die Risiken in ihrer gesamten Lieferkette analysieren und Schäden, die aus ihrer Geschäftstätigkeit resultieren »abstellen, verhüten oder mindern« (OECD 2020, 65), die Wirksamkeit der getroffenen Maßnahmen nachverfolgen, bei eingetretenen Schäden Wiedergutmachung leisten und transparent über ihre Risiken und deren Minimierung berichten.
Der OECD-Logik folgt auch das deutsche Lieferkettensorgfaltspflichtengesetz, auch wenn es hier einige Abweichungen bezüglich der berücksichtigten Risiken gibt. Es formuliert erstmals gesetzliche Anforderungen an die unternehmerische Sorgfalt (BMZ 2020), reicht also über das Level von Empfehlungen und freiwilliger Unternehmensverantwortung hinaus. Auch die Europäische Kommission hat im Februar 2022 einen Entwurf für eine rechtlich verbindliche Sorgfaltspflichten-Richtlinie vorgelegt, die in den kommenden Jahren einen EU-weiten rechtlichen Rahmen schaffen soll (Europäische Kommission 2022).
Nicht auf gesetzlicher Ebene angesiedelt, aber ebenfalls ein rechtlich verbindliches Instrument, war schon der 2013 unterzeichnete »Accord on Fire and Building Safety in Bangladesh«, der sog. Bangladesch-Accord, dessen Vorsitz die ILO hatte und dem sich mehr als 200 Bekleidungsunternehmen, Händler und Importeure zusammen mit den zwei internationalen Gewerkschaftsverbänden IndustriAll und UNI anschlossen. Vertraglich festgelegtes Ziel dieser Multi-Stakeholder-Initiative (im Folgenden MSI) war die Erhöhung der Sicherheit der Exportfabriken in Bangladesch. Allerdings wurde die Laufzeit des Accords auf fünf Jahre begrenzt und er konzentrierte sich mit der Gebäudesicherheit lediglich auf eins der vielen menschenrechtlichen Risiken in der Bekleidungsindustrie Bangladeschs. Aber er beinhaltete einen Artikel, der heute so aktuell ist wie zuvor: Artikel 22 des Accords hält fest, dass die teilnehmenden internationalen Bekleidungsmarken und -händler Geschäftsbedingungen mit den Zulieferbetrieben aushandeln, die diesen die finanziellen Möglichkeiten zur Verbesserung der Fabriksicherheit verschaffen (Anner 2018, 9). Wie wichtig für die Umsetzung besserer Arbeitsbedingungen die Einkaufspreise der Auftraggeber sind, zeigt die anhaltende Kritik von Zulieferbetrieben, dass die Anforderungen der internationalen Auftraggeber:innen an die soziale und ökologische Nachhaltigkeit der Produktion zwar steigen, die Preise aber nicht entsprechend mitsteigen oder sogar sinken – wie das Beispiel Bangladesch zeigt, wo die Preise, die die Auftraggeber den Zulieferbetrieben zahlten, zwischen 2013 und 2018 um 13 % sanken (ebd., 2). Der Preisdruck, dem Zulieferbetriebe unterliegen, drückt

sich in Preisen ohne Inflationsausgleich, der Formulierung von Zielpreisen durch die Auftraggeber:innen nach dem Motto »take it or leave it«, aber jüngst auch durch nachträgliche Preisverhandlungen in der Zeit der pandemiebedingten Lockdowns aus (Scheper 2020, 4). Die Massenentlassungen und nicht gezahlten Löhne, die die Textilarbeiter:innen weltweit in der Pandemie trafen, zeigten wie durch ein »Brennglas (…), dass die Rechte von Arbeiter:innen in textilen Lieferketten weltweit mangelhaft geschützt sind« (ebd., 23) – trotz jahrzehntelanger Nachhaltigkeitsdebatte.
Zahlreiche MSI wie die Ethical Trading Initiative, die Fair Wear Foundation (siehe Exkurs) oder das Bündnis für nachhaltige Textilien (Textilbündnis) beschäftigen sich deshalb heute mit der Rolle der Einkaufspraktiken für die Umsetzung von existenzsichernden Löhnen und weiterer Arbeitsrechte. Sie haben im Juni 2022 einen Gemeinsamen Rahmen für verantwortungsvolle Einkaufspraktiken (Common Framework on Responsible Purchasing Practices) veröffentlicht, der Empfehlungen für menschenrechtskompatible Geschäftsbeziehungen gibt. Einkaufspraktiken, die Preise unterhalb der Produktionskosten, kurzfristige Bestelländerungen oder verspätete Zahlungen beinhalten, sollen laut Common Framework der Vergangenheit angehören. Wie weit diese Empfehlungen tragen, an deren Umsetzung die Mitgliedsunternehmen der beteiligten MSI freiwillig teilnehmen können, d. h. nicht verbindlich teilnehmen müssen, ist derzeit offen (Bündnis für nachhaltige Textilien 2022a).

Exkurs: Fair Wear Foundation:
Ideengeber und Ergänzung für gesetzliche Sorgfaltspflichten

Die Fair Wear Foundation (FWF), gegründet 1999 als gemeinnützige Stiftung, ist eine echte Multi-Stakeholder-Initiative (MSI), die Textilmarken- und Produktionsunternehmen, Gewerkschaften, Nichtregierungsorganisationen sowie andere Akteure zusammenbringt. Ihr Sitz ist in Amsterdam. Mit Stand vom Oktober 2022 sind 150 Textilmarkenunternehmen Mitglied bei der FWF.
Die Vision der FWF ist eine Welt, in der die Menschenrechte der Textilarbeiter:innen geschützt werden und durch uneingeschränkte Vereinigungsfreiheit ein Wandel vorangetrieben wird, damit in globalen Wertschöpfungsketten sichere, würdige und angemessen bezahlte Arbeitsplätze gewährleistet werden.
Die größte Herausforderung, diese Vision zu verwirklichen, ist die Überwindung der Machtungleichgewichte in der Textilbranche zwischen Arbeitnehmer:innen und Unternehmensleitungen, aber auch zwischen Textilmarken und Textilproduzenten. Es geht der FWF um ein Handeln auf Augenhöhe zwischen den Akteuren und um die gemeinsame Verantwortung für die Einhaltung sozialer Standards in der globalen Textilwirtschaft. Die Textilmarkenunternehmen tragen dabei wegen ihres maßgeblichen Einflusses auf die Produzenten und Zulieferer

eine herausgehobene Verantwortung. Als Schlüssel für die Verbesserung von Arbeitsbedingungen und Löhnen ist also besonders der soziale Dialog zwischen der kollektiven Arbeitnehmervertretung und den Arbeitgeber:innen hervorzuheben.
Die Arbeit der FWF ist zum einen regelbasiert und besteht im Kern aus acht Arbeitsnormen, die über die ILO-Kernarbeitsnormen hinausgehen. Zum anderen verfolgt sie den risikobasierten Ansatz der OECD-Leitlinien zur Sorgfaltspflicht für verantwortungsvolle Lieferketten in der Bekleidungs- und Schuhbranche.
Die FWF ist Pionierin auf dem Feld, die Wirksamkeit ihrer eigenen Arbeit zu prüfen und öffentlich zu machen. Mit dem »Brands-Performance-Check« untersucht die FWF die Einhaltung sozialer Standards und deren Integration in die Kerngeschäftspraktiken der Mitgliedsunternehmen und bewertet, inwiefern die Management- und Einkaufspraktiken der Marke dem vorgegebenen Arbeitsverhaltenskodex der FWF entsprechen. Das Ganze wird abgerundet durch einen ausgefeilten und vorbildlichen Beschwerdemechanismus für Betroffene von Rechtsverletzungen in Textilfabriken.
Die FWF inspirierte andere MSI wie das deutsche Textilbündnis, mit dem es eng kooperiert. Sowohl der Brands-Performance-Check wie auch der Review-Prozess des Textilbündnisses können als Ideengeber für die Autor:innen des Lieferkettengesetzes angesehen werden. Trotz gesetzlicher Regulierung werden Initiativen wie die FWF aber weiterhin gebraucht, um ihre Vision druckvoll zum Erfolg zu bringen.

Frank Zach

Für die genannten Leitlinien, Gesetze und Initiativen ist die Schaffung von Nachverfolgbarkeit und Transparenz in der Lieferkette der Marken- und Handelsunternehmen von großer Bedeutung. Das unternehmensinterne Wissen, woher welcher Rohstoff kommt und wo welcher Produktionsschritt stattgefunden hat, ermöglicht es Unternehmen, ihren Berichtspflichten nachkommen zu können. Transparenz nach außen wiederum ist ein wichtiges Instrument, mit dem Unternehmen Glaubwürdigkeit gegenüber der Öffentlichkeit und den Verbraucher:innen in Bezug auf ihre Nachhaltigkeit gewinnen können (Bündnis für nachhaltige Textilien 2022b; KPMG 2021, 4). Eine KPMG-Studie hält Lieferkettentransparenz sogar für »one of the key drivers of change in the global apparel industry over the coming decade« (KPMG 2021, 6).
Die dargestellten, vielfältigen Entwicklungen im Nachhaltigkeitsdiskurs haben bereits heute dazu geführt, dass sich viele Marken- und Handelsunternehmen mit ihrer Lieferkette und den inhärenten Risiken beschäftigen, dass mehr Unternehmen Nachhaltigkeitsstandards nutzen, um Risiken zu minimieren, und auch

mehr Unternehmen ihre Lieferkette transparent darstellen (auch wenn es immer noch die Minderheit ist). Aber verändern sich als eine Konsequenz aus ihrer Nachhaltigkeitspolitik auch ihre Standortentscheidungen?

4. Sourcing-Strategien im Textilsektor

Eine aktuelle Umfrage unter US-Modeunternehmen zeigt, dass steigende Kosten, Lieferverzögerungen bzw. -unterbrechungen sowie Inflation als die drei TOP-Herausforderungen der Branche angesehen werden (United States Fashion Industry Association 2022, 1). Es ist also zu erwarten, dass der Preisdruck auf die Zulieferbetriebe auch zukünftig anhalten und wenig Spielraum für bessere Arbeitsbedingungen eröffnen wird.

Als neue Herausforderung rangiert auf Platz 4 der Befragung allerdings das Risiko von Zwangsarbeit in der Lieferkette. Diese Herausforderung, der die Unternehmen auf dem US-Markt durch eine bessere Nachverfolgbarkeit und mehr Transparenz in ihrer eigenen Lieferkette begegnen wollen, hängt unmittelbar mit dem Uyghur Forced Labor Prevention Act zusammen, der den Import von Waren, die ganz oder in Teilen aus der chinesischen Autonomen Region Xinjiang stammen, verbietet (U.S. Customs and Border Protection 2022). Grund für dieses Verbot ist das in Xinjiang herrschende staatliche Zwangsarbeitssystem, von dem alle Produktionsbereiche vor Ort betroffen sein können. Da ca. 85 % der chinesischen Baumwolle aus Xinjiang kommen, versuchen viele internationale Unternehmen, nicht nur aus den USA, chinesische Baumwolle zu meiden. Damit wollen sie dem Risiko entgehen, dass ihre Produkte nicht im US-amerikanischen Markt verkauft werden dürfen. Eine Konsequenz ist, dass sich im Laufe des letzten Jahres der Verkauf von Baumwolle aus Xinjiang mehr als halbiert hat (Chua 2022).

Die wachsenden Risiken beim Sourcing in China führten dazu, dass die US-Importe von Textilien aus anderen asiatischen Ländern deutlich gestiegen sind – auch wenn mehr US-amerikanische Unternehmen, u. a. Walmart, darüber nachdenken, ihre Produkte in größerer Nähe zum US-Markt einzukaufen. Dass aber die US-Bekleidungsimporte aus den fünf wichtigsten Nachbarländern der USA weniger als die Hälfte der US-Bekleidungsimporte aus China ausmachen, macht die Grenzen der Abkehr von China und dem asiatischen Produktionsnetzwerk deutlich (McKinsey Apparel, Fashion & Luxury Group 2018, 12).

Bei Überlegungen zum »near-shoring« spielen bei vielen Unternehmen soziale und umweltbezogene Nachhaltigkeitsaspekte, z. B. ein reduzierter CO_2-Fußabdruck, eine große Rolle (Kearney 2022, 2 und 7). Doch bisher wirken sich diese Überlegungen noch nicht so aus, dass das asiatische Produktionsnetzwerk, in das China eng eingebunden ist, schwächer würde. Vielmehr finden faktisch eher Verlagerungen und Konsolidierungen innerhalb der Länder des asiatischen Netzwerks statt. Ob die von Unternehmensberatungen wie McKinsey prognostizierte Zukunft von »nearshoring and automation« (McKinsey Apparel, Fashion & Luxury Group 2018, 4) in der Textil- und Bekleidungsindustrie angesichts der enormen asiatischen Produktionskapazitäten, der dort immer noch überwiegend niedrigen Löhne und der großen Zahl an verfügbaren Arbeitskräften in naher Zukunft Realität wird, scheint deshalb fraglich. Withfield & Altenburg (2020) gehen davon aus, dass die manuelle Produktion im Vergleich zu automatisierter Produktion besonders in der Konfektionierung für die nächsten 15–20 Jahre noch wettbewerbsfähig sein wird. Dies wird zeitnahe größere geographische Veränderungen in der globalen Textilkette verhindern bzw. verzögern. Wer außerdem Automatisierung und eine regionale Verlagerung der Zulieferer in das nähere US-amerikanische oder europäische Umfeld als »nachhaltiger« begrüßt, sollte die vermutlich verheerenden Implikationen vor allem für Arbeiterinnen in den asiatischen Produktionsländern bedenken, die ihr Einkommen, ihre Chance auf Beschäftigung in der Industrie und ihre durch die Berufstätigkeit gestiegene gesellschaftliche Wertschätzung verlieren würden (Tejani & Fukuda-Parr 2021, 9ff.).

5. Ausblick

Auch wenn es keine vollständige Abkehr von Asien als Sourcing-Region geben wird, so könnten mit den in den letzten Jahren steigenden Transport- und Lohnkosten das Near-Shoring und auch die Automatisierung an Boden gewinnen. Längst sind innerhalb der EU und in ihrer Nähe Niedriglohnländer mit einer starken Bekleidungsindustrie (und problematischen Arbeitsbedingungen!) entstanden, die zum Teil niedrigere Lohnkosten als asiatische Länder und zusätzlich den Vorteil geographischer Nähe, also geringer Transportkosten und kurzer Lieferzeiten, haben. Doch noch ist der Zeitpunkt nicht absehbar, an dem die vorhandenen Kapazitäten in EU-Nachbarschaft das asiatische Produktionsnetzwerk abgelöst haben könnten.

Was ist im Hinblick auf Standortentscheidungen von Unternehmen vom deutschen Lieferkettensorgfaltspflichtengesetz (LkSG) zu erwarten? Das LkSG erhebt zwar nicht den Anspruch Standortentscheidungen von Unternehmen zu beeinflussen. Doch kann es durch die verpflichtende Risikoberichterstattung für große Unternehmen dazu führen, dass diese ihre Lieferketten konsolidieren, stärker auf langfristige Geschäftsbeziehungen und den Aufbau strategischer Zulieferer setzen, um so Nachhaltigkeitsrisiken zu minimieren. Diese Schritte sind Unter-

nehmen wie Adidas, die schon lange im Fokus der öffentlichen Aufmerksamkeit in Bezug auf ihre Nachhaltigkeitspolitik stehen, schon vor längerem gegangen (Adidas Salomon 2001, 27; Adidas 2022, 37). Doch garantiert diese Risikominimierung durch Konsolidierung der Lieferkette nicht automatisch die Einhaltung von Menschenrechten auf Fabrikebene – wie Verstöße gegen Arbeitsrechte bei Adidas-Zulieferern bis in die jüngere Zeit zeigen (Robertson 2022). Außerdem kann die Trennung von risikobehafteten Zulieferern das eigene menschenrechtliche Risiko als Auftraggeber:in zwar reduzieren, doch müsste dies in jedem Fall im Rahmen von »responsible exit«-Strategien erfolgen, die zusätzliche Schäden für die Beschäftigten des Zulieferers durch den Auftragsentzug minimieren (Bündnis für nachhaltige Textilien 2021).
Es ist auch zu erwarten, dass Unternehmen, die dem LkSG unterliegen, künftig eine sorgfältigere Auswahl von neuen Zulieferbetrieben durchführen, bei der bereits vor dem ersten Vertragsabschluss eine Prüfung auf menschenrechtliche Risiken erfolgt. Inwiefern sich das aber auf eine tatsächliche Anpassung von Standortentscheidungen durch die Unternehmen auswirken wird, ist offen. Angesichts der derzeit dominierenden Lieferketten mit Fokus auf Asien kann man jedenfalls nicht davon ausgehen, dass das LkSG in naher Zukunft der entscheidende Grund für ein überwiegendes Sourcen im näheren Umfeld Europas wäre. Wichtiger für eine solche Umorientierung könnten weiter steigende Transportkosten, wachsende Instabilität der asiatischen Lieferketten und ein Übergreifen des »friend-shoring« im Sinne des »Einkaufen bei Freund:innen« (Maihold 2022, 1) auf textile Beschaffungsketten werden.

6. Quellenangaben

Adidas (2022). Annual Report 2021. Abgerufen am 28.7.2022, *https://www.annualreports.com/HostedData/AnnualReports/PDF/OTC_ADDDF_2021.pdf.*

Adidas Salomon (2001). Annual Report 2000. Abgerufen am 28.7.2022, *https://www.annualreports.com/HostedData/AnnualReportArchive/a/OTC_ADDDF_2000.pdf.*

Anner, M. (2018). Binding Power: The Sourcing Squeeze, Workers' Rights, and Building Safety in Bangladesh Since Rana Plaza. Abgerufen am 28.7.2022, *https://www.wiwiss.fu-berlin.de/forschung/Garments/Medien/2018-Anner-Research-Report-Binding-Power.pdf.*

Bundesministerium für wirtschaftliche Zusammenarbeit und Entwicklung (BMZ) (2020). Das Lieferkettengesetz. Abgerufen am 27.7.2022, *https://www.bmz.de/de/entwicklungspolitik/lieferkettengesetz.*

Bündnis für nachhaltige Textilien (2021). »Responsible Exit« – Geschäftsbeziehungen verantwortungsvoll beenden. Abgerufen am 5.8.2022, *https://www.textilbuendnis.com/en/download/leitfaden-responsible-exit-2021/?wpdmdl=35617&ind=1621346133822.*

Bündnis für nachhaltige Textilien (2022a). CFRPP: Ein Referenzrahmen für verantwortungsvolle Einkaufspraktiken. Abgerufen am 28.7.2022, *https://www.textilbuendnis.com/cfrpp-launch/.*

Bündnis für nachhaltige Textilien (2022b). Die eigene Lieferkette kennen und nachhaltig gestalten. Abgerufen am 29.7.2022, *https://www.textilbuendnis.com/lieferkettentransparenz/.*

Bundeszentrale für politische Bildung (2018). Vor fünf Jahren: Textilfabrik Rana Plaza in Bangladesch eingestürzt. Abgerufen am 25.7.2022, *https://www.bpb.de/kurz-knapp/hintergrund-aktuell/268127/vor-fuenf-jahren-textilfabrik-rana-plaza-in-bangladesch-eingestuerzt/.*

Clean Clothes Campaign (CCC) (o.J.). Justice for the Ali Enterprises Victims. Abgerufen am 25.7.2022, *https://cleanclothes.org/campaigns/past/ali-enterprises.*

Chua, J. M. (2022). Muji Refuses to Quit Xinjiang Cotton. Is Forced-Labor Fashion Slipping Past Customs? Abgerufen am 28.7.2022, *https://sourcingjournal.com/topics/labor/muji-xinjiang-cotton-forced-labor-japan-singapore-adrian-zenz-cbp-uyghur-356740/.*

Dicken, Peter (2003). Global Shift. Reshaping the Global Economic Map in the 21st Century, London-Thousand Oaks-New Delhi. *https://sourcingjournal.com/topics/labor/muji-xinjiang-cotton-forced-labor-japan-singapore-adrian-zenz-cbp-uyghur-356740/.*

Esquel-Group (2022). From Seed to Shirt. Abgerufen am 27.7.2022, *https://www.esquel.com/from-seed-to-shirt.*

Europäische Kommission (2022). Vorschlag für eine RICHTLINIE DES EUROPÄISCHEN PARLAMENTS UND DES RATES über die Sorgfaltspflichten von Unternehmen im Hinblick auf Nachhaltigkeit und zur Änderung der Richtlinie (EU) 2019/1937. Abgerufen am 29.7.2022, *https://eur-lex.europa.eu/resource.html?uri=cellar:bc4dcea4-9584-11ec-b4e4-01aa75ed71a1.0007.02/DOC_1&format=PDF.*

European Parliament (2014). Workers' conditions in the textile and clothing sector: just an Asian affair? Issues at stake after the Rana Plaza tragedy. Abgerufen am 27.7.2022, *https://www.europarl.europa.eu/EPRS/140841REV1-Workers-conditions-in-the-textile-and-clothing-sector-just-an-Asian-affair-FINAL.pdf.*

Ferenschild, S. (2018). »Flinke Finger«. Kinderarbeit auf indischen Baumwollsaatgutfeldern. Abgerufen am 27.7.2022, *https://suedwind-institut.de/files/Suedwind/Publikationen/2018/2018-18 %20Flinke%20Finger.%20Kinderarbeit%20auf%20indischen%20Baumwollsaatgutfeldern.pdf.*

Ferenschild, S. & Katiyar, S. (2015). Harte Arbeit für weiche Fasern. Arbeitsrechtsverletzungen in indischen Entkernungsfabriken. Abgerufen am 27.2.2022, *https://suedwind-institut.de/files/Suedwind/Publikationen/2015/2015-12%20Harte%20Arbeit%20fuer%20weiche%20Fasern.pdf.*

Ferenschild, S. & Schniewind, J. (2016). Folgen des Freihandels. Das Ende des Welttextilabkommens und die Auswirkungen auf die Beschäftigten. Abgerufen am 1.11.2022, *https://suedwind-institut.de/files/Suedwind/Publikationen/2016/2016-03%20Folgen%20des%20Freihandels.%20Das%20Ende%20des%20Welttextilabkommens%20und%20die%20Auswirkungen%20auf%20die%20Beschaeftigten.pdf.*

Hamm, B. (2016). Die UN-Leitprinzipien für Wirtschaft und Menschenrechte. Auswirkungen auf das Menschenrechtsregime. Kritische Justiz, 49 (4), 479–495. Abgerufen am 5.1.2023, *https://www.jstor.org/stable/44078382.*

Kampagne für Saubere Kleidung (o.J.). Tazreen. Abgerufen am 25.7.2022, *https://saubere-kleidung.de/aktuelles/tazreen/.*

Kearney (2022). The Tides are turning. The 2021 Reshoring Index. Abgerufen am 22.7.2022, *https://info.kearney.com/5/6628/uploads/the-tides-are-turning-the-2021-reshoring-index.pdf?intIaContactId=6gcBtB6wG4%2fqwbfVVooQqg%3d%3d&intExternalSystemId=1.*

KPMG (2021). Moving the needle. Threading a sustainable future for apparel. Abgerufen am 29.7.2022, *https://assets.kpmg/content/dam/kpmg/cn/pdf/en/2021/11/moving-the-needle.pdf.*

Maihold, G. (2022). Die neue Geopolitik der Lieferketten. »Friend-shoring« als Zielvorgabe für den Umbau von Lieferketten. SWP-Aktuell, 45, 1–8. Abgerufen am 29.7.2022, *https://www.swp-berlin.org/publications/products/aktuell/2022A45_geopolitik_lieferketten.pdf.*

McKinsey Apparel, Fashion & Luxury Group (2018). Is apparel coming home? Nearshoring, automation, and sustainability – establishing a demand-focused apparel value chain. Abgerufen am 28.7.2022, *https://www.mckinsey.com/~/media/mckinsey/industries/retail/our%20insights/is%20apparel%20manufacturing%20coming%20home/is-apparel-manufacturing-coming-home_vf.pdf.*

OECD (2020). OECD-Leitfaden für die Erfüllung der Sorgfaltspflicht zur Förderung verantwortungsvoller Lieferketten in der Bekleidungs- und Schuhwarenindustrie, OECD Publishing Paris. Abgerufen am 5.1.2023, *https://doi.org/10.1787/9789264304536-de.*

Oxfam Australia (2019). Made in Poverty. The true Price of Fashion. Abgerufen am 28.7.2022, *https://www.oxfam.org.au/wp-content/uploads/2021/11/Made-in-Poverty-the-True-Price-of-Fashion-Oxfam-Australia.pdf.*

Robertson, J. (2022). How Ethical is Adidas? Abgerufen am 3.8.2022, *https://goodonyou.eco/adidas-ethical/.*

Scheper, C. (2020). Synthesebericht: Auswirkungen von Covid-19 auf die Textilindustrie. Abgerufen am 28.7.2022, *https://www.suedwind-institut.de/files/Suedwind/Publikationen/2020/2020-31%20SYNTHESEBERICHT%20Auswirkungen%20von%20COVID-19%20auf%20die%20Textilindustrie.pdf.*

Stichting Onderzoek Multinationale Ondernemingen (SOMO) & Clean Clothes Campaign (CCC) (2013). Fatal Fashion. Analysis of recent factory fires in Pakistan and Bangladesh: A call to protect and respect garment workers' lives. Abgerufen am 25.7.2022, *https://cleanclothes.org/file-repository/resources-publications-fatal-fashion.pdf.*

Tejani, S. & Fukuda-Parr, N. (2021). Gender and Covid-19: Workers in global value chains. Abgerufen am 5.8.2022, *https://www.researchgate.net/profile/Sheba-Tejani/publication/350386846_Gender_and_Covid-19_Workers_in_global_value_chains_Gender_and_Covid-19_Workers_in_global_value_chains/links/605cebc2299bf173676ba547/Gender-and-Covid-19-Workers-in-global-value-chains-Gen*der-and-Covid-19-Workers-in-global-value-chains.pdf.

Terwindt, C., & Saage-Maass, M. (2016). Liability of Social Auditors in the Textile Industry (FES, International Policy Analysis). Abgerufen am 25.7.2022, *https://library.fes.de/pdf-files/iez/13041.pdf.*

U.S. Customs and Border Protection (2022). Uyghur Forced Labor Prevention Act. Abgerufen am 28.7.2022, *https://www.cbp.gov/trade/forced-labor/UFLPA.*

United States Fashion Industry Association (2022). 2022 Fashion Industry Benchmarking Study. Abgerufen am 28.7.2022, *https://www.usfashionindustry.com/pdf_files/2022/Benchmarking/2022%20USFIA%20Benchmarking%20Study.pdf.*

Withfield, L., & Altenburg, T. (2020). Automation versus relocation in clothing global value chains: Will investments shift from China to Africa at a big scale? Abgerufen am 29.7.2022, *https://www.sustainablesupplychains.org/automation-versus-relocation-in-clothing-global-value-chains-will-investments-shift-from-china-to-africa-at-a-big-scale/.*

World Trade Organization (WTO) (2021). World Trade Statistical Review 2021. Abgerufen am 22.7.2022, *https://www.wto.org/english/res_e/statis_e/wts2021_e/wts2021_e.pdf.*

Anne-Katrin Göbel

Die Zukunft der textilen Produktion – Trends einer nachhaltigen Entwicklung

Take-Aways:

→ Die deutsche Textilindustrie stellt Hightech-Materialien und Produkte für eine Vielzahl ganz spezieller Anwendungen her. Äußere Rahmenbedingungen wie steigende Energiepreise gefährden jedoch die wettbewerbsfähige Produktion in Deutschland.

→ Deutschland als Textilstandort mit hochangesehenen Forschungs- und Bildungseinrichtungen hat die Fähigkeiten, Vorreiter in Sachen Nachhaltigkeit und Kreislaufwirtschaft zu sein. Jetzt geht es darum, auch die Kundschaft für neue nachhaltige Geschäftsmodelle zu begeistern.

→ Faire Umwelt- und Sozialstandards gehören zur DNA der deutschen Textil- und Modeindustrie, sowohl mit einer gelebten Sozialpartnerschaft in Deutschland als auch in verantwortungsvollen globalen Geschäftsbeziehungen. Für die politischen Rahmenbedingungen in Produktionsländern können deutsche Unternehmen aber nicht in die Verantwortung genommen werden.

→ Der soziale Dialog ist wichtiger denn je, damit sich die europäische Textil- und Bekleidungsindustrie weiter nachhaltig und digital aufstellen kann. Qualität und Nachhaltigkeit werden sich nur durchsetzen können, wenn verantwortungsbewusste Hersteller auf dem hart umkämpften globalen Markt wettbewerbsfähig sind. Dafür braucht es endlich die nötige Wertschätzung durch die politischen Akteure.

Inhalt

1. Einleitung

Die deutsche Textil- und Modeindustrie ist vielfältig: Unterschiedlichste Produkte aus verschiedensten Materialen werden von Unternehmen aller Größen und Geschäftsmodelle gefertigt. Vom Start-Up-Unternehmen bis zum klein- und mittelständischen Unternehmen (KMU), vom familiengeführten Traditionsunternehmen bis zum Hightech-Textilspezialisten – all dies ist die Textil- und Modeindustrie.

Textilien sind intelligent. Ob Windräder, Filteranlagen, energiesparende Hausfassaden – für all diese klimafreundlichen Technologien braucht es Textilien. Das mag nicht direkt ersichtlich sein, allerdings dreht sich kein Windrad ohne textile Verstärkung der Rotorblätter und auch Filteranlagen benötigen Textilfasern, um Wasser und Luft von Schadstoffen zu befreien. Der sogenannte Textilbeton hat bereits für ein gesteigertes Interesse an funktionellen Textilien beim Bau gesorgt. Technische Textilien für Fahrzeuginnenräume sind ebenfalls ein großes Thema. Airbags, Sicherheitsgurte und andere textile Flächengewebe gehören zum Standard. Der Bedarf an textilen Artikeln im Gesundheitsbereich ist enorm. Das Spektrum technischer Textilien reicht hier von Basismaterial wie Bandagen, Pflaster, Verbänden, Stents zur Gefäßerweiterung und Gefäßschläuchen aus Polyester bis hin zu Therapiehilfen und intelligenten Textilien (sogenannten Smart Textiles), die über integrierte Funktionen zur Kommunikation oder zum Datenaustausch verfügen. Darunter versteht man Textilien, die durch Integration von Informationstechnologie »intelligent« gemacht werden: Sie reagieren auf Veränderungen und passen sich an diese an. Diese Textilien enthalten Sensoren, mit denen Umweltveränderungen wahrgenommen werden, sie tauschen Daten z. B. mit Handy-Apps oder der Cloud aus und sie verfügen in manchen Fällen über Aktuatoren, die eine gewünschte Veränderung des Textils bewirken. Ein Beispiel ist etwa ein T-Shirt, das Puls, Atem- und Herzfrequenz sowie Geodaten registriert, ohne irgendein zusätzliches Gerät, etwa eine Smart Watch oder einen Brustgurt, zu benötigen; das kann beispielsweise für Sport oder für den Arbeitsschutz sehr wichtig sein (Forschungskuratorium textil 2020, 48–54).

Deutschlands Textilsektor verfügt über eine gute Ausgangssituation im internationalen Wettbewerb (ebd., 16). Mit einer dichten und eng vernetzten Landschaft universitärer und außeruniversitärer Forschungseinrichtungen gehört Deutschland zu den führenden textilen Innovationsstandorten.

Dennoch steht die Branche vor einem erheblichen Anpassungsdruck: Weltweite Krisen- und Kriege, unbeständige Lieferketten, explodierende Energie- und Stromkosten und steigende regulatorische Anforderungen des nationalen und europäischen Gesetzgebers stellen Textilhersteller vor große Herausforderungen. Globalisierung, Digitalisierung und die Reduzierung der CO_2-Emissionen führen zu immer schnelleren Veränderungen für die Wirtschaft und

bei den Kund:innen. Vom Rohstoff über die Verarbeitung bis hin zur Kundenbeziehung – alle Bereiche sind von einem tiefgreifenden Wandel geprägt. Neben der ökologischen gewinnt auch die soziale Nachhaltigkeit zunehmend an Bedeutung. Im Mittelpunkt steht die Verantwortung von Unternehmen, ihren menschenrechtlichen und umweltbezogenen Sorgfaltspflichten in ihren Liefernetzwerken nachzukommen. Dabei kommt der Bekleidungsindustrie mit Blick auf die soziale, ökologische und ökonomische Situation in den Herstellungs- und Beschaffungsländern eine besondere Rolle zu.
Für die Textilindustrie in Deutschland kommt es darauf an, die Zukunft maßgeblich mitzugestalten, um diese Veränderungen erfolgreich bewältigen zu können.

2. Nachhaltigkeit im Fokus

Deutschland zeichnet sich als größter Textilmarkt in Europa mit überdurchschnittlicher Kaufkraft aus (Bündnis für nachhaltige Textilien 2018). Die Textilindustrie gehört in Deutschland und auf der Welt zu den wichtigsten Branchen und ist vor allem durch die Globalisierung stark geprägt (Umwelt-Bundesamt 2013). Infolgedessen bieten sich für Kund:innen zahlreiche Möglichkeiten, Produkte von überall aus der Welt einfach und schnell zu erhalten, sei es in Form von Heimtextilien, Freizeit- und Arbeitskleidung oder Modekollektionen. Die überwiegende Mehrheit der gekauften Kleidung in Deutschland wird in Asien angefertigt. 90 % davon sind importiert. Mehr als 50 % der Importe kommen aus China, Indien, Bangladesch und der Türkei (Gesamtverband der deutschen Textil- und Modeindustrie e. V. 2017, 40). Im Jahr 2020 importierte Deutschland Textilien und Bekleidung aus China mit einem Gesamtwert von etwa 15,3 Mrd. Euro (Statista 2021). China ist damit noch vor Bangladesch und der Türkei das wichtigste Herkunftsland für Textil- und Bekleidungsimporte nach Deutschland.
Mit dem wandelnden Bewusstsein der Gesellschaft und der damit zunehmenden Nachfrage nach Textilien, die sowohl sozial als auch ökologisch verträglich produziert werden, passen sich die Textilunternehmen den verändernden Anforderungen an. Eine Umfrage des Gesamtverbands textil+mode aus dem Jahr 2021 zeigt deutlich, dass Nachhaltigkeit in allen Bereichen der Branche relevant ist. Bei einem guten Fünftel der befragten Unternehmen beträgt der Umsatzanteil mit nachhaltigen Produkten bereits über 50 %. Fast 92 % aller befragten Unternehmen planen, ihre nachhaltigen Produktanteile noch weiter auszuweiten. Die Fragen bezogen sich auf die gesamte Produktpalette bezüglich Material (z. B. Biobaumwolle, Recyclate), Produktionsverfahren, faire Löhne und/oder

CO_2-Fußabduck und Klimaneutralität (Gesamtverband der deutschen Textil- und Modeindustrie 2021).

Die deutsche Textilindustrie und Textilforschung haben in den vergangenen Jahren eine Fülle an Initiativen und Projekten gestartet, um die gesamte Kette der Kreislaufwirtschaft vom recyclingfreundlichen Design bis zur Produktion und Wiederverwertung von Fasern nachhaltiger zu gestalten (Forschungskuratorium Textil 2022). Gemäß Kreislaufwirtschafts-Richtlinie der Europäischen Union müssen vom Jahr 2030 an 60 % der Alttextilien dem Recycling zugeführt werden (Europäische Kommission 2020, 98).

Kreislaufwirtschaft ist mehr als nur die Bewirtschaftung und das Recycling von Abfällen oder die verlängerte Nutzung und Wiederverwendung von Produkten. Es müssen ganze Systeme der Kreislaufwirtschaft über mehrere Stufen und Akteure hinweg entwickelt werden. Dies erfordert (Investitions-)Unterstützung für ganzheitliche Projekte und entsprechende Machbarkeitsstudien und Gap-Analysen. So erfordert der Aufbau der Kreislaufwirtschaft neben einer soliden technischen auch eine solide ökologische und wirtschaftliche Grundlage. Die Textilindustrie trägt mit hochwertigen, langlebigen, kreislauffähigen Produkten dazu bei, vom Design an den richtigen Startpunkt für einen Kreislauf zu setzen.

Auf dem Weg in die Kreislaufwirtschaft gibt es jedoch viele Hindernisse, die von außen auf die Textilbranche einwirken und die Transformation erschweren. So fehlt es bislang an finanziellen Anreizen für den Kauf nachhaltiger Kleidung oder an Fördermaßnahmen, die die Entwicklung neuer Geschäftsmodelle unterstützen (Forschungskuratorium textil 2022, 94). Mit dem Textilservice werden Geschäftsmodelle Richtung »Nutzen, statt besitzen« vorangetrieben und Aspekte wie Reparaturfähigkeit und Pflege von Textilien mit in den Produktentwicklungsprozess hineingetragen. Reparaturservices und Rücknahmesysteme existieren bereits und werden immer stärker ausgebaut, weil sie von den Kund:innen nachgefragt werden. Vermehrt nehmen Handels- und Bekleidungsunternehmen in ihren Filialen Altkleidung entgegen, um sie zu recyceln, wiederzuverwerten oder bei gutem Erhalt zur weiteren Nutzung zur Verfügung zu stellen. Inzwischen können Verbraucher:innen ihre Altkleidung in Paketen spenden oder kostenlos an ausgewählte Modekonzerne schicken. In Deutschland haben sich sogenannte Repair-Cafés sowie Änderungsschneidereien etabliert. Nähkurse oder Do-it-yourself-Werkstätten, in denen Kleidung repariert oder selbst hergestellt werden kann, sind inzwischen verbreitet. Daneben konzentrieren sich u. a. Start-ups auf die Nutzung ökologisch gefärbter Stoffe. Es hat sich gezeigt, dass es (bisher) nicht möglich ist, Stoffe mit Pflanzenfarbe wie Kurkuma zu färben, da die Pflanzenfarbe nicht mit Baumwolle reagiert und die Farbe nach jedem Waschen an Intensität verliert (Forschungskuratorium textil 2020). Ganz ohne Chemie geht es daher (zumindest bisher) nicht; jedoch ohne Chlorbleiche, ohne Enzymwaschungen und ohne krebserregende Verbindungen. Dies gilt jedenfalls für den Konsumbereich. Im Bereich der persönlichen Schutzausrüstung, wo es um den Schutz von Menschenleben geht, sieht dies anders aus. Um die in Europa geltenden Sicherheitsnormen einzuhalten und somit den Schutz des Menschen zu gewährleisten, müssen oft noch kritische Chemikalien eingesetzt werden, um z. B. den notwendigen Flammschutz oder die erforderliche Schusssicherheit gewährleisten zu können.

Nachhaltigkeit ist vielen Kund:innen beim Einkauf von Kleidung wichtig. Dabei hat die Corona-Krise das Bewusstsein und Engagement für nachhaltigen Konsum weiter verstärkt. Einer Studie des Capgemini Research Institute zufolge sehen 67 % der Verbraucher die Knappheit von natürlichen Ressourcen kritischer. 65 % wollen sich die Folgen ihres Konsums bewusster machen (Brückner 2020).

Besonders im Bereich Home und Living gehen Experten von einer verstärkten Nachfrage für nachhaltige Produkte aus. Beim Kauf ist die Entscheidung zwischen modischen Aspekten und nachhaltigem Handeln allerdings noch herausfordernd. So verzichten lediglich 19 % mit Leichtigkeit auf ein Kleidungsstück, wenn es nicht nachhaltig ist (HDE 2021, 29). Hierbei gilt ähnlich wie bei anderen Textilien, dass kurz- bis mittelfristig der Preis eine entscheidende Rolle spielen und eine rasche Marktdurchdringung behindern wird. Nachhaltig produzierte Textilien sind richtig und wichtig. Entscheidend wird aber auch sein, den nachhaltigen Konsum in der Gesellschaft unabhängig von Faktoren wie der Einkommensgröße zu steigern. Nachhaltig produzierte Mode ist am Markt kein Selbstläufer. Auf den jährlichen Modeschauen wie der FashionWeek mit der Fashion Sustain und dem Greenshowroom verdeutlicht die Textilindustrie immer wieder, dass Nachhaltigkeit von Unternehmen ernst genommen wird. Bereits heute fordern viele Modeunternehmen ihre Kunden zum Nachdenken über den eigenen Konsum auf und fördern den nachhaltigen Umgang mit Bekleidung. Vielen Menschen ist noch immer nicht bewusst, dass jeder einzelne zum Gelingen einer textilen Kreislaufwirtschaft beitragen kann. Darauf kann die Textilbranche Einfluss nehmen; einerseits, indem sie Angebote für jene Kundinnen und Kunden schafft, die bereits nachhaltige Produkte kaufen; andererseits, indem sie auch jenem Kundenkreis Anreize bietet, der bislang weniger auf Nachhaltigkeit achtet. Ein Weg ist z. B. das Mieten von Bekleidung. Entsprechende Konzepte gibt es heute bereits in verschiedenen Branchen – etwa in der Baubranche, in der Medizin oder in der Gastronomie. Auch Arbeitsschutzkleidung wird vermietet. Es ist davon auszugehen, dass sich das Mietkonzept auch bei Privatkund:innen durchsetzen wird, die hochwertige und nachhaltig produzierte Kleidung tragen und dennoch Geld sparen wollen. Günstig mieten statt teuer zu kaufen. Diese Idee wird bis 2025 vor allem in der Freizeit- und Sportbekleidung an Popularität gewinnen (Forschungskuratorium textil 2020, 48).

3. Global verantwortlich

In Bezug auf faire Arbeitsbedingungen, Nachhaltigkeit und fairen Handel steht die Textilindustrie besonders im Fokus der Öffentlichkeit. Die kleinen und mittleren Unternehmen in Deutschland gehen diesbezüglich schon lange mit gutem Beispiel voran. Sie achten auf Gebote der Fairness und heben die Sozial- und Umweltstandards in den Produktionsländern an – etwas, dass viele der globalen Konkurrenten nicht einhalten.
Die Textil- und Bekleidungsindustrie in Deutschland ist darüber hinaus geprägt von ihrer Sozialpartnerschaft. In Tarifverhandlungen gestalten die Tarifpartner der Arbeitgeber- und Arbeitnehmerseite die Arbeitsbedingungen der Branche ohne staatliche Einflussnahme. Hierbei legen sie Wert auf ausgewogene und differenzierte Lösungen, die in ihrem Sektor Standards setzen. Auf diese Weise können sie die Interessen der Arbeitnehmer:innen und Arbeitgeber:innen miteinander in Einklang bringen und auf die Branche angepasste Lösungen finden. Die Textil- und Bekleidungsindustrie redet nicht nur über Sozialpartnerschaft, sie lebt sie vielmehr. Dieses verantwortungsvolle Zusammenwirken der Tarifpartner ist ein entscheidender Pfeiler der Branche.
Die weltweite Unterbrechung von Lieferketten durch die Corona-Pandemie hat bereits deutlich gezeigt, dass die heutige Weltwirtschaft ein hochintegriertes Netz an privatwirtschaftlichen Akteuren ist (Kolev & Obst 2020). Globale, stark integrierte Lieferketten sind heute zu komplexen und unübersichtlichen Netzwerken geworden, deren lückenlose Überwachung nahezu unmöglich ist. In den letzten Jahren hat die Diskussion um die Verantwortung in globalen Lieferketten und die damit verbundenen Sorgfaltspflichten deutlich an Fahrt aufgenommen. Nicht zuletzt die Verabschiedung des nationalen Lieferkettensorgfaltspflichtengesetzes (LkSG) hat das Thema stark in die öffentliche Wahrnehmung gebracht. Parallel wird auch an einer europäischen Lösung gearbeitet. Dabei spielt Nachhaltigkeit in der Lieferkette bei den Unternehmen seit Jahren eine wichtige Rolle. Bereits vor Inkrafttreten des deutschen LkSG im Sommer 2021 waren Unternehmen in vielerlei Hinsicht dazu angehalten, arbeitsrechtliche Mindeststandards in ihren Lieferketten einzuhalten. Die textile Wertschöpfungskette stellt dabei aufgrund ihrer Größe und globalen Verzweigungen eine besondere Herausforderung dar, menschen- und umweltrechtliche Sorgfaltspflichten in der Lieferkette verbindlich einzuhalten. An der Herstellung eines Herrenoberhemds etwa sind rund 140 unterschiedliche Unternehmen weltweit beteiligt (Gesamtverband der deutschen Textil- und Modeindustrie 2022). Schier endlose Produktvariationen verkomplizieren die Lieferkette zusätzlich. Die Einflussmöglichkeit auf die textile Lieferkette hängt von verschiedenen Faktoren ab: dem Produkt, dem Geschäftsmodell, der Größe des Unternehmens, der Anzahl der Zulieferer, der Struktur und Komplexität der Lieferkette, dem Grad der vertikalen Integration der Zulieferfabriken,

der Marktstellung des Unternehmens im Verhältnis zu seinen Geschäftspartnern sowie den durch diese zur Verfügung gestellten Informationen. Mit Blick auf ihre Größe, ihr Geschäftsmodell und ihre Möglichkeiten sind Unternehmen der Textil- und Modeindustrie höchst unterschiedlich aufgestellt. Dies bedeutet insbesondere für die kleinen und mittelständischen Hersteller (KMU) eine erhebliche Anstrengung bei der Anpassung ihrer Geschäftsprozesse; in der Regel verfügen sie nicht über große finanzielle, strukturelle und personelle Ressourcen wie beispielsweise große, multinationale Unternehmen. Jedes Unternehmen muss daher den Weg wählen, der seinen individuellen Möglichkeiten entspricht.
Insbesondere KMU fällt es aufgrund fehlender Marktmacht schwer, Transparenz von ihren Lieferanten einzufordern.
Unternehmerischen Einflussmöglichkeiten innerhalb der Lieferkette sind Grenzen gesetzt. Weder die Wirtschaft noch die Zivilgesellschaft können hoheitliche Aufgaben des Staates übernehmen, dazu haben sie auch keine demokratische Legitimation. Die nachhaltige Gestaltung der gesamten textilen Lieferkette setzt die internationale Beteiligung und Verantwortungsübernahme aller Akteure auf jeder Stufe der Wertschöpfung voraus.
Die Herausforderungen für Textilunternehmen, ihre Werte und Normen weiterzugeben, stellt schon bei der Produktion und Beschaffung im Ausland ein komplexes Thema dar. Da in den Produktionsländern in der Regel andere Standards, Sitten und Kulturen herrschen, kann die Einforderung von westlichen Mindeststandards zu großen Herausforderungen führen. Eine eigene Produktionsstätte ist nicht für jedes Unternehmen und jedes Preissegment realistisch oder erstrebenswert. Führende Unternehmen setzen sich bereits seit Langem für fair und nachhaltig produzierte Bekleidung ein, zum Beispiel durch ihre Arbeit im Bündnis für nachhaltige Textilien. Die Mitglieder, bestehend aus Unternehmen aus Industrie und Handel, Bundesregierung und Vertretern der Zivilgesellschaft, bauen ihr schon bestehendes Engagement für eine nachhaltige Lieferkette in der Textil- und Modeindustrie weiter aus. Gemeinsam tragen sie dazu bei, Sozial- und Umweltstandards in der textilen Produktions- und Lieferkette zu verbessern.
Deutsche und europäische Standards sind nicht die Folge internationaler Standards, sondern bilden umgekehrt deren Grundlage. Für eine kraftvolle Durchsetzung von Menschenrechten und Nachhaltigkeitsstandards in einer globalisierten Welt muss das Thema auf ein europäisches, wenn nicht sogar auf ein internationales Level gehoben werden. Angesichts der komplexen globalen Herausforderungen der Textil- und Bekleidungsbranche braucht es für einen echten Wandel die Mitwirkung aller Akteure. Während Unternehmen und Verbände in der Verantwortung stehen, den Textilsektor zukunftsfähig aufzustellen, bedarf es flankierender politischer Maßnahmen, um die erforderlichen Rahmenbedingungen sicherzustellen.

In Europa und Deutschland sind viele Bereiche bereits reguliert und werden streng überwacht – von der Abwasseraufbereitung über den Einsatz von Chemikalien bis hin zum Abfallmanagement oder die mit Art. 18 der Taxonomie-Verordnung verbundenen Vorgaben sowie den Bestimmungen zur nachhaltigen Finanzierung besteht für Unternehmen bereits heute eine Vielzahl an unterschiedlichsten Anforderungen. Mit diversen kommenden sektorspezifischen und sektorübergreifenden Regulierungen wie der EU-Ökodesignverordnung oder der EU-Textilstrategie, der EU-Lieferkettenverordnung (CSDDD) oder der Nachhaltigkeitsberichterstattungsrichtlinie (CSRD) kommen noch weiter Anforderungen auf Unternehmen zu. In diesem Bereich bedarf es einer Zusammenfassung und Vereinfachung der einzelnen Sorgfalts- und Berichtspflichten, sonst werden Unternehmen durch Bürokratie überlastet und so ein verantwortungsvolles wirtschaftliches Handeln konterkariert.

4. Ausblick

Die Themen Klimawandel und Nachhaltigkeit sind in den vergangenen zwei Jahren weltweit in der Mitte der Gesellschaft angekommen. Mit dem aktuellen Green Deal hat sich etwa die Europäische Union (EU) das Ziel gesetzt, bis 2050 klimaneutral zu werden. Die Jahre 2025 bis 2030 werden noch stärker im Zeichen der Nachhaltigkeit stehen als die Jahre davor. Dafür werden vor allem zwei Gründe genannt: Erstens könnte das zunehmende Bewusstsein der Verbraucher:innen für nachhaltig erzeugte Produkte dazu führen, dass Nachhaltigkeit als zentrales Verkaufsargument in ganzer Breite wirksam wird. Zweitens könnte die Forderung nach mehr Nachhaltigkeit in weiten Teilen der Bevölkerung dazu führen, dass die Staaten weiter tiefgreifende ordnungspolitische Eingriffe zugunsten von Klima- und Umweltschutz durchsetzen (Forschungskuratorium textil 2020, 70). Dazu zählen vor allem verschärfte Vorgaben für die Wiederverwertung und das Recycling von Textilien. Gemäß Kreislaufwirtschafts-Richtlinie der Europäischen Union müssen vom Jahr 2030 an 60 % der Alttextilien dem Recycling zugeführt werden (ebd.).

Die deutsche Textil- und Modeindustrie leistet mit ihren zahlreichen Innovationen schon heute einen nachhaltigen Beitrag zum Schutz von Klima und Umwelt sowie Menschenrechten. Unsere Branche hat das Potenzial, noch engagierter in neue Verfahren und Produkte zu investieren, um auch in Zukunft weltweit Vorbild zu sein und führend zu bleiben. Dafür braucht es bürokratiearme, international wettbewerbsfähige Standortbedingungen in Deutschland. Überbordende Bürokratie und immer weiter steigende Kosten hemmen Innovationen, Investitionen und die internationale Wettbewerbsfähigkeit besonders von mittelständischen Unternehmen. Erfolgreicher Klimaschutz wird nur mit der deutschen Industrie gelingen – auf keinen Fall gegen sie. Neue Technologien auch in der Textil- und Modeindustrie bringen Ressourcenschutz und Nachhaltigkeit voran. Um Textilien herzustellen, brauchen unsere heimischen Hersteller so viel Strom und Brennstoffe wie eine halbe Million Haushalte in Deutschland pro Jahr. Noch sind weder ausreichend grüner Strom noch grüner Wasserstoff zu bezahlbaren Preisen auf dem Markt.

Textil-Kreisläufe können nur dann geschlossen werden, wenn diese ganzheitlich systemisch betrachtet werden. Der gesamte Lebenszyklus des Textils und nicht nur einzelne Abschnitte müssen im Fokus stehen. Damit dies gelingt, ist die Zusammenarbeit aller Akteure gefragt. Um die Chancen dieser Entwicklung zu nutzen und die eigene Wettbewerbssituation zu stärken, müssen Unternehmen, Verbände und politische Entscheider gemeinsam den notwendigen Gestaltungswillen entwickeln. Es braucht langfristig wirksame und verbindliche Regulierungsfahrpläne, beschleunigte Standardisierungsverfahren für innovative textile Lösungen sowie neue Fördermechanismen für eine Stärkung der Zusammenarbeit von kleinen und mittleren Unternehmen und Start-ups.

Außerdem muss sich die Bundesregierung dafür einsetzen, Schnittstellen zu koordinieren und Synergien freizusetzen: Kreislaufwirtschaft wird zum Erfolg mit Digitalisierung; Klimaschutz geht Hand in Hand mit Ressourcenschutz und geschlossenen Kreisläufen. Für diesen nachhaltigen Ansatz steht die deutsche Textil- und Modeindustrie und bringt sich in verschiedenen Netzwerken auf nationaler und europäischer Ebene ein. Schon heute werden in den Unternehmen etablierte Strategien ausgeweitet und erprobt.

Die Unternehmen der mittelständischen Textil- und Modeindustrie haben in der Corona-Pandemie gezeigt, wie wichtig es ist, noch Produktionsstätten im eigenen Land zu haben. Sie sprangen ein, als es keine Masken und Schutzbekleidung mehr aus China gab. Aber die deutsche Textil- und Modeindustrie kann noch viel mehr: Mit werthaltiger Mode und Wohntextilien sowie innovativen technischen Textilien legt die Branche die Grundlagen für eine nachhaltige und digitale Transformation, auch mit neuen innovativen Produktionsstätten in Deutschland. Bei technischen Textilien sind deutsche Unternehmen Marktführer in Europa und der Welt und wichtiger Bestandteil nationaler industrieller Lieferketten. Textil ist eine Querschnittstechnologie für nahezu alle anderen Industrien in Deutschland und unverzichtbar, wenn es um Leichtbau, Auto- und Flugzeugbau, Windenergie und die Herstellung von grünem Wasserstoff geht. Deshalb muss die Leistungsfähigkeit unserer Unternehmen gestärkt werden. Neben den richtigen politischen Rahmenbedingungen brauchen wir einen neuen gesellschaftlichen Konsens, dass eine eigene mittelständische Industrie wichtig ist: Sie schafft Wertschöpfung und Arbeitsplätze, zahlt Steuern, bildet aus, engagiert sich, forscht und entwickelt Zukunftslösungen. Auch der soziale Dialog wird wichtiger denn je sein, um sicherzustellen, dass der europäische Textil- und Bekleidungssektor sich in eine nachhaltigere und digitale Industrie verwandeln kann und gleichzeitig auf einem hart umkämpften globalen Markt wettbewerbsfähig bleibt. 1400 Unternehmen der deutschen Textil- und Modeindustrie mit über 124000 Beschäftigten, viele davon Familienbetriebe in dritter oder vierter Generation, stehen jeden Tag dafür ein, Tradition und Transformation in einem Hochlohnland wie Deutschland zusammenzubringen. Wir haben innovative textile Lösungen auf dem Weg in eine klimaneutrale Zukunft. Das verdient Wertschätzung beim Gesetzgeber, der die richtigen Weichen für einen nachhaltigen Aufbruch mit einer leistungsfähigen mittelständischen Industrie in Deutschland stellen muss.

5. Quellenangaben

Brückner, P. (2020). Nachhaltigkeit verändert das Konsumverhalten – Infografik. Abgerufen am 1.2.2023, *https://www.der-bank-blog.de/nachhaltigkeit-konsumverhalten/studien/37668232/.*

Bündnis für nachhaltige Textilien (2018). Bündnis für nachhaltige Textilien. Abgerufen am 1.2.2023, *https://www.textilbuendnis.com/* wp-content/uploads/2018/02/Factsheet_dt.pdf.

Europäische Kommission (2020). Ein neuer Aktionsplan für die Kreislaufwirtschaft. Abgerufen am 1.2.2023, *https://eur-lex.europa.eu/legal-content/DE/TXT/?uri=COM%3A2020%3A98%3AFIN.*

Forschungskuratorium textil (2020). Perspektiven 2035. Ein Leitfaden für die textile Zukunft. Abgerufen am 1.2.2023, *https://textil-mode.de/de/newsroom/blog/premiere-fuer-zukunftsstudie-perspektiven-2035/.*

Forschungskuratorium textil (2022). Kreislaufwirtschaft. Textile Kreisläufe schaffen, Zukunft gestalten. Abgerufen am 1.2.2023, *https://textil-mode.de/de/forschung/zukunftsstrategie-perspektiven-2035/.*

Gesamtverband der deutschen Textil- und Modeindustrie e.V. (2017). 2017 – Die deutsche Textil- und Modeindustrie in Zahlen. Abgerufen am 28.2.2023, *https://www.verband-textil-bekleidung.de/fileadmin/Daten/Rundschreiben-Wirtschaft/RS-2017-Wirtschaftspolitik/zahlen2017_web.pdf.*

Gesamtverband der deutschen Textil- und Modeindustrie e.V. (2021). Deutsche Textil- und Modeindustrie nimmt Nachhaltigkeit in den Fokus. Abgerufen am 1.2.2023, *https://textil-mode.de/de/newsroom/blog/deutsche-textil-und-modeindustrie-nimmt-nachhaltigkeit-in-den-fokus/.*

Gesamtverband der deutschen Textil- und Modeindustrie e.V. (2022). Faktencheck: Lieferkette. Abgerufen am 1.2.2023, *https://textil-mode.de/de/newsroom/blog/faktencheck-lieferkette/.*

Handelsverband Deutschland – HDE e. V. (2021). Konsummonitor Nachhaltigkeit. Fleisch und Fashion. Abgerufen am 1. 2. 2023, *https://einzelhandel.de/component/attachments/download/10577.*

Kolev, G. & Obst, T. (2020). Die Abhängigkeit der Deutschen Wirtschaft von internationalen Lieferketten. Abgerufen am 1. 2. 2023, *https://www.iwkoeln.de/studien/galina-kolev-thomas-obst-die-abhaengigkeit-der-deutschen-wirtschaft-von-internationalen-lieferketten.html.*

Statista (2021). Import von Textilien und Bekleidung nach Deutschland in den Jahren 2008 bis 2020. Abgerufen am 1. 2. 2023, *https://de.statista.com/statistik/* daten/studie/253796/umfrage/import-von-textilien-aus-deutschland/.

Umwelt-Bundesamt (2013). Industriebranchen. Abgerufen am 1. 2. 2023, *https://www.umweltbundesamt.de/themen/wirtschaft-konsum/industriebranchen/textilindustrie%23die-umweltauswirkungen-der-textilindustrie-.*

V. Digitalisierung – Eine Chance für mehr Nachhaltigkeit

Übersicht

Jürgen Fleischer

Einführung einer ganzheitlichen Digitalisierungsstrategie als Chance für die Industrie

Inhalt

1. Problemstellung

Die wirtschaftliche Stärke Deutschlands ist nach wie vor durch den Industriesektor bestimmt, der sich von der Grundstoffindustrie bis hin zu komplexen Produkten des Maschinen- und Anlagenbaus erstreckt. Zwar wird der Dienstleistungssektor immer wichtiger. Dieser kann jedoch ohne den Industriesektor als Basis keinen nennenswerten volkswirtschaftlichen Mehrwert generieren. Entgegen der klaren begrifflichen Abgrenzung der Sektoren voneinander besteht eine enge Verflechtung zwischen dem Industrie- und dem Dienstleistungssektor (iw consulting 2021). So lässt sich beispielsweise in einem Statusbericht des statistischen Bundesamts zum Bruttoinlandsprodukt für Deutschland 2021 für das verarbeitende Gewerbe ein Zuwachs um 4,4 % gegenüber dem Vorjahr verzeichnen. Demgegenüber steht ein Zuwachs des Unternehmensdienstleistungssektors von 5,4 %. Anzumerken ist an dieser Stelle, dass sich dieser aus der Forschung & Entwicklung, der Rechts- und Steuerberatung sowie Ingenieurbüros zusammensetzt (Statistisches Bundesamt 2022). Ein Hauptabnehmer dieser industrienahen

Dienstleistungen ist eben der Industriesektor selbst (iw consulting 2021). Auf Grund der Wechselwirkungen zwischen den Sektoren kann das vollständige Potenzial des wachsenden Dienstleistungssektors nur ausgeschöpft werden, wenn auch das verarbeitende Gewerbe weiterhin gestärkt wird und die Position Deutschlands als Industrienation fortgeführt werden kann. Innerhalb dieses Beitrags wird erläutert, welche Chancen die Einführung einer ganzheitlichen Digitalisierungsstrategie für Unternehmen bringt. Die Digitalisierungsstrategie erstreckt sich hierbei über alle Ebenen eines Unternehmens.

Die Vergangenheit hat gezeigt, dass das verarbeitende Gewerbe und insbesondere die Produktionstechnik in Deutschland bereits seit der vorindustriellen Zeit einem stetigen Wandel unterliegen. Getrieben durch die industriellen Revolutionen konnte sich dieser Sektor den Veränderungen externer Randbedingungen anpassen und sich entsprechend den Herausforderungen und Trends weiterentwickeln, bis hin zum Status als aktuell weltweit viertgrößte Industrienation (IMF 2022). Um diesen Status auch weiterhin beibehalten zu können, muss folglich das externe Umfeld des Industriesektors betrachtet werden, worauf basierend entsprechende Maßnahmen getroffen werden können.

Aktuelle wirtschaftliche und politische Entwicklungen haben gezeigt, dass ein struktureller Umschwung notwendig ist, um auf unvorhersehbare und volatile Rahmenbedingungen reagieren zu können. So haben die jüngsten Ereignisse verdeutlicht, dass globale vernetzte Systeme der Industrie ungeheuer sensitiv auf jegliche Art externer Störfaktoren reagieren. An dieser Stelle kann zu aller erst die Coronapandemie als Beispiel genannt werden. Die Überführung ganzer Nationen in den Lockdown führte zum Zusammenbrechen gesamter Lieferketten, was weiterführend zu einer massiven Störung der Produktion weltweit geführt hat. Diese Störungen werden in erster Linie dadurch hervorgerufen, dass hochautomatisierte Produktionsanlagen nicht mehr mit den entsprechenden Inputfaktoren wie Materialien oder Vorprodukten bzw. Halbzeugen versorgt werden können, wodurch es zu kompletten Produktionsstillständen kommt.

Zudem löste die Pandemie eine Verschiebung der nachgefragten Produkte aus. Es ist also notwendig, dass die Industrie innerhalb kürzester Zeit auf Veränderungen der Nachfrage reagieren kann. Dies betrifft zum einen die Fertigung komplett neuer Produktvarianten, kann allerdings auch lediglich eine Varianz der Stückzahl, der Materialien oder einzelner Produkteigenschaften bedeuten. Die kurzfristige Nachfrageverschiebung erfordert zunehmend agil gestaltete Produktionssysteme und darüber hinaus flexible Organisationsstrukturen.

Ein weiteres Ereignis mit signifikanten Auswirkungen für die Industrie und das Produktionsumfeld stellt der Ukrainekonflikt dar. Dieser hat zu einer Explosion der Energiepreise geführt, was weiterführend eine sinkende Rentabilität der Produkte bedeutete. Der Konflikt hat das seit langem bekannte Problem des Klimawandels schlagartig in den Vordergrund gerückt und aufgezeigt, dass es sich bei der Energie um ein kostbares Gut handelt. Diese sollte in der Produktion folglich mit einer hohen Effizienz eingesetzt werden. Weiterführend hat die Entwicklung abrupt steigender Energiepreise das Bewusstsein gestärkt, dass jegliche Art der Ressourcen limitiert sind und im Kontext der Produktion insgesamt ein neues Maß der Effizienz angestrebt werden muss. Viele Rohstoffmärkte werden von einzelnen Nationen dominiert, beispielsweise die Gewinnung und Verarbeitung von Nickel durch Russland oder das Marktmonopol Chinas für seltene Erden (Bundesanstalt für Geowissenschaften und Rohstoffe 2022).

Unter Berücksichtigung der aufgezeigten Ressourcenknappheit rückt der Trend der nachhaltigen Kreislaufwirtschaft zunehmend in den Fokus. Der Kerngedanke liegt in der Rückführung von Produkten in den Produktionslebenszyklus, um eine Mehrfachwertschöpfung zu realisieren (Klenk et al. 2020). Diese kann der Industrienation Deutschland dazu verhelfen, sich zunehmend von den Rohstoffmärkten unabhängig zu machen. Zur Umsetzung einer voll funktionsfähigen und umsetzbaren Kreislaufwirtschaft sind allerdings neue Ansätze der Produktionstechnik notwendig, die von der Produktidee bis hin zum Recycling des Produkts neu gedacht und konzipiert werden müssen.

Über die signifikanten Auswirkungen der Krise auf den Industriesektor hinaus prägen auch die allgemein bekannten Megatrends, die sich bereits über einen längeren Zeitraum entwickelt haben, die zukünftige Entwicklung der Industrie. In diesem Kontext stellen insbesondere der Demografische Wandel, die Dekarbonisierung und die (De-)Globalisierung weitere Herausforderungen für den Sektor dar.

Der Beitrag zeigt auf, inwiefern die Digitalisierung mit ihren Methoden und Technologien dazu verhelfen kann, die Wirtschaftskraft nachhaltig zu stärken. Es wird beleuchtet, welche Chancen die Digitalisierung insbesondere für das verarbeitende Gewerbe bietet, das die Grundlage für einen stabilen Dienstleistungssektor darstellt.

2. Digitalisierungsstrategie für die Zukunft

Schon heute bedarf es einer wirkungsvollen Strategie, um die Wirtschaftskraft Deutschlands nachhaltig zu stärken. Basierend auf den oben genannten Herausforderungen kann eine Digitalisierungsstrategie als Zielbild abgeleitet werden, das für die Stärkung in der Zukunft verfolgt werden sollte. Das Zielbild setzt sich dabei sowohl aus einem methodischen Teil als auch aus einem technologischen Teil zusammen und erstreckt sich über alle Lebenszyklen eines Produkts.

2.1 Methoden für die Digitalisierungsstrategie

Die zunehmenden Wechselwirkungen zwischen Produkt, Produktions- und Unternehmensprozessen erfordern eine integrierte Betrachtung der Aspekte. Gerade in Anbetracht der volatilen und schnelllebigen Absatzmärkte ist die Flexibilität des verarbeitenden Gewerbes unverzichtbar. Kurzfristige Verschiebungen der geforderten Produkteigenschaften haben zur Folge, dass auch die Produktion innerhalb kürzester Zeit anpassbar sein muss. Im Kontext der Kreislaufwirtschaft ist zudem die Rückführung von Produkten nach ihrer Nutzungsdauer in den Produktionskreislauf notwendig. Hieraus lässt sich ableiten, dass sich die ganzheitliche Abbildung der Produktion auch über den gesamten Lebenszyklus eines Produkts hinweg erstrecken muss. Zuletzt gewinnt die Produktion durch ihre Interdisziplinarität fortlaufend an Komplexität. Um alle notwendigen Aspekte abbilden zu können, müssen alle beteiligten Fachdisziplinen gleichermaßen berücksichtigt werden.

Eine Möglichkeit zur transparenten Darstellung des allumfassenden Produktionsabbilds bilden *digitale Modelle*. Digitale Modelle können dabei als digitale Repräsentationen physischer Objekte, Informationen oder Ereignisse definiert werden. Je nach Fachbereich und Zweck des Modells kann auf eine Vielzahl von Modellarten zurückgegriffen werden, die die unterschiedlichsten Attribute eines Systems abbilden. Die Zusammenfassung verschiedener Teilmodelle zu einem Gesamtmodell schafft schlussendlich das geforderte ganzheitliche Abbild. Eine Verknüpfung der Teilmodelle zu einer vollständigen digitalen Prozesskette kann weiterführend eine automatisierte Produktion von der Entwicklung eines Produkts bis zu dessen Fertigung ermöglichen.

Modelle stellen zudem die Grundlage für *Digitale Zwillinge* dar. Dabei handelt es sich um dynamische virtuelle Darstellungen eines physischen Objekts oder Systems. Digitale Zwillinge nutzen entweder reale Daten oder Simulationen bzw. Machine Learning Modelle in Kombination mit Datenanalysen, um neue Informationen zu generieren (IBM 2022). Digitale Zwillinge können unter anderem in der Testphase des Lebenszyklus eines Produkts eingesetzt werden. So kann beispielsweise der Programmcode einer speicherprogrammierbaren Steuerung für einen flexiblen Stapelbildungsprozesses der Batteriezellproduktion nur unter Verwendung von softwaretechnischen Bausteinen getestet werden (Husseini et al. 2022). Hierfür bildet ein kinematisches Prozessmodell der Stapelanlage die Grundlage des digitalen Zwillings. Dieses Modell ist in der Lage, das Verhalten der Anlage wiederzugeben. Durch die Anbindung einer virtuellen Steuerung an das Prozessmodell kann der Steuerungscode ohne Verwendung von Hardware überprüft werden.

Zuletzt bilden Modelle auch die Grundlage für die Anwendung von Algorithmen. Algorithmen können als komplexe Berechnungen verstanden werden, die als

Software umgesetzt werden. Es kann eine Unterscheidung in datenbasierte und analytische Ansätze vorgenommen werden. Analytische Ansätze basieren auf physikalischen Modellen, die reale Systeme durch analytische Zusammenhänge beschreiben. Hierfür ist es notwendig, dass die Zusammenhänge der systembeschreibenden Parameter bekannt sind. Dies ist jedoch nicht immer zwingend gegeben. Insbesondere für unsere heutigen komplexen Systeme mit unbekannten Wechselwirkungen stellt dies eine große Herausforderung dar. Datengetriebene Ansätze bieten eine Möglichkeit, auch unbekannte Systeme abzubilden, indem auf statistische Verfahren zurückgegriffen wird. Zu den datengetriebenen Ansätzen zählen auch die Methoden der Künstlichen Intelligenz, die aktuell große Aufmerksamkeit erfahren. Grundsätzlich bietet der Einsatz von Algorithmen in der Industrie die Möglichkeit, technisch und wirtschaftlich wertvolle Informationen zu generieren, worauf basierend Optimierungen vorgenommen werden können. Produktivitätssteigerung, Fehlervermeidung und Qualitätssicherung sind nur wenige Beispiele spezifischer Ansätze, die basierend auf Algorithmen eine Effizienzsteigerung bewirken können.

2.2 Technologische Implementierung

Voraussetzung für die Umsetzung digitaler Modelle und Algorithmen ist die Vernetzung der Systeme eines Unternehmens. Nur auf diese Art und Weise können die generierten Informationen auch nutzbar gemacht werden. Hierfür ist zum einen die horizontale Vernetzung notwendig. Diese bezieht sich auf den Informationsaustausch zwischen Systemen, die sich auf der gleichen Unternehmensebene befinden. So können beispielsweise Produktionsanlagen miteinander kommunizieren. Dies ermöglicht eine Abstimmung der Produktionsabläufe in Echtzeit und bildet die Grundlage für die Reaktion auf veränderte Rahmenbedingungen.

Demgegenüber setzt die vertikale Vernetzung eine Kommunikationsfähigkeit über die Hierarchieebenen hinweg um. Ein Beispiel umfasst die Kopplung eines Anlagenobjekts an übergeordnete Softwaresysteme. Durch diese Vernetzung ist es möglich, Produktionsdaten kontinuierlich aufzunehmen, zu speichern und durch entsprechende Algorithmen zu analysieren. Eine Rückspielung der Analyseergebnisse in die Feldebene ermöglicht dann die Optimierung der Produktion.

Mit Hilfe der aufgezeigten Digitalisierungsstrategie, die sich durch die Verwendung digitaler Methoden sowie neuer Technologien auszeichnet, kann der Industriestandort Deutschland den wirtschaftlichen und politischen Herausforderungen entgegentreten.

2.3 Digitalisierung ermöglicht neue Produktionskonzepte

Die Digitalisierung ermöglicht die Realisierung neuer Produktionskonzepte, die über eine hohe Flexibilität und Anpassungsfähigkeit verfügen. Erfolgsversprechend ist in diesem Kontext das Software Defined Manufacturing. Hierbei handelt es sich um eine Kombination aus flexibler Hardware, die durch intelligente Software konfiguriert und gesteuert werden kann. Software Defined Manufacturing bietet damit als Kombination aus flexibler Hard- und Software die Grundlage für neue zukunftsfähige Produktionskonzepte. Beispielhaft genannt sei an dieser Stelle die Wertstromkinematik (Kimmig et al. 2021). Der Kerngedanke besteht darin, identische Universalkinematiken, ähnlich einem Industrieroboter, zu einem Gesamtsystem zu verketten. Durch die Kopplung der Kinematiken können spezifische, für eine Fertigungsaufgabe erforderliche Anforderungen umgesetzt werden. So kann beispielsweise die Steifigkeit eines Systems maximiert werden. Durch die Ausstattung der Kinematiken mit entsprechenden Endeffektoren können diese dann kollaborativ unterschiedliche Fertigungsaufgaben wie beispielsweise das Fräsen oder Schweißen erfüllen. Der Verbund der Kinematiken ist somit fähig, lediglich durch eine Variation der Endeffektoren gesamte Wertströme abzudecken. Für eine möglichst aufwandsarme Hardwareumkonfiguration sind Nullpunktspannsysteme für die Kinematiken vorgesehen. Hierdurch können innerhalb kürzester Zeit Einheiten hinzugefügt werden. Ein weiterer Schritt besteht im Austausch der Endeffektoren entsprechend des geforderten Fertigungsschrittes. Für eine effiziente softwareseitige Umrüstung ist zudem eine zuverlässige IT-Architektur erforderlich. Diese besteht aus einem IT-Backbone, der Abbildung 1 zu entnehmen ist. Zum einen empfängt und sendet dieses Daten. Zum anderen erfolgt hier die Orchestrierung des Produktionssystems durch Allokation von Informationen und Services. Diese Services umfassen dabei typische Algorithmen, die eine Planung und Optimierung des Produktionsprozesses in vielerlei Hinsicht ermöglichen können. Die Verwendung von Edge Devices unterstützt eine maschinennahe und damit effiziente Implementierung insbesondere für sensordatenverarbeitende Algorithmen. Zuletzt verfügen die Roboter über eine flexible Steuerungsarchitektur, die sich durch den Einsatz digitaler CAD-CAM-Ketten auszeichnet (Mühlbeier et al. 2022).
Abbildung 2 stellt zusammenfassend dar, in welchen Phasen die Digitalisierung einen Mehrwert für die Produktion generieren kann.

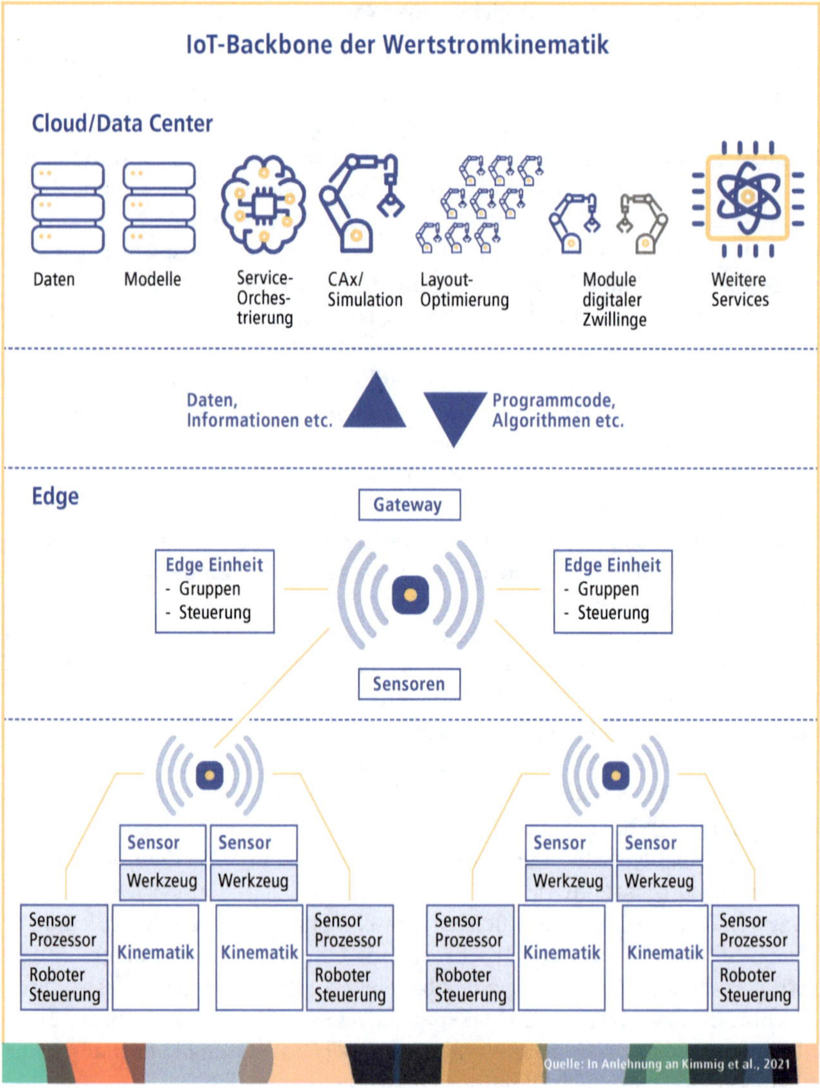

Quelle: In Anlehnung an Kimmig et al., 2021

Quelle: Fleischer 2023

3. Die Bedeutung der Einführung ganzheitlicher Digitalisierungsstrategien für das Unternehmen

Die Einführung ganzheitlicher Digitalisierungsstrategien führt zu einem Strukturwandel in Unternehmen. Eine zukunftsfähige Ausrichtung umfasst Veränderungen unterschiedlicher Aspekte, insbesondere aus datentechnischer, organisatorischer und auch aus strategischer Sicht.

3.1 Datentechnische Sichtweise

Im Kontext der Produktionstechnik sollte eine umfassende Data Governance eingeführt werden. So entstehen im Umfeld der Produktion auch personenbezogene Daten, die unter anderem Rückschlüsse auf beispielsweise das Arbeitsverhalten von Mitarbeitern zulassen. In diesem Kontext ist die Datenschutzgrundverordnung (DSGVO) einzuhalten. Darüber hinaus sind diese sensiblen Daten aber auch mit beispielsweise dem Betriebsrat abzuklären.

Das Thema der Digitalisierung bringt komplett neue Themen auf, die die Privatsphäre der Arbeitnehmer betreffen. Dieses Thema sollte sowohl von den Führungsebenen als auch von den Kontrollinstanzen mit einer ausreichenden Sorgfalt behandelt werden. Die Anonymisierung von Daten bietet jedoch die Möglichkeit, Informationen für die Optimierung der Prozesse im Unternehmen zu generieren, ohne in die Privatsphäre der Arbeitnehmer einzudringen. Eine offene Kommunikation und transparente Darstellung durch den Arbeitgeber über die erfassten Daten sowie die Weiterverarbeitung dieser gegenüber den Arbeitnehmern können auf beiden Seiten einen Mehrwert generieren.

Um aus den erfassten Daten qualitativ hochwertige Informationen generieren zu können, bestehen hohe Anforderungen an die Datenerfassung und die Datenqualität. Die durchgängige Datenerfassung erfordert, dass jegliche für ein Unternehmen relevanten Daten durch beispielsweise entsprechende Sensorik verfügbar gemacht werden. Die Daten müssen zudem mindestens in der Qualität bereitgestellt werden, dass sie nicht zu einem verzerrten Abbild der Realität beitragen. Durch entsprechende Datenaufbereitung kann die Qualität auch nach der Erfassung verbessert werden.
Für die erfolgreiche Umsetzung ist zuletzt eine zuverlässige informationstechnologische Infrastruktur notwendig. Diese umfasst auch geeignete Datenhaltungskonzepte sowie die Implementierung der erforderlichen Datenpipelines.

Das Zukunftsthema der Digitalisierung geht mit der Einführung neuer Technologien einher und erstreckt sich über alle Unternehmensbereiche hinweg. Folglich ist es notwendig, dass sowohl in den Vorständen als auch in den Kontrollorganen die entsprechenden Kompetenzen abgedeckt werden können. Großes Potenzial besteht in diesem Kontext in einer intensiven Kooperation zwischen dem Vorstand und dem Aufsichtsrat. Dieser sollte das entsprechende Know-How aufweisen und damit dem Vorstand als neutraler Wissensgeber und Sparringspartner dienen. Eine zwingende Voraussetzung in diesem Kontext besteht jedoch darin, dass der Aufsichtsrat über ausreichende Einblicke in das Unternehmen verfügt, um das vollständige Potenzial für eine zukunftsfähige Ausrichtung ableiten zu können.

3.2 Organisatorische Sichtweise

Die strikte Trennung nach Hierarchieebenen, Fachdisziplinen oder anderen Systemgrenzen erscheint nicht mehr zeitgemäß, da zunehmend komplexe Wechselwirkungen auftreten. In Anbetracht dessen dient die Digitalisierung einer integrierten Betrachtung aller Aspekte eines Unternehmens. Folglich müssen Projektteams auch zunehmend interdisziplinär aufgebaut sein. Um allerdings keine Einbußen hinsichtlich des verfügbaren Wissens innerhalb eines Projektteams zu bedingen, sollte bedacht werden, dass trotz allem auch Experten die Projekte begleiten. Ein ausgereiftes digitales Wissensmanagement kann ergänzend bei der Ablage und Weitergabe von Wissen unterstützen.
Aktuell ist die Digitalisierung noch nicht vollumfänglich in den Unternehmen umgesetzt, obwohl ihre Methoden und Anwendungen bereits seit einigen Jahren technisch umgesetzt und für den Einsatz in der Industrie reif sind. Eine Problematik, die Unternehmen in Angriff nehmen müssen, ist die stärkere Einbeziehung der Mitarbeiter in den Digitalisierungsprozess. Schulungen und Workshops, die den Mitarbeitern kostenfrei angeboten werden, können Transparenz und ein Grundverständnis für die Thematik schaffen. Abschließend sollte eine angemessene Geschwindigkeit zur Einführung der Digitalisierung gewählt werden. Dies bedeutet einerseits, dass Mitarbeiter nicht einer überstürzten Einführung unterliegen. Andererseits gefährdet eine schleichende Einführung die Wettbewerbsfähigkeit des Unternehmens.

Bedingt durch den Fachkräftemangel stellt der Umgang mit der Digitalisierung in vielen Unternehmen nach wie vor eine sehr große Herausforderung dar. Ein Ziel besteht in der langfristigen Schaffung entsprechender Aus- und Weiterbildungsmöglichkeiten zur Sicherstellung der erforderlichen Qualifikationen. Ein intensiver Austausch zwischen den Vorständen und dem Aufsichtsrat fördert die Umsetzung innovativer Personalentwicklungsstrategien, um dem Fachkräftemangel angemessen entgegentreten zu können.

3.3 Strategische Sichtweise

Der Strategieprozess in Unternehmen wird durch Digitalisierungstools ergänzt. Hierdurch ist eine umfassendere Erforschung von Märkten für neue Produkte und neue Geschäftsfelder möglich. Im Kontext der Produktionstechnik bildet die umfassende Aufnahme von Daten die Option, neue Werke, Produktionslinien und Produktionstechniken zielgerichteter zu bewerten. Zuletzt wird durch die umfassende Aufnahme von Daten auf allen Ebenen des Unternehmens auch dem Aufsichtsrat eine ausführlichere Datenbasis zur Verfügung gestellt, um aktuelle

Entwicklungen und zukünftige Ausrichtungen des Unternehmens zu bewerten, die durch die Geschäftsführung vorgestellt werden.
Neuen Technologien kommt gerade in der heutigen Zeit auf Grund massiv veränderter Randbedingungen eine immer größere Bedeutung zu. Diese Technologien sind notwendig, um der Ressourcenknappheit, explodierenden Energiepreisen, mangelnder Flexibilität und fragilen Lieferketten entgegenzuwirken. Daher ist ein intensiver Kontakt zur Forschung unverzichtbar, um neue Lösungswege aufgreifen zu können.

Im Zuge der Schnelllebigkeit der Industrie muss ein Netzwerk zu relevanten Forschungseinrichtungen aufgebaut werden, um neueste Entwicklungen verfolgen zu können. Dies ermöglicht die frühzeitige Berücksichtigung zukunftsfähiger Innovationen in die eigene Unternehmensstrategie. Hierfür sollte der Aufsichtsrat zum einen eine forschungsseitige Sichtweise repräsentieren können. Dies ermöglicht die Bewertung der Potenziale von Innovationen aus dem wissenschaftlichen Umfeld. Zum anderen sollten Mitglieder der Industrie vertreten sein, die über die notwendigen Kompetenzen für die Ableitung skalierbarer Ansätze für den Einsatz in der realen Produktion verfügen. Dies ermöglicht im Falle einer intensiven Kooperation zwischen Vorständen und Aufsichtsrat die Entwicklung langfristiger, zukunftsfähiger Strategien.

4. Quellenangaben

Bundesanstalt für Geowissenschaften und Rohstoffe (2022). Preismonitor Februar 2022. Abgerufen am 28. 2. 2023, *https://www.deutsche-rohstoffagentur.de/DERA/DE/Aktuelles/Monitore/2022/02-22/2022-02-preismonitor.pdf?__blob=publicationFile&v=2.*

Husseini, K., Schmidgruber, N., Weinmann, H. W., Maibaum, K., Ruhland, J. & Fleischer, J. (2022). Development of a Digital Twin for Improved Ramp-Up Processes in the Context of Li-Ion-Battery-Cell-Stack-Formation. Procedia CIRP, 106(35), 27–32. Abgerufen am 28. 2. 2023, *https://doi.org/10.1016/j.procir.2022.02.150.*

IBM (2022). What is a digital twin? Abgerufen am 28. 2. 2023, *https://www.ibm.com/topics/what-is-a-digital-twin.*

IMF (2022). World Economic Outlook Database, April 2022. Abgerufen am 28. 2. 2023, *https://www.imf.org/en/Publications/WEO/weo-database/2022/April.*

iw consulting (2021). Bedeutung unternehmensnaher Dienstleistungen für den Industriestandort Deutschland/Europa. IC4-23305/003#054, Projekt 054/19: Studie für das Bundesministerium für Wirtschaft und Energie. Abgerufen am 28. 2. 2023, *https://www.iwkoeln.de/studien/thorsten-lang-karl-lichtblau-bedeutung-unternehmensnaher-dienstleistungen-fuer-den-industriestandort-deutschland-europa.html.*

Kimmig, A., Schöck, M., Mühlbeier, E., Oexle, F. & Fleischer, J. (2021). Wertstromkinematik – Produktionssysteme neu gedacht. Zeitschrift für wirtschaftlichen Fabrikbetrieb, 116(12), 935–939. Abgerufen am 28. 2. 2023, *https://doi.org/10.1515/zwf-2021-0207.*

Klenk, F., Gleich, K., Meister, F., Häfner, B. & Lanza, G. (2020). Approach for developing implementation strategies for circular economy in global production networks. Procedia CIRP, 90(57), 127–132. Abgerufen am 28. 2. 2023, *https://doi.org/10.1016/j.procir.2020.01.052.*

Mühlbeier, E., Oexle, F., Gerlitz, E., Matkovic, N., Gönnheimer, P. & Fleischer, J. (2022). Conceptual control architecture for future highly flexible production systems. Procedia CIRP, 106, 39–44. Abgerufen am 28. 2. 2023, *https://doi.org/10.1016/j.procir.2022.02.152.*

Statistisches Bundesamt (2022). Bruttoinlandsprodukt für Deutschland 2021: Statement zur Pressekonferenz am 14. Januar 2022. Abgerufen am 28. 2. 2023, *https://www.destatis.de/DE/Presse/Pressekonferenzen/2022/BIP2021/bruttoinlandsprodukt-uebersicht.html.*

Roger Podstatny

Zum Einsatz und der Zukunftsperspektive von künstlicher Intelligenz. Praxisbericht aus der lokalen Versorgungsdienstleistung

Take-Aways:
→ KI und lokale Versorgung gilt es enger zu vernetzen. Zum einen, um Nachhaltigkeitsziele wie Klimaneutralität zu erreichen, und zum anderen, um durch den Fachkräftemangel fehlende Mitarbeiter:innen zu ersetzen.
→ Bereits jetzt funktionieren viele Messsysteme als selbstlernende Anwendungen: iMSys und Smart Meter-Gateway (SMGW) sind anschauliche Beispiele dafür.
→ Intelligente Messsysteme zeigen schon jetzt positive Auswirkungen auf Energieeinsparungen. Ihre Umsetzung sollte entbürokratisiert werden.

Inhalt

1. Einleitung

Maßnahmen wie Automatisierung, Rationalisierung und Digitalisierung werden auch in der lokalen Versorgung wie beispielsweise bei Mainova in Frankfurt am Main immer bedeutsamer. Als technische Möglichkeiten haben sie eines gemeinsam: Sie verursachen Kosten, die durch Arbeitserleichterungen auszugleichen sind. Damit die Projekte realisiert werden können, müssen dem finanziellen Aufwand also ein zusätzlicher Ertrag, eine Verbesserung der Abläufe, Erhöhung der Versorgungssicherheit oder andere Vorteile gegenüberstehen. Alle Unternehmen – auch die in kommunalem Besitz – haben jedoch nur begrenzte Investitionsmittel, die in der Regel als Kredite über Banken finanziert werden. Die Kreditwürdigkeit ist im Wesentlichen abhängig von dem Gewinn oder Ertrag des

Unternehmens. Da es zumeist deutlich mehr Projekte als Investitionsmittel gibt, ist es eine wichtige Aufgabe der Vorstände oder Geschäftsführungen, Prioritäten zu setzen und diese mit dem Aufsichtsrat abzustimmen, um Nachhaltigkeitsziele zu erreichen.

In Zeiten des Fachkräftemangels gilt es ferner Automatisierung, Rationalisierung und Digitalisierung bis hin zur künstlichen Intelligenz als Strategie der Bekämpfung dessen anzusehen. Denn wenn keine qualifizierten Mitarbeiter:innen zu finden sind, müssen durch die vorgenannten technischen Maßnahmen die vorhandenen Mitarbeiter:innen in die Lage versetzt werden, die notwendigen Aktivitäten abzuarbeiten. In diesem Fall spielt die Wirtschaftlichkeit der Gesamtmaßnahme eine untergeordnete Rolle, da sonst das Unternehmen den Kund:innen gegenüber seine Leistungen einschränken müsste. Dies ist in der Regel die letzte Maßnahme, die ergriffen wird.

So stellt die durchgängige Versorgungssicherheit mit Strom, Gas und Wasser das höchste Gut der kommunalen Versorgungsdienstleister dar. Dies bedeutet auf der anderen Seite, dass jede Innovation oder Veränderung ein gewisses Risiko birgt. Allerding gibt es neben diesen Kernaktivitäten mit dem hohen Anspruch an die Versorgungssicherheit weitere Bereiche im Unternehmen Mainova, bei denen schon sehr früh auf künstliche Intelligenz gesetzt wurde. Der Bereich der Energieeffizienz ist für die Erreichung der Klimaziele von eminenter Bedeutung. Hier kann künstliche Intelligenz durch selbstlernende Systeme einen positiven Einfluss mit sich bringen, auf den im Folgenden geblickt wird.

2. KI in der Anwendung: Intelligente Messsysteme

Beispielsweise wird durch den Einsatz von KI bei Gebäuden der Energieeinsatz vermindert, ohne dass es zu Einbußen beim Komfort kommt: Die Mainova bietet mit dem energyControl von Recogizer ein System an, welches mit dem Einsatz von künstlicher Intelligenz eine selbstlernende Regelung für ein gutes Raumklima erzeugt. Diese Regelung lässt sich insbesondere in vorhandene lüftungstechnische Anlagen für Geschäftsräume, Unterrichtsräume oder Büros einbauen, ohne dass es zu einer Unterbrechung des Betriebes oder größeren Umbaumaßnahmen kommen muss. Die Software übernimmt die Aussteuerung der Klimatechnik, indem sie alle relevanten Einflussgrößen für die Steuerung automatisiert erlernt. Außentemperatur, Nutzerfrequenz und Belegung werden durch das System automatisch berücksichtigt. Betriebs- und Verbrauchsdaten werden verarbeitet und Prognosen erstellt. Die Anlagensteuerung passt die Lüftungstechnik passgenau und optimiert an die jeweiligen Bedingungen an. Damit lassen sich eine hohe Energieeffizienz und ein immer angenehmes Raumklima erzeugen.

Der Energieeinsatz ist nach dem Einbau dieser Regelung um erfahrungsgemäß 20 % geringer. Dies schont nicht nur finanzielle Ressourcen, sondern dient auch dem Klimaschutz durch weniger CO_2-Emissionen. Meist amortisiert sich die Investition innerhalb des ersten Betriebsjahres.
Ein weiteres Beispiel für den sinnvollen Einsatz künstlicher Intelligenz in allen Gebäuden mit zentraler Wasserversorgung und Zirkulationsleitung sind selbstlernende Zirkulationspumpen, die schon heute als Standardbauteil zu vertretbaren Preisen zu kaufen sind. Diese Pumpen erfassen die Zeiten der Warmwasserabnahme und laufen nur zu diesen Zeiten, damit sind Energieeinsparungen von bis zu 90 % für die Zirkulation möglich. Dies ist eine wirtschaftlich und ökologisch sehr sinnvolle Investition, die möglichst schnell und vielfach umgesetzt werden sollte.
Ein wichtiger Baustein auf dem Weg zum Smart Grid ist der Einbau von intelligenten Messsystemen (iMSys). In einem Smart Grid werden alle Echtzeitdaten zur Energieerzeugung, Energieverbrauch, Energieübertragung (Netz) und Energiespeicherung gesammelt. Mit diesen Daten werden sodann das Gesamtsystem, aber auch die einzelnen Komponenten gesteuert.
Intelligente Messysteme sind ein deutlicher Innovationsschritt im Vergleich zu den sogenannten modernen Messeinrichtungen (mMe). Moderne Messeinrichtungen sind digitale Stromzähler mit einer detaillierten Verbrauchserfassung, jedoch ohne die Möglichkeit des Datentransfers. Intelligente Messsysteme bestehen aus einem digitalen Stromzähler und einer Kommunikationseinheit, dem sogenannten Smart Meter-Gateway (SMGW). Dies ist die Voraussetzungen für Fernauslesung und Datentransfer. Eine manuelle Ablesung der Zählerstände gehört damit endgültig der Vergangenheit an. Diese modernen intelligenten Messsysteme (iMSys) sind die Voraussetzung für die Verknüpfung von Erzeugung, Speicherung, Verbrauch und Stromnetz und damit dem Smart Grid. Dies bedeutet, dass Erzeugung, Verbrauch, Speicherung und Übertragung (Netz) so aufeinander abgestimmt sind, dass die Netzstabilität und Versorgungssicherheit immer gewährleistet ist. Dieser Schritt ist umso wichtiger, da Großverbraucher wie Rechenzentren in immer größerer Zahl ans Netz gehen, auch um unsere aktuellen und zukünftigen Digitalisierungsbedürfnisse zu ermöglichen.

3. Gesetzliche Verankerungen

Dies hat auch der Gesetzgeber erkannt. Mit dem *Gesetz zur Digitalisierung der Energiewende* hat die Bundesregierung daher den bundesweiten Einbau intelligenter Messsysteme (iMSys) bis 2032 vorgeschrieben. Intelligente Messsysteme, sogenannte Smart Meter, visualisieren Verbrauchsdaten und übermitteln diese in

enger Taktung automatisch. Im ersten Schritt sind davon alle Verbrauchsstellen mit einem Jahresverbrauch ab 6000 kWh betroffen und alle Stromerzeuger mit über 7 kW installierter Leistung. So sollen Energieverbrauch und Erzeugung digital zusammenwachsen. Dies führt zu einer höheren Verbrauchstransparenz und damit zu einem verbesserten Last- und Erzeugungsmanagement für die Verteilnetze. Der Umgang mit den erhobenen Daten nimmt im Gesetz einen breiten Raum ein. Damit soll auf der einen Seite der Schutz personenbezogener Daten sichergestellt werden, auf der anderen Seite die Nutzung für die Betreiber der Verteilnetze möglich machen. Seit Dezember 2022 liegt ein Referentenentwurf für ein Gesetz zum Neustart der Digitalisierung der Energiewende (GNDEW) vor. Ziel dieses Gesetzes ist es, den Rollout, das heißt den Einbau der intelligenten Messsysteme, zu beschleunigen, Verfahren rund um den Rollout intelligenter Messsysteme zu entbürokratisieren und die Rechtssicherheit zu stärken. Gleichzeitig sollen Kosten zukunftsfest und gerechter verteilt, Markt und Wettbewerb angereizt, Kompetenzen zielgerichtet gebündelt und die Nachhaltigkeit gestärkt werden.
Diese intelligenten Messsysteme bieten eine Menge Chancen für Endverbraucher:innen. Eine Visualisierung der Verbrauchswerte ist schon jetzt möglich. Damit können beeinflussbare Verbräuche besser geplant werden. Die intelligenten Messsysteme sind Voraussetzung für zukünftige Technologien und Tarifmodelle. Ferner können sich Gremien auf Basis der Zahlen strategisch auf Nachhaltigkeitsziele und die angestrebte Klimaneutralität verbessert einstellen.

4. Messsysteme zur Nachhaltigkeitssteigerung in der Praxis

Intelligente Messsysteme (iMSys) werden bereits in der Immobilienwirtschaft eingesetzt. Aus Sicht der Branche hat diese strategischen Entscheidung Vorteile für Mieter:innen und Investierende. Die Umrüstung auf ein fortschrittliches intelligentes Messsystem hat für Immobilienunternehmen drei Wirkungsrichtungen. Die Unternehmen sind damit zukünftig in der Lage, die Beschaffung der Daten sowohl zeitlich als auch qualitativ effizienter zu gestalten. Zweitens können sie durch diese strukturierte und leicht erfassbare Form der Datenaufbereitung neue Erkenntnisse über den tatsächlichen Zustand ihrer Objekte gewinnen und gegebenenfalls zielgerichtet Maßnahmen zur Energieeinsparung einleiten. Drittens fördert eine transparente und dokumentierte Datenerfassung die Bereitschaft der Mieter:innen, sich aktiv an ökologischen und gesellschaftlichen Zielen zu beteiligen.

Erste praktische Erfahrungen zeigen, dass erste Energiesparpotenziale bereits nach kürzester Zeit erkannt werden. Durch die ganzheitliche Betrachtung aller Verbräuche werden signifikante Einsparungen möglich und damit Kosten sowie CO_2-Emissionen eingespart.

Durch die nachhaltige Ausrichtung ihres Portfolios werden die Anlageprodukte dieser Immobilienunternehmen für institutionelle Investoren interessant, die Nachhaltigkeitsstandards in ihren Richtlinien festgeschrieben haben, bzw. für Anleger:innen, denen ein auch ökologisch nachhaltiges Investment wichtig ist. Das Thema Corporate Social Responsibility ist in allen Aufsichtsgremien ein Standardtagesordnungspunkt und wird regelmäßig diskutiert. Bereits im März 2010 hat die Stadt Frankfurt am Main mit einem Stadtverordnetenbeschluss eine Richtlinie guter Unternehmensführung für die Beteiligungen an privatrechtlichen Unternehmen der Stadt Frankfurt am Main (Public Corporate Governance Kodex, PCGK) erlassen und durch diese frühe Verabschiedung in diesem Thema eine Vorreiterrolle übernommen. Trotzdem ist es unsere Aufgabe, die Unternehmensführung mit Anregungen und Nachfragen weiter dazu anzuspornen, auch in diesem Bereich nicht nachzulassen. Hier könnte die konkrete Erfassung der CO_2-Emissionen durch die Gesellschaft mit Zielvorgaben für die Reduzierung und dies als Ziel an Bonuszahlungen koppeln eine Möglichkeit sein.

Zusammenfassend halte ich fest: Künstliche Intelligenz wird nach und nach immer mehr Bereiche unseres Lebens durchdringen. Die schnelle und umfassende Umsetzung wird durch die Themen bewährte Technik – bei Bereichen, in denen Versorgungssicherheit eine große Rolle spielt – und Kosten gebremst. Die Energiewende, insbesondere die Erhöhung der Energieeffizienz, wird nur mit künstlicher Intelligenz funktionieren.

Christian Kellermann

Exkurs: Potenzial einer KI-Reifegraderfassung für Nachhaltigkeit in der Anwendung

Inhalt

1. Einleitung

Künstliche Intelligenz (KI) ist der nächste Schritt der digitalen Transformation und Wegbereiter für neue Geschäftsmodelle, Produkte und Dienstleistungen. KI als »neue Klasse von Agenten in der Organisation« (DIN 2022, 154) verändert aufgrund ihrer autonomen Fähigkeiten zu planen, steuern und auszuführen potenziell die Interaktion mit dem Menschen. Gleichwohl findet in vielen Unternehmen KI noch keine konkrete Anwendung. Vor allem ist in KMU die Nutzung von KI noch unterdurchschnittlich ausgeprägt (Demary & Goecke 2021). Vorreiter sind die Großunternehmen, die in der Regel über mehr Ressourcen für die Entwicklung von KI-Anwendungen verfügen und gleichzeitig mehr betriebliche Anwendungsfälle haben.

Die KI-Einsatzerwägung folgt – wie jeder Technikeinsatz – zunächst der betriebswirtschaftlichen Rationalität, die sich aus dem Verhältnis des technisch Machbaren und dem ökonomisch Sinnvollen ergibt. KI ist danach beispielsweise besonders vielversprechend hinsichtlich der Ziele einer größeren Ressourceneffizienz (der eingesetzten Materialen ebenso wie der Arbeitszeit und der CO_2-Intensität), einer besseren Auslastung der (Produktions-)Kapazitäten, einer Prozessbeschleunigung oder einer möglichst automatisierten Dokumentation und Qualitätskontrolle.

Gleichwohl ist die Entscheidungsmatrix für oder gegen KI komplexer, denn ob und in welchem Umfang KI im einzelnen Unternehmen tatsächlich eingesetzt wird, hängt von mehreren Faktoren ab. Was KI technisch leisten kann, ist der erste. Eine zweite Frage betrifft ethische Fragen und die entsprechenden Vorschriften für den Technikeinsatz: Gibt es Einschränkungen oder Auflagen, die für einen bestimmten Anwendungsbereich zum Tragen kommen, wie sie beispielsweise im AI Act der EU vorgesehen sind? Neben Ethik und Gesetz betrifft diese Frage auch die Integrationsfähigkeit einer KI in bestehende Produktions- und Arbeitsprozesse. Erst nach Klärung dieser beiden Aspekte macht die betriebswirtschaftliche Kalkulation Sinn, gleichwohl gerade die Berechenbarkeit von Kosten und Ertrag im Fall der KI nur bedingt feststellbar ist, da die Dynamik und somit die Ergebnisse selbstlernender Algorithmen im Vorfeld nicht antizipierbar sind – bestenfalls sind sie schätzbar anhand vergleichbarer Anwendungen. »Die Entscheidung über den tatsächlichen Einsatz von KI im Unternehmen hängt also davon ab, was KI kann, was KI darf, und was sie dem Unternehmen konkret bringt« (Albrecht & Kellermann 2020, 11).

2. Arbeitszentrierte Reifegradermittlung

Reifegradmodelle sind Instrumente zur Konzeption und Messung der Reife eines Unternehmens und können beschreibende, vorausschauende oder vergleichende Funktion besitzen (vgl. Sadiq et al. 2021). Sie sind ein Messinstrument zur Bewertung gewisser Fähigkeiten oder Voraussetzungen einer Organisation. Reifegradmodelle mit Fokus auf Digitalisierung bilden den Ist-Zustand der bisherigen digitalen Transformation eines Unternehmens ab und ermitteln daraus eine betriebliche Standortbestimmung, die einem objektiven Idealzustand der Digitalisierung folgt. Dieser ist zunächst wenig hilfreich, aber die Reflexion über betriebsnahe Soll-Ist-Zustände kann das Innovationspotenzial freilegen (Kaiser et al. 2021). Insofern sind die Modelle in der Regel auch ein Management-Tool, aber es gibt gute Gründe, warum sich außerdem Aufsichtsratsgremien mit der Reifegraderfassung in Hinblick auf KI beschäftigten sollten – vor allem hinsichtlich der Kontrolle, ob das zur Anwendung kommende Reifegradmodell auch alle Dimensionen für eine ganzheitliche Erfassung des betrieblichen Ist-Zustandes adäquat erhebt.

Die Gewichtung, ob ein Unternehmen digital reif ist oder nicht, hängt bei vielen Modellen vor allem von den technischen Voraussetzungen im Unternehmen ab. Digitalisierung und KI werden in ihren Funktionen als Automatisierungstechnologie, Assistenzsystem, Vernetzungstechnologie oder Organisationstechnologie auf die vorhandene Infrastruktur übertragen und ermitteln aus diesen Anforderungen den jeweiligen Reifegrad. Zur Infrastruktur zählen gerade in Modellen, deren Schwerpunkt einseitig auf der technischen Implementation liegt, auch die Kompetenzen der Mitarbeitenden: Wie stabil sind technisch-fachliche Kompetenzen (Fachwissen), wie ausgeprägt notwendige fachübergreifende Kompetenzen (organisationsbezogen, sozialkommunikativ, hinsichtlich Selbstorganisation, Interdisziplinarität usw.)?

Allerdings ist dieser Blick verkürzt und wird der Komplexität von KI-Anwendungen häufig nicht gerecht. KI ist zwar, wie andere Technologien auch, eine Rationalisierungstechnologie. Sie unterscheidet von weniger autonomen Technologien aber die Eigenheit, dass sie Arbeit, Tätigkeiten und Prozesse inkrementell und dynamischer verändert als nicht-lernende Systeme (Baethge-Kinsky 2021, 217). Wie umfassend die digitale Transformation eines Betriebs ist, hängt vom Wirkungsbereich der eingesetzten Technologie ab. Auch wenn KI-Systeme kleinschrittig und punktuell an einzelnen Arbeitsstationen oder in Prozessen eingeführt werden, sie also zunächst ein organisationales *small event* sind, kann ihre Wirkung transformativ sein: einerseits konkret für Arbeit, Zuständigkeiten und Qualifikation, andererseits für die Unternehmenskultur, und kann zu erheblichen Irritationen in der Belegschaft führen (Rüb 2021). Der Arbeitssoziologe Hartmut Hirsch-Kreinsen stellt deshalb zurecht fest: »Mit der Art und Weise des Einführungsprozesses, vor allem im Zusammenspiel mit den Dimensionen Partizipation und Führungskultur, steht und fällt nicht nur der Erfolg der technisch-organisatorischen Umsetzung (…) sondern auch die Akzeptanz der Beschäftigten« (2020, 114f.).

Der Reifegrad für KI bei einem Unternehmen ergibt sich folglich stärker aus den »humanen« Voraussetzungen, welche eng verbunden sind mit der Offenheit gegenüber der Technologie, die sich aus der Verstehbarkeit, Akzeptanz und schließlich größtmöglicher Beherrschbarkeit ergibt. Die Ermittlung des jeweiligen Reifegrades macht entsprechend Anleihen bei der Technikfolgenabschätzung, weil sie nicht nur Veränderungsgrade antizipieren muss, sondern auch die Veränderungswirkung auf Arbeit. Dass dies in den meisten Anwendungsfällen mit einfachen Mitteln möglich ist, ergibt sich aus dem zumeist komplementären Charakter von KI zu (manuellen wie auch kognitiven) Tätigkeiten (Huchler 2022).

Die frühzeitige Information und Partizipation der Betroffenen bei der Einführung eines KI-Systems ist folglich eine wesentliche Variable für eine positive Reifegradbewertung. Bereits zu Beginn des Prozesses muss die Veränderung von Arbeit im Betrieb mitgedacht und offen diskutiert werden – einschließlich der Lösungsvorschläge. KI-bedingte Veränderungen von Arbeit können für die Beschäftigten negativ ausfallen: Substitution, Dequalifikation, Vereinfachung und Kontrolle, Microtasking. Sie können sich jedoch andererseits auch positiv auswirken: Aufwertung, interessantere Arbeit, Entlastung von Routineaufgaben. Entscheidend ist, dass sehr früh deutlich wird, für wen sich welche Veränderungen ergeben und wie diesen begegnet werden kann: Welche Prozessverantwortung kommt auf den einzelnen zu und welche (IT-)Kompetenzen werden nötig sein?

3. Steigende Produktionsintelligenz und notwendige Informationskompetenz

Die gewachsene »Produktionsintelligenz« (Kern & Schumann 1984 nach Wolf 2021, 45) führte historisch betrachtet zur Erleichterung, Aufwertung, Umwertung, aber auch zur Abwertung von Arbeit unterschiedlicher Gruppen, je nach Qualifikationsstufe oder Alterskohorte. Nicht nur die Erfahrungen aus dem Projekt KI Wissens- und Weiterbildungszentrum (KIWW) haben gezeigt, dass dennoch eine Verunsicherung bei den Beschäftigten vorherrscht und diese vor allem in Abhängigkeit zur »Informationskompetenz« der Mitarbeitenden steht (ebd.).

Mit dem Bildungs- und Qualifikationsgrad der Beschäftigten steigt auch die Akzeptanz, lautet bislang die Faustformel der Digitalisierungsdebatte, weil Digitales und KI verstärkt als Assistenzsystem antizipiert wird, das »schlechte« (gefährliche, monotone, langweilige) Aufgaben automatisiert. Das Bild, wie sich Akzeptanz gegenüber KI darstellt, ist allerdings gemischt. Vor allem ältere Beschäftigte stehen der Technik in der Tendenz skeptischer gegenüber, aber auch An- und Ungelernte fürchten um die Entwertung ihres Domänenwissens – auf die eigene Arbeit oder aber auch auf Prozesse bezogen. Je größer das technische Bedrohungsszenario für eine Beschäftigtengruppe ist, desto konfliktreicher wird auch eine KI-Implementation in diesem Bereich. Der Ist-Zustand hinsichtlich der Akzeptanz ist somit ein wesentlicher Teil einer KI-Reifegradbestimmung, denn daraus leiten sich entsprechende akzeptanzfördernde Maßnahmen ab, die sich der Antizipation akzeptanzgefährdender Faktoren sowie in einer nutzerorientierten Technikgestaltung im Verlauf des Einführungsprozesses ausdrücken.

Für die Gestaltung der Benutzerschnittstelle spielt das Einbringen des Erfahrungswissens der Beschäftigten eine elementare Rolle und kann bereits ausreichen, um Akzeptanz herzustellen. Aus der Arbeitssoziologie stammt die wichtige Beobachtung, dass Partizipation nicht nur der unmittelbar Betroffenen wichtig ist, sondern auch der Beschäftigten anderer Arbeitsbereiche, denn auch die Reaktionen der nicht direkt betroffenen Beschäftigten sind gleichermaßen wichtig für die Akzeptanz der direkt vom KI-Einsatz betroffenen (Hirsch-Kreinsen 2020, 114–120). So gilt es, den gesamten Betrieb bei der KI-Reifegraderfassung mitzudenken und Partizipationsmöglichkeiten zu schaffen.

4. Quellenangaben

Albrecht, T. & Kellermann, C. (2020). Künstliche Intelligenz und die Zukunft der digitalen Arbeitsgesellschaft. Forschungsförderung Working Paper Nr. 200, Hans Böckler Stiftung. Abgerufen am 23. 2. 2023, *https://www.boeckler.de/de/faust-detail.htm?sync_id=HBS-007902.*

Baethge-Kinsky, V. (2021). Zur Zukunft der Facharbeit in der digitalisierten industriellen Produktion. In: Buss, K.P. et al. (Hrsg.), Digitalisierung und Arbeit. Triebkräfte, Arbeitsfolgen, Regulierung. S. 209–234.

Demary, V. & Goecke, H. (2021). Wie KMU Künstliche Intelligenz nutzen. IW-Kurzbericht 81/2021. Institut der deutschen Wirtschaft.

DIN (2022). Deutsche Normungsroadmap Künstliche Intelligenz. Ausgabe 2, Dez. 2022. Abgerufen am 23. 2. 2023, *https://www.din.de/resource/blob/891106/57b7d46a1d2514a183a6ad2de89782ab/deutsche-normungsroadmap-kuenstliche-intelligenz-ausgabe-2--data.pdf.*

Hirsch-Kreinsen, H. (2020). Digitale Transformation von Arbeit. Entwicklungstrends und Gestaltungsansätze.

Huchler, N. (2022). Komplementäre Arbeitsgestaltung. Grundrisse eines Konzepts zur Humanisierung der Arbeit mit KI. Z. Arb. Wiss. 76, 158–175. Abgerufen am 23. 2. 2023, *https://doi.org/10.1007/s41449-022-00319-5.*

Kaiser, S., Kozica, A., Littig, B., Müller, M., Rauch, R. & Thiemann, D. (2021). DigiTraIn 4.0: Ein Beratungskonzept für die Transformation in eine digitale Arbeitswelt. In: Bauer, W. et al. (Hrsg.) Arbeit in der digitalisierten Welt. *https://doi.org/10.1007/978-3-662-62215-5_27.*

Rüb, S. (2021). Digitalisierung als Konfliktfeld betrieblicher Arbeitsbeziehungen. In: Buss K.P. et al. (Hrsg.), Digitalisierung und Arbeit. Triebkräfte, Arbeitsfolgen, Regulierung. S. 309–340.

Sadiq, R. B., Safie, N., Rahman, A. H. A. & Goudarzi, S. (2021). Artificial intelligence maturity model: a systematic literature review. PeerJ Comput Sci. 2021; 7: e661.

Wolf, H. (2021). Das Phantom Digitalisierung. Zum Wandel der Rationalisierung von Arbeit. In: Buss K.P. Buss et al. (Hrsg.), Digitalisierung und Arbeit. Triebkräfte, Arbeitsfolgen, Regulierung. S. 39–66.

Oliver Dietrich

Nachhaltige Implementierung digitaler Technologien. Praxisimpulse zum Paradigmenwechsel bei der Gestaltung und Einführung digitaler Technologien aus der Region Ostwestfalen-Lippe

Take-Aways:

→ Beteiligung und Mitgestaltung der Beschäftigten sind zentrale Aspekte einer Gelingens-Kultur der Transformation. Dazu zählen vor allem: Transparenz über Vorgehensweisen, Ausrichtungen von Technologien und deren Zielsetzungen. Dafür bedarf es passgenauer Kommunikations- und Beteiligungskonzepte.

→ Die ganzheitliche Technologiegestaltung muss als Nachhaltigkeitsfaktor erkannt und die Vorteile für die Unternehmens- und Beschäftigungsentwicklung müssen nutzbar gemacht werden. Hierzu bilden Kompetenz- und Qualifizierungskulissen die Basis für erfolgreiche Umsetzungsstrategien auf dem Weg in die digitalisierte Arbeitswelt.

→ Beschäftigte und Betriebsräte müssen in ihren Aufgaben gestärkt werden. Die Entwicklung von Unternehmen, Beschäftigung und die Zukunftssicherung und -entwicklung können nur auf Augenhöhe gelingen. Hierzu bedarf es mehr Demokratie und Beteiligung im Unternehmen.

Inhalt

1. Technologie-Einführungsprozesse im Wandel der Digitalisierung

Neue Wege gehen, um den digitalen Wandel im Unternehmen erfolgreich zu gestalten. Dies setzt die Bereitschaft aller Stakeholder voraus, um nachhaltige Zukunftsgestaltung für Beschäftigung und Wachstum zu ermöglichen.
Unternehmen wissen aus Erfahrung, wie in der Vergangenheit Technologie-Einführungsprozesse erfolgt sind. Dafür braucht es weder eine ganzheitliche Betrachtung noch Mitgestaltung. Unternehmen haben langjährige Übung mit der Einführung von neuen Softwaresystemen, Produktionsanlagen, Automatisierungsprozessen oder anderen technischen Neuerungen. Sie steuern diesen Prozess top-down. Im Fokus stehen dabei die Möglichkeiten der Technologie, die technischen Umsetzungsfaktoren, deren Chancen für Produkte, Prozesse, Effizienzsteigerungen oder Einsparungen. Die Unternehmensorganisation muss sich in dieser gängigen Ablaufgestaltung nur geringfügig anpassen, ohne direkt in die technologischen Umsetzungsmöglichkeiten involviert zu sein. Weniger Berücksichtigung finden dabei die Interessen oder Belange von Beschäftigten. Diese Vorgehensweise wird in der Ablauffolge als TOM-Ansatz (kurz für Technik-Organisation-Mensch) bezeichnet: Die Organisation folgt der Technik, der Mensch ist der abschließende Faktor. Diese bis dato gängige Sequenz lässt sich wie folgt charakterisieren: »Beschäftigte, Betriebsräte und IG Metall werden häufig erst dann beteiligt, wenn schon unmittelbare Mitbestimmungsrechte berührt sind. Oft findet die Beteiligung erst im Nachgang statt, wenn der Einführungsprozess nicht den gewünschten Erfolg zeigt und Anpassungen notwendig sind« (IG Metall Bezirksleitung Nordrhein-Westfalen 2018, 4). Diese Herangehensweise (TOM-Ansatz) ordnet der Technologie die organisationalen Prozesse unter. Im Binnenverhältnis besteht augenscheinlich weder Notwendigkeit noch Nutzen in der Beteiligung der Organisationsebene und, daraus resultierend, der Beschäftigten: Weder in den inneren noch in den äußeren Beziehungen wird der Organisation eine mitwirkende Rolle für den Technologieeinführungsprozess zugebilligt oder als gewinnbringend zugeschrieben.
Konventionelle Prozesse sorgen dafür, dass Mitgestaltungs- und Mitbestimmungsinitiativen hierbei nur geringfügig ausgeprägt sind. Hierarchieebenen bleiben bestehen und werden nicht in Frage gestellt (Kühl 2020, 58–67). Somit findet auch ein möglicher demokratischerer oder auf mehr Partizipation ausgerichteter Ansatz bei der Einführung dieser neuen Prozesse kaum statt (Nettelstroth & Schilling 2020, 245).
Der vertraute Prozess wird dabei nicht überschaubar verändert. Er kommt vielmehr oftmals an seine Grenzen. Die doppelte Intransparenz (Darlegung der Reichweite der technologie-getriebenen Veränderungen und fehlende Gestal-

tungskommunikation) gefährden Akzeptanz und Zustimmung von Führungskräften und Beschäftigten. Diese Akteure sehen beispielsweise zwar die Notwendigkeit, sich weiterzuentwickeln, zu qualifizieren und somit auch die Möglichkeiten neuer Technologien auszuschöpfen, werden aber nicht an den Prozessen beteiligt. In der Konsequenz sind dann entsprechende passgenaue Qualifizierungsangebote und -maßnahmen in den festen Organisationsstrukturen und Konstruktionen so nicht vorgesehen, vielleicht auch nicht möglich. Der fatale Zusammenhang von fehlender Beteiligung und fehlender Kompetenzentwicklung hat direkte Auswirkungen auf die Wahrnehmung der eingeführten Technologien selbst: Die Nachhaltigkeit von Veränderungen in Unternehmen, ausgelöst durch neue digitale Technologien, wird somit »eher als beunruhigende Abweichung vom gewohnten Zustand denn als (Weiter-) Entwicklungen des Bisherigen angesehen« (König & Schattenhofer 2007, 54). Eine Implementierung und Verstetigung der Veränderungslogik, die notwendig und überlebenswichtig ist, ist somit nicht gegeben (IG Metall Bezirksleitung Nordrhein-Westfalen 2018). Sind damit digitale Technologieeinführungsprozesse zum Scheitern verurteilt? Unternehmens- und Geschäftsleitungen müssen die Risiken oder das Scheitern einer konventionellen Technikeinführungslogik in Kauf nehmen, wenn sie bestehende Systeme und Konstruktionen nicht (mit-) verändern. Entstehende Ambivalenzen zwischen Zukunftsfähigkeit und tradierten Systemen schaffen vor allem eines: Unsicherheit auf allen Ebenen des Unternehmens. Damit rückt ein Ansatz in den Fokus, der in Ostwestfalen-Lippe als Kooperation mit Wissenschafts- und Forschungseinrichtungen, Unternehmen und dem Spitzencluster Intelligente Technische Systeme OstWestfalenLippe (kurz it's OWL) erfolgreich erarbeitet und angewendet wird: Die Gestaltung digitalisierter Arbeitswelten wird mit einem ganzheitlichen Ansatz erfolgreich umsetzbar, wenn der Mensch, die Organisation und die Technik gleichberechtigt berücksichtigt werden.

2. Der ganzheitliche Gestaltungsansatz als Erfolgsfaktor

Intransparenzen, fehlende Gestaltungsbeteiligungen und als gravierend wahrgenommene Umbrüche schaffen Unsicherheiten, Sorgen und Ängste bei Beschäftigten, etwa mit Blick auf ihre eigene Kompetenzentwicklung oder soziale Sicherung. Die subjektive Erklärbarkeit und Plausibilität der Veränderungen, ihre Implikationen und deren Bewertung werden zum zentralen Aspekt: »Wer ein Warum zum Leben hat, erträgt fast jedes Wie« (Längle & Bürgi 2020, 182 f.). Dies schließt zugleich ein, dass nicht jede:r Betroffene Veränderungen erkennt, annehmen kann oder akzeptieren will. Dabei gilt es, das Individuum mit all seinen Empfindungen, Werten und Zweifeln zu betrachten. Es geht um mehr als nur um: »im Unternehmen beschäftigt zu sein«. Neue Herausforderungen wie Künstliche Intelligenz und damit einhergehend deren ganzheitliche Gestaltung bedürfen eines Verständnisses dieser Konstellationen. Diese Aspekte sind auch – und sogar in besonderer Weise – im Kontext der Technologieeinführung in digitalen Zeiten bedeutsam: Coping-Reaktionen (Schutzreaktionen) (Längle & Bürgi 2020, 81–134) können spürbar zunehmen und zum Teil in dauerhafte Haltungen übergehen. Sie reichen von Verleugnung, Demotivation und Abwehr bis hin zur Aufgabe und münden teils in der Kündigung des Arbeitsverhältnisses. So äußern Beschäftigte beispielsweise: »Vorher kannte ich alle Arbeitsschritte – jetzt versteh' ich nichts mehr!«, »Der Roboter macht uns alle arbeitslos!« Mit Blick auf den aktuellen und zukünftigen Arbeits- und Fachkräftemangel in Deutschland wirken diese Reaktionen schon fast toxisch auf Unternehmen und Gesellschaft.

Werden Beschäftigte nicht frühzeitig und mitgestaltend an den Umbruchprozessen beteiligt sowie Notwendigkeiten für die Technologieveränderungen transparent gemacht, entkoppeln sich diese Reaktionen mitunter auch vom technologischen Aspekt. Es kann dabei der Eindruck entstehen, dass ohne Kenntnis der Beschäftigten und des Betriebsrates auf Entscheidungsebene Technologie eingekauft oder entwickelt wurde. Im Gegenfokus bilden dagegen Transparenz und Kommunikation seitens der Unternehmensführung mit Blick auf Grundlage, Stand, Ziele, Zukunft und Vision für die technologischen Veränderungen und deren Auswirkungen auf Arbeit sowie der angemessenen Kompetenzentwicklungsmaßnahmen die essenzielle und nachhaltige Gelingensgrundlage (vgl. Nettelstroth & Schilling 2020, 247). Darüber hinaus sind durch diese Aspekte auch mögliche Beschäftigungsaspekte erwartbar (Knappertsbusch & Gondlach 2021, 218 ff.). Skizzieren lässt sich dabei das Spannungsfeld von Tradition und Innovation. Es bedarf einerseits einer Fortführung des Bestehenden und andererseits, die Entwicklung des Innovativen in den Gesamtblick einer Organisation zu nehmen.

Dabei schaffen prospektive (vorausschauende) Handlungs- und Gestaltungsansätze mit Blick auf die Veränderungen der Arbeitswelt verbesserte Grundlagen für Akzeptanz und Mitwirkung. Wichtige Bausteine dabei sind die Resilienz von Systemen, Organisationen und Beschäftigten.

Ein ganzheitlicher Gestaltungsansatz ist bei Einführung zumeist digitaler Technologien in Unternehmen ergo nunmehr eine notwendige Voraussetzung, um diese erfolgreich umsetzen zu können und die zuvor beschriebenen Resignations- und Ablehnungsprozesse zu adressieren. Gewinnbringend wird eine ganzheitliche und nachhaltige Technologieeinführung primär, wenn eine gleichgewichtige Betrachtung der Faktoren Mensch, Organisation und Technik vorgenommen wird. »Das zentrale Ziel bei der Gestaltung sozio-technischer

Arbeitssysteme für Industrie 4.0 muss sein, die Faktoren Mensch, Technik und Organisation in Einklang zu bringen« (Deuse et al. 2015, 160).
Deuse listet hier in der Abfolge der Nennung noch die Technologie vor der Organisation auf (MTO-Ansatz). In der sich mittlerweile immer stärker durchsetzenden Diskussion wird die Technologie jedoch an dritter Stelle genannt. Dem liegt offenkundig ein zumindest zunehmend evidentes (offenkundiges), wenngleich noch nicht zwingend auch umgesetztes verändertes Verständnis der Schlüsselaspekte zugrunde. Die daraus resultierende Logik gleichgewichteter Ausrichtung auf Mensch, Organisation und Technik (MOT-Ansatz, Abb. 1) verändert das zuvor gültige Paradigma und schafft die Basis, um Transparenz, Kommunikation, Qualifizierung und Innovation im Unternehmen in sich dynamisch verändernden betrieblichen Abläufen und der Unternehmenswelt implementieren zu können.

3. Generischer Paradigmenwechsel von TOM zu MOT

Ist der MOT-Ansatz daher der Gamechanger für die erfolgreich gestalteten Veränderungen von Arbeit in einem zunehmend durch Digitalisierung geprägten Zeitalter? In den bisherigen Projekten in Ostwestfalen-Lippe hat die IG Metall den Ansatz einer ganzheitlichen Technologiegestaltung frühzeitig entwickelt und erprobt.
In Abb. 1 wird deutlich, dass sich der Mehrwert einer ganzheitlichen Gestaltung vor allem in drei Bereichen zeigt: Dialog, Transparenz und Beteiligung.
Indem den Beschäftigten aktive Gestaltungsmöglichkeiten eingerichtet werden und sie konkret an einer Technologieausgestaltung beteiligt sind, schafft diese Vorgehensweise ein hohes Maß an Transparenz bei der Entwicklung und Einführung neuer Technologien. Sie werden somit gestaltender Teil einer Entwicklung, bei der sie die Chancen, aber auch Herausforderungen im Dialog mit Betriebsrat, Unternehmensführung und Vertreter:innen des Aufsichtsrats mitmodellieren können. Dieses Maß an Einbeziehung schafft die notwendige Transparenz, um die Möglichkeiten der Veränderung ihrer Arbeit zu erkennen, verstehen, beurteilen und einzuordnen. Dabei wird deutlich, dass organisationale Anpassungen und Veränderungen, z. B. die Entwicklung neuer Qualifizierungsmaßnahmen, ein weiterer Teil der ganzheitlichen Betrachtung und Gestaltung sind. Denn die technologischen Umbrüche schaffen auch Veränderungen in den Abläufen von Organisationen.
Eine qualifizierte Organisationsentwicklung ist Bestandteil des gesamten Umbruchprozesses in Unternehmen. Sowohl die Personal- und Organisationsentwicklung als auch das HR-Management sind gefordert, technologische Entwicklungen und deren Auswirkungen in ihre strategischen Planungen einzubeziehen.

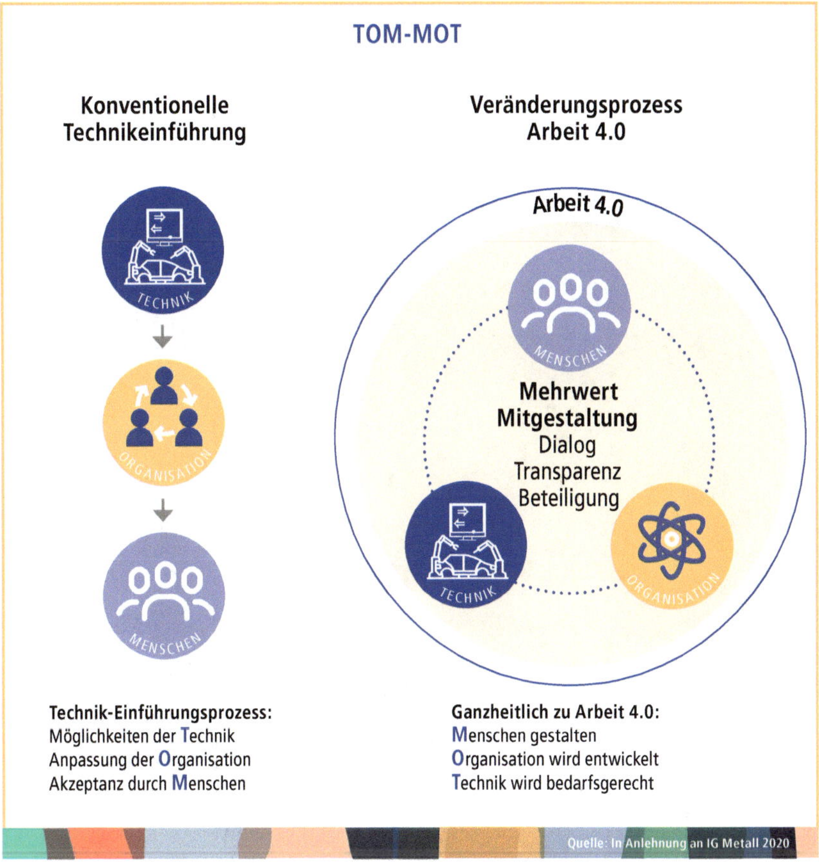

Dieses schafft für die Beschäftigten neue Chancen und Möglichkeiten der eigenen beruflichen Entwicklung und Qualifizierung. Unter diesen Gesichtspunkten wird erkennbar, dass die tradierten Technologieeinführungsprozesse gegenüber dem MOT-Ansatz defizitär, eventuell auch dysfunktional sind. Daraus lässt sich ableiten, dass jede neue Technologie wie z. B. Künstliche Intelligenz letztlich nur mit konsequentem Fokus auf die Entwicklungsmöglichkeiten von Beschäftigten und Organisationen integriert und implementiert werden kann. Das beinhaltet gleichwohl auch den Dialog unterschiedlicher Disziplinen und Bereiche in der Organisation. Ein Gestaltungsdialog zwischen Mitgliedern des Aufsichtsrats, Geschäftsleitung und allen Beteiligten zu Technologieentwicklungskulissen ist dabei mittlerweile ein Faktor, der erfolgszuversichtliche von fragmentierten Einführungsprozessen abgrenzt.
Ganzheitlicher Gestaltungsansatz am Beispiel einer KI-Entwicklung.

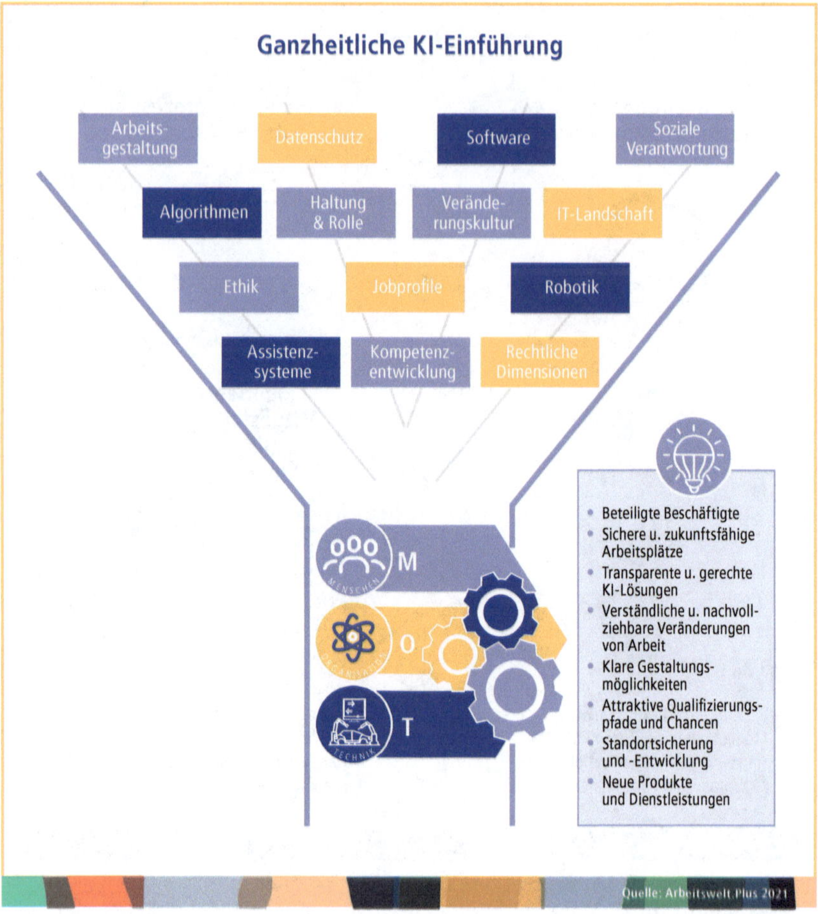

»Künstliche Intelligenz ist gar nicht künstlich. Sie wird von Menschen gemacht. Der Mensch muss im Mittelpunkt stehen, denn er beleibt die Version 1.0 und der Mensch braucht kein Update!« (Benner 2021) Im Rahmen des aktuellen Forschungs- und Entwicklungsprojektes der regionalen Arbeitsforschung »Kompetenzzentrum Arbeitswelt.Plus«, gefördert vom Bundesministerium für Bildung und Forschung (2020–2025), entwickelt die IG Metall NRW in Kooperation mit den sechs Geschäftsstellen in Ostwestfalen-Lippe, Wissenschafts- und Forschungspartnern und den sieben beteiligten Unternehmen den ganzheitlichen Gestaltungsansatz mit Fokus auf Künstliche Intelligenz weiter. Dabei geht es vor allem auch darum, in Change-Prozessen KI »erlebbar« und »aktiv gestaltbar« zu machen anstatt zu »ertragen« (Schaffner 2020, 194). Abb. 2 zeigt, wie die unterschiedlichen Implikationen auf die Ebenen von Mensch, Organisation und Technik treffen. Dabei gilt es, die Themen den drei Ebenen zuzuordnen, um sie mit ihren jeweiligen Auswirkungen und Wechselwirkungen einordnen zu können. Es bedarf somit einer ganzheitlichen Betrachtung, der erst eine ganzheitliche Gestaltung folgen kann.

4. Wirkweisen und ihre Gestaltungs- und Beteiligungsstrategien

Welche Wirkweisen entstehen, wie wirken sich diese auf die Beschäftigten und Organisationen aus und wie sehen die dazu passenden Gestaltungs- und Beteiligungsstrategien aus? Zunehmend klar erkennbar wird nunmehr, dass durch den Fokus Mensch in jedem Bereich Wechselwirkungen und Gestaltungsanforderungen entstehen: Wenn für eine Beschäftigtengruppe im Zusammenhang mit einer innovativen Technologie veränderte Kompetenzanforderungen erkannt werden, müssen diese in organisational initiierten Entwicklungsangeboten münden, die plausibel, sinnstiftend und aktiv mit den betroffenen Beschäftigten abgestimmt und entwickelt werden müssen. Hier sind alle Ebenen der Unternehmen, vom Aufsichtsrat bis zum Betriebsrat, gefordert, auf Augenhöhe und in einem gleichberechtigten Gestaltungsmodus verantwortungsvoll und z. B. mit Blick auf Qualifizierungs- und Weiterbildungskorridore, Datenschutz und vor allem auf die Verständigung, wer in einer KI-gestützten Anwendung die spezifischen Entscheidungen trifft, zu agieren. Dem vorgelagert steht vor allem, eine abgestimmte Umsetzungsstrategie zu entwickeln und zu implementieren. Auch hier gilt es, einen verantwortungsgetragenen Aushandlungsprozess so anzulegen, dass alle Interessen gleichberechtigt eingebracht und berücksichtigt werden können (Stowasser 2021, 147–148). Die mit dem Einsatz von KI-Lösungen einhergehenden Innovationen verändern die Arbeitswelt in einem hohen Tempo – die Wirkungsreichweite der entsprechenden Technologien, inhärente (enthaltene) Intransparenzen und intransparente Entscheidungsprozesse von KI-basierten Anwendungen bringen die Dynamik der zu gestaltenden Prozesse auf ein wesentlich höheres Niveau. Hier gilt es für Betriebsräte, Schritt zu halten. Zentral ist vor dem Hintergrund der Wirkungsreichweite KI-basierter Technologien: Die bloße Einführung neuer Technologien, weil diese eben verfügbar, modern, innovativ und »gehypt« sind, sind auch in diesem Zusammenhang keine guten Wegbegleiter.

Anders ausgedrückt: »Angesichts der nachvollziehbaren Erregung von Visionären, Zukunftsprognostikern und Trendforschern brauchen wir ein Realismusgebot in der Diskussion über Digitalisierung« (Kühl 2023, 57).

5. Der Betriebsrat als Treiber ganzheitlicher Gestaltungsprozesse

Dabei steht der Betriebsrat als Motor und zentraler Akteur für Beteiligung und Mitgestaltung im Zentrum erfolgreicher Umbruchprozesse und Veränderungskulissen. Betriebsräte können mit ihrer Expertise, der Nähe zu den Beschäftigten und ihrem direkten Zugang zu stattfindenden Veränderungsprozessen und deren Auswirkungen einen essenziellen Beitrag zum Gelingen der betrieblichen Transformation leisten. Es gilt, die notwendigen Wissensvoraussetzungen zu schaffen, denn nur wer fundiertes fachliches Wissen in die Diskussion einsteuern kann, kann auch auf Augenhöhe gestalten und sich beteiligen. Es bedarf also zugleich auch eines erweiterten Fachwissens und einer darauf abgestimmten Organisationsentwicklung mit Blick auf die Betriebsratsgremien (Houben & Stassek 2019, 305–315). Es geht auch um die Gestaltung der eigenen Betriebsratsarbeit, denn diese verändert sich in einem rasanten Tempo hinsichtlich Ausmaß von Aufgaben und Anforderungen. Die Geschwindigkeit und Wirkungsreichweite digitaler Technologieentwicklungen wirken auf die Rollenkompetenz all jener Akteure, die über die Technologie in Organisation und individueller Ebene entscheiden – traditionelle Rollenverständnisse und Funktionskompetenzen, die in ihrer Entwicklung stehenbleiben, schwächen daher die faktische Gestaltungskompetenz der Akteure. Kurz: Das Tempo der Technologien entkoppelt sich vom Gestaltungsknowhow der Schlüsselpersonen.

Es gilt mehr denn je, auf der Grundlage umfassender organisationaler und individueller Kompetenzentwicklung mit der Technologie Schritt zu halten. So können Betriebsratsmitglieder nicht erst zu Expert:innen werden, wenn KI-Technologien bereits unternehmensübergreifend eingeführt sind. Diese Herausforderung werden die Betriebsräte nur meistern können, wenn auch in ihrem Handeln eine ganzheitliche Vorgehensweise Berücksichtigung findet. Dabei stehen Veränderungen von Organisationsstrukturen und Arbeitsweisen und sich verändernde Technologien in einer ganzheitlichen Betrachtung im Zentrum ihrer Arbeit.

Arbeiten in Projektgruppen oder -teams, somit auch die Nutzung verschiedener Expertisen, sind der Schlüssel, um Betriebsratsarbeit mit Blick auf z. B. Technologieprojekte zukunftsfähig aufzustellen.

Die direkte Einbeziehung der Beschäftigten in die ganzheitliche Veränderung von Arbeit, Unternehmen und Technik schafft weitere Möglichkeiten zur Gestaltung einer digitalisierten Arbeitswelt. Daraus entstehend geht es um nicht weniger als die Demokratisierung von Arbeit (Jerchel 2021, 145–147).
Selbstbestimmung und Mitbestimmung als Gestaltungsansatz sorgen durch frühzeitige Beteiligung und Mitgestaltung von Beschäftigten und deren Interessenvertretungen bei technologischen Einführungsprozessen für einen konkreten Mehrwert für Unternehmen (it's OWL Clustermanagement 2017). Dieser besteht vor allem in dem Abbau von Verunsicherungen, Ablehnungshaltungen und Intransparenzwahrnehmungen der Akteure mit Blick auf technologische Veränderungen. Die Einbringung unterschiedlicher Expertisen von Beschäftigten vieler Bereiche trägt zu neuen Lösungsansätzen in erweiterter Qualität bei und erhöht die Akzeptanz für anstehende Veränderungen durch selbst erarbeitete Lösungsansätze (Nettelstroth et al. 2017). Dem mag ein erhöhter Ressourcenaufwand für Unternehmen und Verlust des Wissensvorsprungs im Managementbereich entgegenstehen. Jedoch gilt es zunehmend als konstitutiv für den unternehmerischen Erfolg, alle Beteiligten auf Augenhöhe einzubeziehen. (Dietrich 2021, 16–17). Das bedeutet gleichzeitig, neue Wege der Partizipation zu erproben. Mitgestaltung und Beteiligung funktionieren hier nicht mehr nach alten Mustern.
Es geht also nicht um Vor- oder Nachteile, sondern um Gelingen oder Nichtgelingen einer nachhaltigen Transformation von Arbeit und die Gestaltung digitaler Prozesse. Die Überlebensfähigkeit und Zukunftsrobustheit von Unternehmen und daraus ableitend die Sicherung und Weiterentwicklung von Beschäftigung in Zeiten multipler Transformationsprozesse setzen, anders als bisher, veränderte Strategieentscheidungen vom Aufsichtsrat bis hin zum Betriebsrat und Vorgehensweisen voraus. Hierzu gehören strategische Ziele wie mehr Demokratie im Unternehmen oder zielorientierte Mitgestaltungs- und Beteiligungsinitiativen (Nies 2021, 89–102). Dabei bilden Aushandlungsprozesse zwischen den betrieblichen Akteuren die Grundlagen, damit eine ganzheitliche Transformation von Arbeit mit ihren Umbrüchen für alle Seiten gelingen kann. Gleichzeitig erfordern diese Implikationen eine komplementäre Veränderungskultur im Unternehmen.
Das gesamte Veränderungsgeschehen und -tempo schaffen Irritationen, Unbehagen, Ängste oder Abwehr (vgl. Fitzek 2014, 23–27). Weiterhin wird immer deutlicher, dass starre, unbewegliche Organisationsstrukturen hinderlich für die erfolgreiche Umsetzung digitaler Technologieeinführungsprozesse sind. Es bedarf in Summe also eines ganzheitlichen und umfassenden Change-Prozesses bei der Einführung solcher Technologien (Schlicher et al. 2020, 347–379), denn die frühzeitige Einbindung betrieblicher Interessenvertretungen und Beschäftigter auf dynamisch angepasster Grundlage (siehe oben) hat zentrale positive Aus-

wirkungen auf die Umsetzungserfolge bei der Einführung neuer Technologien (it's OWL Clustermanagement 2017).

6. Der Nutzen für die betriebliche Praxis

Exemplarisch wurden in mehreren Projektunternehmen durch die IG Metall Geschäftsstellen der Region Ostwestfalen-Lippe Beteiligungs- und Gestaltungsformate erprobt. Um z. B. die Anwendung, den Nutzen und auch die Herausforderungen mit dem Einsatz einer Augmented Reality (AR)-Brille mit den Beschäftigten zu diskutieren, wurde ein sog. »Arbeit 4.0 Frühstück« organisiert. In enger Zusammenarbeit mit den betrieblichen Beteiligten wurden Beschäftigte eingeladen, um diese Technologie auszuprobieren und zu erleben. Fragen wurden diskutiert, Herausforderungen skizziert und Neugier auf Technik geweckt. Im Anschluss konnten die betrieblichen Akteure die Erkenntnisse aufgreifen und weiterbearbeiten. In einem zweiten Projektunternehmen wurde durch den Betriebsrat und die IG Metall ein ganztägiger Technologietag für die Beschäftigten organisiert. Die Gesamtorganisation lag dabei in der Verantwortung des Betriebsrats. Das Unternehmen steuerte den organisatorischen Rahmen und ermöglichte den Beschäftigten die bezahlte Teilnahme. Die Angebotskulisse reichte von Qualifizierungs- und Weiterbildungsmöglichkeiten, dem Ausprobieren digitaler Technologien bis zu einem Diskussionsrahmen mit Wissenschafts- und Forschungseinrichtungen zu den Chancen und Herausforderungen der Digitalisierung im Unternehmen. Daraus folgend entstanden u. a. Vereinbarungen zu neuen und verstetigten Qualifizierungskonzepten. Insgesamt nahmen an diesem Technologietag über 1000 Beschäftigte teil. Ein weiterer Beteiligungsprozess wurde mit der »Eintrittskarte zur Mitbestimmung« in mehreren Unternehmen erprobt. Gegenstand der »Eintrittskarte zur Mitbestimmung« ist eine Kurzbefragung. In der Ergebnisanalyse der Befragung wurde deutlich, dass sich die Beschäftigten in der Region z. B. mehr Qualifizierung wünschen, mehr Veränderungen durch die Digitalisierung erwarten und dass sich z. T. Belastungen am Arbeitsplatz durch den Einsatz neuer Technologien verringern lassen. Die Befragungsergebnisse bildeten die Grundlage, um mit allen betrieblichen Akteuren und Gremien geeignete Beteiligungs- und Mitgestaltungsansätze weiterzuentwickeln und durchzuführen.

7. Fazit: Der Mensch als entscheidender Akteur für bessere und nachhaltigere Arbeit

Zusammenfassend zahlt sich die Beteiligung der Beschäftigten in Umbruchprozessen und bei der Einführung neuer Technologien nachhaltig für Beschäftigungssicherung- und Entwicklung aus. Die Beschäftigten wissen am besten, was sie für ihre Arbeit benötigen. Sie sind die Experten ihrer eigenen Arbeit und somit auch unmittelbar in die Veränderungsprozesse einzubeziehen. Sie haben ein hohes Interesse an der Gestaltung ihrer eigenen Arbeit und ihrer Kompetenzentwicklung. Neue Technologien schaffen dafür weitere Möglichkeiten zur Weiterentwicklung von Beschäftigung, Zukunftssicherung von Unternehmen und Stärkung von regionalen Strukturen. Es geht letztlich auch um die »Daseinsgestaltung des Unternehmens« (Längle & Bürgi 2020, 241) und somit um nicht weniger als eine ganzheitliche Veränderung auf allen Ebenen, mit Blick auf und für die Menschen. Denn diese sind die entscheidenden Akteure und Akteurinnen für bessere statt nur produktivere Arbeit und somit die wichtigsten Player in diesen temporeichen Umbruchprozessen.

8. Quellenangaben

Benner, C. (2021). Gewerkschaften und neue Arbeitswelten. Abgerufen am 12.2.2023, *https://www.youtube.com/watch?v=496rYZeVwvk.*

Deuse, J., Busch, F., Weisner, K. & Steffen, M. (2015). Gestaltung sozio-technischer Arbeitssysteme für Industrie 4.0. In Hirsch-Kreinsen, H., Ittermann, P. & Niehaus, J. (Hrsg.). Digitalisierung industrieller Arbeit. Die Vision 4.0 und ihre sozialen Herausforderungen. Springer, Baden-Baden. S. 147–164.

Dietrich, O. (2021). Die Maschine als Kollege? – Betriebliche Einführung von künstlicher Intelligenz aus gewerkschaftlicher Sicht. Praeview. Zeitschrift für innovative Arbeitsgestaltung und Prävention [2], S. 16–17.

Fitzek, H. (2014). Gestaltpsychologie kompakt. Grundlinien einer Psychologie für die Praxis. Springer VS, Wiesbaden.

Houben, M. & Stassek, E. (2019). Die Betriebsratsarbeit professionalisieren – durch frühzeitige und aufgabenorientierte Personalentwicklung. In Schulz, I. (Hrsg.). Industrie im Wandel – Bildungsarbeit in Bewegung. Bund-Verlag, Frankfurt am Main. S. 305–315.

IG Metall Bezirksleitung Nordrhein-Westfalen (2018). Ganzheitlich zu Arbeit 4.0. Wege zur Mitgestaltung durch Beschäftigte und Betriebsräte. Abgerufen am 10.2.2023, *https://www.arbeit2020.de/fileadmin/Arbeit2020/4.1_Broschueren/IG_Metall-Ganzheitlich_zu_Arbeit_4.0.pdf.*

it's OWL Clustermanagement GmbH (2017). Auf dem Weg zu Industrie 4.0: Gestaltung DIGITALISIERTER ARBEITSWELTEN. Abgerufen am 10.2.2023, *https://www.its-owl.de/fileadmin/PDF/Publikationen/2017_Broschuere_Arbeit40.pdf.*

Jerchel, K. (2021). Mehr Demokratie durch mehr Mitbestimmung. In Schmitz, C., Urban, H.J. (Hrsg.): Demokratie in der Arbeit – Eine vergessene Dimension der Arbeitspolitik? Bund-Verlag, Frankfurt am Main. S. 145–147.

König, O. & Schattenhofer, K. (2007). Einführung in die Gruppendynamik. Carl-Auer Verlag, Heidelberg. 2. Aufl., S. 54.

Knappertsbusch, I. & Gondlach, K. (Hrsg.) (2021). Arbeitswelt und KI – Herausforderungen und Strategien für die Arbeit von morgen. Springer, Wiesbaden. S. 198.

Kühl, S. (2020). Organisationen: Eine sehr kurze Einführung. Springer VS, Wiesbaden. 2. Aufl., S. 58–67.

Kühl, S. (2023). Der ganz formale Wahnsinn. 111 Einsichten in die Welt der Organisationen. Vahlen, München. S. 57.

Längle, A. & Bürgi, D. (2020). Existenzielles Coaching: Theoretische Orientierung, Grundlagen und Praxis für Coaching, Organisationsberatung und Supervision. Facultas.wuv, Wien. 2. Aufl.

Nettelstroth, W. & Schilling, G. (2020). Mitbestimmung 4.0: Die digitale Arbeit menschenwürdig gestalten. In Maier, G. W., Engels, G. & Steffen, E. (Hrsg.). Handbuch Gestaltung digitaler und vernetzter Arbeitswelten. Springer, Berlin, Heidelberg. S. 245–247.

Nettelstroth, W., Dietrich, O., Korflür, I., Gebauer, T. & Löckener, R. (2017). Arbeit 4.0: Mehrwert Mitgestaltung! – Betriebsräte und IG Metall zur Digitalisierung. In it's OWL Clustermanagement GmbH (2017), S. 13f.

Nies, S. (2021). Eingehegte Autonomie und Perspektiven der Demokratisierung. In Schmitz, C., Urban, H. J. (Hrsg.). Demokratie in der Arbeit – Eine vergessene Dimension der Arbeitspolitik? Bund-Verlag, Frankfurt am Main. S. 89–102.

Schaffner, M. (2020). KI-Widerstände auf der Mitarbeiterebene in produktivere Dynamik überführen. In Buchkremer, R., Heupel, T. & Koch, O. (Hrsg.). Künstliche Intelligenz in Wirtschaft & Gesellschaft. Auswirkungen, Herausforderungen & Handlungsempfehlungen. Springer, Wiesbaden. S. 194.

Schlicher, K., Paruzel, A., Steinmann, B. & Maier, G. (2020). Change Management für die Einführung digitaler Arbeitswelten. In Maier, G. W., Engels, G. & Steffen, E. (Hrsg.). Handbuch Gestaltung digitaler und vernetzter Arbeitswelten. Springer, Berlin, Heidelberg. S. 347–379.

Stowasser, S. (2021). Erfolgreiche Einführung von KI im Unternehmen. Bausteine für das Change-Management. In Knappertsbusch & Gondlach (2021), S. 147–148.

VI. Strategische Personalarbeit für einen nachhaltigen Personal- und Führungskräfteaufbau

Übersicht

Elke Eller

Strategisches HR-Management in der nachhaltigen Transformation

Inhalt

1. Einleitung

Gäbe es das »Wirtschaftswort des Jahres«, »Nachhaltigkeit« wäre sicherlich ein Favorit im Rennen: Kaum eine CEO-Rede kommt ohne den Verweis auf das Nachhaltigkeitsengagement des Unternehmens aus. Immer mehr Werbung hebt die nachhaltigen Aspekte der eigenen Produkte hervor. Mitarbeitende, Investoren und zunehmend auch die Kunden wollen von ihrem Unternehmen wissen, was es in Sachen Nachhaltigkeit tut. Das Thema ist überall und wird uns noch lange begleiten – nicht zuletzt aufgrund neuer Richtlinien und Verordnungen aus dem Vorschlagspaket »Fit für 55« der Europäischen Union, mit dem sie bis 2050 klimaneutral werden möchte.

Für Unternehmen – und damit ihre Aufsichtsräte – rückt damit ein Thema in den Fokus, das in seiner Allgegenwärtigkeit, seiner konsequenten Durchdringung aller Unternehmensbereiche und seiner weitreichenden Auswirkungen auf die Art und Weise, wie Unternehmen ihr Geschäft organisieren, eine tiefgreifende Transformation bedeutet. Dabei sehen sich Unternehmen »zunehmend dem Druck von Investoren und Regulatorik ausgesetzt, die steigenden Anforderungen hinsichtlich der Kommunikation ihrer Nachhaltigkeitsstrategien, -maßnahmen und -kennzahlen zu erfüllen. Die Rolle von HR ändert sich damit nicht nur, sondern gewinnt an zusätzlicher Relevanz bezogen auf die Wertschöpfung und Risikomitigation der Unternehmung. Bei strategischen Diskussionen und Entscheidungen müssen heute – noch bewusster als zuvor – die ›Employee‹- und ›Social‹-Aspekte berücksichtigt werden« (Kramarsch 2022).

2. Welche Rolle spielt HR in der nachhaltigen Transformation?

Zunächst einmal ist es eine ähnliche Rolle, die sie auch in anderen, vergleichbaren Transformationsvorhaben einnimmt. Sie knüpft also an die Unternehmensstrategie an, analysiert die Anforderungen und richtet ihr Handeln auf den Menschen im Arbeitskontext aus. Dabei kommt ihr eine doppelte Transformationsrolle zu: sowohl die interne Erneuerung von HR-Prozessen selbst als auch, Coach und Treiber der Unternehmenstransformation zu sein. Wenn also Nachhaltigkeit eine Säule der Unternehmensstrategie ist, sollte die Personalstrategie dies aufnehmen und für den eigenen Bereich übersetzen, mit klar definierten KPIs. Diese Übersetzung setzt das Vorhandensein einer konsistenten Personalstrategie voraus, was durchaus eine Herausforderung für einige Unternehmen zu sein scheint (Giertz & Schaaf 2022).

Die HR-Organisation wird nur dann einen wertvollen Beitrag zum Unternehmenserfolg leisten können, wenn sie sich den veränderten wirtschaftlichen und gesellschaftlichen Verhältnissen kontinuierlich anpasst. Mitarbeitende erleben außerhalb des Unternehmens, wie sich gesellschaftliche Diskussionen verschieben oder neue Themen verhandelt werden – und haben die Erwartung, dass sich auch ihr Arbeitgeber bewegt.

- Nachhaltige Lebensweisen sind in den vergangenen Jahren immer stärker zum Mainstream geworden. Mitarbeitende hinterfragen öfter die Nachhaltigkeitsanstrengungen ihres Unternehmens.
- Arbeit wird weniger durch den Ort definiert, an dem sie erledigt wird, als durch das Ergebnis. Mobile und hybride Arbeitsformen sind das »New Normal«.
- Das Wertesystem der Mitarbeitenden verändert sich. Persönliche Entwicklung im Job wird wichtig, die Erwartungen an die eigene Führungskraft als Coach steigen, Freiräume im und Auszeiten vom Job werden selbstbewusst eingefordert.
- Führung verändert sich. Vereinfacht gesagt: Die Führungskraft als General ist Geschichte. Coaching, Zuhören und die Fähigkeit, Teams zu motivieren, ge-

hören inzwischen zur Grundausstattung guter Führungskräfte. Geschäftlicher Erfolg ist kein ausreichendes Qualifikationskriterium für eine Führungsrolle mehr. Führungskompetenz ist heute mehr als »Command and Control«. Vertrauen geben und erarbeiten, hybrides Führen und die Rolle der Führungskraft als Coach für die Mitarbeitenden gehören zu diesen neuen Kompetenzen.

Diese Trends und wie sie die Arbeit der Zukunft beeinflussen machen HR zum wichtigen Partner der Nachhaltigkeitsstrategie. Mit Blick auf die für eine ESG-Bewertung relevanten HR-Nachhaltigkeitsindikatoren besteht ein direkter Zusammenhang zwischen einer modernen HR-Strategie und der Erreichung der ESG-Ziele. Das Mitarbeitergewinnung, eine lernende Mitarbeiterschaft, Diversität und die soziale Verantwortung gegenüber den Mitarbeitenden gehören zu den Themen, in denen HR einen eigenen Gestaltungsrahmen zur Weiterentwicklung der Gesamtorganisation hat (BPM 2023).

Das strategische Personalmanagement bietet hierfür den Rahmen. Dieser spannt sich um die vier Koordinatenpunkte Digitalisierung, Arbeit, Organisation und Mensch.

2.1 Koordinatenpunkt: Digitalisierung

Kennen Sie die Barbecue-Theorie? Alles, was gegrillt werden kann, kommt auf den Grill. Angewendet auf die Digitalisierung bedeutet das: Alles, was digitalisiert werden kann, wird digitalisiert. Kommunikation, Geschäftsprozesse und Geschäftsmodelle – die Digitalisierung ist heute allgegenwärtig geworden. Wenn es 2012 teils noch hieß, das Internet sei Neuland für uns alle, dann lässt sich 2023 mit Recht sagen: Die Digitalisierung ist der neue Normalzustand. Die Coronapandemie hat zudem sehr deutlich gezeigt, wo für Deutschland noch Nachholbedarf besteht, zum Beispiel im Bildungssystem, in der Verwaltung und im Gesundheitssystem. Aber auch viele – vor allem mittlere und kleine – Unternehmen scheinen noch nicht das volle Potenzial auszuschöpfen, wenn es um digitale Technologien, digitale Marketingstrategien oder digitale HR-Prozesse geht (Eller 2022).

Für jedes Unternehmen bedeutet Digitalisierung eine anders gelagerte Herausforderung. Und dennoch verändert die digitale Transformation viele Prozesse in Unternehmen, fordert auch ganze Geschäftsmodelle heraus. Für HR als Organisationsfunktion bedeutet die Digitalisierung: Neue Anforderungsprofile mit anderen Kompetenzen als sie bisher im Unternehmen notwendig waren entstehen – mit Auswirkungen auf Recruiting, Retention oder das interne Weiterbildungsangebot.

Im Sinne einer nachhaltigen Personalpolitik lässt sich fragen, inwiefern Unternehmen heute bereits genug in die Weiterbildung ihrer Mitarbeitenden investieren, um die für eine erfolgreiche digitale Transformation notwendigen Kompetenzen aufzubauen. In einer Befragung des Instituts der deutschen Wirtschaft im Auftrag des Bundesverbandes der Personalmanager (IW & BPM 2018) unter 700 HR-Managerinnen und -Managern in Deutschland gab die Mehrheit von ihnen an, dass in ihrem Unternehmen der Kompetenzbedarf bei beruflichem Fachwissen »voll und ganz« (32 %) oder »eher« (65 %) gedeckt ist. Gleichzeitig sahen sie erheblichen Nachholbedarf in dem Bereich Veränderungsbereitschaft und Flexibilität der Mitarbeitenden. Gerade einmal 7 % sahen ihn in ihrer aktuellen Belegschaft »voll und ganz« gedeckt. Interessant ist zudem die Einschätzung der HR-Fachkräfte, welche Kompetenzen in Zukunft an Bedeutung zunehmen werden: Neben IT-Anwenderkenntnissen sind das vor allem Veränderungsbereitschaft und Flexibilität. Berufliches Fachwissen bleibt wichtig: 86 % der befragten Personalmanager und -managerinnen sagten in der Befragung, dass für ihr Unternehmen wichtig sei, dass Mitarbeitende über diese Kompetenz verfügen. Fachwissen, IT-Wissen sowie soziale und personale Kompetenzen bilden den neuen Bildungskanon für unsere digitale Arbeitswelt (siehe dazu Werther & Bruckner 2018).

2.2 Koordinatenpunkt: Arbeit

Wir befinden uns – trotz Pandemie und Inflation – in einem Arbeitnehmermarkt. Die gesellschaftliche Herausforderung ist derzeit eher die Arbeit*er*losigkeit (Dettmers 2022) als Arbeitslosigkeit. »Schon vor der Pandemie war der Fachkräftemangel ein großes Hemmnis für die deutsche Wirtschaft, und er verschärft sich immer mehr. Die geburtenstarken Jahrgänge gehen nach und nach in Rente. Diese demografische Entwicklung trifft auf den digitalen und ökologischen Strukturwandel, der nur mit ausreichend Fachkräften umzusetzen ist« (Peichl et al. 2022). Und gleichzeitig hat sich die Arbeit in den vergangenen drei Jahren stark verändert. Orts- und zeitunabhängiges Arbeiten ist das »New Normal« für viele Mitarbeitende geworden, die Pandemie hat hierbei wie ein Booster für neue, hybride Arbeitsformen gewirkt. Hinzu kommt: Wir erleben einen kulturellen Wandel. Dieser lässt sich an den Generationen Y und Z, also den jungen oder zukünftigen Arbeitnehmenden, erkennen. Wer sie fragt, wie sie zu Karriere, Work-Life-Balance und beruflicher Sinnsuche stehen, kennt die Antworten bereits: Arbeit und Privatleben müssen kompatibel sein, es geht um Freiheiten und Auszeiten, um persönliche Weiterentwicklung und einen sinnstiftenden Beitrag. Längst legt nicht nur die junge Generation Wert auf eine gesunde Unternehmenskultur oder Weiterentwicklungsmöglichkeiten. Aber sie fordert diese meist selbstbewusster ein.

Die Zukunft der Arbeit hat bereits begonnen – mit weitreichenden Auswirkungen für Unternehmen. Zukünftige Mitarbeitende haben neue Erwartungen daran, wie sie arbeiten. Für das strategische Personalmanagement bedeutet das, frühzeitig die Weichen zu stellen: flexible, individuelle Arbeitsweisen kollektiv ermöglichen (Bader & Kaiser 2020), neue Wege in Employer Branding und Recruitment gehen. Auch die eigene Rolle verändert sich: HR wird zum Coach für Führungskräfte und Bereiche. Die »Personalverwaltung« hat ausgedient. Und das Drei-Säulen-Konzept von Dave Ulrich ist ebenfalls nicht mehr State-of-the-Art, wie der Erfinder inzwischen selbst sagt (Höhmann 2020). Es ist zwar oft noch vorherrschend, aber weder Strategieersatz noch operativ zukunftsfähig (Giertz & Schaaf 2022; Jochmann 2017).

2.3 Koordinatenpunkt: Organisation

Wir wissen heute, dass bis zu 70 % der Change-Projekte daran scheitern, dass sie nicht die Unterstützung der Mitarbeitenden und Führungskräfte haben. Es gilt: »Culture eats strategy for breakfast«. Die beste Strategie und der beste Implementierungsplan können scheitern, wenn Teams sie nicht unterstützen und aktiv vorantreiben. Insbesondere auf die Führungskräfte kommt es an, schließlich sind sie nah an den Teams und Mitarbeitenden. Die nachhaltige Transformation eines Unternehmens ist ein gewaltiger Veränderungsprozess. Um sie erfolgreich zu gestalten, braucht es mehr als neue Prozesse oder Strukturen. Es braucht die Unterstützung der Mitarbeitenden. Sie sind es, die den nachhaltigen Wandel vorantreiben, täglich Entscheidungen treffen und die Nachhaltigkeitsstrategie unterstützen. Deshalb nimmt die Bedeutung der internen Kommunikation zu.

Die Unternehmenskultur ist das verbindende Element in einer Organisation. Sie schafft Orientierung. Wenn die Organisationsstruktur zunehmend »fließender« wird, sollten neue Wege gefunden werden, um Gemeinsamkeit herzustellen und den Menschen einen Grund zu geben, ihre Arbeit zu tun (Laloux 2016). Während in der Vergangenheit eher die Organisationstruktur Unternehmen geprägt hat, wird heute zunehmend die Kultur das prägende Element (Anderson 2022). Eine wirkungsvolle Unternehmenskultur sollte von der Unternehmensspitze vorgelebt und von der gesamten Organisation getragen werden.

Managerinnen und Manager sind Vorbilder für Nachhaltigkeit, denn sie können eine Kultur der Nachhaltigkeit am effizientesten vorantreiben, sie sind direkt in Kontakt mit den Mitarbeitenden. Führungskräfte sollten zeigen, dass die nachhaltige Mission und die Werte der Organisation nicht nur leere Worte sind, die der Markenbildung dienen, sondern den Kern ihrer Aktivitäten darstellen. Managerinnen und Manager sollen authentisch sein und mit gutem Beispiel vorangehen.

2.4 Koordinatenpunkt: Mensch

Für HR steht der Mensch im Fokus. Es sind die Mitarbeitenden, Führungskräfte, Partner, Dienstleister. Deshalb wird die Employee Experience zum zentralen Bestandteil einer HR-Strategie: Angelehnt an die Customer Experience im Marketing definiert sie die Handlungsfelder für HR-Prozesse entlang des Employee Lifecycle: vom On-Boarding über Weiterentwicklung bis zum Verlassen des Unternehmens.

Aus Sicht des strategischen Personalmanagements stellt sich die Frage, wie sich der gesellschaftliche Wertewandel im Unternehmen widerspiegelt und »operationalisiert« werden kann. Wir wissen, dass grundlegende Bedürfnispräferenzen stabil bleiben (Eller 2014): Wertschätzung und Purpose sind zentrale Engagement-Treiber. Aber trotzdem macht der Wertewandel nicht vor Unternehmen halt: Die Ansprüche zukünftiger und aktueller Mitarbeitender verändern sich und erfordern eine kontinuierliche Weiterentwicklung der HR-Strategie und der Unternehmenskultur. Wertschätzung bedeutet heute mehr als ein faires Gehalt und beinhaltet auch Aspekte wie Vereinbarkeit von Familie und Beruf, eine etablierte Vertrauenskultur als Voraussetzung für hybride Arbeitsmodelle und individuelle Entwicklungschancen für Mitarbeitende. Diese Themen gehören heute auf die Agenda jeder HR-Abteilung – und als Beitrag zur nachhaltigen Personalplanung auch in jede Nachhaltigkeitsstrategie.

Auch die Führungskultur eines Unternehmens wird vom Wertewandel beeinflusst. Bei zunehmender Individualisierung und neuen Prioritäten im Zusammenspiel von Arbeit und Leben (der Job muss zum Leben passen) hat Führung im Sinne von »one size fits all« ausgedient. HR soll die Voraussetzungen dafür schaffen, dass Führungskräfte individueller auf Mitarbeitende eingehen können, ihre Potenziale erkennen und sie befähigen, ihre Ideen einzubringen. Führungskräfte werden zum Coach. Empowerment statt Kontrolle, das ist die Devise (Keil & Vonier 2022). Vertrauen ist hierbei die härteste Währung. Vertrauen kann nicht verordnet, sondern muss verdient werden. Im Verhältnis zwischen Unternehmen und Mitarbeitenden gilt das übrigens in beide Richtungen.

3. Strategisches Personalmanagement und Nachhaltigkeit in Aufsichtsräten

Strategisches Personalmanagement ist Partner der Nachhaltigkeitsstrategie, denn die oben beschriebenen Aufgaben und Herausforderungen der HR-Bereiche sind kein Selbstzweck. Sie stellen sicher, dass Unternehmen auch in Zeiten des gesellschaftlichen Wandels in der Lage sind, Mitarbeitende zu motivieren und

auf einem sich kontinuierlich verändernden Arbeitsmarkt die Talente zu finden, die die Innovationsfähigkeit und Produktivität für die Zukunft sichern. Gunnar Kilian, Dr. Alexander Salhi und Thomas Rühl stellen das in ihrem Beitrag für diesen Band anschaulich für das Beispiel Volkswagen dar.
Als Bestandteil der ESG-Ziele des Unternehmens ist HR dazu verpflichtet, kontinuierlich Kennziffern für die Berichterstattung beizusteuern. Dabei sollte sich HR nicht auf die Rolle des Zahlenlieferanten reduzieren lassen. Der Anspruch ist vielmehr, die Bedürfnisse der Mitarbeitenden zu aggregieren und sie in Einklang mit dem Bedarf des Unternehmens zu bringen sowie Transformationsprozesse aktiv mitzugestalten. Aus dieser Rolle heraus lassen sich Kennzahlen gewinnen, die die Fortschritte bei der Umsetzung der Personalstrategie messbar machen.
HR ist Bestandteil der verantwortungsvollen Unternehmensführung und steuert wichtige Kennzahlen zu den ESG-Kriterien bei. Bisher wurden diese Themen als Unterpunkt der »Social«-Dimension in ESG behandelt. Angesichts ihrer Bedeutung für die Zukunftsfähigkeit von Unternehmen – insbesondere in diesen Zeiten der permanenten Krisen und angesichts der Dekade der nachhaltigen Transformation – gibt es erste Stimmen, die eine eigene »Employee«-Dimension diskutieren: e-ESG.
Auch ohne e-ESG rücken mit dem neuen Fokus auf Nachhaltigkeit viele HR-Themen in den Vordergrund, die in der Vergangenheit mitunter als »nice to have« betrachtet wurden. Investitionen in Bildung und Weiterentwicklung der Mitarbeitenden, moderne Führungskultur, gleichberechtigte Karrierechancen für Frauen und Männer, bessere Vereinbarkeit von Beruf und Familie – das sind einige Beispiele, wie ESG die Diskussion in Aufsichtsräten verändert. Sie bieten aber auch einen Ansatz für eine neue mitarbeiterzentrierte Sozialpartnerschaft (Eller & Schiederig 2020). Für die Arbeitnehmerseite in Aufsichtsräten kann die »neue Sichtbarkeit« der beschriebenen Themen eine Chance für neue, konstruktive Allianzen bieten. Im Beitrag von Michael Brecht in diesem Band heißt es, dass Nachhaltigkeit und ESG »Rückenwind für die Mitbestimmung« bringen. Schließlich sind es seit vielen Jahren »ihre« Themen.

HR-Kompetenz war wahrscheinlich noch nie so wertvoll wie in dieser Zeit. Der Arbeitsmarkt ist ein Arbeitnehmermarkt und neue Arbeits- und Führungsmodelle verändern Unternehmen tiefgreifend. Mit der Integration der ESG-Kriterien in die verantwortungsvolle Unternehmensführung erhalten die Themen der HR neue Relevanz. Dieser Realität sollten sich HR-Manager, Unternehmen und Aufsichtsräte stellen. HR ist kein Nebenjob für Vorstandsvorsitzende und die Vertretung der Interessen der Arbeitnehmerinnen und Arbeitnehmer im Aufsichtsrat sollte nicht nur bei den Arbeitnehmervertretungen liegen. Eine glaubwürdige Strategie der nachhaltigen Transformation wird immer auch eine veränderte und umsetzungsstarke »People Strategy« umfassen.

4. Quellenangaben

Anderson, K. (2022). Change Management and Communication. Vorlesung im Rahmen der Ringvorlesung »Strategisches Personalmanagement« an der Hochschule Worms. Präsentation.

Bader, V. & Kaiser, S. (2020). Arbeiten in der Data Society – Zukunftsvisionen für Mitbestimmung und Personalmanagement. Springer Gabler, Wiesbaden.

Bundesverband der Personalmanager*innen (BPM) (2023). Unsere Kernthesen fürs Personalwesen. Auf was es dieses Jahr für HR-Manager*innen ankommt. Abgerufen am 13.2.2023, *https://www.bpm.de/news/hr-thesen/.*

Dettmers, S. (2022). Arbeiterlosigkeit: Warum eine schrumpfende Bevölkerung unseren Wohlstand bedroht und was wir dagegen tun können. Finanzbuchverlag, München.

Eller, E. (2014). Arbeitszufriedenheit, Motivation und Leistung – eine empirische Untersuchung in einem großen deutschen Automobilunternehmen. Dissertation. Paderborn.

Eller, E. (2022). Personalmanagement in Zeiten der Transformation (Vortrag). Auftakt zu Ringvorlesung »Modernes Personalmanagement«, Hochschule Worms. Worms.

Eller, E. & Schiederig, K. (2020). Mitbestimmung 4.0 – Zur Weiterentwicklung der betrieblichen Sozialpartnerschaft. In: Bader, V., Kaiser, S.: Arbeiten in der Data Society – Zukunftsvisionen für Mitbestimmung und Personalmanagement. Springer Gabler, Wiesbaden.

Giertz, J.-P. & Schaaf, H. (2021). Personalstrategie und strategische Personalarbeit. In: Gröbel, R., Dransfeld-Haase, I. Strategische Personalarbeit in der Transformation. Bund-Verlag, Frankfurt/Main.

IW Consult GmbH (IW) & BPM (2018). Anforderungen der digitalen Arbeitswelt: Kompetenzen und digitale Bildung in einer Arbeitswelt 4.0. Studie der IW Consult GmbH im Auftrag des Bundesverbands der Personalmanager. Abgerufen am 8.2.2023, *https://www.iwkoeln.de/studien/beate-placke-thomas-schleiermacher-kompetenzen-und-digitale-bildung-in-einer-arbeitswelt-40.html.*

Jochmann, W. (2017). Geschäftsmodell der Personalfunktion im Wandel. In: Jochmann, W., Böckenholt, I. & Diestel, S. HR-Exzellenz: Innovative Ansätze in Leadership und Transformation. Springer Fachmedien, Wiesbaden.

Jürgens, K., Hoffmann, R. & Schildmann, C. (2017). Arbeit transformieren! Forschung aus der Hans-Böckler-Stiftung. Band 189, transcript Verlag, Bielefeld.

Höhmann, I. (2020). Fast niemand kann die Qualität von Führung bewerten. Interview mit Dave Ulrich. Manager Magazin. Abgerufen am 20.2.2023, *https://www.*

manager-magazin.de/harvard/fuehrung/dave-ulrich-entwickelt-hr-business-partner-model-weiter-a-00000000-0002-0001-0000-000149763185.

Keil, L. & Vonier, D. (2022). unlearning hierarchy. Expedition in die Selbstorganisation. Vahlen, München.

Kramarsch, M. H. (2022). Setting the Scene – EESG und die Neuausrichtung der CHRO-Rolle. In: Perspektiven auf die Relevanz und Implikationen von HCM. Zweiter HCM CHRO Roundtable – am 21. September 2022.

Laloux, F. (2016). Reinventing Organizations. Vahlen, München.

Peichl, A., Sauer, S. & Wohlrabe, K. (2022). Fachkräftemangel in Deutschland und Europa – Historie, Status quo und was getan werden muss. Ifo Schnelldienst (Hrsg.). Abgerufen am 24. 2. 2023, *https://www.ifo.de/DocDL/sd-2022-10-peichl-sauer-wohlrabe-fachkraeftemangel-europa.pdf.*

Werther, S. & Bruckner, L. (2018). Arbeit 4.0 aktiv gestalten – Die Zukunft der Arbeit zwischen Agilität, People Analytics und Digitalisierung. Springer-Verlag, Berlin/Heidelberg.

Gunnar Kilian, Alexander Salhi & Thomas Rühl

Die Sache mit dem »E« in (E)ESG. Überlegungen zum Zusammenhang von ESG, sozialer Nachhaltigkeit und modernem Personalmanagement

Take-Aways:

- → Aus Sicht des Kapitalmarkts findet ein Paradigmenwechsel statt: Soziale Nachhaltigkeit und gutes Human Capital Management werden als Stärke und nicht mehr als Kostenfaktor gesehen. Soziale Nachhaltigkeit wird auf knappen Arbeitsmärkten außerdem zu einem Wettbewerbsvorteil in der Gewinnung künftiger Mitarbeiter:innen und zu einem wichtigen Instrument zur Erhaltung der Wettbewerbsfähigkeit der eigenen Belegschaft.
- → Die »neue« Sichtbarkeit von und Aufmerksamkeit für HR bzw. soziale Nachhaltigkeit basiert auf einer extern induzierten Erhöhung der Transparenz durch ESG-Rating-Agenturen und den Prüfungsvorgaben für nichtfinanzielle Erklärungen. Diese Transparenz setzt idealtypisch eine Positivspirale in Gang: Wenn Unternehmen berichten, möchten sie auch positiv berichten, was wiederum zu inhaltlicher Weiterentwicklung der HR-Bereiche in den Unternehmen führt.
- → Gute eSg-Performance lässt sich nicht durch singuläre Maßnahmen erzielen, sondern sie entspricht der Gesamtheit allen unternehmerischen Handelns über das gesamte Themenspektrum der sozialen Nachhaltigkeit. Auf dieser Basis lässt sich dann die komplette Wirkungskette von »tun – berichten – kommunizieren« in Gang setzen.

Inhalt

1. Einleitung

Der Begriff der sozialen Nachhaltigkeit hat – obwohl initial im lange leitenden Terminus CSR, also Corporate Social Responsibility, mit angelegt – in den Unternehmen viele Jahre ein Schattendasein geführt. Uns als Personalmanager freut, dass die Debatte um ESG, die Aufmerksamkeit von Investoren und Aufsichtsgremien für dieses Thema, aber auch die lauter werdenden Forderungen von Mitarbeitenden nach sozial nachhaltigem Handeln nun zu einer Renaissance des Sozialen im Nachhaltigkeitsdiskurs führen. Mehr noch: Das »Soziale« in der Nachhaltigkeit bezieht sich im aktuellen Diskurs weniger als in der Vergangenheit auf nach außen gerichtete Aktivitäten wie Corporate Giving, sondern mehr und mehr auf die People-Themen, also die Menschen im Unternehmen. Einige fordern bereits, dem Akronym ESG einen weiteren Buchstaben hinzuzufügen: E wie Employees. Doch mit dem zweiten »E« in ESG ist es so eine Sache: Obwohl von vielen begrüßt und gewollt, hat es sich im Diskurs noch nicht durchgesetzt. Ein Zeichen dafür, dass die Mitarbeitenden im Kontext ESG doch nicht so wichtig sind?
All das muss uns als HRler aufmerksam machen. Gibt es hier wichtige Entwicklungen, die das Personalmanagement in Deutschland zu verpassen droht? Oder liegen hier ganz neue und einzigartige Chancen für HR, über den Umweg der ESG-Ratings und des Investoreninteresses zu einer Aufwertung der eigenen Rolle im Konzert der Unternehmensfakultäten zu kommen?
Unser Beitrag beleuchtet die Diskussion um (E)ESG aus einer holistischen Perspektive. Wir fragen: Was hat sich tatsächlich verändert im Hinblick auf den gegenwärtigen Diskurs zu Nachhaltigkeit in HR? Unsere (vorläufige) Antwort hierauf: Erstens die Sichtweise auf (soziale) Nachhaltigkeit durch die Gesellschaft und die (Kapital-) Märkte und zweitens die radikal aufgewertete ESG-Praxis innerhalb der Unternehmen und Organisationen.

2. Die Motivation für ESG: Akteure und Rationalitäten

2.1 Unternehmerische Rationalität als Treiber von Nachhaltigkeit

Losgelöst vom aktuellen Diskurs lohnt es sich, kurz darüber nachzudenken, aus welchem Grund ein gewinnorientiertes Unternehmen nachhaltig handeln sollte. Ohne eine allgemeingültige Definition von Nachhaltigkeit im Personalmanagement formulieren zu wollen, bedeutet nach innen gerichtete soziale Nachhaltigkeit für uns bei Volkswagen, dass die Unternehmensressource Mitarbeiter:in so »behandelt« wird, dass diese auch in Zukunft immer noch wertschöpfend (an der richtigen Stelle) und wettbewerbsfähig (mit der angemessenen Qualifikation) und über das Arbeitsleben hinaus physisch und psychisch nicht beeinträchtigt ist. Ein gesonderter Purpose als Treiber ist von daher gar nicht notwendig. Denn, dass ein Unternehmen Geld verdienen muss, liegt auf der Hand, dass es dabei mit den eigenen notwendigen Ressourcen verantwortungsvoll umgeht, gebietet die unternehmerische Rationalität im Hinblick auf Gewinnung und Erhaltung von Mitarbeiter:innen. Manifestiert findet sich diese Erkenntnis unter der aktuellen Diskussion zum Thema Fachkräftemangel. Neu ist eigentlich nur, dass die Kapitalmärkte eine solche auf die Zukunftsfähigkeit des eigenen Humankapitals gerichtete Orientierung verstärkt nachfragen und honorieren.

2.2 Politik und Gesellschaft als Treiber von Nachhaltigkeit

Die gesellschaftliche Umwelt- und Klimadiskussion stellt einen maßgeblichen Treiber der legislativen Aktivitäten verschiedener politischer Entscheidungsebenen dar. Der öffentliche und mediale Druck auf Grund der mittlerweile nicht nur wissenschaftlich nachgewiesenen, sondern auch zunehmend im Alltag wahrnehmbaren Phänomene des Klimawandels liefern die nachvollziehbare Begründung für entsprechende gesetzliche Regelungen.

Dies gilt nicht im gleichen Maß für die Diskussion im Bereich der sozialen Nachhaltigkeit und des Human Capital Managements. Meist schaffen es lediglich Diversity- und New-Work-Themen in die Überschriften reichweitenstarker Veröffentlichungen. So sind die legislativen Vorgaben der letzten Jahre z. B. zum Frauenanteil in Aufsichtsräten ein guter Indikator dafür, dass der öffentliche Diskurs zu Diversity-Themen zu einer Beschleunigung an dieser gesamtgesellschaftlichen Baustelle geführt hat.

Dennoch gibt es zahlreiche gesetzliche Vorgaben und sozialpartnerschaftliche Errungenschaften, die schon lange vor der Renaissance des Begriffs soziale Nachhaltigkeit auf ebendiesen eingezahlt haben. Hierzu zählen soziale Absicherung, Arbeitsschutzregelungen, gewerkschaftliche Vertretung etc. Diese Themen bewegen sich im Regelfall aber nur kurzzeitig auf dem Radar der öffentlichen Wahrnehmung.

Eine maßgebliche Regelung der jüngeren Vergangenheit betrifft die erweiterten Berichtspflichten, die seit 2017 das Themenspektrum ESG in den Mittelpunkt stellen und dem Aufsichtsrat die Prüfung der sogenannten nichtfinanziellen Erklärung auferlegen (in der Praxis geschieht diese in der Regel durch eine vom Aufsichtsrat beauftragte, weisungsungebundene Wirtschaftsprüfungsgesellschaft).

Während vor 2017 die Nachhaltigkeitsberichterstattung praktisch eine freiwillige Übung war, hat für große Unternehmen das Zusammenspiel aller gesetzlichen Vorgaben und der dazugehörigen Prüfung innerhalb kurzer Zeit zu höherer Datenqualität und einem Transparenzsprung geführt (siehe z. B. Deutsches Global Compact Netzwerk & econsense 2018). Bei Volkswagen hat dieser Effekt zu einer sukzessiven Erweiterung und Verfeinerung unseres Kennzahlensets beigetragen, was in Summe dazu führt, dass auch wir selbst über unser soziales Handeln deutlich besser informiert sind.

So schließt sich der Kreis zu dem gesellschaftlichen und politischen Diskurs, der auf ebendiese Transparenz angewiesen ist und woraus sich eine Art Positivspirale in Gang gesetzt hat: Die extern induzierte Transparenz ermöglicht inhaltliche Diskussionen über das Berichtete, was wiederum zu mehr Transparenz und im Idealfall zu inhaltlicher Verbesserung führt, weil eben Unternehmen naturgemäß lieber positiv berichten. Wir bei Volkswagen haben uns dazu entschieden, diese extern induzierte Transparenz und das damit einhergehende Benchmarking zu nutzen, um das hohe Niveau an sozialer Nachhaltigkeit in der Volkswagen-HR für die Arbeitswelt von morgen zu übersetzen.

2.3 Kapitalmarkt als Treiber von Nachhaltigkeit

Die Erkenntnis der Kapitalmarktteilnehmer, dass ESG im Sinne einer nachhaltigen Wertorientierung kein Wohlfühlthema ist, hat weniger altruistische Gründe, sondern hat sich aus ökonomischer und unternehmerischer Einsicht ergeben. Aus ökonomischer Sicht hat sich die Knappheit der klassischen Produktionsfaktoren Arbeit, Boden (Umwelt) und Kapital verschoben: Boden (Umwelt) als Esg und Arbeit als eSg[1] haben relativ zu Kapital massiv an Bedeutung gewonnen. Diese makroökonomische Beobachtung lässt sich an den Knappheiten des aktuellen Arbeitsmarktes festmachen (z. B. unbesetzte Stellen in Zukunftsbereichen von Unternehmen). Aber sie hat sich bereits auch mikroökonomisch manifestiert: Die klassische Shareholder Value Orientierung der letzten Jahrzehnte wird immer öfter ergänzt oder ggf. sogar ersetzt durch eine ESG-basierte Betrachtung von Investments bei den Markteilnehmern (Serafeim 2020).

Die Frage, wie auch immer geartete Messgrößen von finanziellem Unternehmenserfolg mit der ESG-Performance von Unternehmen zusammenhängen und in welchem Ausmaß, hat bereits einige Regalmeter an wissenschaftlicher Literatur hervorgebracht (Daugaard & Ding 2022). Überwiegend wird ein positiver Zusammenhang zwischen ESG-Performance und finanzieller Performance im weitesten Sinne gesehen, was sich auf dem Kapitalmarkt beispielsweise in geringeren Refinanzierungskosten äußern kann. Unsere Landesgesellschaft in Brasi-

1 Die Schreibweise eSg signalisiert den Bezug zu S (Social) innnerhalb des gesamten Themenspektrums ESG in Abgrenzung zu den Themen E (Environmental) und G (Governance). Analog dazu ist die Großschreibung von E und G zu sehen.

lien hat zum Beispiel erfolgreich eine vergünstigte Refinanzierung auf Basis zu erfüllender ESG-Kriterien (u. a. Diversity) mit Bradesco BBI abgeschlossen.
Aus Unternehmenssicht ergibt sich aus diesen Zusammenhängen folgende Anreizsituation: Erhöhe die Transparenz – z. B. in der Nachhaltigkeitsberichterstattung – in den Bereichen, wo die Performance überdurchschnittlich ist. Das führt in der Öffentlichkeit reflexhaft zu dem Vorwurf des sogenannten Greenwashing, was aber an dem Kern der Sache vorbei geht. Jede valide zusätzliche Information verkleinert ökonomisch gesehen die Informationsasymmetrie zwischen Marktteilnehmer und Unternehmen. Eine Verzerrung des Gesamtbilds der ESG-Performance auf Grund selektiver Transparenz auf Seiten der Unternehmen zu vermeiden, das ist Aufgabe professioneller Rating-Agenturen.
Aus der Praxis gesprochen heißt das: Fragen und Themenbereiche, die nicht berichtet werden, gehen im Regelfall negativ in das Ratingergebnis ein (bzw. ohne Punkte) während unterdurchschnittliche Performance in berichteten Themenbereichen immerhin eine Minimalpunktzahl für Transparenz erhält. Wir als Volkswagen begreifen diese umfassende Bewertung der sozialen Nachhaltigkeit durch die Rating-Agenturen als Chance, dem Kapitalmarkt bisher kaum antizipierte Aspekte der Volkswagen HR-Strategie als Werttreiber zu zeigen.
Dies ist für Volkwagen von Nutzen, aber auch für die Allgemeinheit, da eine höhere Aktivität bei der Schaffung von Publizität – ungeachtet manch berechtigter Kritik an Methoden und Kriterien (Economist 2022) – zu einer Reduktion der bestehenden Informationsasymmetrien zwischen Unternehmen und Marktteilnehmern führt. Von dieser Entwicklung hat vor allem die Personalfunktion in den Unternehmen profitiert. Denn: Wie bereits festgestellt haben sowohl vor allem das Human Capital Management (Wirkrichtung: unternehmensintern) aber auch die Corporate Citizenship (Wirkrichtung: unternehmensextern) lange ein Schattendasein in der Bewertung von Unternehmen geführt. Wie sich im nächsten Abschnitt zeigt, hat die bereits beschriebene Bewertungslogik der Ratingagenturen zu einer Systematisierung der Berichterstattung einerseits und erhöhter Sichtbarkeit von sozialer Nachhaltigkeit – vor allem im Human Capital Management – andererseits geführt.

2.4 Wie kommt man als Unternehmen zu »guter« ESG-Performance?

Auch wenn keine allgemeingültige Messgröße für die ESG-Performance von Unternehmen existiert, haben die großen Ratingagenturen den höchsten Bekanntheitsgrad und breitesten Einfluss. Ursprünglich sind diese im Feld der Bonitätsprüfung groß geworden und waren in den 1990er Jahren eher als Hüter des Shareholder Value bekannt. Auf die oben beschriebene Dynamik des Kapitalmarkts hin zur ESG-Logik haben diese mit dem Zukauf von ESG-Ratingagenturen reagiert (siehe dazu Moody's oder Standard & Poor's) und die ESG-Be-

wertungssystematik immer weiter verfeinert. Im Regelfall wird jährlich bewertet, um Investoren eine Grundlage für Anlageentscheidungen zur Verfügung zu stellen.
Wie sieht nun der Zusammenhang zwischen sozialer Nachhaltigkeit und »guter« eSg-Performance aus? Die abstrakte Wirkungskette aus »tun – sichtbar machen – kommunizieren« lässt sich eine Ebene tiefer als sozial nachhaltiges Verhalten des Unternehmens, ratingoptimierte Berichterstattung und aktive (Kapitalmarkt-) Kommunikation zu People-Themen beschreiben.
Beispielhaft lässt sich diese Kette anhand des Diversity-Index bei Volkswagen illustrieren: Die Erreichung eines Zielpfades zu Diversity-Kennzahlen (z. B. Frauenquote im Vorstand, Internationalität im Topmanagement) ist bei Volkswagen direkt mit der Vorstandsvergütung verknüpft. Dies wird entsprechend im Nachhaltigkeits- und Geschäftsbericht in Form eines Diversity-Index transparent gemacht und auch aktiv in diverse Ratings eingespeist. Die Kür besteht im letzten Schritt darin, die im Idealfall »guten« Rating-Ergebnisse auf Basis der Berichterstattung in »gute« ESG-Performance zu übersetzen im Sinne einer aktiven Kapitalmarktkommunikation zu entsprechenden menschenbezogenen Themen. In Zusammenarbeit mit Investor Relations-Einheiten werden die oben beschriebenen Diversity-Aktivitäten auf geeigneten Kanälen, z. B. Investorenkonferenzen oder Interviews in Medien der Finanzwelt vermittelt und führen so in Zusammenhang mit den beschriebenen Schritten zu einer vorteilhaften Positionierung auf den Kapitalmärkten. Diese Interaktion mit den Kapitalmarktakteuren ermöglicht es uns, im Gegenzug noch bestehende Optimierungsmöglichkeiten zu identifizieren und Erwartungen der Stakeholder hinsichtlich unserer ESG-Perfomance zu verstehen.

3. Soziale Nachhaltigkeit als Leitstern zukunftsgerichteter Personalarbeit

Wie bereits dargestellt, führt die systematische und professionalisierte Rating- und Berichtslandschaft zu mehr Transparenz in der ESG-Bewertung von Unternehmen. Die Durchführung von reinen Leuchtturmprojekten ohne tiefere Fundierung in der Organisation und nur angeleitet von der Motivation, andere Unzulänglichkeiten im Bereich soziale Nachhaltigkeit zu überstrahlen, würde keine tragfähigen Effekte im Hinblick auf ESG-Performance erzielen.
Die schrittweise inhaltliche Verbesserung der sozialen Nachhaltigkeit in der Breite des gesamten S-Themenspektrums sowie die oben aufgezeigte Vorgehensweise mögen als der steinige Weg erscheinen, liefern aber zuverlässig auch die

gewünschte Sichtbarkeit bei den entscheidenden Akteuren. Diese »inhaltliche Verbesserung« beschleunigt dabei auch eine Entwicklung, die bereits im Gange und aus Sicht der Autoren absolut wünschenswert ist: Die soziale Nachhaltigkeit begründet eine Rationalität außerhalb der klassischen Begründungsmuster für Aktivitäten des Personalmanagements, die nicht nur unternehmerisch, sondern auch gesamtgesellschaftlich zu positiven Effekten führt, was wiederum ein grundlegender Anspruch von Volkswagen an seine Geschäftstätigkeit ist.

4. Quellenangaben

Daugaard, D. & Ding, A. (2022). Global drivers for ESG performance: The body of knowledge. Sustainability, 14(4), 2322. Abgerufen am 6. 1. 2023, *https://doi.org/10.3390/su14042322.*

Deutsches Global Compact Netzwerk & econsense (2018). Neuer Impuls für die Berichterstattung zur Nachhaltigkeit? Studie zur Umsetzung des deutschen CSR-Richtlinie-Umsetzungsgesetzes. Abgerufen am 5. 9. 2022, *https://www.akzente.de/wp-content/uploads/2018/09/Studie_CSR_RUG_econsense_DGCN_2018.pdf.*

Economist (2022). Special Report ESG Investing: In need of a clean-up. S. 3–4.

Serafeim, G. (2020). Social-impact efforts that create real value. Harvard Business Review, 98 (5), S. 38–48.

Harriet Sebald

Exkurs: Aufsichtsräte mit mehr S-Kompetenz

Im Rahmen der Entwicklung vom Shareholder- hin zum Stakeholder-Kapitalismus orientieren sich Unternehmen zunehmend an den berechtigten Interessen ihrer unterschiedlichen Anspruchsgruppen wie Mitarbeiter:innen, Gewerkschaften, Aktionäre, Arbeitnehmervertreter:innen, Ratingagenturen und NGOs. Unterstützt und beschleunigt wird diese Entwicklung durch das Thema ESG, das zunehmend von institutionellen Investoren, die wiederum selbst entsprechenden Finanzmarktregulierungen unterliegen, gefordert wird, wie auch von der europäischen Regulatorik – genannt sei hier exemplarisch die CSRD-Richtlinie sowie die ESRS, die sich u. a. auf den Bereich S von ESG beziehen.

Dieser S-Bereich ist aktuell noch nicht abschließend definiert, betrifft aber ein breites und komplexes Themenspektrum, weshalb manche Stimmen von e-ESG sprechen – ein Versuch, den Bereich S nochmals in Employee und Social (oder auch Corporate Citizenship) zu unterteilen. Grundsätzlich umfasst der S-Bereich Risikofaktoren (z. B. Nachfolgerisiken, *Gender pay gap*) wie auch Werttreiber (z. B. Upskilling, Engagement, Weiterbildung).

Das Thema S liegt zu großen Teilen in der Verantwortung der HR-Funktion, wird zunehmend wichtiger und ist mittlerweile aus dem Investorendialog kaum noch wegzudenken. Dies sollte nicht verwundern, da es ohne die eigene Belegschaft kein erfolgreiches unternehmerisches Handeln, geschweige denn eine erfolgreiche Unternehmenstransformation geben kann.

Für die Aufsichtsratstätigkeit dürfte die Neufassung des DCGK aus dem April 2022 relevant sein. Neben einem deutlichen Nachhaltigkeitsfokus sieht sie den Aufsichtsrat – neben seiner Überwachungs- und Kontrolltätigkeit – explizit als strategischen Sparringspartner des Vorstandes in der Mitverantwortung in Sachen Nachhaltigkeit.

Dies impliziert für Aufsichtsrät:innen die Notwendigkeit, die S-Aspekte des Unternehmens besser zu verstehen. Geliefert werden diese Informationen durch die HR-Funktion. Dabei ist und bleibt die Kernaufgabe von HR, »die richtigen Menschen, in den richtigen Jobs, zu dem richtigen Zeitpunkt und den richtigen Kosten – die motiviert im Unternehmen bleiben« zu organisieren. Neu sind die Fragen, die vom Kapitalmarkt kommen, etwa: »Wie stark wird die Belegschaft durch die richtigen Lernformate befähigt, die Unternehmenstransformation erfolgreich umzusetzen? Wie hoch sind die Nachfolgerisiken – auch unterhalb des Vorstands?«

Um die insgesamte Wirksamkeit des S besser zu verstehen, ist ein Überblick über den gesamten Employee Life Cycle vonnöten, also wie die Anforderungen an das S in den einzelnen Phasen verankert sind – angefangen vom Recruiting über Vergütung und Entwicklung bis hin zur Nachfolgeplanung.

Durch die Anforderungen an das nicht-finanzielle Reporting erhalten Aufsichtsrät:innen automatisch mehr Informationen und KPIs zu dem Bereich S, allerdings sind diese Informationen nicht entlang des Life Cycle aufbereitet, sondern folgen einer regulatorischen Logik mit umfangreichen und unzusammenhängenden KPI-Listen.

Die beschriebenen Entwicklungen verändern die Tätigkeit des Aufsichtsrats deutlich. Mehr externe Berichtspflichten zu S bedingen einen »S«attelfesten Aufsichtsrat. Nachhaltigkeit endet nicht beim CO_2-Ausstoß und in einem »Arbeitermarkt« wächst dem Bereich S strategische und ökonomische Bedeutung zu – auch erkannt von Investoren. Aufsichtsrat schreibt man ab jetzt mit S.

Michael Brecht

Nachhaltiges Personal- und Führungskräftemanagement

Take-Aways:

→ In einer Phase der Disruption gepaart mit einem Arbeitskräftemangel muss das Personal- und Führungskräftemanagement neu justiert werden. Für die Arbeitnehmervertretung ergeben sich daraus zahlreiche Gestaltungsmöglichkeiten.

→ Damit Arbeitnehmervertreterinnen und -vertreter überhaupt mitgestalten können, brauchen sie Wirksamkeit. Während die Tarifbindung der Unternehmen seit Jahrzehnten abnimmt, sorgen die Themen Nachhaltigkeit und ESG für positive Impulse. Die Arbeitnehmervertretungen und Gewerkschaften müssen sich allerdings modernisieren, um die Heterogenität der Beschäftigten abbilden zu können.

→ Die geschilderten Herausforderungen eröffnen eine Vielzahl von Gestaltungschancen für die Mitbestimmung. Unternehmen und Arbeitnehmervertretung sollten über eine neue Form der Kooperation nachdenken. Idealerweise ergibt sich daraus eine abgestimmte strategische Personalplanung und Personalpolitik.

Inhalt

1. Deutsche Industrie durch Disruption gefordert

1.1 Megatrends: Nachhaltigkeit, Transformation und Digitalisierung

An die deutsche Industrie werden inzwischen hohe Anforderungen jenseits des reinen wirtschaftlichen Erfolgs gestellt. Die Klammer bilden dabei häufig Nachhaltigkeit und Ethik. So ist unter »Corporate Social Responsibility« oder kurz CSR die gesellschaftliche Verantwortung von Unternehmen im Sinne eines nachhaltigen Wirtschaftens zu verstehen (BMAS o. J.). Ähnlich verhält es sich mit »ESG – Environmental, Social, Governance«, das sich mit der Abkürzung ESG als Standard nachhaltiger Anlagen etabliert hat (Haberstock o. J.). Diese drei Buchstaben beschreiben drei nachhaltigkeitsbezogene Verantwortungsbereiche von Unternehmen. Allerdings fokussiert ESG stärker auf Kennzahlen, Messbarkeit und Vergleichbarkeit, die über Ratings abgebildet und vom Finanzmarkt zur Beurteilung von Unternehmen herangezogen werden. Die Anforderungen reichen bei CSR und ESG von Klima- und Umweltschutz über soziale Arbeitsstandards bis zu Antikorruption und Menschenrechten. Formuliert werden sie beispielsweise vom Gesetzgeber, Nichtregierungsorganisationen (NGOs), Analysten und Investoren, von der Politik, der Gesellschaft bis zu Arbeitssuchenden und Beschäftigten.

Vor diesem ohnehin schon anspruchsvollen Hintergrund befindet sich die deutsche Industrie schon seit einigen Jahren in einem disruptiven Prozess. Dieser gefährdet einerseits erfolgreiche Geschäftsmodelle und etablierte Unternehmen, weil neue technologische Lösungen gefordert werden, auf die die Player sich teilweise zu wenig vorbereitet haben. Andererseits entstehen neue und häufig branchenfremde Unternehmungen, die künftige Profit Pools mit attraktiven Wachstumsmöglichkeiten für sich erobern wollen. Das ist sehr anschaulich in der Automobilindustrie zu sehen, in der zahlreiche neue Unternehmen auf den Markt drängen. Ob die herkömmlichen oder neuen Marktteilnehmer sich im Spiel halten können, entscheidet sich nicht allein dadurch, ob sie entsprechende Lösungen für die Kundenanforderungen finden. Genauso entscheidend ist es, dass sie als Arbeitgeber attraktiv genug sind, um Bewerberinnen und Bewerber für sich zu gewinnen, die die geforderten neuen Fähigkeiten auch mitbringen. Es ist offensichtlich, dass in einer solchen Phase der Disruption und Transformation das Personal- und Führungskräftemanagement neu justiert werden muss – und

natürlich ergeben sich für Arbeitnehmervertreterinnen und -vertreter daraus große Herausforderungen, aber auch zahlreiche Gestaltungsmöglichkeiten.
»Entscheider in der Automobilbranche stehen vor nie dagewesenen Herausforderungen. Trends wie Mobilität, autonomes Fahren, Digitalisierung und Elektrifizierung (MADE) führen zu tiefgreifenden Veränderungen sowohl in der Technologie als auch in den Geschäftsmodellen« (Roland Berger GmbH o. J.). Der Unternehmensberatung zufolge zwingen außerdem destabilisierende Entwicklungen der vergangenen Jahre wie die durch geopolitische Spannungen verursachte »Deglobalisierung« und der sich beschleunigende Klimawandel die Automobilindustrie dazu, komplexe globale Lieferketten neu zu konfigurieren und den Wechsel vom Verbrennungsmotor (ICEs) zur E-Mobilität zu beschleunigen.
»Die vier MADE-Trends treiben die Disruption der Automobilindustrie weiter voran«, konstatiert Roland Berger. Neue Shared Mobility-Dienste bildeten eine große Gefahr für den individuellen Pkw-Besitz und damit für den Neuwagenabsatz. Autonomes Fahren – also selbstfahrende Autos –, vor allem auf Stufe 4+, werde den Trend zur Shared Mobility weiter verstärken, weil es drastische Kosteneinsparungen pro Kilometer verspreche. Digitalisierung und Software sind der Unternehmensberatung zufolge zum neuen Differenzierungsfaktor im Bereich Automotive geworden und lassen Automobilhersteller gegenüber Technologieunternehmen und digitalen Akteuren zunehmend an Boden verlieren.
Softwarefunktionen werden also eine immer wichtigere Rolle bei der Kaufentscheidung spielen. Der Programmierende macht den Unterschied und nicht mehr Mechatronikerinnen und Mechatroniker. Und natürlich sind die Automobilhersteller wie alle anderen Unternehmen auch gefordert, ihre internen Prozesse mit Hilfe künstlicher Intelligenz schneller und effizienter zu machen. IT-Expertinnen und -Experten werden immer mehr zum Schlüssel des Erfolgs.
Eine der größten Herausforderungen für die Automobilindustrie ist die Transformation in eine klimaneutrale Zukunft: Im Einklang mit dem Pariser Klimaabkommen müssen die Unternehmen emissionsfreie Antriebe entwickeln und im Markt etablieren. Für Unternehmen und die Arbeitnehmervertreterinnen und -vertreter im Aufsichtsrat, im Gesamtbetriebsrat und in den Betriebsräten bedeutet dies, dass neue Expertinnen und Experten mit zukunftsfähigem Know-how rekrutiert und gleichzeitig die bestehenden Fachkräfte weiterqualifiziert werden müssen. Im schlechtesten Fall ist die Arbeitnehmervertretung gezwungen, einen Arbeitsplatzabbau mitzutragen. Hier haben sozialverträgliche Maßnahmen wie Fluktuation, Altersteilzeit und freiwilliges Ausscheiden mit finanziell attraktiven Angeboten immer Vorrang vor Entlassungen. Die Bundesregierung hat in diesem Zusammenhang vor einem Fachkräfteparadoxon gewarnt: »Es werde künftig verstärkt ein Nebeneinander von Fachkräftemangel in den einen Branchen und Regionen sowie von Personalabbau in anderen Branchen

und Regionen geben« (Creutzburg 2022). Diese Entwicklung wird sich nach meiner Einschätzung sogar innerhalb der Unternehmen abspielen.

1.2 Disruption verschärft Fachkräftemangel

Während manche Branchen schon seit vielen Jahren unter Fachkräftemangel leiden, war die Industrie für Arbeitskräfte traditionell attraktiv. Dafür sorgten nicht zuletzt technische Innovationen, die internationale Aufstellung, die große Wettbewerbsfähigkeit und natürlich der große wirtschaftliche Erfolg. Infolgedessen suchten Personalabteilungen selbstbewusst nach hochqualifizierten Arbeitskräften. Die Standardtarifverträge sowie Betriebsratsvereinbarungen bildeten die Grundlage für das Beschäftigungsverhältnis und die damit einhergehenden Leistungen. Bei Einstellungsgesprächen und Verhandlungen lag der Fokus gewöhnlich nicht auf individuellen Bedürfnissen. In Folge der Disruption verändert sich jedoch das Image der deutschen Industrie, während die Beschäftigten gleichzeitig andere, individuellere Wünsche mit einem Arbeitsplatz verbinden. In Summe bröckelt die Attraktivität der Industrie und des einzelnen Arbeitgebers.

In den Personalabteilungen ist die Denkweise noch immer stark ausgeprägt, dass die Beschäftigten in erster Linie als Kostenfaktor zu sehen sind, den es zu minimieren gilt. Leider gilt dies auch für den Personalbereich als Organisationseinheit. Häufig lässt sich feststellen, dass sich die Rolle des Personalbereichs gewandelt hat: Klassischerweise hat sich die Personalbetreuung ganzheitlich mit den Beschäftigten und der Firmenorganisation auseinandergesetzt mit dem Ziel, für beide Seiten den größten Mehrwert zu erzeugen. Ein Beispiel ist die Weiterentwicklung von Beschäftigten, sodass neue Bedarfe im Unternehmen abgedeckt werden können. Heute sprechen wir von Personalmanagerinnen und -managern, die sich auf die Beratung der Führungskraft fokussieren. Eine ganzheitliche Betreuung findet nicht mehr statt – auch zum Nachteil des Unternehmens. Die Personalbereiche wurden extrem ausgedünnt, der Fokus wurde auf das notwendige »Verwalten« gelegt. Eigentlich wurde das Gegenteil dessen getan, was in der jetzigen Zeit notwendig wäre – nämlich Gestaltungskonzepte für die notwendigen Anpassungen zu kreieren, Change-Management zu betreiben etc. Der Handlungsbedarf im Personalressort ist folglich immens.

1.3 Der Arbeitskräftemangel entwickelt sich zum Bremsklotz

Nachdem sich weite Teile der Baby Boomer (Jahrgänge 1943 bis 1964) schon in den Ruhestand verabschiedet haben und in den kommenden Jahren die ebenfalls geburtenstarke Nachfolgegeneration X (ab 1965 bis 1980) folgt, wird der Fachkräftemangel in Deutschland immer augenfälliger. Deshalb fordert Arbeitgeberpräsident Rainer Dulger grundlegende Initiativen: »Um die Wettbewerbsfähig-

keit Deutschlands auch in Zukunft zu erhalten, müssen wir jetzt die strukturellen Herausforderungen auf dem Arbeitsmarkt anpacken. Im Mittelpunkt steht hier die Bewältigung des Fachkräftemangels – einer der größten Bremsklötze für die deutsche Wirtschaft. Viele offene Stellen können nicht besetzt und Aufträge aufgrund von Personalmangel nicht angenommen werden« (Dulger 2022). Manche Stimme aus der Wissenschaft geht sogar noch weiter: »Der Begriff Fachkräftemangel ist allerdings irreführend, es handelt sich eher um einen Arbeitskräftemangel. Denn Unternehmen suchen nicht nur Ingenieurinnen und Programmierer, sondern auch Menschen mit geringeren Qualifikationen. Reinigungskräfte sind ebenso gefragt wie Kurierfahrerinnen und -fahrer« (Fratzscher 2021).
Mit 46,4 Mio. erwerbstätigen Personen, die in Deutschland derzeit leben, ist der bislang höchste Stand erreicht. Aufgrund des demografischen Wandels wird die Zahl der Erwerbstätigen langfristig abschmelzen. Daran wird auch die Migration auf aktuellem Niveau nichts ändern können.
Die nächste Generation, die schon in den Startlöchern steht, ist die Generation Z, geboren ab 1999. Sie hat deutlich andere Ansprüche als ihre Vorgänger und wird diese vor dem Hintergrund des Fachkräftemangels auch weitgehend durchsetzen können. »Die Generation Z will unabhängig sein. Sie geht neugierig und offen, unter Nutzung aller technischen Möglichkeiten, auf ihr Arbeitsleben zu und strebt nach einem optimalen Mix aus Arbeitsleben und Freizeit. Aber gleichzeitig verliert der Arbeitgeber an Stellenwert […]. Das soll nicht bedeuten, dass die neue Generation weniger Leistungswillen zeigt. Sie muss nur anders motiviert werden. Umfragen zeigen: Nicht die Höhe des Gehaltes und der mit der Arbeitsstelle verbundene Status sind wichtig für die Generation Z. Stattdessen stehen Selbstverwirklichung, Spaß am Beruf, gutes Arbeitsklima und passendes Arbeitsumfeld im Vordergrund« (Agentur Junges Herz o. J.). Diese Ansprüche stoßen in weiten Teilen der Industrie auf das oben beschriebene traditionelle Selbstverständnis der HR-Abteilungen.

1.4 Mitbestimmung zwischen Bedeutungsschwund und Rückenwind

Damit Arbeitnehmervertreterinnen und -vertreter im Aufsichtsrat oder den Betriebsräten beim nachhaltigen Personal- und Führungskräftemanagement überhaupt mitgestalten können, brauchen sie Wirksamkeit. Ein Blick in die Praxis zeigt ein gemischtes Bild. Seit Jahren sinkt der Organisationsgrad in den Betrieben: 1996 arbeiteten noch 70 % der Beschäftigten in der westdeutschen Gesamtwirtschaft mit einem Branchentarifvertrag. Im Jahr 2021 waren es nur noch 45 % (IAB 2022).
Dagegen bringen die Themen Nachhaltigkeit und ESG Rückenwind für die Mitbestimmung. Der neugefasste Deutsche Corporate Governance Kodex nimmt Nachhaltigkeit erstmals in das Aufgabenprofil von Vorstand und Aufsichtsrat

auf. So sollen »in der Unternehmensstrategie neben den langfristigen wirtschaftlichen Zielen auch ökologische und soziale Ziele angemessen berücksichtigt werden« (DCGK 2022). Unter dem Stichwort ESG gibt es verschiedene Initiativen und vermehrt gesetzliche Verankerungen zum Thema Nachhaltigkeit und ethische Unternehmensführung. Eine Initiative stammt von der Europäischen Union, die mit dem Green Deal die Weichen für mehr Nachhaltigkeit bei Investitionen gestellt hat. »Die EU Taxonomie Verordnung beschreibt einen Rahmen um ›grüne‹ oder ›nachhaltige‹ Wirtschaftstätigkeiten innerhalb der EU allgemeingültig zu klassifizieren. Zuvor bestand keine klare Definition von grüner, nachhaltiger oder umweltfreundlicher Tätigkeit. Durch die EU Taxonomie werden für den Begriff der Nachhaltigkeit nun klare Regeln und Rahmenbedingungen geschaffen, wann ein Unternehmen nachhaltig oder umweltfreundlich wirtschaftet« (Financial Software Architects GmbH). Darüber hinaus fordern viele Nichtregierungsorganisationen (NGOs) die Einhaltung von Menschenrechten in der Lieferkette. So setzt sich die Initiative Lieferkettengesetz, ein Bündnis von mehr als 130 zivilgesellschaftlichen Organisationen, für »europaweit verpflichtende Menschenrechts- und Umweltstandards für Unternehmen« ein (Initiative Lieferkettengesetz 2022).

Und neuerdings fordert auch der Kapitalmarkt vom Management zunehmend die Erfüllung von Nachhaltigkeitskriterien ein. Nach Auffassung einiger einflussreicher Vermögensverwalter sind Unternehmen mit einer ESG-Strategie langfristig erfolgreicher. Für die Arbeitnehmervertretung stellen alle beschriebenen Initiativen eine gute Entwicklung dar. Sie gestalten als Betriebsräte, Gesamtbetriebsräte und im Aufsichtsrat bei allen drei Stichworten mit. Bei »E«, weil die Transformation große Auswirkung auf die Beschäftigung hat. »S« entspricht den traditionellen Mitbestimmungsthemen wie Arbeitsschutz, Ergonomie usw. und bei »G« durch die Präsenz im Aufsichtsrat. Der prominenteste ESG-Fürsprecher auf der Kapitalseite ist Larry Fink, CEO von BlackRock, dem mit rund zehn Billionen US-Dollar größten Vermögensverwalter der Welt. Er sieht im Verhältnis zu den Beschäftigten einen Paradigmenwechsel: »Keine Beziehung wurde durch die Pandemie grundlegender verändert als die zwischen Arbeitgebern und Arbeitnehmern. Rund um den Globus erwarten Beschäftigte heute mehr von ihren Arbeitgebern – darunter mehr Flexibilität und eine sinnstiftendere Tätigkeit« (Fink o. J.). Die Analysen von BlackRock zeigen, dass Firmen mit einer starken Mitarbeiterbindung während der Pandemie von geringerer Fluktuation und höherer Rentabilität profitiert haben. Larry Fink fordert deshalb, dass Unternehmen sich an diese neue Realität anpassen und die Bedürfnisse ihrer Beschäftigten ernst nehmen sollen. Ansonsten liefen sie in Gefahr, ins Hintertreffen zu geraten.

Selbstverständlich verlangen die oben beschriebenen Veränderungen auch von der Arbeitnehmervertretung und den Gewerkschaften einen selbstkritischen Blick auf die eigene Organisation und ihr Selbstverständnis. Vor allem in den

Fertigungsbereichen dominieren – wie könnte es aufgrund der Tätigkeit und Demografie auch anders sein – männliche Betriebsräte im fortgeschrittenen Alter. Sie treffen zunehmend auf eine Belegschaft, die sich analog zur Entwicklung der Gesellschaft ausdifferenziert: Die Gruppe der Beschäftigten wird immer heterogener und zersplittert zunehmend in Partikularinteressen (Tribalisierung). Die traditionelle, politisch eher links orientierte Arbeiterschaft in der Fertigung, die als große Masse solidarisch um ihre Interessen kämpft, nimmt im Zuge der Transformation und Digitalisierung ab. Gleichzeitig brauchen die Unternehmen mehr Beschäftigte in der IT, Entwicklung, etc. Die wachsende Gruppe der Hochqualifizierten gehört bislang nicht zur großen Unterstützung der Arbeitnehmervertretung. Damit stellen sich mittelfristig folgende Fragen: Wie können Arbeitnehmervertreterinnen und -vertreter noch das Sprachrohr der Beschäftigten sein und deren Sorgen und Nöte verstehen? Wie kann man differenziertere Regelungen für bestimmte Beschäftigungsgruppen machen, ohne dass es Widerstand in der Gesamtbelegschaft gibt? Wie gelingt es, neue Beschäftigtengruppen für die Interessenvertretung zu gewinnen? Die Herausforderung wird also sein, die unterschiedlichen Belange aller Beschäftigten zusammenzufassen und zu vertreten. Bei aller Unterschiedlichkeit muss es gelingen, die Einheit im Betrieb zu wahren. Je nach Branche, Unternehmen und Beschäftigtenstruktur sowie den Zielsetzungen der Mitbestimmungsakteure kann es sehr unterschiedliche Antworten auf diese wichtigen Fragen geben.

2. Herausforderung: Vom Arbeitgeber- zum Arbeitnehmermarkt

Die oben beschriebenen Entwicklungen führen aus unterschiedlichsten Gründen und Ursachen zu einem fundamentalen Wandel von Angebot und Nachfrage: Aus einem Arbeitgebermarkt wird ein Arbeitnehmermarkt. Dabei klaffen die Ansprüche von Unternehmen und (künftigen) Beschäftigten aktuell weit auseinander. Gelingt es vor dem Hintergrund des sich ohnehin verschärfenden Fachkräftemangels nicht, sich als attraktiver Arbeitgeber zu positionieren, laufen die Unternehmen Gefahr, die Stellen nicht besetzen zu können. Dies schränkt die Wettbewerbs- und Wachstumsfähigkeit von Unternehmen ein. Darüber hinaus entsteht mit der Transformation und Digitalisierung der Bedarf an neuen Fachkräften etwa im Bereich der Elektromobilität, beim Brennstoffzellenantrieb, rund um das vernetzte Fahrzeug sowie in der IT generell. Sollte dieses Know-how in Deutschland nicht in ausreichender Zahl vorhanden sein, könnte die Wertschöpfung in zukunftsfähigen Bereichen auf internationaler Ebene angesiedelt werden. Damit droht das Beschäftigungsniveau in Deutschland zumindest in High-Tech-Bereichen zu sinken. Geht das Beschäftigungsniveau in Deutschland zurück, schwindet zwangsläufig auch die Wirksamkeit der Mitbestimmung. Doch nicht nur die Personalabteilungen müssen sich neu ausrichten. Auch die Arbeitnehmervertretungen in den Unternehmen und die Gewerkschaften müssen sich reformieren, wenn sie auch in Zukunft das Sprachrohr der Beschäftigten sein und deren Belange glaubhaft vertreten wollen. Dabei müssen sie die Beschäftigten viel mehr direkt beteiligen, indem ihre Wünsche und Bedürfnisse abgefragt und umgesetzt werden. Neue zeitgemäße Regelungen werden ebenso notwendig sein wie differenzierte Regelungen für unterschiedliche Beschäftigtengruppen.

3. Zahlreiche Gestaltungsmöglichkeiten für die Arbeitnehmervertretung

Ein Lösungsansatz für die oben genannten Probleme und Herausforderungen ist eine strategische Personalplanung, die für viele Unternehmen ein absolutes Novum darstellen würde. »Vorausschauende oder gar strategische, d. h. vor allem an Risiken und Chancen ausgerichtete Personalplanung ist eher die Ausnahme als die Regel. In der Praxis ist Personalplanung zudem gegenüber der Investitions-, Produktions- und Absatzplanung klar nachrangig und reaktiv« (Giertz & Stracke 2019). Als Begründung führt die Studie vor allem die Komplexität der daraus abgeleiteten personalpolitischen Maßnahmen und die hohe Anforderung an HR und Interessenvertretung an. Gerade bei Führungskräften auf Abteilungs- und Bereichsebene sowie bei der Geschäftsleitung müsse die Bereitschaft und auch die Fähigkeit vorhanden sein, in Personalfragen strategisch zu denken und gemeinsam mit den Personalfachleuten im HR-Bereich und im Betriebsrat in einen kontinuierlichen strategischen Planungsprozess einzutreten. Dafür brauche es aber auch starke Mitbestimmungsakteure mit Gestaltungsanspruch, die auf Augenhöhe mit dem Personalbereich agieren können und wollen, wie die Studie weiter feststellt (ebd.). Aus der strategischen Personalplanung ergeben sich Handlungsfelder für die Arbeitnehmervertretung, die gemeinsam mit dem Unternehmen bearbeitet werden können und sollten. Diese können selbstverständlich in Abhängigkeit von der jeweiligen Unternehmenssituation variieren und auch verschieden gewichtet werden.

3.1 Aufsichtsrat und Betriebsratsgremien als Wirkungsfelder

Der neu gefasste Corporate Governance Kodex verlangt, dass Unternehmen in der Unternehmensstrategie ökologische und soziale Ziele definieren (DCGK 2022). Mit einer anderen Begrifflichkeit formuliert handelt es sich dabei um ESG-Ziele, von denen einige vom Gesetzgeber gefordert und andere vom Unternehmen mehr oder weniger freiwillig aufgestellt werden. Dabei spielen Kapitalmarktratings ebenso eine Rolle wie der Druck von NGOs und die Pflege des eigenen Images als Good Corporate Citizen oder attraktiver Arbeitgeber. In diesem breiten Feld können sich Arbeitnehmervertreterinnen und -vertreter einbringen und die Ziele in ihrem Sinne mitgestalten. Bei Daimler Truck sind das zum Beispiel ESG-Ziele, deren Erfüllung Teil der variablen, nicht ergebnisorientierten Vergütung für Vorstand und Führungskräfte ist (Daimler Truck 2021).

Abgeleitet von den Zielen stellt sich automatisch die Frage nach dem nachhaltigen Personal- und Führungskräftemanagement. Auch hier bei der strategischen Personalplanung können Arbeitnehmervertreterinnen und -vertreter auf höchster Ebene Einfluss nehmen oder das Thema aktiv in den Aufsichtsrat bringen, falls das Unternehmen bisher eine solche Planung nicht im Fokus hat.

Auch in der klassischen Betriebsratsarbeit – sei es im Gesamtbetriebsrat oder den Gremien an den Standorten – gibt es traditionell viele Ansatzpunkte zur Gestaltung von Arbeitsbedingungen, die letztlich alle als Puzzlesteine zum Gesamtbild des Unternehmens beitragen, die Attraktivität als Arbeitgeber definieren und somit auch auf das »ESG-Konto« des Unternehmens einzahlen. Dabei macht es einen entscheidenden Unterschied, welches Selbstverständnis die Arbeitnehmervertreterinnen und -vertreter haben. Sehen sie ihre Aufgabe im Bewahren des Status quo und agieren sie eher reaktiv auf die Forderungen des Unternehmens? Oder antizipieren sie Entwicklungen und versuchen, diese frühzeitig mitzusteuern?

Der Gesamtbetriebsrat von Daimler Truck hat sich in einer Strategieklausur Ziele für 2030 gesetzt und auch ein Selbstverständnis erarbeitet. Das Gremium ist überzeugt, dass es bessere Ergebnisse für die Beschäftigten erzielen kann, wenn es vorausschauend und aktiv handelt. Der GBR versteht sich als Impulsgeber, der eigene Ideen und Initiativen entwickelt und diese in Gespräche mit der Unternehmensleitung einbringt. Im Konfliktfall wollen sich GBR und Betriebsräte vor Ort nicht spalten lassen, sondern über alle Standorte hinweg solidarisch bleiben.

3.2 Ansatzpunkt Transformation und Digitalisierung in der Nutzfahrzeugbranche

Transformation und Digitalisierung haben unmittelbare Auswirkung auf die bestehende und künftige Beschäftigung im Unternehmen. Damit ergeben sich für das Personal- und Führungskräftemanagement sowohl auf strategischer Ebene als auch in der Umsetzung in den Werken und Betrieben direkte Ansatzpunkte für die Arbeitnehmervertretung. Aufgrund des Klimawandels ist die Fahrzeugindustrie gefordert, emissionsfreie Antriebe auf den Markt zu bringen. Der herkömmliche Verbrennungsmotor wird perspektivisch abgelöst. Die deutsche Industrie hat eine extrem hohe Wertschöpfung beim Verbrennungsmotor, entsprechend viele Menschen können in ihrem angestammten Berufsfeld nicht weiter beschäftigt werden. Es muss das Ziel der Arbeitnehmervertretung sein, Beschäftigte für die neuen Technologien zu qualifizieren oder sie möglichst sozialverträglich abzubauen. Die noch größere Herausforderung aber dürfte sein, die Unternehmen zu überzeugen, dass sie eine ähnlich hohe Wertschöpfung wie beim Verbrenner auch in den neuen Zukunftstechnologien am Standort Deutschland aufbauen – zum Beispiel in die Produktion von Batterien und Zellen einsteigen sowie Elektromotoren und/oder Brennstoffzellenantriebe selbst herstellen. Nur wenn dies in großem Maßstab erfolgt, gibt es keinen drastischen Beschäftigungsabbau in Deutschland. Und dann folgt die zweite Hürde: Für viele neuen Technologien gibt es überhaupt keine Expertise und Fachkräfte in ausreichendem Umfang. Das Recruiting dieser erfolgskritischen Know-how-Träger wird zur strategischen Aufgabe des Personal- und Führungskräftemanagements. Ähnliche Herausforderungen stellt die Digitalisierung: Der Markt für Programmiererinnen und IT-Experten mit speziellen Kenntnissen ist praktisch leergefegt. In einer solchen Situation ist es praktisch unmöglich, diese immens wichtigen Zielgruppen auf Basis der klassischen Tarifverträge zu rekrutieren.
Bei Daimler Truck gestaltet der Gesamtbetriebsrat aktiv die Transformation mit. Die Grundlage ist eine Gesamtbetriebsvereinbarung, die betriebsbedingte Kündigungen bis Ende 2029 ausschließt. Um die Beschäftigung auch für die Zukunft zu sichern, will der Gesamtbetriebsrat erreichen, dass Daimler Truck die Schlüsselkomponenten für CO_2-freie Antriebe und den gesamten Antriebsstrang selbst entwickelt und in den eigenen Werken auch produziert. Angestrebt wird ein ähnlich hoher Eigenfertigungsanteil wie aktuell bei der Verbrennungsmotorentechnologie. Es geht aber nicht nur um die Beschäftigungssicherung. Ein hoher Eigenfertigungsanteil bei Elektroantrieb und Brennstoffzelle macht auch für das Unternehmen selbst strategisch und ökonomisch Sinn, weil der elektrische Antriebsstrang wettbewerbsdifferenzierend sein wird.
Erste Transformationserfolge hat der Gesamtbetriebsrat von Daimler Truck bereits erreicht: Im Jahr 2021 wurden Zukunftsbilder für die Werke und Standorte

vereinbart und auch die Niederlassungen neu aufgestellt. In den Zukunftsbildern ist es gelungen, die grundsätzliche Ausrichtung der bestehenden Werke mit Blick auf neue Technologien zu definieren: Das Aufbauwerk Wörth produziert alle Arten und Varianten von emissionsfreien Fahrzeugen. Die Powertrainwerke Kassel, Mannheim und Gaggenau bilden ein Technologie- und Produktionsnetzwerk für elektrische Antriebskomponenten und Batteriesysteme. Auf dieser Basis müssen die Zukunftsbilder in den nächsten Jahren weiterentwickelt werden. In Abhängigkeit von künftigen strategischen Weichenstellungen des Unternehmens bei der Eigenfertigung von Zukunftskomponenten entwickeln sich die Bedarfe an neuen spezialisierten Fachkräften sowie an der Weiterqualifizierung der aktuellen Belegschaft. Es kann sich auch die Notwendigkeit eines Stellenabbaus ergeben, der aufgrund des Ausschlusses von betriebsbedingten Kündigungen nur freiwillig geschehen kann und der dann sozialverträglich gestaltet werden muss. Auch hier haben die Arbeitnehmervertreterinnen und -vertreter klassischerweise Verhandlungs- und Gestaltungsspielraum.
Ähnlich proaktiv ist der Gesamtbetriebsrat bei der Umsetzung der Digitalisierung vorgegangen. Noch in der gemeinsamen Zeit mit den Pkw-Aktivitäten innerhalb der Daimler AG hat die Arbeitnehmervertretung mit der Unternehmensleitung und der IG Metall einen Tarifvertrag speziell für IT-Expertinnen und -Experten verabschiedet. Dieser berücksichtigt die besonderen Interessen dieser wichtigen Zielgruppe, zum Beispiel mehr Flexibilität bei der Arbeitszeit. Aus Sicht der Arbeitnehmervertretung ist das ein erster Schritt, neue Beschäftigungsgruppen ins Unternehmen zu holen und gleichzeitig Tarifverträge beizubehalten.

3.3 Ansatzpunkt attraktiver Arbeitgeber und Unternehmenskultur

Das Image eines Unternehmens und seine Attraktivität als Arbeitgeber ist einem dauernden Wandel unterworfen und spiegelt natürlich den Zeitgeist wider. Festzustellen ist, dass mit der Transformation und Digitalisierung Technologieunternehmen im Vergleich zu tradierten Autobauern stark an Attraktivität gewonnen haben. Gleichzeitig verändern sich wie bereits oben beschrieben die Erwartungen von Arbeitskräften an einen potenziellen oder bestehenden Arbeitgeber. Hier wird die Generation Z mit ihren eigenen Sichtweisen und Ansprüchen in den kommenden Jahren prägend sein. Dem müssen sich althergebrachte Industrieunternehmen stellen und sich selbst hinterfragen. Bei der womöglich notwendigen Neujustierung der eigenen Kultur sowie des eigenen Images als attraktiver Arbeitgeber liefert die klassische Betriebsratsarbeit auf Basis der Mitbestimmung zahlreiche Ansatzpunkte. Das reicht von Verhaltensregeln, der Flexibilisierung von Arbeitszeiten, Regelungen zum mobilen Arbeiten im In- und Ausland, der Ausgestaltung von Arbeitsplätzen und Büros, Gesundheitsprogrammen, dem Erwerb von Belegschaftsaktien im Zuge der Gehaltsumwandlung über Diver-

sity und Inklusion bis zu Rahmenbedingungen für Eltern bei einer zeitlich befristeten Auszeit und der Rückkehr in den Job. Alle diese Regelungen und Vereinbarungen haben die Arbeitnehmervertreterinnen und -vertreter bei Daimler Truck gemeinsam mit dem Unternehmen diskutiert und verabschiedet oder sind gerade dabei. Und das ist nur ein kleiner Ausschnitt.
Viele Unternehmen formulieren auch einen Purpose bzw. ein Purpose-Statement. »Corporate Purpose bezeichnet den Sinn, nach dem ein Unternehmen handelt. Der Fokus liegt auf der ökologischen, ökonomischen und sozialen Verantwortung. Statt um das wirtschaftliche Wachstum geht es beim Purpose um das verantwortungsvolle Handeln, das sich positiv auf alle Stakeholder auswirkt« (Avantgarde Experts 2019). Laut der Personalvermittlungsagentur sprechen Purpose-Unternehmen besonders die Generation Y und Generation Z an. Für die jüngere Generation werde sinnstiftende Arbeit immer wichtiger. Unternehmen mit Purpose haben den Experten zufolge einen Vorteil, junge Talente zu gewinnen und auch zu halten.
Auch Daimler Truck hat ein Purpose-Statement formuliert, das jenseits des Gewinnstrebens den Unternehmenszweck plakativ auf den Punkt bringen soll und damit den eigenen Antrieb für das tägliche Handeln beschreibt: »For all who keep the world moving« (Daum & White 2019).

3.4 Ansatzpunkt Ausbildung, Loyalitätssteigerung und Qualifizierung

Die (Weiter-) Qualifizierung ist ein klassisches Handlungsfeld der Mitbestimmung. Ziel der Arbeitnehmervertretung muss deshalb sein, gemeinsam mit dem Unternehmen den Beschäftigten Weiterbildungsangebote zu machen, so dass diese den Umstieg auf neue Technologien bewältigen können und auch in Zukunft über sichere und attraktive Arbeitsplätze verfügen. Angesichts des Arbeitskräftemangels macht es auch für die Unternehmen Sinn, in die bestehende Belegschaft zu investieren. Das kann ein Technologietransfer auf gleicher Arbeitsebene sein oder auch die Höherqualifizierung bis zu neuen Karrierewegen für Quereinsteiger zum Beispiel als Programmierende.
Wie eine solche Weiterqualifizierung in der Praxis umgesetzt werden kann, zeigt ein Beispiel von Daimler Truck, das in Zusammenarbeit mit dem Gesamtbetriebsrat vereinbart wurde. Demgemäß erhalten alle Beschäftigten in Verwaltung und Produktion einen kostenlosen und individuellen Zugriff auf LinkedIn Learning. Dort können sie sich auf einer der größten E-Learning-Plattformen mit global über 14 000 Lernangeboten beruflich und zusätzlich auch privat weiterbilden.
Auch die Berufsausbildung dürfte wieder stärker in den Fokus der Unternehmen rücken. Über die Berufsausbildung gewinnt ein Unternehmen nicht nur Fachkräfte, die es am Markt nicht mehr gibt, sondern kann junge Menschen im eigenen

Unternehmen sozialisieren und damit eine deutlich höhere Mitarbeiterbindung erreichen. Dafür ist allerdings ein Umdenken in den Unternehmen erforderlich. Heute ist es weit verbreitete Praxis, die Ausbildungsquoten zurückzufahren und zur Deckung von Kapazitätsbedarfen minderqualifizierte Leiharbeiterinnen und Leiharbeiter zu beschäftigen. Ziel ist maximale Flexibilität und die Deckelung von Fixkosten. In der Realität ist es häufig jedoch so, dass die Leiharbeitenden doch länger als ursprünglich geplant beschäftigt werden und dann Arbeitnehmervertreterinnen und -vertretern Druck machen, auf eine Festanstellung hinzuwirken. Aus Erfahrung lässt sich konstatieren, dass das Unternehmen damit möglicherweise kurzfristig eine vergleichsweise günstige Lösung zur Deckung von Kapazitäten erhalten hat. Auf längere Sicht hingegen fehlen nach wie vor vielseitig einsetzbare Fachkräfte und die Identifikation mit dem Unternehmen ist oft nicht sehr ausgeprägt, wenn überhaupt vorhanden. Es müsste also durchaus im Sinne des Unternehmens sein, wenn die Arbeitnehmervertretung eine Abkehr von der aktuellen Praxis im Umgang mit Leiharbeitenden will und stattdessen attraktivere Ausbildungsprofile und höhere Ausbildungsquoten fordert.

3.5 Ansatzpunkt neue Zielgruppen ansprechen

Wenn auf dem Arbeitsmarkt immer weniger Arbeitskräfte zur Verfügung stehen, kann die Arbeitnehmervertretung die Unternehmen dazu drängen, sich neuen oder bisher vernachlässigten Zielgruppen zu öffnen und so das Reservoir um potenzielle Kandidatinnen und Kandidaten zu erweitern. So kann ein Unternehmen an Attraktivität gewinnen, wenn es besondere Angebote zum Beispiel für Eltern macht, die mehr Arbeitszeitsouveränität und Flexibilität beinhalten. Ebenso könnte ein Unternehmen mit speziellen Konzepten verstärkt Menschen mit Behinderung einsetzen. Es lohnt sich in einer Engpasssituation vielleicht auch, vermeintlich schwächere Bewerberinnen oder Bewerber zu akzeptieren, wenn man die Aufgabe und die Erfolgskriterien zuvor genau definiert. Dies alles setzt aber eine grundlegend veränderte Haltung beim Personal- und Führungskräftemanagement voraus. Es ist oftmals nur eine Frage der Arbeitsorganisation, denn für vermeintlich Schwächere braucht man möglicherweise mehr Betreuungszeit, erhält im Gegenzug aber neben der Arbeitsleistung auch hohe Loyalität und Zufriedenheit.

4. Fazit: Unternehmen und Arbeitnehmervertretung müssen umdenken

Wenn die Geschäftsmodelle etablierter Branchen und Unternehmen auf dem Prüfstand stehen, der demografische Wandel das Angebot der Arbeitskräfte stark verknappt und gleichzeitig eine selbstbewusste Generation junger Arbeitnehmerinnen und Arbeitnehmer mit deutlich veränderten Ansprüchen auf den Arbeitsmarkt kommt, dann kann es kein »weiter so« geben. Unternehmen und Arbeitnehmervertretungen sollten über umfassende Veränderungen nachdenken. Je nach Situation im Unternehmen kann das ganz grundlegend bei der (Fort-) Entwicklung der Unternehmenskultur beginnen. Da viele Aspekte des nachhaltigen Personal- und Führungskräftemanagements der Mitbestimmung unterliegen, hat es Sinn, ein gemeinsames Verständnis und eine koordinierte Zusammenarbeit anzustreben. Das betrifft den Aufsichtsrat ebenso wie den Gesamtbetriebsrat und die Betriebsräte an den Standorten. Idealerweise ergibt sich daraus eine abgestimmte strategische Personalplanung und Personalpolitik, welche die Themen Transformation und Digitalisierung ebenso umfasst wie klassische Themen rund um die Arbeitsbedingungen (vor allem mobiles Arbeiten), die Ausbildung und Qualifizierung sowie einen stimmigen Innen- und Außenauftritt.

5. Quellenangaben

Agentur Junges Herz (o. J.). GENERATION Z. Was erwartet den Arbeitsmarkt? Abgerufen am 6. 1. 2023, *https://www.agentur-jungesherz.de/generation-z/.*

Avantgarde Experts (2019). Purpose im Unternehmen: So profitierst du von einem corporate purpose. Abgerufen am 6. 1. 2023, *https://www.avantgarde-experts.de/de/magazin/purpose-unternehmen/.*

Roland Berger GmbH (o. J.). Triple Transformation: Ein ganzheitlicher Ansatz zur Bewältigung des Umbruchs in der Automobilindustrie. Abgerufen am 27. 4. 2023, *https://www.rolandberger.com/de/Expertise/Industries/Automotive/*

BMAS (o. J.). CSR Allgemein. Abgerufen am 6. 2. 2023, *https://www.csr-in-deutschland.de/DE/CSR-Allgemein/csr-allgemein.html.*

Creutzburg, D. (2022). »Suche nach Arbeitskräften wird zur Existenzfrage«. FAZ vom 7. 9. 2022, abgerufen am 6. 1. 2023, *https://www.faz.net/aktuell/wirtschaft/fachkraeftegipfel-weiterbildung-und-ein-punktesystem-18299354.html.*

Daimler Truck (2021). Nachhaltigkeitsbericht 2021. Abgerufen am 6.1.2023, *https://www.daimlertruck.com/fileadmin/user_upload/dokumente/nachhaltigkeit/sonstiges/daimler-truck-nachhaltigkeitsbericht-2021.pdf.*

Daum, M. & White, B. (2019). CEO-Podcast Transportation Matters. Folge 3. Abgerufen am 6.1.2023, *https://media.daimlertruck.com/marsMediaSite/de/instance/ko/CEO-Podcast-Transportation-Matters-Martin-Daum-spricht-mit-Brad-White-ueber-Purpose--Modeerscheinung-oder-unabdingbar.xhtml?oid=44847415&ls=L3NlYXJjaHJlc3VsdC9zZWFyY2hyZXN1bHQueGh0bWw_c2VhcmNoU3RyaW5*nPVB1cnBvc2Umc2VhcmNoSWQ9MSZzZWFyY2hUeXBlPWRldGFpbGVkJnJlc3VsdEluZm9UeXBlSWQ9NDA2MjYmdmlld1R5cGU9dGh1bWJzJnNvcnREZWZpbml0aW9uPVBVQkxJU0hFRF9BVC0yJnRodW1iU2NhbGVJbmRleD0xJnJvd0NvdW50c0luZGV4PTU!&rs=0.

DCGK (2022). Deutscher Corporate Governance Kodex in der Fassung vom 28. April 2022. Abgerufen am 27.12.2022, *https://www.dcgk.de//files/dcgk/usercontent/de/download/kodex/220627_Deutscher_Corporate_Governance_Kodex_2022.pdf.*

Dulger, R. (2022). Fachkräftemangel größte Herausforderung für die Deutsche Wirtschaft. BDA die Arbeitsgeber, abgerufen am 6.1.2023, *https://arbeitgeber.de/fachkraeftemangel-groesste-herausforderung-fuer-die-deutsche-wirtschaft/.*

Financial Software Architects GmbH (o.J.). EU Taxonomy Grundlagen – Weshalb wurde die EU-Taxonomie beschlossen? Abgerufen am 6.2.2023, *https://eu-taxonomy.info/de/info/eu-taxonomy-grundlagen.*

Fink, L. (o.J.). Die transformative Kraft des Kapitalismus. Larry Finks Brief an CEOs. Veröffentlicht bei BlackRock. Abgerufen am 6.1.2023, *https://www.blackrock.com/de/privatanleger/2022-larry-fink-ceo-brief?switchLocale=y&siteEntryPassthrough=true.*

Fratzscher, M. (2021). Wieso ein Fachkräftemangel auch für Deutschland gut sein kann. DIW Berlin, abgerufen am 6.1.2023, *https://www.diw.de/de/diw_01.c.825120.de/nachrichten/wieso_ein_fachkraeftemangel_auch_gut_fuer_deutschland_sein_kann.html.*

Giertz, J. P. & Stracke, S. (2019). Strategische Personalplanung. Praxiswissen Betriebsvereinbarung. Veröffentlicht durch das Institut für Mitbestimmung und Unternehmensführung. Abgerufen am 6.1.2023, *https://www.boeckler.de/pdf/p_study_hbs_433.pdf.*

Haberstock, P. (o.J.). Definition: Was sind ESG-Kriterien? In: Gabler Wirtschaftslexikon. Abgerufen am 31.1.2023, *https://wirtschaftslexikon.gabler.de/definition/esg-kriterien-120056.*

IAB (2022). Daten zur Tarifbindung. Tabelle 5: Beschäftigte mit Branchentarifvertrag, 1996–2021. Abgerufen am 6.1.2023, *https://view.officeapps.live.*

com/op/view.aspx?src=https%3A%2F%2Fdoku.iab.de%2Farbeitsmarktdaten%2FDaten_zur_Tarifbindung.xlsx&wdOrigin=BROWSELINK.
Initiative Lieferkettengesetz (2022). Ein Gewinn für alle. Abgerufen am 6. 1. 2023, *https://lieferkettengesetz.de/.*

VII. Aufsichtsratsarbeit in Europa – Chancen und Risiken für soziale und mitbestimmte Nachhaltigkeit

Übersicht

Heiko Hoßfeld

CSR und Nachhaltigkeit: Regulierungsbedarfe und -formen

Inhalt

1. Einleitung

Die gesellschaftlichen Erwartungen an Unternehmen haben sich in den letzten Jahren erheblich gewandelt. Vorbei sind die Zeiten, in denen Unternehmen primär an den von ihnen produzierten Gütern bzw. Dienstleistungen sowie den hierfür verlangten Preisen gemessen werden. Zunehmend wird von Unternehmen erwartet, dass sie nicht nur Gesetze einhalten, sondern auch universelle Normen und Werte, z. B. die Menschenrechte. Während aber noch zu Beginn dieses Jahrtausends Unternehmensverantwortung bzw. CSR zumeist als rein *freiwilliger* Beitrag der Unternehmen gesehen wurde (etwa von der Europäischen Union; vgl. Europäische Kommission 2001), werden Unternehmen seit einigen Jahren zunehmend in die *Pflicht* genommen, für die negativen Auswirkungen ihres Wirtschaftens – sei es für die Umwelt oder für die Arbeitnehmer:innen bzw. andere Stakeholder der Unternehmung – Verantwortung zu übernehmen (siehe dazu Europäische Kommission 2011). Vergleichsweise neu ist dabei, dass von Unternehmen darüber hinaus vermehrt erwartet wird, dass sie einen *aktiven Beitrag* bei der Bewältigung gesellschaftlicher Herausforderungen leisten (George et al. 2016), insbesondere dem Klimawandel.

Besondere Bedeutung erfährt hierbei die Nachhaltigkeit, die von den Vereinten Nationen bereits vor mehr als 30 Jahren als Leitbild entwickelt wurde. Dabei definierte der sogenannte Brundtland-Report nachhaltige Entwicklung als eine Entwicklung, die die Bedürfnisse der Gegenwart befriedigt, ohne die Fähigkeit künftiger Generationen zu gefährden, ihre eigenen Bedürfnisse zu befriedigen (UN General Assembly 1987). Nachhaltiges Wirtschaften fußt daher auf der Wahrung intra- und intergenerationaler Gerechtigkeit, der Langfristorientierung im Handeln sowie der Harmonisierung von ökonomischen, ökologischen und sozialen Zielen (das sog. Triple Bottom-Modell). Dabei bezieht sich die ökologische Nachhaltigkeit auf die dauerhafte Stabilität des ökologischen Systems, auch um den langfristigen Erhalt und Zugang zu natürlichen Ressourcen zu gewährleisten. Die ökonomische Dimension dagegen meint den langfristigen Erhalt und Ausbau des finanziellen Wohlstands sowie des wirtschaftlichen Produktionskapitals – wozu etwa auch das Humankapital gehört. Soziale Nachhaltigkeit schließlich bezieht sich auf ein Handeln, das soziales Miteinander ermöglicht und auf Dauer stellt, also Sozialkapital in Form von Vertrauen und Kooperation aufrechterhält (Moldaschl 2009). Nachhaltigkeit integriert also soziale, ökologische und wirtschaftliche Verantwortung, um eine rationale Nutzung der gegenwärtigen Ressourcen bzw. Kapitalien zu erreichen, ohne die Bedürfnisbefriedigung künftiger Generationen zu gefährden.

Daher erstaunt es nicht, dass die Themen CSR und Nachhaltigkeit auch längst in der Wirtschaft angekommen sind. Dafür werden zumeist zwei Gründe angeführt: Zum einen ist davon auszugehen, dass auch die Wirtschaftsakteure Interesse an einer langfristigen nachhaltigen Entwicklung von Planet, Gesellschaft und Unternehmen haben. Zum anderen hat die Wirtschaft die Themen CSR und Nachhaltigkeit schon vor vielen Jahren als Instrument zum Aufbau und Erhalt von Legitimität und Reputation entdeckt. So kann nachhaltiges Wirtschaften einen komparativen Wettbewerbsvorteil generieren, gerade in solchen Industrien, die unter besonderer öffentlicher Beobachtung stehen (z. B. Energieerzeugung und Fleischverarbeitung). Umgekehrt geraten Unternehmen schnell in die öffentliche Kritik, wenn sie gesetzliche oder gesellschaftliche Normen verletzen. Die Folge solcher Unternehmensskandale – z. B. der Abgasskandal von Volkswagen oder die Bilanzfälschungen bei Enron – können Proteste, der Entzug kritischer Ressourcen (z. B. das Geld der Kund:innen) sowie zusätzliche staatliche Regulierung (z. B. eine neue Gesetzgebung) sein.

Auf diese Weise wird verantwortliches Verhalten vom Markt belohnt und unverantwortliches Verhalten bestraft. Daher wird CSR und Nachhaltigkeit gemeinhin das Potenzial zugeschrieben, eine Win-Win-Situation für Unternehmen und Gesellschaft zu schaffen (Rost & Ehrmann 2017). Dies stützt die in Theorie und Praxis weithin geteilte These, dass Unternehmensverantwortung erfolgreich über den Marktmechanismus reguliert wird bzw. werden kann. Und tatsächlich haben Unternehmen in den letzten Jahren erheblich in CSR- und Nachhaltigkeitsmaßnahmen investiert. Dies reicht von der Verankerung gesellschaftlicher Werte in den Mission Statements über gesellschaftliches Engagement etwa in Form von

Sponsoring und Corporate Volunteering bis hin zu Managementvergütungen, die an die Erreichung sozialer oder ökologischer Ziele geknüpft sind.
Dennoch reißen Meldungen über Unternehmensskandale nicht ab, und auf nationaler, europäischer und internationaler Ebene wird diskutiert, wie nachhaltiges Wirtschaften stärker umgesetzt werden kann. Aus diesem Grund stellt sich die Frage, warum sich CSR und Nachhaltigkeit noch nicht flächendeckend etabliert haben. Diese Frage versucht der vorliegende Beitrag zu beantworten und diskutiert dabei auch existierende Lösungsansätze, die von der gesetzlichen Regulierung über die freiwillige Selbstverpflichtung zu globalen Standards bis hin zur aktuellen Regulierungsstrategie der Europäischen Union reichen.

2. Woran scheitern CSR und Nachhaltigkeit?

Für das Scheitern verantwortlichen bzw. nachhaltigen Wirtschaftens lassen sich drei zentrale Ursachen identifizieren, die in fehlenden Informationen, ungünstigen Motivlagen sowie schwierigen Rahmenbedingungen zu verorten sind (vgl. Tabelle 1).

Gründe für das Scheitern von CSR und Nachhaltigkeit

Nicht-Wissen	Die Komplexität von CSR und Nachhaltigkeit erschweren die Evaluation des eigenen Wirtschaftens
Nicht-Wollen	Zielkonflikte entstehen, wenn der ökonomische Nutzen von CSR bzw. Nachhaltigkeit geringer ist als die damit verbundenen Kosten
Nicht-Können	Wettbewerbsnachteile können durch kostenintensive Maßnahmen entstehen

Quelle: Hoßfeld 2023

Die enorme Komplexität wirtschaftlichen Handelns in einer globalen Welt führt zu einem fehlenden *Wissen* über »richtige« Formen des Wirtschaftens. Zwar erscheint die Forderung, dass Unternehmen die negativen Konsequenzen ihres eigenen Tuns zu verantworten haben, vergleichsweise einfach, jedoch können die von Unternehmen produzierten negativen Externalitäten in vielen Fällen nicht eingeschätzt werden – etwa, wenn es darum geht, die legitimen von den nicht legitimen Forderungen von Stakeholdern zu unterscheiden oder die negativen Auswirkungen der lokalen Wirtschaftstätigkeit auf die Bewohner weit entfernter Länder einzuschätzen. Noch komplexer ist dies bei dem Leitbild der Nachhaltigkeit, denn die Harmonisierung ökonomischer, ökologischer und sozialer Ziele birgt das Potenzial zahlreicher Zielkonflikte, und zwar sowohl zwischen den Zielen – z. B. die Folgen für die lokale Energieversorgung, wenn die Produktion grünen, also nachhaltigen Stahls die zehnfache Energiemenge erfordert – als auch innerhalb der Ziele, etwa bei der Einschätzung, ob Atomkraft als grüne Energiequelle eingestuft werden sollte (Ziel der CO_2-Reduktion vs. andere Umweltziele).

Zielkonflikte zwischen ökonomischen Zielen auf der einen Seite und ökologischen bzw. sozialen Zielen auf der anderen Seite sind der Grund, warum CSR bzw. Nachhaltigkeit oft am *Wollen* der Unternehmen scheitert, denn nicht immer rentiert sich verantwortliches bzw. nachhaltiges Wirtschaften in dem Sinne, dass der Nutzen – etwa durch Reputationsgewinne – die (unmittelbaren) Kosten übersteigt. Gerade Investitionen in ökologische Produktionsweisen sind riskant und tragen sich finanziell oftmals nur auf lange Sicht. Hinzu kommt, dass es im Kontext der Nachhaltigkeit oft um Probleme geht, die bei der Nutzung kollektiver Güter entstehen, genauer gesagt Allmendegüter. Dies sind öffentliche Güter, die sich bei Nutzung zwar verbrauchen bzw. abnutzen, von deren Nutzung jedoch einzelne Akteure nicht ausgeschlossen werden können, z. B. natürliche Ressourcen wie das Klima oder soziale Ressourcen wie ein Bildungssystem. Dies führt zur bekannten »Tragik der Allmende« (Ostrom 1999): Obwohl ein schonender, nachhaltiger Umgang mit der Ressource im kollektiven Interesse aller ist, überwiegt beim einzelnen Akteur das individuelle Interesse einer maximierenden (Aus-)Nutzung. Dies äußert sich dann etwa darin, dass Unternehmen nicht mehr selbst ausbilden, sondern sich nur noch des externen Arbeitsmarktes bedienen, oder darin, dass auf ökologische Produktionsweisen verzichtet wird. Ein weiterer Grund dafür, dass sich manche Unternehmen gegen »echtes« verantwortliches bzw. nachhaltiges Wirtschaften entscheiden, ist die Möglichkeit von Greenwashing, welches es Unternehmen erlaubt, Reputationsgewinne abzuschöpfen, ohne die Kosten hierfür zu tragen. Möglich machen dies Marktintransparenzen, die dazu führen, dass sich Unternehmen in ihrer Außendarstellung als deutlich »grüner« bzw. verantwortlicher darstellen können, als sie es tatsächlich sind. Dies führt in Teilen der Forschung zu der Generalkritik, dass Unternehmen CSR häufig primär als Vernebelungstaktik nutzen (Sheehy 2015).

Hiermit eng verbunden ist wiederum der dritte Grund für das häufige Scheitern »echter« Nachhaltigkeit bzw. CSR: das *Nicht-Können*. Dies ist immer dann der Fall, wenn die Managements oder Eigner von Unternehmen gerne nachhaltig bzw. verantwortlich agieren würden, dies aber aus Sorge vor Wettbewerbsnachteilen nicht tun. Denn nicht immer liegt ein »Business Case« vor, häufig verursacht »legitimes« Wirtschaften höhere Kosten, die sich entsprechend in höheren Preisen oder niedrigeren Margen niederschlagen. Zwar können Unternehmen in der Regel »Ineffizienzen« innerhalb gewisser Grenzen aushalten, ein zentrales Problem bleiben aber auch hier die existierenden Marktintransparenzen: Selbst, wenn etwa Kunden bzw. Investoren bereit wären, höhere Kosten bzw. niedrigere Zinserträge in Kauf zu nehmen, verfügen sie oft nicht über die nötigen Informationen, um zwischen »guten« und »schlechten« Unternehmen entscheiden zu können – schließlich haben auch die »schlechten« ein Interesse daran, sich als besonders nachhaltig zu präsentieren. In der Folge droht es zu dem Phänomen der Adversen Selektion (bzw. Negativauslese) zu kommen (Akerlof 1970): Die »guten« Unternehmen, die höhere Kosten und Preise in Kauf nehmen, werden von den schlechten nach und nach vom Markt verdrängt – und nachhaltiges Wirtschaften setzt sich insgesamt langfristig nicht durch.

3. Praktische Lösungsansätze aus wissenschaftlicher Perspektive

Aus diesem Grund gibt es in Forschung und Praxis eine anhaltende Debatte darüber, wie sichergestellt werden kann, dass Unternehmen ihren gesellschaftlichen Auswirkungen Rechnung tragen (siehe dazu Tamvada 2020), d. h., wie CSR und Nachhaltigkeit so abgesichert werden können, dass sowohl moralisches Versagen einzelner Wirtschaftssubjekte als auch das Versagen institutioneller Regeln verhindert werden. Die wichtigsten Lösungsvorschläge in diesem Kontext sollen im Folgenden vorgestellt und bewertet werden.

Lösung 1: Direkte staatliche Regulierung durch Inhaltsnormen

Eine naheliegende Lösung von Problemen des Marktversagens sind zentrale gesetzliche Inhaltsnormen, die den Unternehmen im Umgang mit Umwelt und Menschen entweder ein bestimmtes Verhalten unmittelbar vorschreiben, in Formen von Geboten oder Verboten, oder dieses fördert, etwa mittels Subventionen. Wir finden diese Regulierung vor allem in Gestalt von Mindestnormen, z. B. zum Arbeitsschutz oder zur Produkthaftung. Ein aktuelles Beispiel hierfür ist das deutsche Lieferkettengesetz.

Diese direkte Form der Regulierung hat den Vorteil, dass der Gesetzgeber – zumindest theoretisch – über die notwendigen fachlichen Kompetenzen verfügt und das Gemeinwohl im Blick hat. Allerdings verursacht die staatliche Durchsetzung inhaltlicher Normen hohe Kosten der Kontrolle und Sanktionierung. Ihr Einsatz ist außerdem vor allem bei wohl definierten, abgrenzbaren Problemen möglich, für die sich vergleichsweise einfach Regeln formulieren lassen. Dies ist insbesondere im Kontext der Nachhaltigkeit schwierig, da sich dieses komplexe Leitbild eben nicht auf einige wenige Ziele herunterbrechen lässt, diese

Ziele außerdem zum Teil in Konflikt zueinander stehen und sich Priorisierungen einzelner Ziele im Zeitablauf verändern – so steht aktuell etwa die Reduktion von Treibhausgasemissionen im politischen Fokus. Darüber hinaus ändern sich fortwährend die technologischen Rahmenbedingungen (z. B. grüne Technologien, digitale Transformation), die neue Regelungsbedarfe erzeugen.
Überdies stößt diese Regulierungsform an institutionelle Grenzen. Zum einen wäre ein zu starker direkter staatlicher Einfluss auf die Unternehmensziele in einer Marktwirtschaftsordnung problematisch, da dies die unternehmerische Freiheit fundamental einschränken würde. Daher nehmen existierende Gesetze eben die Form von Mindestnormen an – die allerdings keine (unmittelbaren) Anreize zur »Übererfüllung« bieten. Zum anderen stößt eine bloße nationale gesetzliche Regulierung schnell an ihre Grenzen, schließlich ist Nachhaltigkeit ein globales Phänomen und auch die Unternehmensverantwortung endet nicht an den Landesgrenzen. So hat die Globalisierung Governance-Lücken geschaffen, die insbesondere von multinationalen Unternehmen opportunistisch ausgenutzt werden können, da nationale Gesetzgeber nicht dazu in der Lage sind, grenzüberschreitendes Wirtschaften vollumfänglich zu regulieren. Ferner stehen auch Staaten in Konkurrenz zueinander, etwa bei der Steuergesetzgebung oder aktuell eben bei der Frage, ob Atomkraft als grüne Energie eingestuft werden soll.

Lösung 2: Selbstregulierung durch freiwillige Selbstverpflichtung

Als Reaktion auf diese gesetzlichen Regulierungslücken im internationalen, aber auch im nationalen Raum wurden dezentral Nachhaltigkeits- und CSR-Standards entwickelt, von den Unternehmen und deren Stakeholdern selbst. Solche Standards sollen die zuvor skizzierten Probleme der reinen Marktlösung reduzieren, indem sie den Unternehmen einerseits Handlungsorientierung geben, andererseits bestehende Informationsasymmetrien reduzieren. Die freiwillige Selbstverpflichtung zu solchen Standards soll ein Signal setzen, das es Stakeholdern erlaubt, verantwortlich bzw. nachhaltig agierende Unternehmen einfacher zu identifizieren. Auf diese Weise sollen auch die Anreizstrukturen verändert werden, da Greenwashing nicht länger belohnt würde, während regelkonform handelnde Unternehmen nun die erwarteten Reputations- und Legitimitätsgewinne erhielten.
Heute existiert allerdings eine unüberschaubare Zahl unterschiedlichster Standards, die sich häufig Unternehmen bzw. Branchen selbst geben (ethische Leitlinien, Öko-Siegel etc.), weshalb sie oft in der Kritik stehen, reine Marketing- bzw. Greenwashing-Instrumente zu sein (siehe dazu Riccolo 2021). Dennoch haben CSR- und Nachhaltigkeitsstandards gegenwärtig eine große Bedeutung, dies gilt aber insbesondere für solche Standards, die von großen, vertrauenswürdigen internationalen Organisationen stammen. Hierzu zählen insbesondere

der »Global Compact« der Vereinten Nationen, die OECD-Leitsätze für multinationale Unternehmen sowie die Standards der Nachhaltigkeitsberichterstattung der Global Reporting Initiative (GRI). Sie werden von der Europäischen Kommission (2011) sogar ausdrücklich als sogenannte »Soft-Law«-Alternativen anerkannt und gefördert. Ihr hohes Ansehen macht sie für Unternehmen sehr attraktiv, da sie hiermit ihre eigene Reputation und in der Folge auch finanzielle Kennzahlen steigern können (siehe dazu Barnett et al. 2020). Dies gilt sowohl für solche Standards, die ein bestimmten Verhalten unmittelbar vorschreiben, z. B. die Einhaltung der Menschenrechte oder den Verzicht auf Korruption (z. B. Global Compact, OECD-Leitlinien) als auch solche, die lediglich dazu verpflichten, über entsprechende Aspekte zu berichten (z. B. GRI). Denn im Fokus beider Formen steht das mit der Selbstverpflichtung gesetzte Signal, dass es sich um ein gesellschaftlich verantwortlich wirtschaftendes Unternehmen handelt. Auf diese Weise soll eine Win-Win-Situation für Wirtschaft und Gesellschaft erzeugt werden, weshalb Befürworter aus Politik, Praxis und Wissenschaft sie als eine wirksame Alternative zum »harten« Recht einstufen (Rost & Ehrmann 2017).

Damit die freiwillige Selbstverpflichtung zu diesen Standards aber tatsächlich zu der unterstellten Aktivierung der marktlichen Regulierung von CSR bzw. Nachhaltigkeit führt, müssen einige Bedingungen erfüllt sein. Unterstellt man, dass verantwortliches bzw. nachhaltiges Wirtschaften tatsächlich von Stakeholdern gewünscht und honoriert wird, so müssen die von den Standards ausgehenden Signale tatsächlich zwischen verantwortlich und weniger verantwortlich wirtschaftenden Unternehmen unterscheiden helfen. Dies ist jedoch nur dann möglich, wenn die Standards tatsächlich einen Informationswert aus sozialer bzw. ökologischer Perspektive haben und Vergleichbarkeit diesbezüglich erzeugen. Für letzteres ist *erstens* notwendig, dass für alle Unternehmen dieselben Informationen verfügbar sind. Außerdem müssen diese Informationen *zweitens* nicht vage, sondern präzise formuliert und definiert sein – denn ist dies nicht der Fall, so bestehen erhebliche Spielräume bei der Frage, was ein nachhaltiges bzw. verantwortliches Unternehmen ausmacht, so dass Greenwashing weiterhin möglich bleibt. Schließlich müssen diese Informationen *drittens* wahr sein, was entsprechende Kontrollmechanismen voraussetzt (insbesondere eine externe Auditierung).

Der aktuelle Status quo mit einer Vielzahl unterschiedlicher Regelwerke führt jedoch gerade dazu, dass sich bislang noch kein einheitliches Set von Regeln bzw. Kriterien der Verantwortung und Nachhaltigkeit durchgesetzt hat. Und auch die beiden anderen Kriterien werden bislang nicht erfüllt – nicht einmal durch die anerkannten internationalen Standards: Sowohl GRI als auch Global Compact und OECD-Leitlinien enthalten mehrheitlich nur relativ vage formulierte Regeln, auf deren Basis kaum klare, vergleichbare Leistungskriterien entwickelt werden können. Außerdem mangelt es allen Standards an einer verpflichtenden externen Auditierung. Darüber hinaus mangelt es auch an Durchsetzungsmechanismen, die eine Einhaltung der Standards absichern würde: Zwar könnte Global Compact bei Regelbruch mit dem Ausschluss drohen, tut dies aber nur sehr vereinzelt, wenn Unternehmen wiederholt keine Berichte veröffentlichen. Die OECD verfügt in Form nationaler Beschwerdestellen zwar über ein »*naming and shaming*«-Instrument, nutzt dieses jedoch ebenfalls nur sehr vereinzelt. Denn dies ist das Dilemma freiwilliger Standards: Einerseits sollen möglichst viele Unternehmen zu einer Selbstverpflichtung bewegt werden, was vor allem dann möglich ist, wenn die Regeln nicht allzu streng sind. Andererseits bleibt genau deswegen das Greenwashing-Problem erhalten, das in letzter Konsequenz weder der Gesellschaft nützt noch jenen Unternehmen, die tatsächlich nachhaltiger und verantwortlicher wirtschaften wollen.

Lösung 3: Indirekte staatliche Regulierung durch prozedurale Normen

Zwischen der zentralen staatlichen Regulierung und der dezentralen Selbstregulierung existiert noch eine dritte Form der institutionellen Absicherung von CSR und Nachhaltigkeit: Der Staat greift nicht inhaltlich, sondern prozedural in die Austauschbeziehungen von Wirtschaftssubjekten ein (Hoßfeld & Schmiel 2015). Eine solche staatliche Unterstützung der marktlichen Regulierung kann grundsätzlich auf zwei Arten erfolgen: Zum einen kann der Staat Machtasymmetrien abbauen, indem weniger einflussreichen Verhandlungspartnern zusätzliche Rechte eingeräumt werden. Bestes Beispiel hierfür ist das System der Mitbestimmung mit seinen gesetzlich abgesicherten Rechten und Institutionen. Zum anderen kann der Staat Informationsasymmetrien abbauen, indem er die Unternehmen zu mehr Transparenz verpflichtet. Diese Lösung, die im Kern eine staatliche Unterstützung des oben skizzierten Marktmechanismus darstellt, steht im Mittelpunkt der Sustainable Finance-Strategie im Rahmen des European Green Deal.

Eine Strategie für nachhaltige Entwicklung hat sich die EU zwar bereits 2001 gegeben, richtig Fahrt aufgenommen hat die Diskussion aber vor allem mit dem 2019 ausgerufenen Ziel, bis 2050 in Europa Klimaneutralität herzustellen. Dabei wird dem Finanzsektor eine entscheidende Bedeutung zugeschrieben, dieses und andere Nachhaltigkeitsziele zu erreichen: Indem nachhaltige Investitionen strukturell gefördert werden, sollen Anreize für Unternehmen geschaffen werden, die die Investitions- und Innovationsbereitschaft in Nachhaltigkeit erhöhen. Wichtigste Grundvoraussetzung hierfür ist, wie oben bereits ausgeführt, die Herstellung von Transparenz bzw. der Abbau von Informationsasymmetrien. Soll die Sustainable Finance-Strategie der Europäischen Kommission jedoch erfolgreich sein, so muss sie die Fehler vergangener Lösungsansätze vermeiden. Hierzu zählen nicht nur die existierenden dezentralen Standards, sondern auch die bisherige EU-weite Regulierung der CSR- und Nachhaltigkeitsberichterstattung in Gestalt der 2014 verabschiedeten Nonfinancial Reporting Directive, die 2017 in Deutschland unter dem Namen CSR-Richtlinie-Umsetzungsgesetz umgesetzt wurde (CSR-RUG). Das Gesetz verpflichtet Unternehmen zwar zur Veröffentlichung eines nichtfinanziellen Lageberichts, der soziale und ökologische Informationen enthält, allerdings gilt das CSR-RUG nur für sehr große Kapitalgesellschaften, was eine flächendeckende Vergleichbarkeit der Unternehmen verhindert. Außerdem stellt es den Unternehmen weitgehend frei, über welche Informationen sie berichten, denn es existieren keine verbindlichen Indikatoren und es gilt das »Comply-or-Explain«-Prinzip, das es den Unternehmen erlaubt, über einzelne soziale oder ökologische Belange gar nicht zu berichten. Außerdem sieht es keine externe Auditierung vor.

Der neue Sustainable Finance-Framework der EU soll diese Defizite beheben. Den wichtigsten Baustein bildet hierbei die Corporate Sustainability Reporting Directive (CSRD), die Ende 2022 vom Europäischen Rat verabschiedet wurde. Sie ist der direkte Nachfolger der NFRD und erweitert diese in mehrfacher Hinsicht. *Erstens* erweitert sie den Anwendungsbereich schrittweise, ab 2026 unterliegen sogar kleine und mittlere Unternehmen dieser Vorschrift. *Zweitens* liegt ihr eine echte doppelte Wesentlichkeit zugrunde, d. h. Unternehmen müssen auch dann Auswirkungen ihrer Tätigkeit auf Mensch und Umwelt berichten, wenn hiervon umgekehrt keine Auswirkungen auf das Geschäftsergebnis zu erwarten sind (sogenannte ESG-Risiken). *Drittens* muss zukünftig auch die nichtfinanzielle Erklärung extern geprüft werden. Und *viertens* schließlich gibt die Regelung verbindliche Kennzahlen vor – auch zu sozialen Zielen, z. B. zu Gleichbehandlung und Chancengleichheit, Ausbildung und Qualifizierung, zu Arbeitsbedingungen und zur Corporate Governance. Hierfür liegen bislang allerdings erst Diskussionsentwürfe vor, die Ende 2022 noch nicht endgültig beschlossen wurden.

Zur weiteren Konkretisierung der Nachhaltigkeit dient die Taxonomieverordnung. Die EU-Taxonomie definiert Kriterien zur Identifikation von Unternehmensaktivitäten, die einen substanziellen Beitrag zur Förderung von Nachhaltigkeitszielen leisten. Auf diese Weise soll die Bestimmung nachhaltiger Investitionen erleichtert werden. Allerdings betrifft die EU-Taxonomie, die seit 2022 schrittweise eingeführt wird, bislang ausschließlich ökologische Ziele. Ob bzw. wann eine Sozialtaxonomie folgt, ist bislang schwer einzuschätzen.

Schließlich gibt es noch einen dritten Baustein in der Sustainable Finance-Strategie der EU, die Sustainable Finance Disclosure Regulation (SFDR). Als flankierende Maßnahme ist sie im Jahr 2021 in Kraft getreten und betrifft die Anbieter von Finanzprodukten sowie Finanzberater, also z. B. Banken, Vermögensverwalter und institutionelle Investoren. Diese Finanzunternehmen müssen ihren Kunden offenlegen, inwiefern sie Nachhaltigkeitsfaktoren in den Entscheidungsprozess für ihre Finanzprodukte einbeziehen, ob und wie nachteilige Auswirkungen von Investitionsentscheidungen auf Nachhaltigkeitsfaktoren berücksichtigt werden (Inside-out-Perspektive) und wie Nachhaltigkeitsrisiken bei ihren Investitionsentscheidungen einbezogen werden (Outside-in-Perspektive). Wenn mit nachhaltigen Finanzprodukten geworben wird, muss außerdem offengelegt werden, wie diese Merkmale erfüllt werden. Auf diese Weise sollen einerseits Informationsasymmetrien weiter abgebaut werden, andererseits unterstützt dies die »Nudging-Strategie« der EU: Statt direkter Anreize in Form von Geboten bzw. Verboten werden indirekte Anreize gegeben, indem es Investoren einfacher gemacht wird, nachhaltige Investitionen zu wählen, und Unternehmen einfacher gemacht wird, nachhaltig zu wirtschaften und dies zu bewerben (Möslein & Sørensen 2021).

4. Fazit

Ob die neue EU-Regelung tatsächlich geeignet ist, Nachhaltigkeit und CSR umfassend zu regulieren, ist bislang schwer einzuschätzen, insbesondere, da es stark davon abhängen wird, welche konkreten Kennzahlen Unternehmen zukünftig zu berichten haben. Zu erwarten ist aber in jedem Fall, dass die Transparenz bezüglich sozialer und ökologischer Faktoren zunehmen wird – auch für die Unternehmen selbst, denen Berichtspflichten und EU-Taxonomie Orientierung geben können. Gleichzeitig wird jedoch angesichts der schieren Anzahl ökonomischer, ökologischer und sozialer Faktoren und Kennzahlen, die es zukünftig zu berücksichtigen gilt, die Komplexität von Entscheidungen erheblich steigen. Überdies gilt es zu bedenken, dass eine weitere notwendige Bedingung für die Wirkung des Marktmechanismus ist, dass verantwortliches bzw. nachhaltiges Verhalten auch tatsächlich vom Markt belohnt und unverantwortliches bzw. nicht nachhaltiges Verhalten bestraft wird. Ob dies jedoch flächendeckend funktionieren wird, ist fraglich. Zwar ist seit Jahren die Nachfrage nach ethischen Investments gestiegen. Aber in vielen Situationen ist davon auszugehen, dass hier versucht wird, das oben skizzierte Allmendeproblem auf die Investoren zu verlagern – von denen nun erwartet wird, dass *sie* individuelle Interessen bei ihren Investitionsentscheidungen hintanstellen, sofern Nachhaltigkeit bzw. CSR doch etwas kostet, also weniger Rendite verspricht. Vielleicht auch deswegen gibt es bereits jetzt erste Forderungen, die strukturelle Lösung durch konkrete substanzielle Normen, wie zuletzt beim Lieferkettengesetz, zu ergänzen (Fischer & Thannisch 2022).
Eine Wirkung hat die neue Regulierung auf EU-Ebene – und auch auf internationaler Ebene, durch die Gründung des International Sustainability Standards Board (ISSB), das zukünftig internationale nachhaltigkeitsbezogene Offenlegungsstandards entwickeln wird – bereits jetzt: Sie macht CSR und Nachhaltig-

keit relevanter und auch greifbarer für Unternehmen, nun verstärkt auch regulativ. Zwar setzt auch die neue Regulierung nicht auf explizite inhaltliche Gebote und Verbote – die unternehmerische Freiheit bleibt also grundsätzlich erhalten –, dennoch kann das Thema weder länger ignoriert noch primär als Marketingmaßnahme gesehen werden. Eine echte nachhaltige Transformation des Wirtschaftens wird nötig, wenn Unternehmen in ihrem Handeln transparenter werden und sie von zentralen Stakeholdern – den Investor:innen, den Kund:innen und Mitarbeiter:innen – vermehrt an Kriterien der Unternehmensverantwortung und Nachhaltigkeit gemessen werden. Als wichtigstes Kontroll- und Steuerungsorgan kommt den Aufsichtsräten hierbei eine zentrale Rolle zu.

5. Quellenangaben

Akerlof, G. A. (1970). The market for »lemons«: Quality uncertainty and the market mechanism. In: Quarterly Journal of Economics, 84(3), S. 488–500.

Barnett, M. L., Henriques, I. & Husted, B. W. (2020). Beyond good intentions: Designing CSR initiatives for greater social impact. Journal of Management, 46(6), S. 937–964.

Europäische Kommission (2001). Grünbuch. Europäische Rahmenbedingungen für die soziale Verantwortung der Unternehmen, Luxemburg: Amt für amtliche Veröffentlichungen der Europäischen Gemeinschaften.

Europäische Kommission (2011). Mitteilung der Kommission an das Europäische Parlament, den Rat, den Europäischen Wirtschafts- und Sozialausschuss und Ausschuss der Regionen. Grundstoffmärkte und Rohstoffe: Herausforderungen und Lösungsansätze, Brüssel.

Fischer, T. & Thannisch, R. (2022). Nachhaltigkeit in Unternehmen: Endlich reden die Betriebsräte mit! Abgerufen am 23. 1. 2023, *https://gegenblende.dgb.de/artikel/++co++0cb26c2c-60f4-11ed-9062-001a4a160123.*

George, G., Howard-Grenville, J., Joshi, A. & Tihanyi, L. (2016). Understanding and tackling societal grand challenges through management research. Academy of Management Journal, 59(6), S. 1880–1895.

Hoßfeld, H. & Schmiel, U. (2015). Corporate Social Responsibility in der Marktwirtschaft – ein erfahrungswissenschaftlich begründetes Konzept. Zeitschrift für Wirtschafts- und Unternehmensethik, 16(3), S. 313–338.

Moldaschl, M. (2009). Wem gehört das Sozialkapital? In: Kägi, U. & Mülle, S. (Hrsg.): Change auf Teamebene. Multiperspektivische Teams in organisationalen Veränderungsprozessen. Zürich: NZZ Libro Verlag, S. 83–108.

Möslein, F. & Sørensen, K. E. (2021). Sustainable corporate governance: a way forward. Nordic & European Company Law Working Paper, (21–03).

Ostrom, E. (1999). Coping with tragedies of the commons. Annual review of political science, 2(1), S. 493–535.

Riccolo, A. (2021). The lack of regulation in preventing greenwashing of cosmetics in the U.S. Journal of Legislation, 47, 133.

Rost, K. & Ehrmann, T. (2017). Reporting biases in empirical management research: The example of win-win corporate social responsibility. Business & Society, 56(6), S. 840–888.

Sheehy, B. (2015). »Defining CSR: Problems and Solutions«, Journal of Business Ethics, Vol. 131/No. 3, S. 625–648.

Tamvada, M. (2020). Corporate social responsibility and accountability: a new theoretical foundation for regulating CSR. International Journal of Corporate Social Responsibility, 5(2), S. 1–14.

UN General Assembly (1987). Report of the world commission on environment and development: Our common future. Oxford University Press, Oxford.

Sanna Suvanto-Harsaae

Erfahrungen mit ESG in nordischen Aufsichtsräten – von E zu S!

Take-Aways:

→ Die nordischen Unternehmen gehörten zu den ersten, die sich intensiv mit Nachhaltigkeitsthemen beschäftigt haben. Dies ist historisch und gesellschaftlich begründet.

→ Ökologische und soziale Nachhaltigkeit sind in den nordischen Unternehmen bereits fester Bestandteil der Vergütung des Top-Managements.

→ Der soziale Aspekt wird zu einem wichtigeren Teil der ESG-Arbeit, was durch den Arbeitskräftemangel und die Bedürfnisse der jüngeren Generation nach einem ausgewogenen Arbeitsverhältnis beschleunigt wird.

Inhalt

1. Einleitung

Skandinavische Unternehmen sind sehr früh in Sachen ESG aktiv geworden. Betrachtet man internationale Vergleiche, z. B. EcoVadis-Ratings von Großunternehmen, so waren und sind nordische Unternehmen im Vergleich weltweit voraus.

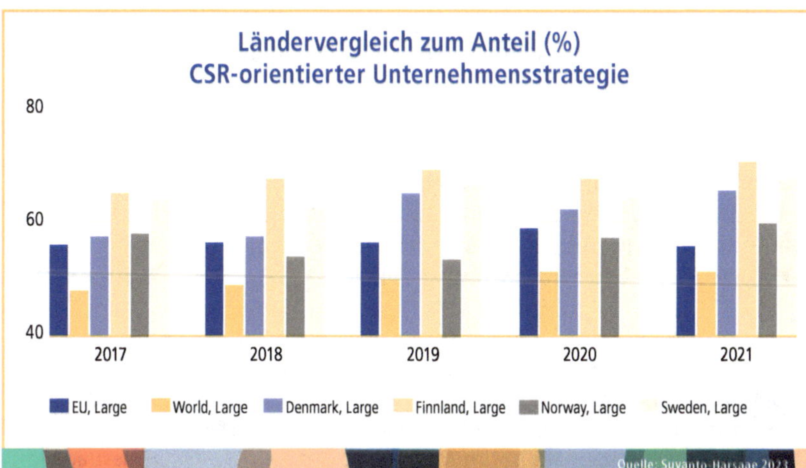

Vor allem die beiden wirtschaftlich kleineren Länder Finnland und Dänemark stechen in der längerfristigen Perspektive heraus: In Finnland hat die historisch gewachsene staatliche Beteiligung an großen börsennotierten Unternehmen dazu geführt, dass ESG in den Aufsichtsräten und der strategischen Ausrichtung seit Jahren eine wichtige Rolle spielt. In Dänemark hat die Weltmarktführerschaft in der Windenergie das Bewusstsein geschärft und die Aktivitäten der größeren

Unternehmen vorangetrieben. So zeigt auch eine PwC-Studie aus dem Jahr 2022, dass in Dänemark 67 % und in Finnland 70 % der CEOs die CO_2-Reduktion als Teil der Kernstrategie des Unternehmens betrachten (gegenüber 37 % weltweit) (PwC 2022).
Ein weiterer Grund für die Vorreiterrolle der nordischen Länder hinsichtlich ESG liegt in der engen Verflechtung von Bürger:innen, Unternehmen und Politik. Hohe Steuersätze garantieren den Bürger:innen eine lebenslange Versorgung. Insbesondere lokal ansässige Unternehmen werden daher gesellschaftlich als Corporate Citizen betrachtet. In Dänemark stärken die Stiftungen, die Haupteigentümer großer Unternehmen wie Novo, Maersk oder Carlsberg sind, diese Bindung auch durch umfangreiche gesellschaftliche Maßnahmen, beispielsweise durch die Förderung von kulturellen Angeboten oder des Bildungswesens. In Schweden spielen große Familien wie die Wallenbergs, Bonnier oder Persson (Eigentümerfamilie von H&M) eine vergleichbare Rolle.
Ziel des folgenden Beitrags ist es, hinsichtlich der genannten Aspekte die Praktiken der ESG-Arbeit in nordischen Aufsichtsräten zu beschreiben.

2. ESG und Strategiearbeit in nordischen Aufsichtsräten

Die Festlegung von Leitlinien und die Verabschiedung einer Strategie gehören in den nordischen Ländern zu den Hauptaufgaben der Aufsichtsräte. In Mitteleuropa hingegen ist der Vorstand dafür verantwortlich, die Strategie festzulegen und dem Aufsichtsrat *vorzulegen*. ESG ist in diesem Zusammenhang sowohl ein Teil der allgemeinen Unternehmensstrategie als auch ein eigener Strategiebereich.

Exkurs: Leitung und Aufsicht nordischer Unternehmen
Die Führung nordischer Unternehmen unterliegt dem dualen System, in dem die meisten strategischen Entscheidungen eine formelle Zustimmung des Aufsichtsrats erfordern. Es ist der Aufsichtsrat, der die Unternehmensstrategie genehmigt, die von der Geschäftsführung auf der Grundlage der vom Aufsichtsrat vorgegebenen Richtlinien erarbeitet wird. Die Kandidat:innen der Anteilseigner:innen für den Aufsichtsrat werden in den nordischen Ländern (ohne Dänemark) von einem externen Nominierungsausschuss, in dem die drei bis vier größten Anteilseigner vertreten sind, ausgewählt und für die Wahl durch die Hauptversammlung vorgeschlagen. Alle Aufsichtsratsmitglieder werden für ein Jahr gewählt, bleiben aber in der Regel fünf bis acht Jahre im Amt. Im Aufsichtsrat börsennotierter Unternehmen sitzen in der Regel zwei bis drei Ver-

treter:innen der Belegschaft, die von den Mitarbeitenden gewählt werden. Die durchschnittliche Größe des Aufsichtsrats beträgt neun Mitglieder – sieben Anteilseigner- und zwei Arbeitnehmervertreter:innen.

Während ESG bereits in den letzten 10 Jahren Teil der Aufsichtsratsarbeit war, gibt es eine klare Verschiebung von schlichter Transparenz hin zu einem wichtigen Teil der Unternehmensstrategie. Governance (G in ESG) war bis 2010 ein wichtiger Schwerpunkt der Politik, gefolgt von der aktuellen Konzentration auf Umwelt (E in ESG). Dies ist vor allem auf institutionelle Anleger zurückzuführen (siehe 3.2.1), aber auch auf die Diskussionen über die Besteuerung von CO_2-Emissionen. Besonders deutlich wird dies in Dänemark, da sich das Land in politischer Hinsicht verpflichtet hat, bis 2050 keine CO_2-Emissionen mehr zu verursachen. Global ist diese terminierte Verbindlichkeit bislang einzigartig.

2.1 UN17 und wissenschaftliche Ziele als Grundlage für ESG in den nordischen Ländern

Die meisten nordischen Unternehmen sind in den letzten Jahren eindeutig dazu übergegangen, ihre ESG-Strategie an die UN17-Standards anzupassen und sie als Grundlage für ihre nachhaltige Ausrichtung zu verwenden. Von diesen 17 UN-Standards wählen die Unternehmen in der Regel 3–6 Bereiche aus, auf die sie sich konzentrieren.
Viele Bereiche sind in den nordischen Ländern rational und stark wissenschaftlich geprägt. Schon mittelständische Unternehmen arbeiten aktiv an der Messung ihrer CO_2-Emissionen in den Scopes 1 und 2. Viele gehen dazu über, auch Scope 3 abzudecken.[1] Die nordischen Länder sind ebenfalls Vorreiter bei wissenschaftlich fundierten Zielsetzungen. Heute haben fast 2 % der Unternehmen in Europa, die ihre Zielvorgaben aus wissenschaftlich fundierten Erkenntnissen ableiten, ihren Hauptsitz in den nordischen Ländern, was deutlich über dem sonstigen Anteil liegt. Wissenschaftsbasierte Ziele bieten Unternehmen einen klar definierten Weg zur Reduzierung von Emissionen im Einklang mit den Zielen des Pariser Abkommens (Science based Tartets 2022).

1 Anm. d.Ü.: Scopes 1, 2 und 3 ist eine Umschreibung des Business Council for Sustainable Development für die Emission folgender Treibhausgase: Kohlendioxid, Distickstoffoxid, Methan und vier Gruppen von fluorierten Gasen (Schwefelhexafluorid, teilhalogenierte Fluorkohlenwasserstoffe, perfluorierte Kohlenwasserstoffe und Stickstoff-Trifluorid).

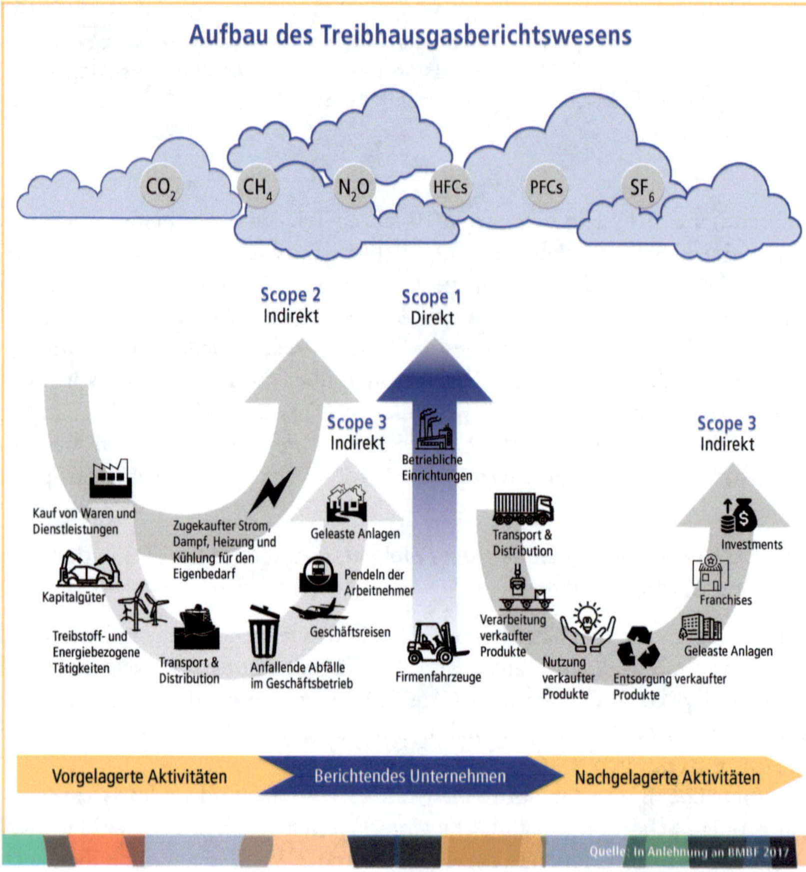

Quelle: In Anlehnung an BMBF 2017

Daher ist es vielleicht weniger überraschend, dass von den 31 Unternehmen in Europa, die wissenschaftlich fundierte Klimaneutralität (im Folgenden SBT für Scientific Based Targets) erreicht haben, acht in den nordischen Ländern ansässig sind, d.h. 25 % aller Unternehmen mit genehmigten SBTs. Ich persönlich bin stolz darauf, Vorsitzende des Aufsichtsausschusses von Posti Oy und Mitglied von Elopak AS zu sein – zwei Unternehmen, die beide ihre auf null basierenden SBTs genehmigt bekommen haben.

Die nordischen Corporate-Governance-Kodex-Organisationen haben sich schon früh für messbare Nachhaltigkeitsziele eingesetzt. Kürzlich erteilte die dänische Unternehmensaufsichtsbehörde der börsennotierten Pandora AS eine schriftliche Abmahnung, da sie ihren Nachhaltigkeitsbericht drei Monate nach den Jahresergebnissen veröffentlichte. Die unterschiedlichen Veröffentlichungstermine wurden in Dänemark schon früher weithin praktiziert, aber die Behörden haben nun deutlich unterstrichen, dass finanzielle und ESG-Aspekte Hand in Hand gehen müssen.

2.2 Treiben Stakeholder den ESG-Fokus im Aufsichtsrat voran?

Es gibt verschiedene Interessengruppen, die die Nachhaltigkeit von Unternehmen beeinflussen: Eigentümer, Investoren, Nicht-Regierungsorganisationen, Meinungsführer:innen, allgemeine Trends sowie Mitarbeiter:innen. In kleinen Gesellschaften mit flachen Hierarchien sind die Stakeholder und die Unternehmen enger miteinander verbunden. In den nordischen Ländern haben die Aufsichtsräte, insbesondere Vorsitzende, direkten Kontakt zu den Hauptaktionären und oft auch zu anderen Interessengruppen.

2.2.1 ESG-Arbeit und die Arbeitnehmervertreter:innen in Aufsichtsräten

Die nordischen Vorschriften und Praktiken zur Integration von Arbeitnehmervertreter:innen in Aufsichtsratsgremien unterscheiden sich auf Länderebene erheblich. In den meisten nordischen Ländern sieht das Gesetz die Möglichkeit vor, dass die Arbeitnehmer:innen in den Aufsichtsräten vertreten sein können, doch nur in wenigen Unternehmen wird dies auch umgesetzt. So gab es 2018 in Schweden beispielsweise 15 500 Aktiengesellschaften, die Arbeitnehmervertreter:innen in ihren Aufsichtsräten hätten haben können, aber nur 1800 Unternehmen hatten dies auch umgesetzt. Teilweise ist das auf die Haftung zurückzuführen, in der Aufsichtsratsmitglieder im Falle von Rechtsstreitigkeiten persönlich stehen. Sowohl in Schweden als auch in Dänemark gab es in den letzten Jahren einige größere Fälle, in denen die Arbeitnehmervertreter:innen aufgrund ihrer Rolle in den Aufsichtsräten mit hohen persönlichen Geldstrafen konfrontiert waren. In Finnland zum Beispiel gibt es die Anforderung, Arbeitnehmervertreter:innen im Aufsichtsrat zu beteiligen, was hauptsächlich innerhalb der Strukturen mit dem Management organisiert wird. Der Trend geht jedoch hin zur steigenden Beteiligung, und in größeren nordischen Unternehmen sind 2–4 Arbeitnehmervertreter:innen mittlerweile die Regel.

Meiner Erfahrung nach nehmen die Arbeitnehmervertretungen in den Aufsichtsräten eher eine passive, beobachtende Rolle bei den Sitzungen ein. Die gleiche beobachtende Rolle ist auch bei den thematischen Auseinandersetzungen zum ESG-Bereich zu beobachten. Während z. B. die Arbeitsbedingungen bei Zulieferern bei den Arbeitnehmervertretungen intensiv diskutiert wurden, ist das Engagement in den ESG-Themen mit Schwerpunkt Umwelt heute geringer. Ich würde diesen Mangel an aktiver Beteiligung zum Thema Umwelt jedoch nicht als fehlendes Interesse deuten. In vielen Fällen können die Diskussionen über z. B.

CO_2-Reduzierungen sehr technisch sein. Wenn Umwelt- und CO_2-Verbesserungen im Zusammenhang mit Effizienzverbesserungen diskutiert werden, bestehen meiner Erfahrung nach Befürchtungen, dass diese Art von Maßnahmen auch zu einer Verringerung der Beschäftigtenzahl führen könnte. Erhebliche Investitionen in diesem Bereich gelten als Konkurrenz z. B. zu Gehaltserhöhungen oder anderen Verbesserungen des Arbeitsentgelts. Es fällt ebenso auf, dass sich die nationalen Gewerkschaftszentralen nicht aktiv an den ESG-Diskussionen beteiligt haben. Ganz im Gegenteil wurde sogar betont, dass CO_2-Reduktionen dann nicht stattfinden sollten, wenn sie lokale Arbeitsplätze gefährden würden. Interessanterweise hat die durch den Krieg in der Ukraine ausgelöste Energiekrise dazu geführt, dass die Notwendigkeit der Energieeffizienz auch bei Arbeitnehmer:innen und Gewerkschaften in den Vordergrund gerückt ist. Kurzfristig hat man sich dabei jedoch mehr auf die Forderung nach nationalen Energiekostenkompensationen als auf CO_2-Reduzierungen konzentriert. Es bleibt abzuwarten, ob das Interesse und die Beteiligung von Arbeitnehmervertretungen und Gewerkschaften an ESG-Faktoren zunehmen wird, wenn die jüngeren Generationen eine zentralere Rolle spielen.

2.2.2 Institutionelle Eigentümer:innen und Investor:innen zu ESG-Strategien

Institutionelle Eigentümer, z. B. Pensionsfonds, spielen eine führende Rolle auf der nordischen Investorenlandkarte. Die meisten der großen nationalen Pensionsgesellschaften haben eine klare Eigentümerpolitik, bei der ESG zusammen mit langfristigen Finanzzielen im Mittelpunkt steht. Die Pensionsfonds sitzen in vielen, wenn nicht sogar in den meisten Nominierungsausschüssen großer Unternehmen und haben damit direkten Einfluss auf die Ernennung der Mitglieder der Kapitalseite von Aufsichtsräten. Bei der Entwicklung von ESG-Strategien und -Maßnahmen spielen die Pensionsfonds als Vermittler zwischen Politik, Bürger:innen und Unternehmen eine zentrale Rolle. Aufgrund der politischen Stabilität der nordischen Länder sind dort ansässige Unternehmen auch häufig in den Investitionsportfolios großer internationaler Fonds vertreten. BlackRock beispielsweise ist seit über 20 Jahren ein aktiver Investor in den nordischen Ländern und hat gleichzeitig einen starken CO_2/ESG-Fokus. Man kann ohne Weiteres sagen, dass institutionelle Anleger den größten Druck auf die Weiterentwicklung der ESG-Agenda der Unternehmen ausgeübt haben. Dieser Trend wird auch in den kommenden Jahren anhalten.

2.2.3 Die Rolle von nationalen Regierungen bei der ESG-Arbeit in Unternehmen

Der Fokus der nationalen Regierung spielt in den nordischen Ländern im Allgemeinen eine große Rolle. Die nordischen Länder sind eher kleine Staaten mit relativ wenig Bürokratie, und die wichtigsten politischen Entscheidungen werden auf nationaler (nicht auf regionaler) Ebene getroffen. Vor allem Dänemark war so Vorreiter bei der Zusammenarbeit zwischen öffentlichem und privatem Sektor, wo das Dreieck aus Regierung, Gewerkschaften und Wirtschaftsverbänden gemeinsam Ausschüsse für Schlüsselbereiche der Gesellschaft bildet. Die Arbeit des nationalen Digitalisierungsausschusses hat Dänemark zum Beispiel zum digitalisiertesten Land der Welt gemacht, in dem die gesamte Kommunikation mit Behörden, Banken und Bürger:innen papierlos und über digitale Postfächer erfolgt. Auf ähnliche Weise hat die dänische Regierung nun dänische Null-Emissions-Ausschüsse installiert, die sich mit Bereichen wie Recycling, Energieeffizienz und Landwirtschaft befassen. Sie werden alle von Unternehmens-CEOs geleitet und haben sowohl Arbeits-, Universitäts- und Regierungsorganisationen als auch Ministerien als Mitglieder. Diese Art der Fokussierung, die Unternehmen aktiv in die nationale politische Arbeit einbezieht, demonstriert nicht nur die Notwendigkeit, mit ESG zu arbeiten, sondern auch Nachhaltigkeit in die Tat umzusetzen.

Ferner gibt es vor allem in den nordischen Ländern Mehrparteiensysteme und es ist nicht ungewöhnlich, dass bis zu fünf Parteien gemeinsam regieren. Die Regierungen waren bisher sehr zurückhaltend bei der Durchsetzung von Nachhaltigkeits-Gesetzen, die von Bürgerinnen und Bürgern oder Unternehmen als Strafe empfunden werden könnten. Aus diesem Grund hat beispielsweise nur Norwegen eine CO_2-Abgabe auf Flüge gesetzlich festgelegt. In den nordischen Ländern werden häufig eher positive Anreize gesetzt als Strafen angedroht, um CO_2-sparsame Verhaltensweisen zu fördern. So hatte auch Norwegen den Kauf von Elektroautos stark gefördert, was das Land schnell zu jenem mit den meisten Elektroautos machte. In Schweden wird der Umstieg auf umweltfreundlichere Autos ebenfalls durch Steuererleichterungen gelenkt.

Während die Regierungen in den nordischen Ländern eine wichtige Rolle bei der Festlegung von Umweltrichtlinien spielen, ist ihr direkter Einfluss auf die ESG-Arbeit der Aufsichtsräte daher begrenzt.

2.2.4 Auswirkungen der Corporate Governance Codex-Organisationen auf die ESG-Arbeit

In den nordischen Ländern gibt es sehr aktive und einflussreiche Corporate-Governance-Kodex-Organisationen, die eine aktive indirekte Rolle bei der Arbeit der Aufsichtsräte spielen. Dies zeigt sich vor allem bei der Governance, dem G-Teil von ESG. Auch wenn es sich bei dem Kodex offiziell um ein sog. Soft-Law, d.h. eine Empfehlung, handelt, befolgen die Unternehmen ihn im Allgemeinen nach der Methode *comply or explain*. Das bedeutet, dass ein Unternehmen, das nicht alle Empfehlungen des Kodex erfüllt, erklären muss, warum es sich in dieser Weise verhält. Die meisten Unternehmen verwenden möglichst wenig Zeit auf ihren Jahreshauptversammlungen oder Platz in ihren Berichten für diese Erklärungen. Besonders deutlich wird dies bei den freiwilligen Empfehlungen der Aufsichtsbehörden zur Vielfalt. Ausschließlich Norwegen hat Diversitätsquoten in Aufsichtsräten gesetzlich verankert. Im ESG-Bereich waren die Kodex-Organisationen jedoch weniger aktiv, und die Leitlinien kamen eher direkt von den Behörden.

2.2.5 Verbraucher:innen und Kund:innen

Ein guter nordischer Aufsichtsrat hat die Bedürfnisse der Kund:innen stets im Blick. Bei Geschäftsbeziehungen zwischen Unternehmen (für *Business to Business* im Folgenden B2B, Anm. d.Ü.) ist der Fokus auf ESG deutlicher zu erkennen als bei Geschäften, die sich direkt an Endkunden wenden. Entscheidend ist hier die große Kluft zwischen der behaupteten und der tatsächlich gelebten Bedeutung von Nachhaltigkeit. Das bedeutet, dass die Verbraucher:innen zwar großen Wert auf Nachhaltigkeit legen, dies aber in der tatsächlichen Kaufsituation nicht erkennbar wird. Für die Zwischenhändler:innen, z.B. Einzelhändler, bedeutet das eine wachsende Notwendigkeit klarer und messbarer ESG-Strategien der Anbieter, wodurch sie auch das Kaufverhalten der Verbraucher:innen beeinflussen. Große Unterschiede sind auf Branchen- und Länderebene zu beobachten. In B2B-Beziehungen ist die Bedeutung größer, und viele Ausschreibungen enthalten einen Abschnitt zu Nachhaltigkeitsthemen. Auf Länderebene legen die EU-Länder und insbesondere die mittel- und nordeuropäischen Länder ein größeres Gewicht auf Nachhaltigkeit. Außerhalb der EU nimmt die Bedeutung allmählich ab.

2.2.6 Regulierungen

Die größten ESG-Effekte werden in den kommenden Jahren von der Regulierung ausgehen, die vonseiten der EU oder anderer Gesetzgeber an Unternehmen gerichtet wird. Insbesondere die Verbindung zwischen Umwelt- und Wirtschaftsberichterstattung wird dazu führen, dass ESG ein größeres Thema für den Prüfungsausschuss wird. Dies wird der Nachhaltigkeits-Arbeit wesentlich mehr Struktur verleihen, insbesondere in börsennotierten Unternehmen, die nach den IFRS (International Financial Reporting Standards) berichten. ESG wird so auch ein verpflichtender Bestandteil der Berichterstattung und der Organisation im Unternehmen sein. Die Gefahr der zunehmenden Regulierung besteht darin, dass in den kommenden Jahren mehr Aufwand in die Berichterstattung gesteckt wird, was vor allem in wirtschaftlich schwierigen Zeiten dazu führen könnte, dass der Fokus auf die eigentliche Umsetzung der Nachhaltigkeit sinkt. Somit entstehen ähnliche Herausforderungen wie in der Aufsichtsarbeit im Allgemeinen: Wie kann ein Gleichgewicht zwischen der Gewährleistung einer wertschöpfenden Aufsichtsarbeit und der reinen Berichtsaufsicht hergestellt werden.

3. ESG-Aspekte in der praktischen Aufsichtsarbeit in den nordischen Ländern

3.1 ESG als Teil der Vergütung des Topmanagements

Neben der Verantwortung für die richtige Unternehmensstrategie besteht die Hauptaufgabe der Aufsichtsräte darin, die passenden Personen für die Geschäftsführung zu finden und deren Vergütung festzulegen. Der entsprechende Vorschlag zur Vergütungspolitik wird der Hauptversammlung zur Genehmigung vorgelegt.

Auf den letzten Hauptversammlungen hat sich deutlich gezeigt, dass eine Vergütungspolitik ohne klare messbare ESG-Ziele nicht mehr genehmigt werden wird. Einige größere institutionelle Eigentümer stimmen direkt gegen eine Politik, die zu wenig Gewicht auf ESG legt. In anderen Fällen fordern die Eigentümer das Unternehmen auf, die Vergütungsstruktur zu aktualisieren und klare und messbare ESG-Ziele zu setzen.

Insgesamt spielt ESG eine größere Rolle bei den STIs (Short Term Incentives bzw. kurzfristige Anreize, Anm. d.Ü.) und LTIs (Long Term Incentives bzw. langfristige Anreize, Anm. d.Ü.). Dies zeigt sich auch deutlich in der Vergütungspolitik und -praxis. In Dänemark zum Beispiel haben 25 % der CEOs Umweltziele als Teil ihrer Vergütung festgesetzt, demgegenüber stehen lediglich 13 % der CEOs weltweit. In Finnland hingegen haben 0 % der CEOs ESG-Ziele als Teil ihrer Vergütungsziele (PwC 2022).

Alle Unternehmen, in denen ich tätig bin, haben Umweltziele als Teil des LTI. In vielen Unternehmen sind soziale Nachhaltigkeitsziele wie Mitarbeitersicherheit bereits Teil der STIs. In den letzten Jahren haben wir auch den eNPS (Employee Net Promoter Score; Anm. d.Ü.: internationale Kennzahl zur Mitarbeiterzufriedenheit) als Teil der STI eingeführt. In ähnlicher Weise beginnt der Kunden-NPS-Bereich, Teil der STIs und/oder LTIs zu werden.

3.2 Die Rolle der Aufsichtsratsausschüsse bei der ESG-Arbeit

Wie Aufsichtsräte weltweit setzen auch diejenigen in nordischen Ländern Ausschüsse ein, um eine effektivere Aufsichtsarbeit zu leisten. Nachhaltigkeit wird in der Arbeit dieser Ausschüsse immer deutlicher sichtbar. Der Prüfungsausschuss beispielsweise ist bei wirtschaftlichen Themen führend und übernimmt ebenso klar Führung bei Risikoabschätzungen und neuerdings auch bei der Nachhaltigkeit. Dieser Prüfungsschwerpunkt ist angesichts der bevorstehenden EU-Taxonomie bezüglich ökologischer und sozialer Nachhaltigkeit von zentraler Bedeutung. Die aktuelle Berichtsstruktur für Finanzzahlen wird vermutlich auf Umweltzahlen ausgeweitet. Generell wird der Arbeitsaufwand der Ausschüsse weiter zunehmen und mehr Zeit in Anspruch nehmen. Vor allem in Finnland ist der ökologische Fußabdruck eines Unternehmens bereits ein empfohlener Punkt im Unternehmenskodex. Es sollte davon ausgegangen werden, dass dies auf die EU-weite Berichtspflicht ausgedehnt wird.

In Finnland ist auch ein Wandel von Vergütungsausschüssen zu HR-Ausschüssen (Human Resources) zu beobachten, die sich mit einem breiteren HR- und ESG-Kontext befassen. Während die Vergütung weiterhin einer der Schlüsselbereiche bleibt, befasst sich der HR-Ausschuss auch mit der Vergütung aus einer breiteren Perspektive als nur der des Top-Managements (was rechtlich gesehen ein Thema für den Aufsichtsrat ist). Noch wichtiger ist, dass die Ausschüsse auch umfassendere Aspekte in den Blick nehmen, von der Sicherheit der Mitarbeiter:innen über Talentmanagement und Rekrutierungsstrategien bis hin zum allgemeinen Engagement der Mitarbeiter:innen.

3.3 ESG-Auswirkungen auf die Kompetenzen der Aufsichtsratsmitglieder

Interessant ist, dass die Eigentümer die Erwartungen an die ESG-Arbeit der Unternehmen zwar klar hoch angesetzt haben, ESG aber als Spezialgebiet betrachten und nur in sehr wenigen Unternehmen eine klare ESG-Spezialisierung für die Wahl in den Aufsichtsrat empfohlen wird. Dies spiegelt drei Punkte wider:

(1) Vertiefte ESG-Kenntnisse werden als Spezialgebiet angesehen, das eher in Managementpositionen abgedeckt werden muss.

(2) Aufsichtsratsmitglieder müssen in erster Linie über die erforderlichen »allgemeinen Managementfähigkeiten und -kompetenzen« verfügen.

(3) Es wird erwartet, dass grundlegende ESG-Kenntnisse Teil der allgemeinen Managementfähigkeiten sind und sich so entwickeln, dass sie weitere Bereiche als nur die Umwelt abdecken.

4. Von E zu S in ESG

Während sich die meisten ESG-Arbeiten in Unternehmen auf die Umwelt (E) bezogen, haben die Covid19-Pandemie und der Mangel an qualifizierten Arbeitskräften den Schwerpunkt nunmehr auf den sozialen Bereich (S) gelegt. Es gibt Unternehmen, die bereits in der Vergangenheit einige S-Komponenten in ihren KPIs hatten, z. B. die Unfallrate der Mitarbeiter:innen oder die Arbeitsbedingungen in den Lieferketten ihrer Partner- bzw. Zulieferunternehmen. In den nordischen Ländern können wir jedoch bereits eine verstärkte Konzentration auf S feststellen, die durch die unten beschriebene Realität angetrieben wird.

4.1 Personalknappheit als Treiber

In den nordischen Ländern, wie auch im übrigen Europa, herrscht ein langfristiger Arbeitskräftemangel, und zwar sowohl in spezialisierten Bereichen wie IT und Gesundheitswesen als auch zunehmend in geringer bezahlter Basisarbeit, z. B. in der staatlichen Infrastruktur und der Landwirtschaft. So rechnet Risto Murto, CEO der Varma Pension Company, in seinem jüngsten Buch aus dem Jahr 2022 mit dem Titel »Puuttuvat puoli miljoonaa« (auf Deutsch »Eine halbe Million fehlt«) vor, dass in Finnland im Jahr 2060 eine halbe Million Arbeitskräfte fehlen werden. Finnland hat heute 5,8 Mio. Einwohner:innen. Der Krieg in der Ukraine und die damit verbundene Verringerung der intereuropäischen Arbeitskräftebewegungen haben die Situation rasant verschlimmert.
Gleichzeitig können sich die jüngeren Generationen verstärkt aussuchen, für welches Unternehmen sie arbeiten möchten. Die Verknappung der Arbeitskräfte wird dies noch erleichtern. Ich habe den Wirtschaftsnobelpreisträger Professor Stiglitz auf dem Nordic Business Forum im September 2022 interviewt. Er beschrieb im Gespräch den Einstellungswandel, den er bei Spitzenstudenten beobachtet hat. Während sie vor 20 Jahren für Banken und Finanzunternehmen arbeiten wollten und vor rund zehn Jahren für wachstumsstarke Start-ups, wollen sie jetzt für Unternehmen arbeiten, in denen sie einen klaren ESG-Unterschied in der Welt machen können. Daher wird die aktivere Beschäftigung mit allen ESG-Aspekten, einschließlich S, eine Triebkraft sein, um ein erfolgreicher Arbeitgeber zu werden und Mitarbeitende mit entsprechend notwendigen Schlüsselqualifikationen anzuziehen.
Einer der wichtigsten Faktoren für die Zufriedenheit von Mitarbeitenden ist der eNPS – die Anzahl der Mitarbeiter:innen, die einer ihnen nahestehenden Person empfehlen würden, in dem Unternehmen zu arbeiten, in dem sie arbeiten. Zusammen mit dem Verbraucher-NPS müssen die Aufsichtsräte mehr Zeit und Aufmerksamkeit darauf verwenden, die Mitarbeiterzufriedenheit des Unter-

nehmens und die zur Verbesserung des eNPS erforderlichen Prozesse zu verstehen.

4.2 Sicherstellung der psychischen Gesundheit als Treiber

Die jüngeren Generationen erwarten eindeutig eine bessere Vereinbarkeit von Beruf und Familie als bisher üblich. Gleichzeitig sind psychische Probleme der Hauptgrund für Krankschreibungen bei jüngeren Arbeitnehmer:innen. Die Unternehmen müssen auch eine Rolle bei der Lösung der größeren psychischen Probleme der jüngeren Arbeitnehmer:innen spielen. Heute haben 17 % der EU-Bevölkerung eine psychische Diagnose oder sind in Behandlung. Dänische Daten deuten jedoch darauf hin, dass unter den Unter-30-Jährigen ein Viertel mit psychischen Problemen zu kämpfen haben.

In der Vergangenheit waren Arbeitsunfälle oder krankheitsbedingte Fehlzeiten meist auf körperliche Probleme zurückzuführen, aber die kommende jüngere Generation wird bereits beim Eintritt in den Arbeitsmarkt Unterstützung im Bereich der psychischen Gesundheit benötigen. Dies wird die Unternehmen zwingen, wirksame und mitarbeiterfreundliche Wege zu finden, um mit Mitarbeitenden zu arbeiten, die psychische Unterstützung benötigen.

4.3 Zuletzt: Unternehmensethik

Eines der größten Risiken für ein Unternehmen ist das Image-Risiko. Unethisches Verhalten des Unternehmens und/oder seiner Führungskräfte kann ein Unternehmen ruinieren. Der Krieg in der Ukraine hat viele Unternehmen dazu gezwungen, sich klar dazu zu bekennen, wie sie die Ethik bei ihren Entscheidungen in den Vordergrund stellen können. Besonders verbraucherorientierte Unternehmen waren sogar gezwungen, ihre Entscheidungen über Geschäfte in/mit Russland zu ändern. Angesichts der zunehmenden Transparenz müssen die Unternehmen nach ihren Werten handeln. Dies wird auch den sozialen Aspekt der ESG in den Mittelpunkt stellen. Ein Unternehmen, das keinen Wert auf das Wohlergehen seiner Mitarbeiter:innen legt, wird in Zukunft Schwierigkeiten haben, wenn es z. B. aufgrund von Stresssituationen hohe Krankenstände gibt.

5. Fazit

Abschließende Worte: In der »neuen Welt« werden immer mehr Aufgaben, die normalerweise den nationalen Regierungen oder der EU obliegen, in Wirklichkeit zu Aufgaben, die von den Unternehmen und somit von Aufsichtsräten zu lösen sind. Die Politiker:innen sind bislang eher zurückhaltend, wenn es darum geht, die Bürger:innen mit »Zuckerbrot und Peitsche« zu überzeugen, ihren Konsumfußabdruck zu verbessern. Einzelne Verbraucher:innen dazu zu drängen, direkt Verantwortung für das individuelle Umweltverhalten zu übernehmen, könnte nämlich – so die Befürchtung – Wahlerfolge gefährden. Daher ist es aus politischer Sicht »sinnvoll«, dies den Unternehmen aufzuerlegen. Die Verantwortung für die Eindämmung der globalen Erwärmung im Rahmen des Pariser Abkommens wird meiner Einschätzung nach mehr und mehr auf die Unternehmen abgewälzt. Dasselbe wird wahrscheinlich auch mit den sozialen Aspekten geschehen. Das Wohlergehen der Arbeitnehmer:innen wird wahrscheinlich weiter an die Arbeitgeber:innen herangetragen werden. Besonders im historisch gleichberechtigten Nordeuropa, wo die Beschäftigung grundsätzlich bislang kein Unterscheidungsmerkmal war, z. B. in Bezug auf die Gesundheitsfürsorge, wird sich meiner Einschätzung nach einiges ändern und Beschäftigung vs. Nichtbeschäftigung zusehends einen Unterschied machen.

6. Quellenangaben

Murto, R. (2022). Puuttuvat puoli miljoonaa. Otava.

PwC (2022). Reimagining the outcomes that matter. Abgerufen am 14. 12. 2022, *https://www.pwc.com/gx/en/ceo-agenda/ceosurvey/2022.html.*

Science based Targets (2022). Ambitious corporate climate action. Abgerufen am 14. 12. 2022, *https://sciencebasedtargets.org/.*

Sebastian Sick

Sicherung der Unternehmensmitbestimmung vor Erosion – Gefahren der europäischen Verhandlungslösung

Inhalt

1. Einleitung: europäische Gestaltungsoptionen

Seit der Jahrtausendwende haben sich die Rahmenbedingungen für die Mitbestimmung geändert. Europa hat neue Gestaltungsoptionen für Unternehmen geschaffen und so einen Markt für die Beratung zur Mitbestimmungsvermeidung eröffnet. Die AG und GmbH stehen heute in Konkurrenz zu originär europäischen Kapitalgesellschaften wie insbesondere der Europäischen Aktiengesellschaft (SE) sowie zu ausländischen Rechtsformen, z. B. der niederländischen B.V. oder dänischen ApS. Hinzu kommen aus grenzüberschreitenden Verschmelzungen, Umwandlungen und Spaltungen hervorgegangene Unternehmen. In all diesen Konstellationen finden die deutschen Mitbestimmungsgesetze keine Anwendung, auch wenn die Zahl der inländischen Beschäftigten die Schwellen von 500 für die Drittelbeteiligung oder 2000 für eine paritätische Aufsichtsratsbesetzung übersteigt. Gravierend ist vor allem der Befund zur Europäischen Aktiengesellschaft (SE): Nach jüngsten Zahlen der Hans-Böckler-Stiftung von 2023 verfügt nur jede sechste SE mit entsprechender Arbeitnehmerzahl aktuell über einen paritätisch besetzten Aufsichtsrat (vgl. auch Sick 2022b; Sick 2020; Grüneberg et al. 2020). Auffällig ist überdies, dass zu den Unternehmen, die sich mittels einer SE der paritätischen Mitbestimmung entziehen, zunehmend prominente DAX-Unternehmen wie die Vonovia SE oder die Zalando SE gehören. Zudem hat jedes vierte dieser Unternehmen entgegen der eigentlichen Intention der SE nahezu ausschließlich Geschäftstätigkeiten im Inland.

Zwar bietet die SE grundsätzlich die Chance der Internationalisierung von Arbeitnehmervertretungsstrukturen. Dies bestätigte zuletzt eindrücklich der EuGH in seinem SAP-Urteil vom 18. 10. 2022 (EuGH 18. 10. 2022 – C-677/20 (SAP); dazu Grüneberg et al. 2023). Eine solche Europäisierung bestehender Rechte funktioniert aber nur, wenn überhaupt Mitbestimmung im Unternehmen verankert ist und nicht vorbeugend vermieden wurde.

2. Mitbestimmungsvermeidung durch SE-Gründungen

Die präventive Vermeidung oder Einschränkung der Mitbestimmung ist heute ein Hauptmotiv für SE-Gründungen hierzulande – gerade auch bei Mittelständlern und Familienunternehmen. Ein Nachwachsen von expandierenden Unternehmen in die Mitbestimmung wird so für die Zukunft ausgeschlossen. Die SE stellt damit ein Kernproblem für die Zukunft der Mitbestimmung im Aufsichtsrat dar und trägt maßgeblich zu deren Erosion bei. Der von der SE-Richtlinie intendierte Schutz der Mitbestimmung der Arbeitnehmer:innen droht sich so in das Gegenteil zu verkehren. Von einer einheitlichen mitbestimmten Aufsichtsratspraxis und Corporate Governance kann daher heute weder im DAX (nur noch 29 von 40 DAX-Unternehmen haben einen paritätisch besetzten Aufsichtsrat) noch insgesamt die Rede sein. Ohne Mitbestimmung fehlen aber eine maßgebliche Kontrollebene und echte Diversität im Aufsichtsrat sowie ein Gegengewicht zu kurzfristigen Investoreninteressen.

Die Problematik liegt in der besonderen europäischen Verhandlungskonstruktion begründet: Die Mitbestimmung in der SE, aber auch bei grenzüberschreitender Verschmelzung und neuerdings auch bei grenzüberschreitender Umwandlung und Spaltung von Unternehmen wird zwischen Arbeitnehmervertreter:innen und Unternehmen ausgehandelt. Im Fall des Scheiterns der Verhandlungen greift eine gesetzliche Auffanglösung. Diese sichert grundsätzlich nur den Status quo des zum Zeitpunkt der SE-Gründung existierenden Mitbestimmungsniveaus ab. Die SE bietet daher die Möglichkeit des »Einfrierens« eines mitbestimmungsfreien oder drittelbeteiligten Aufsichtsrats, auch wenn die Arbeitnehmerzahl wächst. Möglich ist das, weil für die SE das Mitbestimmungsniveau zum Zeitpunkt der Eintragung dauerhaft fortgilt und die nationalen Mitbestimmungsgesetze mit ihren Schwellenwerten keine Anwendung mehr finden (Vorher-Nachher-Prinzip).

Um dieser Einfrierproblematik *Herr* zu werden, ist zu diskutieren, wie Neuverhandlungen an einen Arbeitnehmerzuwachs oder das Überschreiten eines

Schwellenwerts der Mitbestimmungsgesetze geknüpft werden können, wobei die Auffanglösung die neuen Verhältnisse abbildet. Ein entsprechendes Ziel formuliert auch der Koalitionsvertrag der Bundesregierung 2021: »Die Bundesregierung wird sich dafür einsetzen, dass die Unternehmensmitbestimmung weiterentwickelt wird, sodass es nicht mehr zur vollständigen Mitbestimmungsvermeidung beim Zuwachs von SE-Gesellschaften kommen kann (Einfriereffekt)« (Koalitionsvertrag 2021, 72).

3. Lösungsansätze

Die »große Lösung« wäre eine von den europäischen Gewerkschaften einhellig geforderte und vom Europäischen Parlament unterstützte europäische Rahmenrichtlinie mit Mindeststandards zur Mitbestimmung[1] (siehe ETUC 2020; Europäisches Parlament 2021; Thannisch 2020). Diese Möglichkeit wäre rechtlich weitgehend unstreitig, politisch allerdings aktuell wegen des Einstimmigkeitsprinzips im Ministerrat wenig realistisch. Erforderlich und möglich, wenngleich europarechtlich umstritten, wäre deshalb eine Lösung im nationalen Gesetz.

Das Thema wurde nunmehr erstmals nationalgesetzlich im Zuge der Umsetzung der EU-Umwandlungsrichtlinie adressiert. Das am 31.1.2023 in Kraft getretene Gesetz über die Mitbestimmung der Arbeitnehmer bei grenzüberschreitendem Formwechsel und grenzüberschreitender Spaltung (MgFSG) sieht den Schutz der Mitbestimmung bei der Herein-Umwandlung von Unternehmen nach Deutschland vor. Es enthält im Vergleich zur SE Fortschritte bei der Sicherung der Mitbestimmung und mildert verschiedene aus der Gründung von SE bekannte Defizite ab (Sick 2022a; Krause 2022). Zur Einfrierproblematik enthält das Gesetz beruhend auf der EU-Richtlinie 2019/2121 folgende gegenüber der SE neuen Ansätze:

1. Die Verhandlungspflicht setzt bereits ab 4/5 eines nationalen Arbeitnehmerschwellenwerts des Wegzugstaats ein. Dies ist ein – wenngleich kaum wirksamer – Versuch, das Problem zu lösen. Positiv ist, dass diese Regelung den Gedanken des Missbrauchsverbots verstärkt. Sie verbessert jedoch den Schutz der Mitbestimmung nicht wesentlich, weil in diesem Fall, wenn die Verhandlungen scheitern, keine gesetzliche Auffanglösung mit Mitbestimmung existiert.
2. Eine nicht zu vernachlässigende Verbesserung ist jedoch die neu eingeführte Möglichkeit des besonderen Verhandlungsgremiums der Arbeitnehmer:innen, durch Abbruch oder Nichtaufnahme der Verhandlungen die Anwend-

1 Europaweite Schwellenwerte und Mindeststandards nach dem sog. »Escalator-Prinzip«.

barkeit der deutschen Mitbestimmungsgesetze auf die hervorgehende Gesellschaft herbeizuführen. So kann die Arbeitnehmerseite ein gegenüber dem MgFSG bzw. einer am ausländischen Status quo orientierten Auffanglösung höheres deutsches Mitbestimmungsniveau erreichen und ein Einfrieren ohne oder mit schwächerer Mitbestimmung verhindern. Gleichwohl dürfte diese Regelung gerade dann kein Selbstläufer sein, wenn bereits im Ausland Beteiligungsrechte bestanden, selbst wenn diese schwächer sind als diejenigen nach den deutschen Mitbestimmungsgesetzen. Denn ausländische Belegschaftsvertreter:innen hätten nach nationalem Recht keine eigenen Mitwirkungsrechte im Aufsichtsrat und wären vor diesem Hintergrund vom Verhandlungsabbruch zu überzeugen. Bei Anwendung des nationalen Rechts besteht nur ein Anspruch für in Deutschland beschäftigte Arbeitnehmer:innen, im Aufsichtsrat vertreten zu sein (EuGH 18.7.2017 – C-566/15 (TUI)).

3. Eine weitere wesentliche Neuerung zum Schutz der Mitbestimmung hat der deutsche Gesetzgeber mit der Verschärfung des Missbrauchsverbots in § 36 MgFSG gegenüber dem zahnlosen § 43 des Gesetzes über die Beteiligung der Arbeitnehmer:innen in einer Europäischen Gesellschaft (SEBG) eingeführt. Der Ansatz enthält erstmals einen – wenngleich noch unzureichenden – Anklang an ein dynamisches Element, das nachträglichen Belegschaftszuwachs berücksichtigt, um präventiver Mitbestimmungsflucht (Einfrieren) zu begegnen. Zugleich stellt § 1 Abs. 2 MgFSG klar, dass das grenzüberschreitende Vorhaben nicht dazu missbraucht werden darf, Arbeitnehmer:innen Mitbestimmungsrechte zu »entziehen oder vorzuenthalten«. Der Begriff »vorenthalten« enthält auch eine zukunftsgerichtete Aussage. Satz 2 der Vorschrift stellt klar, dass eine Auslegung des MgFSG so zu erfolgen hat, dass die Mitbestimmung der Arbeitnehmer:innen »gesichert und gefördert wird«. Insbesondere soll Missbrauch vorliegen, »wenn innerhalb von vier Jahren ab Wirksamwerden des grenzüberschreitenden Vorhabens strukturelle Änderungen erfolgen, die bewirken, dass ein Schwellenwert der Mitbestimmungsgesetze im Sitzstaat überschritten wird oder sonst Arbeitnehmenden Mitbestimmungsrechte vorenthalten oder entzogen werden«. Wenngleich der Schutz auf vier Jahre begrenzt bleibt, ist dies ein erster Schritt des Gesetzgebers, die Problematik des Einfrierens eines mitbestimmungsfreien Zustands oder eines niedrigen Mitbestimmungsniveaus anzugehen. Sinnvoll und notwendig erscheint auch die vorgesehene Rechtsfolge neuer Verhandlungen vor dem Hintergrund einer an die Situation und Arbeitnehmerzahl angepassten Auffanglösung. Dieser Ansatz ließe sich für die SE übernehmen und verfeinern (Krause 2023 beschreibt in seinem Rechtsgutachten Möglichkeiten des nationalen Gesetzgebers, anhand des Missbrauchstatbestands gegen den »Einfriereffekt« vorzugehen). Dabei sollte aber auch auf die Verknüpfung mit der europarechtlich nicht näher definierten strukturellen Änderung verzichtet werden. Zumindest wäre

aber ein maßgeblicher Arbeitnehmerzuwachs, der sich auf betriebliche Strukturen auswirkt und einen Schwellenwert übersteigt, als strukturelle Änderung anzuerkennen.

4. Fazit

Wenn Mitbestimmung als wesentliches Element guter Corporate Governance gesichert werden soll, muss es Ziel sein, dass ein wesentlicher Belegschaftszuwachs, der zum Überschreiten eines nationalen Schwellenwerts führt, bei allen europäischen Verhandlungsmodellen – und bei der SE im Speziellen – zu Neuverhandlungen vor dem Hintergrund einer auf die neue Situation abstellenden gesetzlichen Auffanglösung führt. Andernfalls gefährdet das Phänomen des Einfrierens die Zukunft der Mitbestimmung im Aufsichtsrat. Gerade angesichts der in der Umwandlungsrichtlinie verstärkt zum Ausdruck gebrachten Intention des Schutzes der Mitbestimmung vor Missbrauch erscheint ein verstärkter Missbrauchsschutz auch in der SE europarechtlich möglich.
Nicht zu vergessen ist auch, dass der EuGH in seinem SAP-Urteil vom 18.10.2022 (EuGH – C-677/20) aufgrund der Verschiedenartigkeit der Mitbestimmungssysteme in den europäischen Mitgliedstaaten auch kein einheitliches europäisches Modell der Arbeitnehmerbeteiligung annimmt, sondern diesbezüglich vielmehr auf die nationalen Rechtsvorschriften und Gepflogenheiten verweist. Demnach bleibt dem Gesetzgeber ein weiter Spielraum zum Schutz der Mitbestimmung und zur Definition der prägenden Elemente bei der SE-Gründung durch Umwandlung. Diesen Gedanken zur Freiheit des nationalen Gesetzgebers zum Schutz der Mitbestimmung sollte man generell fruchtbar machen, beispielsweise auch bei der Ausgestaltung des Missbrauchsschutzes.

5. Quellenangaben

ETUC (2020). ETUC Position on a new EU framework on information, consultation and board-level representation for European company forms and for companies making use of EU company law instruments enabling company mobility. Abgerufen am 16.2.2023, *https://www.etuc.org/en/document/etuc-position-new-eu-framework-information-consultation-and-board-level-representation.*

EuGH 18.10.2022 – C-677/20 (SAP). NZA 2022, 1477–1480 = NJW 2022, S. 3567–3570.

EuGH 18.7.2017 – C-566/15 (TUI). Rückenwind für die Mitbestimmung durch den EuGH, WPg 2018, 2/121.

Europäisches Parlament (2021). Entschließung des Europäischen Parlaments vom 16. Dezember 2021 zu Demokratie am Arbeitsplatz, (2021/2005(INI)).

Grüneberg, J., Hay, D. & Sick, S. (2023). Mitbestimmung in der Europäischen Aktiengesellschaft vor dem EuGH, EuGH v. 18.10.2022 C-677/20. AuR 3/2023, S. 118–121.

Grüneberg, J., Hay, D., Jerchel, K. & Sick, S. (2020). Europäische Aktiengesellschaft (SE): Wie weit reicht der Schutz der Unternehmensmitbestimmung? AuR 7–8/2020, S. 298–303.

Koalitionsvertrag 2021–2025 (2021). Mehr Fortschritt wagen, Koalitionsvertrag 2021–2025 zwischen SPD, Bündnis 90/Die Grünen und FDP.

Krause, R. (2023). Rechtliche Zulässigkeit gesetzlicher Maßnahmen zur Eindämmung des sog. »Einfriereffekts« bei der Europäischen Gesellschaft (SE) und bei der grenzüberschreitenden Verschmelzung, Mitbestimmungsreport im Erscheinen.

Krause, R. (2022). Schriftliche Stellungnahme – Deutscher Bundestag, Ausschuss für Arbeit und Soziales, Anhörung 7.11.2022. Abgerufen am 2.12.2022, *https://www.bundestag.de/resource/blob/919190/40b2d45040ecd589fae08b8210a86b82/Stellungnahme-Krause-data.pdf.*

Sick, S. (2022a). Schriftliche Stellungnahme – Deutscher Bundestag, Ausschuss für Arbeit und Soziales, Anhörung 7.11.2022. Abgerufen am 2.12.2022, *https://www.bundestag.de/resource/blob/919294/b69b90228de2f41e95dd3be002ecd39e/Stellungnahme-Sick-data.pdf.*

Sick, S. (2022b). SE und grenzüberschreitende Verschmelzung, Rn. 4. In Düwell, F. J. (Hrsg.), Betriebsverfassungsgesetz. Handkommentar. 6. Aufl. 2022, Nomos, Baden-Baden.

Sick, S. (2020). Erosion als Herausforderung für die Unternehmensmitbestimmung, Mitbestimmungsreport Nr. 58, 2020, S. 13ff. Abgerufen am 16.2.2023, *https://www.mitbestimmung.de/html/erosion-als-herausforderung-fur-die-14188.html.*

Thannisch, R. (2020). Nachhaltige Corporate Governance erfordert Stärkung der Unternehmensmitbestimmung: Plädoyer für eine Europäische Rahmenrichtlinie zur Mitbestimmung. AuR 7–8/2020, S. 310–315.

VIII. Ergebnisse

Claudia Bogedan & Daniel Hay

FAZIT I: Mitbestimmung im Aufsichtsrat als wesentliche Säule für das nachhaltige Unternehmen

In der Vergangenheit war Deutschland wohl vor allem als Land der *Dichter und Denker* bekannt. Für die Beantwortung der Frage, was heute zu den zentralen Werten zählt, lohnt sich der Blick nach außen: Wenn man neueren Studien zu internationalen Perspektiven auf Deutschland Glauben schenkt, sind es nicht mehr die kulturellen Errungenschaften, auf die die Welt schaut, sondern die stabile Demokratie und die deutsche Wirtschaftsstärke, die international anerkannt sind. Demokratische Prinzipien sind dabei weiter zu fassen als das politische System des Landes. Die Einbindung verschiedenster Interessensgruppen ist auch anderweitig institutionell gesichert und wird von anderen Ländern als vorbildhaft betrachtet (DAAD et al. 2021). Deutschland wird in der vergleichenden Politikwissenschaft daher als Land der »Politik des mittleren Weges« beschrieben, der zwischen dem sozial-demokratischen Wohlfahrtskapitalismus skandinavischen Typs und dem liberalen Kapitalismus der USA steht (Schmidt 1987). Dieser auch als »Rheinischer Kapitalismus« bezeichnete Systemtyp zeichnet sich durch eine koordinierte und konsensorientierte Politikgestaltung durch den Einbezug von Interessensorganisationen aus (Albert 1992).

Auch wenn es in dieser Studie nicht so konkret benannt wird, dürfte inländisch klar sein, was gemeint ist: Die Mitbestimmung wird zurecht vielfach als Übertragung des Demokratieprinzips auf die Wirtschaft verstanden. Die demokratische Beteiligung der Arbeitnehmer:innen stabilisiert aber nicht nur die Demokratie als solche, indem sie Partizipation und Teilhabe in allen Bereichen des Lebens lehrt und für eine tiefe gesellschaftliche Verankerung der entsprechenden Werte sorgt. Die Mitbestimmung wird auch aus vielen politischen Richtungen heraus als Motor der Sozialen Marktwirtschaft und Stütze der Wirtschaftsstärke des Landes geschätzt (Borchard et al. 2021).

Auch der Politikwissenschaftler Peter J. Katzenstein hat die Einbindung von Interessensorganisationen wie Gewerkschaften als Strategie kleiner, offener Volkswirtschaften zur Verbesserung ihrer Steuerungsfähigkeit beschrieben (Katzenstein 1985). Die als Korporatismus bezeichnete institutionalisierte Kooperation des Staates mit zentralisierten Interessensverbänden wirkt sich nämlich politikentlastend und effizienzsteigernd aus, da politische Entscheidungen nachhaltiger und langfristiger angelegt werden. Der demokratische Aushandlungsprozess führt zu stabileren Entscheidungen. Auf der Ebene der politischen Systeme werden Demokratien daher durch den Einbezug von Gewerkschaften und anderen Interessensorganisationen gestärkt (Herzog 2022).

Dieser Mechanismus wirkt vergleichbar auf der Ebene der Unternehmen. Bereits bei zurückliegenden Strukturwandeln war die Mitbestimmung der Arbeitnehmer:innen entscheidende Gelingenskomponente ohne soziale Verwerfungen. Vor dem Hintergrund der Herausforderungen der sozial-ökologischen Transformation lohnt sich daher eine Betrachtung des Mehrwerts der Mitbestimmung für das Zielbild eines nachhaltigen Unternehmens als Abschluss dieses Bandes.

Nachhaltigkeit erhält unter dieser demokratietheoretischen Brille einen doppelten Sinn, denn einerseits können Entscheidungen für ein ökologisch und sozial nachhaltiges Agieren des Unternehmens getroffen werden, andererseits sind die Entscheidungen selbst nachhaltiger, da sie weniger stark von Kurzfristinteressen geprägt sind.

In der jüngeren Vergangenheit war es vor allem die Europäische Union, die die öffentliche Aufmerksamkeit mit progressiver Nachhaltigkeitsgesetzgebung an sich zog. Mit ihrer Legislatur konzentriert sie sich bisher insbesondere auf die Unternehmen und setzt über die Nachhaltigkeitsberichterstattung dort Anreize für ein ökologisch nachhaltiges Handeln, wo es am meisten schmerzt: bei der Unternehmensfinanzierung, der Berichterstattung und den Offenlegungspflichten.

Mit der alleinigen Berücksichtigung ökologischer Nachhaltigkeitskriterien ist der Nachhaltigkeitsbegriff jedoch nicht vollständig erfassbar. Eine viel beachtete Definition der Brundtlandt-Kommission der Vereinten Nationen aus dem Jahr 1987 beschrieb nachhaltige Entwicklung als Verantwortungsübernahme zwischen den Generationen. Die Frage nach nachhaltiger Entwicklung liegt also quer zu allen Herausforderungen und Krisen unserer Zeit. Dieser Logik folgend leuchtet es ein, dass Nachhaltigkeit als ganzheitliches Konzept zu verstehen ist, das aus allen und in alle gesellschaftlichen Teilbereiche wirken muss. Nachhaltige Unternehmensführung erfordert zu gleichen Teilen die Erfüllung ökologischer, ökonomischer und sozialer Standards.

Die Zeiten, in denen Unternehmen sich (vermeintlich) zwischen guten Taten und guten Zahlen entscheiden durften, sind lange vergessen. Nachhaltigkeit ist mit den ESG-Kriterien (»Environment, Social and Governance«) bereits seit einigen Jahren bei den Kapitalanleger:innen angekommen. Sie nutzen die Kriterien zur Nachhaltigkeitsbewertung von Unternehmen oder zur Anlagestrategieplanung. Mit ihrer Taxonomie-Verordnung zur Klassifizierung nachhaltiger Investitionen führte die Europäische Union kürzlich ein erstes ordnendes Element ein. Im Zusammenspiel mit den Vorgaben zur nichtfinanziellen Berichterstattung sind 600 große kapitalmarktorientierte Unternehmen zur Bekanntgabe des taxonomiefähigen Anteils ihrer Umsätze, Investitions- und Betriebsausgaben verpflichtet. Durch die Verabschiedung der neuen Corporate Sustainability Reporting Directive (CSRD), die die nichtfinanzielle Berichterstattung ablösen wird, werden zukünftig 15 000 Unternehmen in Deutschland (schätzungsweise 50 000 in Europa) entsprechend der Taxonomie berichten müssen. Mit diesem Versuch der Lenkung privater Investitionen hin zu ökologisch nachhaltig agierenden Unternehmen plant die EU, zur Erfüllung des Green Deals beizutragen.

Auf europäischer Ebene ist augenblicklich also deutlich, dass ökologische Aspekte die Diskussion um Nachhaltigkeit dominieren. Diese Standards bieten zwar den Unternehmen und ihren Investor:innen Anhaltspunkte für grundlegende strategische Entscheidungen, greifen aber für ein ganzheitliches Verständnis von Nachhaltigkeit zu kurz. Nachhaltigkeit darf nicht mehr nur als Frage der Ökologie verstanden werden, sondern muss auch die soziale Dimension von nachhaltiger Unternehmensführung beinhalten, und damit auch die intensive Beteiligung der Arbeitnehmer:innen. Als Ergänzung der bestehenden Vorgaben schlug die EU-Plattform für ein nachhaltiges Finanzwesen daher die Soziale Taxonomie vor. Obwohl die Europäische Kommission sich in der Taxonomie-Verordnung offengelassen hatte, solche strengeren Anforderungen in Bezug auf soziale Nachhaltigkeit zu definieren, hat sie bisher keine Anzeichen einer Umsetzung erkennen lassen. Falls sich dies bis zu den nächsten Europawahlen im Frühjahr 2024 ändern sollte, sei dringend dazu geraten, auch die Mitbestimmung der Arbeitnehmer:innen zum Kriterium guter Arbeit zu erklären. Dieses Element ist in den Diskussionen um soziale Taxonomie bisher unterrepräsentiert (Leuchters 2022) und sollte als Beitrag zu einer umfassenden Nachhaltigkeitsdebatte verstanden werden. Während nämlich die aktuelle Diskussion um das verabschiedete Gesetz über die unternehmerischen Sorgfaltspflichten in Lieferketten vor allem die nach außen gerichtete soziale Nachhaltigkeit in den Blick nimmt, darf der Umgang mit eigenen Beschäftigten als nach innen gerichtete soziale Nachhaltigkeit nicht vernachlässigt werden. Eine Referenz könnten hierfür etwa die European Sustainability Reporting Standards (ESRS) sein, die im Auftrag der EU-Kommission zur Konkretisierung der neuen Berichtspflichten im Rahmen der CSRD von der European Financial Reporting Advisory Group (EFRAG) erarbeitet worden sind. Diese enthalten in der letzten Version umfangreiche Berichtspflichten zu den eigenen Beschäftigten. Die Verabschiedung durch die EU steht allerdings noch aus und wird für Sommer 2023 erwartet.

Eine erweiterte Betrachtung der Begrifflichkeit des »Sozialen« freut sicher nicht nur die Personaler:innen, wie Kilian et al. es im Kapitel VI. zur Strategischen Personalarbeit beschreiben, sondern auch alle, die mitbestimmen.

Der Aufsichtsrat hat entscheidenden Einfluss auf die Qualität der Berichterstattung des Unternehmens. Er ist bereits seit dem CSR-RUG dazu verpflichtet, auch den Inhalt der nichtfinanziellen Berichterstattung zu überprüfen. Für Arbeitnehmendenvertretungen ist die nichtfinanzielle Berichterstattung aber auch aus einem weiteren Grund relevant. Im Rahmen der nichtfinanziellen Berichtspflicht des Vorstands werden die Dimensionen der Nachhaltigkeit im Unternehmen gezielt aufgegriffen und diskutiert. Paritätische Mitbestimmung bietet die große Chance, die sozialen Nachhaltigkeitsaspekte im Aufsichtsrat präzise in der Unternehmenssteuerung zu implementieren. Letztendlich kann und muss der mitbestimmte Aufsichtsrat direkt auf die Berichtspunkte einwirken und so die Qualität des Berichteten beeinflussen. Die Vertreter:innen der Arbeitnehmenden im Aufsichtsrat nehmen so bereits vor der Einführung einer Sozialen Taxonomie als Klassifizierungsinstrument Einfluss, um mithilfe des nichtfinanziellen Berichts eine Fortentwicklung nachhaltigen unternehmerischen Handelns zu erreichen.

Entscheidend für die unternehmenspolitische und gesellschaftliche Debatte ist, dass die soziale Nachhaltigkeitsdimension nicht mehr einzig als Angelegenheit der Arbeitnehmer:innenseite verstanden wird. Es geht zwar für alle Mitglieder des Aufsichtsrats mit der Wahl in das Gremium der Auftrag einher, die jeweiligen Interessensgruppen zu vertreten. Diese klassische Art der Arbeits- und Verantwortungsteilung hat aber mit den erweiterten Nachhaltigkeitsanforderungen ihre Akzeptanz eingebüßt. Im Sinne einer stakeholderorientierten Unternehmensführung ist auch die aktive Beteiligung der Kapitalseite gefordert, wenn es um die sozialen Nachhaltigkeitsthemen geht. Eine ganzheitliche Betrachtung des Unternehmenserfolgs erfordert die Verknüpfung von kurzfristigen ökonomischen Interessen mit langfristigen sozialen und ökologischen Zielen.

Der strategische Vorteil von paritätischer Mitbestimmung im Aufsichtsrat ist nicht, dass sich beide Seiten mit je einem der Themenkomplexe befassen und damit sowohl die sozialen als auch die ökonomischen Belange der Nachhaltig-

keit von ihren jeweiligen Fürsprecher:innen vorangetrieben werden. Eine gute Zusammenarbeit im Aufsichtsrat stellt sich vielmehr so dar, dass die Parteien gemeinsam soziale, ökologische und ökonomische Aspekte in die Unternehmensstrategie einarbeiten und dabei ihre unterschiedlichen Perspektiven einbringen. Es ist gerade die Vielfalt an Denkweisen und Erfahrungen, die die Grundlage für nachhaltige Maßnahmen und einen langfristigen Unternehmenserfolg schafft.
Im Aufsichtsrat Verantwortung zu tragen und wahrzunehmen, beschränkt sich also nicht allein auf die Prüfung und Billigung des Jahresabschlusses. Es ist essenzielle Aufgabe der Gremienmitglieder, das Unternehmen für die Zukunft zu wappnen. Für die Arbeitnehmer:innen sind mit den strategischen Entscheidungen unmittelbare oder mittelbare Auswirkungen für Produktionsstandorte, die Arbeitsbedingungen und die Beschäftigung als Ganzes verbunden.
Insoweit muss es zentrales Anliegen der Arbeitnehmer:innen-Bank sein, dass das Unternehmen und sein Geschäftsmodell nachhaltig sicher aufgestellt sind, entsprechend der Beschreibung von Manfred Schoch im II. Kapitel. Das beinhaltet nicht nur, durch das Management erwogene Neujustierungen des Geschäftsmodells, Investitionsvorhaben, M&A-Aktivitäten und den Einstieg in neue Produktfelder kritisch auf ihre Nachhaltigkeit und Langlebigkeit für das Unternehmen zu überprüfen. Die Erfahrung zeigt, dass es gerade die Arbeitnehmendenvertreter:innen sind, die Nachhaltigkeitsgesichtspunkte für die Strategie anstoßen und sehr genau auf den Prüfstand stellen. Bedingt durch ein hohes Maß an Wissen über betriebliche Prozesse und Branchenspezifika nehmen die Mitbestimmungsakteure Störungen wie ein Seismograph bereits wahr, lange bevor neue Unternehmenskennzahlen veränderte Trends überhaupt sichtbar machen. Hervorzuheben ist dabei neben der Bedeutung der unternehmensinternen Vertreter:innen auch die der gewerkschaftlichen Vertreter:innen im Aufsichtsrat. Während den internen Aufsichtsratsmitgliedern insbesondere die Bedürfnisse der Beschäftigten und die prozessualen innerbetrieblichen Schwachstellen bzw. Stärken bekannt sind, bringen sich die gewerkschaftlichen Vertreter:innen mit spezifischen Branchen- und Fachkenntnissen ein. Der kritische Blick von außen ist ein entscheidender Vorteil: Bei der Behandlung der Unternehmensstrategie tragen die unabhängigen gewerkschaftlichen Vertreter:innen dazu bei, den Blick über das einzelne Unternehmen hinaus zu weiten. Den Mehrwert der Beteiligung der Gewerkschaftsvertreter:innen für die Mitbestimmung der Arbeitnehmer:innen erkannte auch das Bundesarbeitsgericht (BAG) in seiner Beschlussfassung im Rechtsstreit zwischen den Gewerkschaften IG Metall und ver.di. gegen die SAP SE. Als Antwort auf die durch das BAG dem Europäischen Gerichtshof (EuGH) vorgelegte Auslegungsfrage zum SE-Recht bestätigte der EuGH in seinem Urteil vom 18. 10. 2022 die Sichtweise des BAG und stellte fest, dass Gewerkschaftssitze im Aufsichtsrat auch nach der Umwandlung in eine Europäische Aktiengesell-

schaft (SE) uneingeschränkt gesichert bleiben und nicht per Vereinbarung ausgeschlossen werden dürfen.
Es gelang Forschenden der Universität Duisburg-Essen und des Wissenschaftszentrums Berlin, diese praktischen Erfahrungen über den Mehrwert der Mitbestimmung im Aufsichtsrat in mehreren wissenschaftlichen Studien zu fundieren. Deutsche börsennotierte Unternehmen des CDAX verfolgten im Zeitraum 2006 bis 2017 mit höherer Wahrscheinlichkeit eine zukunftsfähige Wettbewerbsstrategie, wenn sie gemäß Mitbestimmungsindex (MB-ix)[1] stark mitbestimmt waren. Sie setzten eher auf die Steigerung der Originalität und Qualität ihrer Produkte und Dienstleistungen (Differenzierungsstrategie) als vorrangig auf Kostensenkungen (Kostenführerstrategie) (Campagna et al. 2020). Stark mitbestimmte Unternehmen investieren auch insgesamt mehr: Im Zeitraum 2006 bis 2018 lag in Unternehmen mit dem höchstmöglichen MB-ix von 100 die Kapitalinvestitionsquote um etwa ein Prozent höher als in nicht-mitbestimmten Unternehmen (MB-ix = 0) (Vitols & Scholz 2021).
Die aktuelle Fassung des Deutscher Corporate Governance Kodex (DCGK) sieht konkret vor, dass soziale und ökologische Ziele elementarer Teil der Unternehmensstrategie sein sollen. Insoweit soll der Vorstand nach den neuen Empfehlungen wirtschaftliche, soziale und ökologische Belange berücksichtigen und nicht nur die Bewertung ihrer Chancen und Risiken für das Unternehmen (outside-in), sondern auch die Auswirkungen der Unternehmenstätigkeit (inside-out) einbeziehen. Zugleich soll die soziale und ökologische Nachhaltigkeit als integraler Bestandteil der Geschäftsstrategie verankert werden. Die nachhaltige Unternehmensstrategie ist nur der erste Schritt auf dem Weg zum langfristigen Unternehmenserfolg. Es bedarf auch der passenden Steuerungsinstrumente für die zielgerechte Umsetzung der bestenfalls ambitionierten Planungen durch den Vorstand.
Ein Steuerungsinstrument liegt in der Bemessung der Vorstandsvergütung. In Unternehmen mit Aufsichtsrat entscheidet dieser über das jeweilige Vergütungssystem. Themen, nach denen vergütet wird, erlangen automatisch eine höhere Aufmerksamkeit. Für Arbeitnehmendenvertreter:innen gehört es beim Setzen von sinnvollen Verhaltensanreizen zu den Kontrollaufgaben, auf Widersprüchlichkeiten in den Zielsetzungen und deren Gewichtung aufmerksam zu machen und die Implementierung von nachhaltigen Kriterien am Maßstab einer schlüssigen Vergütungssystematik zu bewerten. Eines darf nämlich nicht unterschätzt werden: Nachhaltiges bzw. gemeinwohlorientiertes Wirtschaften bedeu-

1 Der Mitbestimmungsindex misst zwischen 0 und 100 Punkten, wie stark Mitbestimmung im Unternehmen institutionell verankert ist. Neben dem Aussagewert selbst lässt er sich in Verbindung mit anderen Kennzahlen analysieren und gibt Aufschluss darüber, inwieweit nachhaltige Unternehmensziele von der Mitbestimmung unterstützt werden. Weitere Informationen über das Projekt: *https://www.mitbestimmung.de/mbix*.

tet für so manchen Vorstand zunächst einen unbekannten Arbeitsauftrag, steht dieser doch auf den ersten Blick konträr zu einem Geschäftsmodell, das rein auf schnelles Wachstum abzielt. Auch hierzu spricht der DCGK eine Empfehlung aus: Grundsätzlich soll die Vorstandsvergütung eine nachhaltige und langfristige Entwicklung des Unternehmens fördern. Der Kodex empfiehlt weiterhin, dass die Vergütung für die Erreichung langfristiger Ziele diejenige für die Erreichung kurzfristiger Ziele überschreiten soll. In der Begründung verwies die Regierungskommission auf die Beschlussempfehlung zum Gesetz zur Umsetzung der zweiten Aktionärsrechterichtlinie (ARUG II). Hierin stellte der Ausschuss für Recht und Verbraucherschutz klar, dass die Auswahl dieser Begrifflichkeiten im ARUG II kein Zufall war. Vielmehr wurde »nachhaltig« in klarer Abgrenzung zum Fristigkeitsbegriff ergänzt, um zu verdeutlichen, dass der Aufsichtsrat in der Vergütung des Vorstands »auch soziale und ökologische Gesichtspunkte in den Blick zu nehmen hat« (Ausschuss für Recht und Verbraucherschutz 2019, 55).
Neben der Entscheidung über die Vergütung ist auch die Auswahl der Vorstandsmitglieder entscheidend. Während der Kodex für die Zusammensetzung des Aufsichtsrats inzwischen konkrete Anforderungen definiert, bleibt er beim Vorstand eher vage. Der Aufsichtsrat soll die Formulierung konkreter Ziele für seine eigene Zusammensetzung sowie eines Kompetenzprofils vornehmen, das Expertise zu den für das Unternehmen relevanten Nachhaltigkeitsthemen beinhaltet. Bei der Besetzung des Vorstands bleibt die Regierungskommission unkonkreter und spricht nur von den »erforderlichen Qualifikationen«. In beiden Gremien sollten nicht nur fachliches Wissen, sondern auch »Soft Skills« Anerkennung finden. Auch eine diverse Besetzung sollte, losgelöst von verpflichtenden Quoten, berücksichtigt werden, denn die Kompetenz eines Gremiums steht in engem Zusammenhang mit seiner Diversität. Insgesamt sollten die selbst gesetzten Anforderungen für ein wertschätzendes Umfeld sorgen, indem alle Beteiligten ihre individuellen Kompetenzen und Hintergründe einbringen können.
Die gestiegene Zahl von (Selbst-)Verpflichtungen zur unternehmerischen Nachhaltigkeit ist das Resultat eines zunehmenden Drucks auf die Unternehmen und den Gesetzgeber seitens der breiten Öffentlichkeit (Emons et al. 2021). Jedoch garantiert die Regulatorik allein noch keine Veränderungen der gesellschaftlichen Verhältnisse. Es bedarf entsprechender kultureller Veränderungen in Unternehmen sowie wirksamer Beschwerdemechanismen, oder gar Sanktionen, bei Nichteinhaltung von Regeln. Positiv hervorzuheben ist vor diesem Hintergrund das Lieferkettensorgfaltspflichtengesetz (LkSG). Mit seinem Inkrafttreten wurde der Aufsichtsrat verstärkt in die Pflicht genommen, die Einhaltung der gesetzlichen Vorschriften entlang der Wertschöpfungskette zu überwachen, da dem Unternehmen im Falle von Verstößen empfindliche Bußgelder drohen.
Es wäre jedoch fatal anzunehmen, die Empfehlungen des DCGK würden den Bedarf an einem verbindlichen Leitbild für verantwortungsvolles unternehmeri-

sches Handeln vollumfänglich erfüllen – nicht zuletzt, weil der Kodex verbindlich nur für börsennotierte und kapitalmarktorientierte Unternehmen gilt.
Nachhaltigkeit ist unsere Versicherung für die Zukunft und gleichzeitig unsere größte derzeitige Herausforderung. Um diese Aufgabe zu bewältigen, brauchen wir eine kluge Industriepolitik, die anerkennt, dass die sozial-ökologische Transformation eine gesamtgesellschaftliche Angelegenheit ist, die von allen Verantwortlichen gemeinsam bewältigt werden muss. Die Anforderung an die Rolle des Staates kann als zweigliedrig beschrieben werden. Auf der einen Seite betonen die Gewerkschaften immer wieder den Bedarf an staatlichen Investitionen. Zurecht fragen insbesondere die deutschen Industriegewerkschaften, auf welches Ziel die betrieblichen und gewerkschaftlichen Bemühungen für einen innovativen Wandel der Industriezweige hinauslaufen, wenn die benötigte Infrastruktur nicht zur Verfügung steht. Die Kosten der Transformation können nicht allein durch private Investitionen getragen werden. Die Bundesregierung ist gefragt, wenn es darum geht, die benötigte Energieinfrastruktur auszubauen – sei es nun die Ladeinfrastruktur für E-Mobilität oder die Wasserstoffversorgung für die Produktion von Grünem Stahl. Dafür werden wohl in den nächsten zehn Jahren zusätzliche Investitionen von 600–800 Mrd. Euro notwendig sein (Dullien et al. 2022).
Die zweite erforderliche Weichenstellung betrifft die Sicherung des Industriestandorts Deutschland. In einer globalisierten Wirtschaft bestehen beinahe unvermeidlich Spannungen zwischen nachhaltig sozialem unternehmerischen Handeln und internationaler Wettbewerbsfähigkeit. Es liegt auch in staatlicher Verantwortung, dass die Entwicklung hoch technologisierter und nachhaltiger Verfahren weiterhin im Inland stattfindet. Wenn ein Werk geschlossen wird, hat das nicht nur erhebliche Folgen für die Beschäftigten und ihre Angehörigen. Die Schließung eines Produktionsstandorts hat darüber hinaus Auswirkungen auf die lokale wirtschaftliche Stabilität und ist ein Schlag für die gesamte Region. In dem Fall, dass auch die Zulieferer, Abnehmer und nachgelagert auch die soziale Infrastruktur unter der Management-Entscheidung eines Unternehmens leiden, ist der soziale Frieden im Land in Gefahr. Die Angst vor dem Klimawandel ist bei denjenigen Menschen untergeordnet, in deren Heimatregion schon jetzt bedingt durch einen jahrzehntelangen industriellen Niedergang die lokale Infrastruktur beeinträchtigt ist, es an Freizeit- und Kulturangeboten fehlt und aufgrund der Arbeitsmarktsituation eine gewisse Perspektivlosigkeit droht (Fröhlich et al. 2022).
Es liegt in der Natur der Transformation begründet, dass sie auch die Unternehmensplanung, insbesondere die Investitionsrahmenplanung, erheblich beeinflusst. Hunderttausende Beschäftigte gehen einer Tätigkeit nach, deren Zukunft angesichts technologischer Veränderungen und neuer äußerer Begebenheiten jedenfalls fraglich ist. Vor diesem Hintergrund kommt der Beteiligung der Ar-

beitnehmendenvertreter:innen bei der Verabschiedung der Investitionsrahmenplanung im Aufsichtsrat eine besondere Bedeutung zu. Mit der Entscheidung, welche Standorte mit der unternehmerischen Produktpolitik und Produktionsplanung auf eine beruhigende Zukunftsperspektive hoffen dürfen, richten der Aufsichtsrat und Vorstand über das Schicksal von ganzen Regionen. Es gibt zahlreiche praktische Beispiele, in denen erst die Initiative der Arbeitnehmer:innenseite den Turnaround eingeleitet hat, und zwar weg von reiner Kostenreduktion und Personalabbau hin zu Neuinvestitionen und Einstellungen. Insofern ist besondere Vorsicht geboten, wenn sich die Unternehmensleitung von kostenattraktiven Standorten im Ausland anlocken lässt. Gemeint sind hier nicht primär die Fälle, in denen es um die Verlagerung von bestehenden Produktionen oder Dienstleistungen geht, die schon lange fester Bestandteil des unternehmerischen Produktportfolios sind. Es geht stattdessen um neue Produkte und Zukunftstechnologien, die in speziell zu diesem Zweck neu errichteten Fertigungsstätten im Ausland (gesponsort mit hohen Fördergeldern) entwickelt und hergestellt werden sollen, anstatt die bestehenden Fertigungskapazitäten und Kompetenzen der Beschäftigten im Inland zu nutzen.

Der Aufsichtsrat hat die Nachhaltigkeitskriterien von strategischen Entscheidungen zu prüfen und zu bewerten. Ausschlaggebend für Verlagerungspläne ist oftmals die Möglichkeit zur kurzfristigen Kostenreduktion in einem anderen Land. Regelmäßig kommen diese Kostensenkungen durch die Hoffnung auf die Reduktion der Personalkosten zustande und lassen die soziale Nachhaltigkeit der Entscheidung zumindest fragwürdig erscheinen. Auch die gründliche Prüfung der ökologischen Nachhaltigkeit ist für den Aufsichtsrat eine dringliche Aufgabe; die Standortverlagerung sollte schließlich nicht zur Umgehung der neu geschaffenen europäischen Vorgaben dienen. Überdies würde zusätzlich zu den nachteiligen ökologischen Effekten (längere Transportwege zur Beförderung von Produkten verbunden mit mehr Emissionen und Klimaschäden) eine Verlagerung ins Ausland wiederum neue Abhängigkeiten schaffen. Zudem sollte die Prüfung der ökonomischen Nachhaltigkeit ergeben, dass eine strategische Neuaufstellung des Unternehmensstandorts tatsächlich der langfristigen Sicherung der Wirtschaftlichkeit des Unternehmens dienlich ist.

Auch wenn diese Prüfung durch den Aufsichtsrat die Bejahung der nachhaltigen Weichenstellung ergeben sollte, muss die deutsche Politik dennoch ein Interesse an der Standort- und Beschäftigungsentwicklung zukunftssichernder Branchen in Deutschland haben. Insoweit täte sie gut daran, sich stärker als bisher an den durch Gewerkschaften und Mitbestimmungsakteure angestoßenen öffentlichen Debatten zu beteiligen und finanzielle Mittel für industrielle Förderungen bereitzustellen. Es ist nicht mehr ausreichend, die Globalisierungsprozesse dem Markt zu überlassen. Für eine kluge Industrie- und Strukturpolitik zur Bewältigung der Transformation sind aktives staatliches Handeln sowie politische Rückendeckung der Arbeitnehmendenvertreter:innen bei der Standort- und Beschäftigungsentwicklung gefragt.

Entscheidender Bestandteil dieser Entwicklungsplanungen muss stets die Qualifizierung der Beschäftigten am Standort sein. Dabei geht es nicht nur darum, dass vor dem Hintergrund eines generellen Arbeitskräftemangels Beschäftigte mit Fachwissen und Prozesskenntnis ein Garant für eine erfolgreiche Weiterentwicklung des Standorts sind. Vielmehr muss es auch das gemeinsame Ziel aller Mitbestimmungsakteure sowie des Unternehmens selbst sein, wie Michael Brecht im VI. Kapitel treffend formuliert, den Beschäftigten zukunftsfähige Arbeitsplätze anzubieten. Dequalifizierung muss dringend vermieden werden, denn hierbei geht es vor allem auch um die Wahrung von Persönlichkeitsrechten sowie von Gesundheit und Zufriedenheit bei der Arbeit. Es sind nicht »nur« die sozial-ökologische Transformation und die Digitalisierung, sondern auch der Wertewandel unter jüngeren Beschäftigten, die Folgen des demografischen Wandels sowie agile Formen der Zusammenarbeit, die Unternehmen vor neue strategische Herausforderungen stellen. Die Implikationen der Unternehmensstrategie haben wiederum Einfluss auf die Personalpolitik und die Beschäftigungsmöglichkeiten, die sich für die Arbeitnehmer:innen ergeben. Daher ist essenziell, dass die Unternehmensstrategie klar genug definiert ist, um eine Umsetzung auf betrieblicher Ebene zu ermöglichen. Ein wesentliches Element eines Zukunfts- und Transformationskonzepts ist die bedarfsgerechte Qualifizierung der Beschäftigten mit der Zielsetzung, Mitarbeiter:innen auf Dauer angelegte Beschäftigungsperspektiven anbieten zu können. Der aktuell überall beklagte Fach- und Arbeitskräftemangel ist das Ergebnis einer nicht ausreichend vorausschauend angelegten Personalpolitik sowie struktureller Verschiebungen bei der Wahl der Auszubildenden hin zu Jugendlichen mit Abitur, die nach der Schule in das duale System der Berufsausbildung einmünden, während der Anteil an Real- und Hauptschulabsolvent:innen sinkt. Immer mehr Jugendliche ohne Schulabschluss bleiben zudem ohne Ausbildungsplatz oder schulische Maßnahme (Dohmen et al. 2021).

Für eine zukunftsbedarfsgerechte Qualifizierung der Beschäftigten muss das zukünftige Produkt- oder Leistungsportfolio für die handelnden Akteure auf betrieblicher Ebene klar ersichtlich sein. Eine Möglichkeit kann in der Aufstellung von Zielbildern für die jeweilige Betriebsstätte liegen. Diese sollten eine umfassende Matrix beinhalten, die darstellt, welche Wertschöpfungsprozesse in Zukunft welche Ausrüstung und Kompetenzen erfordern, um wiederum abgleichen zu können, was getan werden muss, um das entsprechende Zielbild zu erreichen. Ein großer Teil der strategischen Personalarbeit liegt in der Verantwortung der Betriebs- und Personalrät:innen, denen ein umfassendes Informations- und Beratungsrecht in den Handlungsfeldern der personalwirtschaftlichen Prozesskette zusteht.

Ein oft unterrepräsentiertes strategisches Handlungsfeld des Aufsichtsrats ist jedoch das Personalrisikomanagement. Während üblicherweise im Rahmen des Risikomanagements eher Finanzrisiken, Branchenrisiken, rechtliche Risiken und Risiken aus Compliance-Verstößen diskutiert werden, bietet die Diskussion von branchen- und unternehmensspezifischen Personalrisiken, z. B. Fachkräftemängel oder Qualifikationslücken, insbesondere der Arbeitnehmer:innen-Bank eine Chance zur Mitgestaltung einer zukunftsgerichteten Personalstrategie.
Noch bis Frühsommer 2024 läuft ein durch die Hans-Böckler-Stiftung gefördertes Projekt, das zum Ziel hat, die Kompetenz der Arbeitnehmendenvertreter:innen im Aufsichtsrat in diesem Kontext zu stärken, um ihre Gestaltungsmacht in der personalpolitischen Dimension der Transformation auszuüben. Die Relevanz wird durch erste Studienergebnisse bestätigt: Weniger als ein Drittel der Arbeitnehmendenvertreter:innen geben an, bislang Einfluss auf die Unternehmens- und Personalstrategie zu haben. Weiterhin gelang es den Forschenden auf Grundlage von bereits vorliegenden empirischen Studien, verschiedene Nutzenperspektiven des Personalrisikomanagements abzuleiten. So ist festzustellen, dass sich das gezielte Controlling von Personalrisiken positiv auf den Unternehmenserfolg sowie auf die ökologische Nachhaltigkeit des Unternehmens auswirken kann. Die Motivation der einzelnen Beschäftigten war hierbei der relevanteste Einflussfaktor, gefolgt von der Anpassungsfähigkeit der Beschäftigten (Berger et al. 2021). Motivationsdefizite können z. B. auf Über- und Unterforderung basieren, zum Risikofeld der Anpassung wiederum gehören falsche und überholte Kompetenzen. Beide Personalrisikofelder haben im Kontext von Transformation eine große Bedeutung vor allem hinsichtlich strategischer Qualifizierung auf zukunftsfähige Arbeitsplätze. Neben Anpassung und Motivation sind Führungsrisiken besonders transformationsrelevant. Führung sollte gegenüber den Arbeitnehmer:innen Sicherheit und Vertrauen in die strategische Ausrichtung vermitteln.
Gerade im Bereich der Personalstrategie haben die Mitbestimmungsakteur:innen Einflussmöglichkeiten aus verschiedenen Richtungen, bei denen die drei Säulen der Mitbestimmung zusammenwirken: die Arbeitnehmer:innen-Bank im mitbestimmten Aufsichtsrat auf strategischer Ebene, die betriebliche Mitbestimmung in der operativen Personalarbeit und die Gewerkschaften in der Verhandlung von guten Tarifverträgen, die den Rahmen bilden. In diesem Mitbestimmungskonstrukt sind die Akteure (leider nicht an allen Stellen ausreichend) mit unterschiedlichen, sich ergänzenden Gestaltungsmöglichkeiten ausgestattet, um ihre spezifischen Aufgaben wahrzunehmen. Unabhängig davon, ob es um einen Informationsvorsprung, Beteiligungsrechte oder Erzwingungsrechte geht: Die Art und Weise, wie die Mitbestimmung in Deutschland konstruiert ist, setzt zur erfolgreichen Durchsetzung der Arbeitnehmendeninteressen die Zusammenarbeit aller Mitbestimmungsakteur:innen voraus. Wie Yasmin Fahimi

im I. Kapitel schreibt: »Diese drei Säulen der Mitbestimmung bedingen einander, sie hängen voneinander ab.«

Eine wesentliche Besonderheit des deutschen Mitbestimmungsmodells in Bezug auf die Ausrichtung des Personalmanagements ist hier besonders hervorzuheben: Mit der arbeitsdirektorialen Rolle, insbesondere in der Montanindustrie, in abgeschwächter Form auch im Mitbestimmungsgesetz von 1976, ist die Mitbestimmung auch in Vorstandsentscheidungen »präsent«. Arbeitsdirektor:innen tragen wesentlich zur Vermittlung von Interessenkonflikten zwischen Unternehmen und Beschäftigten bei und werden so zunehmend als Organisationsprinzip einer stakeholderorientierten Unternehmensführung wahrnehmbar. Gerade in Bezug auf die Transformationsdebatte wird deutlich, dass das deutsche Mitbestimmungsmodell mit der oder dem Arbeitsdirektor:in im Vorstand nicht nur anschlussfähig zur internationalen Debatte um neue Formen des Human Ressource Managements (HRM) ist, sondern auch als praktisches Anwendungsbeispiel instruktiv vermittelt, wie Vertrauensmanagement als Prinzip einer vom Vertrauen der Belegschaft getragenen Unternehmensführung funktionieren kann (Aust & Giertz 2022). Nur konsequent ist daher, dass der DGB die oder den Arbeitsdirektor:in in seiner idealtypischen Form – der Montanmitbestimmung – für alle mitbestimmten Unternehmen einfordert. Das beinhaltet ganz konkret die Forderung, dass der Aufsichtsrat die Position des oder der Arbeitsdirektor:in im Vorstand nicht gegen die Stimmen der Arbeitnehmendenvertreter:innen besetzen kann (Deutscher Gewerkschaftsbund 2022). Die bekannten Beispiele der sozial-ökologischen Transformationsprozesse z. B. in der Stahlindustrie und Braunkohlerevieren zeigen auf, welche herausragende Rolle Arbeitsdirektor:innen bei der Entwicklung und Implementierung neuer Unternehmensstrategien übernehmen, insbesondere, wenn sie das Vertrauen der Beschäftigten genießen.

Es ist also nur folgerichtig, die Stärkung aller Säulen der Mitbestimmung voranzutreiben. Nach der Bundestagswahl 2021 hatte sich die »Ampel«-Koalition selbst zur Weiterentwicklung der Mitbestimmung verpflichtet. Im Kontext der Unternehmensmitbestimmung einigten sich die Koalitionär:innen insbesondere auf die Bewahrung der bestehenden nationalen Regelungen und die Verhinderung von missbräuchlichen Umgehungen (Bundesregierung 2021). Diese konkrete Zielsetzung ist wohl auch der Öffentlichkeitsarbeit des DGB und der Hans-Böckler-Stiftung zu verdanken, die vor der Wahl mit der Kampagne »Mitbestimmung sichert Zukunft« auf die massive Zunahme der Erosion der Mitbestimmung aufmerksam machten. Mit der Umsetzung der Ziele liegt die Bundesregierung allerdings bisher weit zurück.

Wie Sebastian Sick in Kapitel VII weitergehend ausführt, berauben Mitbestimmungsvermeidungsstrategien sowie bloße Ignorierung der bestehenden Mit-

bestimmungsgesetze mindestens 2,1 Mio. Beschäftigte in Deutschland ihrer institutionalisierten demokratischen Rechte am Arbeitsplatz.
Es sind im Wesentlichen vier Vermeidungsstrategien, mit denen Unternehmen die Mitbestimmungsgesetze aushebeln. Dazu zählen die Verwendung ausländischer Rechtsformen oder einer vermeintlich mildtätigen Stiftung an der Spitze des Unternehmens. Beide Fälle werden bisher nicht von den deutschen Mitbestimmungsgesetzen erfasst. Ein weiteres Instrument für Mitbestimmungsvermeidung ist die exzessive Gründung von Tochtergesellschaften mit einer jeweils geringen Anzahl Beschäftigter. Im Bereich des Drittelbeteiligungsgesetzes gibt es bisher keine Konzernzurechnung, weshalb die Beschäftigtenzahl jeder einzelnen Gesellschaft im Konzernverbund für sich genommen den Schwellenwert von 500 Arbeitnehmenden überschreiten muss.
Die letzte, besonders listige Vermeidungsstrategie ist die zweckwidrige Verwendung der Rechtsform einer Europäischen Aktiengesellschaft (SE). Die Beschäftigtenzahl wird hier nur einmalig erfasst und ein späterer Anstieg findet keine Berücksichtigung mehr. Dies führt in der Regel dazu, dass es dauerhaft gar keine oder jedenfalls keine paritätische Mitbestimmung im Aufsichtsrat gibt, obwohl die Beschäftigtenzahl des Unternehmens nachträglich den Schwellenwert des Mitbestimmungsgesetzes überstiegen hat (»Einfrieren der Mitbestimmung«).
Die hier zu beobachtenden Entwicklungen sind erschreckend: Die Zahl der in Deutschland registrierten SE wächst stetig und signifikant. Grund dafür ist der beschriebene und breitflächig ausgenutzte Einfriermechanismus. Das belegen die Zahlen, die das Institut für Mitbestimmung und Unternehmensführung (I.M.U.) der Hans-Böckler-Stiftung im Jahr 2021 anlässlich des 20. Jahrestages der SE ausgewertet hat. Von den 424 aktiven deutschen SE überschreiten 107 die Grenze von mehr als 2000 inländischen Beschäftigten, doch nur 21 dieser 107 SE haben einen paritätisch besetzten Aufsichtsrat – 4 von 5 großen SE vermeiden also die paritätische Mitbestimmung von Arbeitnehmendenvertreter:innen im Aufsichtsrat (Gieseke et al. 2021).
Es war ein wichtiges Zeichen, dass der EuGH im Oktober 2022 klargestellt hat, dass Gewerkschaftssitze im Aufsichtsrat auch nach der Umwandlung einer deutschen Aktiengesellschaft in eine SE uneingeschränkt gesichert bleiben. Das Urteil hat große Bedeutung über den Einzelfall hinaus und ist ein starkes Signal für die Sicherung der Mitbestimmung in Deutschland und in Europa. Bei aller Freude über diesen Erfolg ist die Erosion der Unternehmensmitbestimmung damit aber noch lange nicht aufgehalten. Die Bundesregierung ist weiterhin dringend aufgefordert, die Mitbestimmungslücken zu schließen – akut brauchen wir ein Mitbestimmungserstreckungsgesetz, die Konzernzurechnung in der Drittelbeteiligung analog zum Mitbestimmungsgesetz und die Abschaffung des Einfriereffekts bei der SE – sowie wirksame Sanktionen gegen die rechtswidrige Ignorierung der Mitbestimmungsrechte der Arbeitnehmer:innen. Zurecht fordern

der DGB und seine Mitgliedsgewerkschaften zudem eine qualitative Weiterentwicklung der Mitbestimmung, denn auch wenn der Aufsichtsrat den Vorgaben des Mitbestimmungsgesetzes entsprechend paritätisch zusammengesetzt ist, leitet sich daraus allein noch keine tatsächliche Garantie für eine rechtzeitige und ordnungsgemäße Einbeziehung von Arbeitnehmendenverteter:innen in wichtige Entscheidungsprozesse ab. Um nicht nur eine paritätische Besetzung des Gremiums, sondern auch in Zusammenarbeit getroffene Entscheidungen zu gewährleisten, muss das Doppelstimmrecht der oder des Aufsichtsratsvorsitzenden aufgehoben werden. Nur durch eine tatsächliche Stimmgleichheit der Bänke im Aufsichtsrat, analog zum Montanmitbestimmungsgesetz, kann sichergestellt werden, dass konfliktäre Themen bis zur Findung eines fortschrittlichen Kompromisses abgewogen werden.

Auf gesetzgeberischer Ebene besteht also noch Aufholbedarf bei den richtigen Leitplanken für nachhaltiges Unternehmensmanagement, wenn wir an die Soziale Taxonomie, kluge Industriepolitik und die dringend erforderliche Schließung der Mitbestimmungslücken denken. Gleichzeitig treiben die Vertreter:innen der Arbeitnehmer:innen bereits heute in den Aufsichtsräten die Unternehmen zu einer nachhaltigen Entwicklung an. Die Mitbestimmer:innen in den Betriebs- und Personalräten, den Aufsichtsräten und in den Gewerkschaften übernehmen die Mitverantwortung für gute und nachhaltige Unternehmensführung. Gerade in den strategischen Transformationsprozessen bringen Arbeitnehmer:innen mit eigenen Ideen und eigenen kreativen Lösungsansätzen die notwendigen Veränderungen voran und sind somit ein wertbildender Faktor für die Unternehmen.

In diesem Band befinden sich viele wertvolle und multiperspektivische Impulse für die nachhaltige Entwicklung von Unternehmen. Unser Resümee lautet: Mitbestimmung schafft echten Mehrwert im Aufsichtsrat, ist eine wesentliche Säule für das nachhaltige Unternehmen und sollte daher nicht nur geschützt, sondern substanziell ausgebaut werden. Die Transformation wirkt vielerorts geradezu zerstörerisch, wenn sie allein den Kräften des Marktes überlassen wird. Die Veränderungen sind Folge von konkreten Entscheidungen in den Unternehmen. Sie lassen sich mitgestalten. Nur mit Mitbestimmung, qualifizierten Beschäftigten und einer intelligenten regionalen Transformationspolitik mit staatlicher Finanzierungsunterstützung können der Wandel gelingen und die Demokratie in unserem Land gestärkt werden.

Quellenangaben

Albert, M. (1992). Kapitalismus contra Kapitalismus. Campus, Frankfurt am Main.

Aust, I. & Giertz, J.-P. (2022). Erweiterung des Unternehmenszwecks um Nachhaltigkeit und Verantwortung. In: Gröbel, R. & Dransfeld-Haase, I. (Hrsg.). Strategische Personalarbeit in der Transformation. Bund-Verlag, Frankfurt am Main. S. 81–100.

Ausschuss für Recht und Verbraucherschutz des Deutschen Bundestags (2019). Beschlussempfehlung und Bericht zu dem Gesetzentwurf der Bundesregierung (Drucksache 19/15153). Abgerufen am 24.2.2023, *https://dserver.bundestag.de/btd/19/151/1915153.pdf.*

Berger, T., Giertz, J. P., Reinhardt, A. & Schütte, A. (2021). Keine Personalstrategie ohne Personalrisikomanagement: Plädoyer für eine Neuentdeckung. Personalführung 05/2021: S. 48–55.

Borchard, M., Fischer, T., Hay, D., Kluge, N. & Schikora, F. (2021). Thesenpapier Mitbestimmung: 3x3 Thesen über den Wert der Mitbestimmung in der Sozialen Marktwirtschaft. Abgerufen am 24.2.2023, *https://www.kas.de/documents/259803/14939652/2021_Thesen+Mitbestimmung_v2.pdf/f277b230-b65c-13ae-d1fa-b549c70b0d71?version=1.0&t=1634547492281.*

Bundesregierung (2021). Mehr Fortschritt wagen. Bündnis für Freiheit, Gerechtigkeit und Nachhaltigkeit. Koalitionsvertrag zwischen SPD, Bündnis 90/Die Grünen und FPD, 20. Legislaturperiode.

Campagna, S., Eulerich, M., Fligge, B., Scholz, R. & Vitols, S. (2020). Entwicklung der Wettbewerbsstrategien in deutschen börsennotierten Unternehmen. Institut für Mitbestimmung und Unternehmensführung: Mitbestimmungsreport Nr. 57.

Deutscher Akademischer Austauschdienst (DAAD), Deutsche Gesellschaft für Internationale Zusammenarbeit, Goethe-Institut & LUMIQUE (2021). Außenblick: Internationale Perspektiven auf Deutschland in Zeiten von Corona. Abgerufen am 24.2.2023, *https://www.giz.de/de/downloads/giz2021-de-studie-aussenblick.pdf.*

Deutscher Gewerkschaftsbund (2022). Beschluss B004 des 22. Ordentlichen Bundeskongresses. Abgerufen am 24.2.2023, *https://bundeskongress.dgb.de/antraege.*

Dohmen, D., Hurrelmann, K. & Yelubayeva, G. (2021). Kein Anschluss trotz Abschluss?! Benachteiligte Jugendliche am Übergang in Ausbildung. FiBS-Forum 76.

Dullien, S., Rietzler, K. & Truger, A. (2022). Die Corona-Krise und die sozial-ökologische Transformation: Herausforderungen für die Finanzpolitik. WSI-Mitteilungen 75, S. 277–285.

Emons, O., Fulda, B., Klengel, E. & Schietinger, M. (2021). Soziale Standards in Lieferketten: Ein Überblick über Instrumente und Ansätze. Hans-Böckler-Stiftung: Working Paper Forschungsförderung Nr. 207.

Fröhlich, P., Mannewitz, T. & Ranft, F. (2022). Die Übergangenen. Strukturschwach & erfahrungsstark. Zur Bedeutung regionaler Perspektiven für die große Transformation. Abgerufen am 24. 2. 2023, *https://library.fes.de/pdf-files/a-p-b/18522.pdf.*

Gieseke, F., Misterek, F. & Sick, S. (2021). 20 Jahre Europäische Aktiengesellschaft: 4 von 5 großen SE vermeiden paritätische Mitbestimmung. Newsbeitrag im Mitbestimmungsportal. Abgerufen am 24. 2. 2023, *https://www.mitbestimmung.de/html/4-von-5-grossen-se-vermeiden-19608.html.*

Herzog, L. (2022). Citizen knowledge. Markets, experts, and the infrastructure of democracy. *https://www.rug.nl/staff/l.m.herzog/citizen-knowledge.pdf.*

Katzenstein, P. J. (1985). Small States in World Markets: Industrial Policy in Europe. Ithaca: Cornell University Press.

Leuchters, M. (2022). Sustainable Finance: Eine Chance für die Mitbestimmung? Institut für Mitbestimmung und Unternehmensführung: Mitbestimmungsreport Nr. 70.

Regierungskommission Deutscher Corporate Governance Kodex (2022). Deutscher Corporate Governance Kodex. Abgerufen am 24. 2. 2023, *https://www.dcgk.de//files/dcgk/usercontent/de/download/kodex/220627_Deutscher_Corporate_Governance_Kodex_2022.pdf.*

Schmidt, M. G. (1987). West Germany: The Policy of the Middle Way. Journal of Public Policy 7: S. 139–177.

Vitols, S. & Scholz, R. (2021). Unternehmensmitbestimmung und langfristige Investitionen in deutschen Unternehmen. WSI-Mitteilungen 74: S. 87–97.

Simone Menne

FAZIT II: Die Perspektive der Anteilseignerseite

Die vorausgehenden Kapitel meiner Mit-Autorinnen und -Autoren zeigen die Komplexität und Vielschichtigkeit des Themas (soziale) Nachhaltigkeit in der mitbestimmten Aufsichtsratsarbeit. Und sie machen auch klar, dass wir uns als Aufsichtsräte von den unterschiedlichsten Blickwinkeln den Themen eines nachhaltigen Unternehmens nähern müssen. Und dies mit der erforderlichen Dringlichkeit.

Ich möchte in diesem Fazit vor allem meine persönliche Perspektive auf die mitbestimmte Aufsichtsratsarbeit teilen und Erfahrungen als Mitglied diverser Gremien mit und ohne Mitbestimmung einbringen.

Die aktuelle Realität für global agierende Unternehmen ist geprägt von permanent zunehmender Komplexität und von Krisen verschiedenster Ausprägung und Wirkung. Siegfried Russwurm benennt dabei in Kapitel 1.2 die gleichzeitigen Transformationserfordernisse von Unternehmen, die sich durch Dekarbonisierung, Digitalisierung, demografischem Wandel und Re-Globalisierung ergeben. Das einende Ziel der gesamten Transformation ist dabei die Nachhaltigkeit in allen drei Aspekten Umwelt (**E**nvironment), **S**oziales (Social) und rechtliche bzw. unternehmerische Verbindlichkeit (**G**overnance). Im Folgenden spreche ich von ESG.

Gleichzeitig agieren Unternehmen in Zeiten zunehmender geopolitischer Unsicherheit. Die Regeln der World Trade Organization (WTO) sind nicht mehr eindeutig festgeschrieben, neue Regeln wie beispielsweise auf der Umweltkonferenz der UN, COP (Conference of the Parties) entwickelt, sind in ihrer Einhaltung unsicher und teilweise uneindeutig auslegbar.

Diese Ausgangssituation verlangt noch einmal mehr, dass Aufsichtsräte im Gremium eine Vielzahl von Perspektiven und Erfahrungshintergründen einbringen und über die Grenzen der beiden Bänke der Arbeitnehmer- sowie Anteilseignerverteter für das Wohl der Unternehmen zusammenarbeiten. Dabei sind langfristige Planungen durch die Volatilität der Umwelt erschwert und Agilität im Handeln ist erfolgsentscheidend. Dies ist ins Gleichgewicht zu bringen mit dem Anspruch des nachhaltigen Handels in allen drei Dimensionen. Das vorliegende Buch zeigt eindrücklich auf, dass dies eine umfassende Herausforderung ist, die

sektor- und bereichsübergreifend wirkt, in allen Industrien und Dienstleistungsbetrieben, aber auch innerhalb der Unternehmen von der Produktentwicklung und dem Einsatz neuer Technologien über Finanzierung bis zur Personalarbeit. Dabei sind zudem alle Interessengruppen (Stakeholder), also Kund:innen, Mitarbeiter:innen, Investoren, Gemeinden u. a.m. zu berücksichtigen.
In kaum einem Bereich ist die Flut an regulatorischen Veränderungen so umfassend wie im Bereich Nachhaltigkeit. Auf europäischer Ebene gibt es die Regeln des europäischen Green Deal mit der Klimaneutralität der EU-Mitgliedsstaaten bis 2050 und der entsprechenden Neuausrichtung der Wirtschaft, die EU-Taxonomie-Berichtspflicht, die Überarbeitung der CSRD-Richtlinie und die Fortentwicklung des Standard-Setting auf europäischer Ebene. Auf internationaler Ebene kommen die diversen Sustainability Reporting Standards (u. a. GRI), Climate Disclosure Frameworks and Standards (*science-based targets, greenhouse gas protocol* etc.) und Aktivitäten der unterschiedlichen internationalen Standard-Setter hinzu. All dies führt zu einer Fülle an Regulatorik, die viele Unternehmen nur schwer übersehen oder erfüllen können. Dabei ist die soziale Nachhaltigkeit in den Anforderungen derzeit noch unterrepräsentiert und wird in der Zukunft sicher noch deutlicher in die Regelwerke einfließen.
Die Regulatorik betrifft auch explizit die Arbeit der Aufsichtsräte. Der Deutsche Corporate Governance Kodex (DCGK) hat in seiner Neufassung 2022 den ESG-Zielen eine besondere Bedeutung zugeordnet und verlangt einen systematischen Umgang mit nachhaltigkeitsbezogenen Risiken, deren Offenlegung und deren Berücksichtigung in der Unternehmensplanung. Dazu wird eine nachhaltigkeitsbezogene Expertise gefordert, auch in den Aufsichtsgremien. Die Anforderungen an die Aufsichtsräte werden im DCGK sehr klar formuliert.
»Die Aufsichtsräte benötigen eine der Bedeutung der Nachhaltigkeitsfragen für das betreffende Unternehmen entsprechende Expertise. Diese Expertise braucht sich nicht in einer Person zu bündeln. Relevante Teilaspekte können auch von verschiedenen Aufsichtsratsmitgliedern beigetragen werden. Entscheidend ist, dass Aufsichtsräte fachlich insbesondere auch dazu in der Lage sind zu überwachen, wie die ökologische und soziale Nachhaltigkeit bei der strategischen Ausrichtung und der Unternehmensplanung berücksichtigt wird« (DCGK 2022, C1 Satz 2).
Perspektivisch wird die Berichterstattung zur Nachhaltigkeit (Corporate Sustainability Reporting) den gleichen Stellenwert einnehmen wie die heutige klassische Bilanz. Eigenkapitalquote und Verschuldungsgrad werden in einem Atemzug mit CO_2-Emissionen oder dem Anteil an Frauen in Führungspositionen zu nennen sein. Mehr Transparenz über die Kompetenzen im Aufsichtsrat und nichtfinanzielle Kennzahlen sind Bestandteil der Arbeit aller Ausschüsse. Der Prüfungsausschuss übernimmt die Gesamtberichterstattung und die Messung und Prüfung, die Entwicklung von nichtfinanziellen Zielen und deren Kopplung

an die Vorstandsvergütung ist Aufgabe des Personalausschusses und die Nachhaltigkeitsstrategie die des Gesamt-AR.
Zunächst ist eine Auswirkung des neuen Fokus der Nachhaltigkeit auf die Gremienzusammensetzung zu beobachten. Gleichzeitig sehen wir aber in Deutschland auch die Entwicklung, dass mehr Unternehmen nicht mehr der Mitbestimmung unterliegen. Nach einer Studie von Russell Reynolds aus dem Jahr 2021 sinkt der Anteil der mitbestimmten Unternehmen im DAX und M-DAX beständig. Demnach sind im DAX ein Viertel der Unternehmen nicht mehr mitbestimmt, im M-DAX ist der Anteil der nicht mitbestimmten Unternehmen auf 43 % gestiegen (Russell Reynolds 2021).
Die Qualifikationsmatrix des DCGK macht deutlich, dass an die Zusammensetzung der Personen im Aufsichtsrat deutliche Anforderungen im Hinblick auf die Expertise gestellt werden, die auch belegt werden müssen. Dabei sollten nicht nur die fachliche Expertise, sondern auch Diversitätsaspekte einfließen. Diversität fördert nachweislich besseres Risikomanagement und Nachhaltigkeit in unternehmerischen Entscheidungen (siehe Yasmin Fahimi in diesem Band, Kapitel I). Hier gilt es, Geschlecht, aber auch internationalen Hintergrund, Ausbildung und Alter zu berücksichtigen. Mitbestimmte Gremien sind qua Konstrukt schon diverser. Die Diversität erleichtert die Sichtung von Problemen aus unterschiedlichen Perspektiven und damit eine größere Varianz von Lösungsmöglichkeiten.
Amerikanische Boards gehen derzeit meiner Erfahrung nach bei der Förderung von Diversität in der Regel deutlich systematischer vor als bspw. deutsche Unternehmen. Die »*black lives matter*« Bewegung hat dazu geführt, dass im Rahmen von DEI (*diversity, equity, inclusion*) nun systematisch daran gearbeitet wird, Minderheiten Verantwortung in den Unternehmen zu geben und das aufzuholen, was vielleicht über Jahre nicht mit ausreichendem Fokus behandelt worden ist.
Es stellt sich die Frage, ob es einen gesonderten Nachhaltigkeits-Ausschuss zum Thema ESG in Europa geben sollte. Dieses Buch zeigt, dass die Anforderungen an die Nachhaltigkeit vielschichtig sind und nicht eine ganz bestimmte Expertise erfordern. Es sind analog wie bei dem Thema Digitalisierung alle Unternehmensbereiche betroffen. Es geht um Strategie, um Prozesse, um Personalplanung, um Lieferketten und vieles mehr. Aus diesem Grunde muss Nachhaltigkeit in allen Ausschüssen und auch im gesamten Gremium übergreifend bearbeitet werden. Diese persönliche Meinung steht im Widerspruch zu der Vermutung im 2. Kapitel dieses Buches, in dem ein Nachhaltigkeitsausschuss als möglicherweise gleichberechtigt mit dem Prüfungsausschuss gesehen wird (siehe Roman Stöger in diesem Band, Kapitel II).

Einzelne Ausschüsse werden vorbereitende Aufgaben übernehmen. Die Strategie und Gesamtausrichtung müssen aber übergreifend und abgestimmt formuliert sein.

Bei der Arbeit des Finanzausschusses wird die Berichterstattung und Prüfung der Corporate Sustainability Directive (CSD) liegen. Auch im Rahmen der Risikobewertung werden die Themen der Nachhaltigkeit zu berücksichtigen sein. Es stellt sich die Frage, ob im Rahmen neuer Bewertungen (Sustainable Finance) bislang sogenannte »nichtfinanzielle« Ziele zukünftig auch in das Zahlenwerk einfließen werden. Zusätzlich zu den Risiken durch Umweltschäden und fehlender Zielerreichung gehören auch Klagen von Umweltverbänden und NGOs gegen Unternehmen und Reputationsrisiken in die Risikobetrachtung einbezogen.

Der Vergütungsausschuss wird die Nachhaltigkeit in Zielvereinbarungen und Vergütungsmodelle einbringen.

Der Personalausschuss wäre insbesondere in die »soziale« Nachhaltigkeit im Sinne der Mitarbeiterschaft und einer nachhaltigen Personalplanung (insbesondere Gesamtkapitel VI) einzubeziehen. Es ist von zentraler Bedeutung, die für die Unternehmen gesetzten Nachhaltigkeitsziele mit den Zielen des Managements zu verknüpfen und die Nachhaltigkeitsstrategie entsprechend zu operationalisieren.

Der Aufsichtsrat überwacht die Zweckmäßigkeit und Wirtschaftlichkeit des Vorstandshandelns in Bezug auf die langfristige Profitabilität und den Bestand der Gesellschaft. Der DCGK sieht auch vor, dass der Vorstand die strategische Ausrichtung des Unternehmens mit dem Aufsichtsrat abzustimmen hat.

Im 2. Kapitel dieses Buches wurde dieses Thema eingehend behandelt. Dort lesen wir, dass »Nachhaltigkeit ein wesentlicher Erfolgsfaktor für die Positionierung von Unternehmen und damit ein Schlüsselthema für jede Strategie« sei (siehe Roman Stöger in diesem Band, Kapitel II). Der Aufsichtsrat sollte einfordern, dass ESG und Nachhaltigkeit zu einem wesentlichen Element in der Strategie der Unternehmen werden und nicht als isolierte Initiative angesehen werden. Aber: »Die Dominanz des Tagesgeschäftes und die kurzfristige Profitabilität-Fokussierung stehen dem teilweise im Wege« (ebd.).

Es sind also eine Strategie mit klaren ESG-Zielen und entsprechenden Maßnahmen zur Umsetzung sowie deren Auswirkungen auf das Geschäftsmodell und die Zahlen vorzulegen und abzustimmen.

Zur Beurteilung der Richtigkeit und Wirksamkeit ist ein umfassendes Wissen der Aufsichtsratsmitglieder zu Regularien und Alternativmodellen notwendig. Wichtig ist, dass hier auch innovative Ideen und neue Technologien betrachtet werden, die gegebenenfalls auch eine Chance zur Weiterentwicklung und Geschäftsentwicklung darstellen können.

Wichtig kann hier auch sein, Strategien zu entwickeln, die nicht einfach kopierbar sind und einen Wettbewerbsvorteil bilden könnten. So konstatiert George

Serafeim, dass die richtige Strategie und ihre Umsetzung zu einer besseren Leistung des Unternehmens führen können. Dies könne die Reduzierung von Kapitalkosten und eine bessere Unternehmensbewertung sein, die wiederum zu engagierten Investoren führen können. So sollte ESG als Game Changer verstanden werden und nicht als Ziel, das gemäß Anforderungen zu erreichen ist (Serafeim 2020). Dies macht unterscheidbar und stellt für alle beteiligten Stakeholder deutlich dar, dass das Unternehmen tatsächlich Nachhaltigkeit auch im Sinne von langfristigen Erfolgen verfolgt.

»E« für Ökologie (Environmental)

Eingebunden in die Strategie sind dann die einzelnen Ziele abzuleiten. Zunächst die der Umwelt. Zyklische Ressourcennutzung, Recycling, Produkte, die keine Emissionen verursachen, können Teil der Strategie sein. Elementar für die Arbeit im Aufsichtsrat ist hier ein Verständnis der Notwendigkeiten und Ziele der Nachhaltigkeit im Unternehmen und der Verpflichtungen aus der Gesetzgebung. Dazu gehören die Berichtspflichten, die Messkriterien, die Möglichkeiten zur Erreichung von Emissionszielen. Üblich sind bereits Ziele zur Emissionsverringerung, zum Recycling, zur Wasserverwendung. Die Vorgaben der CSDR sind vielfältig und zu einem großen Teil vorgegeben. Über die erzielten Ergebnisse wird der Aufsichtsrat wie auch über die gewohnten finanziellen Berichte pro Quartal unterrichtet.

»S« für Social

Im Gesamtkapitel 6 wird die Personalarbeit als strategisches Thema für die nachhaltige Weiterentwicklung des Unternehmens gesehen. Dazu gilt selbstverständlich die Rekrutierung und Nachfolgeplanung. Viele potenzielle Arbeitskräfte schauen sich heute auch genau die Reputation und die Ziele im Hinblick auf Nachhaltigkeit von möglichen Arbeitgebern an. In Zeiten des Fachkräftemangels spielt also das Employer Branding und die glaubhafte Verfolgung nachhaltiger Ziele eine große Rolle. Dazu gehört auch die Schaffung von Diversität in der Personalauswahl. Und selbstverständlich auch eine klare Haltung im Hinblick auch Diskriminierung.
Soziale Nachhaltigkeit zeigt sich auch in Lieferketten, wie das vierte Gesamtkapitel verdeutlicht. Das Lieferkettensorgfaltspflichtengesetz und dessen Implementierung spielen eine wesentliche Rolle bei der Wahrung von Menschenrechten. Durch die Pandemie und geopolitische Verwerfungen gibt es darüber hinaus auch erhöhte Anforderungen an die Resilienz von Lieferketten.
Siegfried Russwurm (siehe in diesem Band, Kapitel I) nennt auch die Soziale Marktwirtschaft als Ordnungsrahmen für soziale Nachhaltigkeit. Dies hätte auch Auswirkungen auf die Berücksichtigung von sozialer Absicherung und Gleichberechtigung von Mitarbeiter:innen.

In all diesen Fällen sind die Aufsichtsräte, und zwar nicht nur die der Arbeitnehmerseite, gefragt, diese soziale Nachhaltigkeit umzusetzen. So sollte der Aufsichtsrat regelmäßig über entsprechende Messzahlen, Umsetzungsmaßnahmen und Zielerreichung informiert werden. Es wäre sicherzustellen, dass Methoden zur Meldung von Verstößen vorgesehen sind. Und es muss gefragt werden, welche Meldungen eingegangen sind, welche sich auch als substanziell erwiesen haben und welche Sanktionen erfolgten. Hier sind Verstöße Betrugs- oder Korruptionsvergehen gleichzustellen.
Insgesamt sind soziale Ziele noch nicht ausreichend berücksichtig. Dies ergab die Aufsichtsrat-Panel-Befragung im Jahr 2022 (Probst & Velte 2022, 154f.).

»G« für Governance

Nachhaltigkeit im Sinne von Governance bedeutet rechtliche bzw. unternehmerische Verbindlichkeit, die durch die Organisation und deren Regeln geschaffen werden. Dazu gehören die Gremien im Unternehmen, der Einbezug und die Berücksichtigung von Stakeholdern, aber auch Regeln zur Ethik und Korruption.
Nach der Aufsichtsrats-Panel-Befragung von 2021 resümierten die Autoren: »Der Aufsichtsrat ist von einem kollektiven Aufbruch zum Stakeholder Ansatz als Instrument der Nachhaltigkeitszeile weit entfernt« (Probst & Velte 2021, 156).
Im Vergleich mit anderen Aufsichtsgremien scheint es deutlich, dass die unternehmerische Mitbestimmung beim Schock der Finanz- und Wirtschaftskrise 2008/2009 dazu geführt hat, kurzfristiges Verhalten zu reduzieren und damit ein schnelleres Umschalten in den Wachstumsmodus zu ermöglichen. Die Partizipation von Mitarbeiter:innen im Aufsichtsrat ist im Rahmen von zukünftigen Transformationsprozesse als Chance zu verstehen und fördert nachhaltiges Handeln. Nach einer Studie von Robert Scholz und Sigurt Vitols vom Wissenschaftszentrum Berlin für Sozialforschung in einer von der Hans-Böckler-Stiftung geförderten Untersuchung erhöht Mitbestimmung im Aufsichtsrat die Wahrscheinlichkeit, dass sich Unternehmen zur Einhaltung sozialer oder ökologischer Ziele verpflichten (Scholz & Vitols 2016).
Analysen von BlackRock zeigen darüber hinaus, dass Unternehmen mit einer starken Mitarbeiterbindung während der Pandemie von geringerer Fluktuation und höherer Rentabilität profitiert hätten (siehe dazu Michael Brecht in diesem Band, Kapitel VI.).
Unternehmerisches Denken und Handeln ist auch auf der Arbeitnehmerseite gefordert und kann dazu führen, dass nicht beschränkt lokal, sondern global und gesamtheitlich gedacht wird. Damit erfolgt eine enge Einbindung des Aufsichtsrats in die Herausforderungen, denen das Management gegenübersteht, ohne dass es einer operativen Einbindung bedarf. Durch die Arbeitnehmervertretungen werden dem Gremium zudem Kenntnisse der Unternehmenskultur, die für

den Erfolg von Transformationsprozessen entscheidend ist, nähergebracht. Somit sind mitbestimmte Aufsichtsräte besser geeignet, Transformationsprozesse zu begleiten und zu überwachen, was auch eine Studie von Marc Steffen Rapp und Michael Wolff im Auftrag der Hans Böckler Stiftung belegt (Rapp & Wolff 2019). Arbeitnehmervertretungen haben Einblicke, zu denen die Vertreter:innen der Anteilseignerseite in der Regel keinen Zugang haben. Das ist ein Vorteil, den es zu nutzen gilt, insbesondere um der Verantwortung des Aufsichtsrats für die Nachhaltigkeit gerecht zu werden. All dies sind Vorteile des deutschen Governance-Systems.

Damit die Erfassung und Umsetzung von Verbesserungen gelingen können, müssen die verschiedensten Ressorts und Funktionen zusammenarbeiten. Die zwangsläufig geförderte Diversität des Aufsichtsgremiums fördert dies durch die unterschiedlichen Perspektiven, die in die Entscheidungsprozesse einfließen können. Dies ermöglicht auch die aufgrund der Nachhaltigkeit erforderliche Berücksichtigung der verschiedenen Stakeholder wie Mitarbeitende, Kund:innen aber auch Kommunen und Partnerunternehmen.

Aus den gesammelten Einsichten und Beurteilungen würde ich folgende Handlungsempfehlungen ableiten:

Entscheidend für den Erfolg des Aufsichtsrats ist der Aufbau von Expertise des gesamten Gremiums. Derzeit ist die Weiterbildung häufig den einzelnen Aufsichtsratsmitgliedern vorbehalten. Gemeinsame Schulungen von Arbeitnehmervertreter:innen und Anteilseignervertretungen scheinen mir aber sehr hilfreich, Expertise in den Bereichen Nachhaltigkeit und ESG systematisch aufzubauen und angesichts der schnellen Veränderungen in diesem Feld auch permanent weiterzuentwickeln. Aufsichtsräte sollten sich als Lernende verstehen. Noch haben nicht viele Aufsichtsräte das Gespür für nichtfinanzielle Kennzahlen, wie sie es in puncto finanzieller Kennzahlen haben. Dies muss kurzfristig entwickelt werden und darf auch nicht einigen Experten im Gremium überlassen werden.

Auch neue technologische Entwicklungen wie beispielsweise künstliche Intelligenz oder Verfahrensweisen müssen erkannt und beobachtet werden. Hier sollte der Aufsichtsrat das Management ermuntern, regelmäßig Überprüfungen auf Einsetzbarkeit oder auch auf Gefährdung des Geschäftsmodells vorzulegen.

Aufsichtsräte müssen eine höhere Flexibilität und Agilität entwickeln. Dies kann auch bedeuten, dass Mandatszeiten kürzer gefasst werden, um in der Besetzung auf geänderte Erfordernisse eingehen zu können (Rosen 2022).

Es ist unbedingt erforderlich, auch mehr Diversität in die Gremien zu bringen. Dies betrifft nicht nur Kategorien wie Geschlecht, sondern ebenso Alter, Bildungs- und Erfahrungshintergrund und Internationalität. Diversität ermöglicht die Einnahme verschiedener Perspektiven und erweitert damit den Lösungsraum, in dem gedacht werden muss.

Mitarbeiterbeteiligung fördert Nachhaltigkeit und Engagement in der Aufsichtsratsarbeit. Die Vermeidung der Auseinandersetzung im Gremium, wie in einigen Unternehmenskonstruktionen angestrebt, kann die Lösung langfristiger und komplexer nachhaltiger Probleme sogar verhindern, weil bestimmte Gesichtspunkte nicht gesehen werden.
Eine der wichtigsten Aktivitäten liegt aktuell darin, ESG-KPIs systematisch zu erfassen und auch im Aufsichtsrat zu berichten. Dies sollte mittelfristig auch in die Zahlen des Rechnungswesens einfließen. Das ermöglicht eine einheitliche Bewertung und Bemessung des Unternehmenswertes. Soziale und ökologische Folgen unternehmerischen Handelns werden im Rechnungswesen nicht ausgewiesen und bezeichnenderweise noch als externe oder nichtfinanzielle Effekte beschrieben. Genau diese Leerstelle verhindert nachhaltiges Agieren zugunsten kurzfristigerer finanzieller Ergebnisse. Hier können Aufsichtsräte Einfluss nehmen.
Abschließend lässt sich folgendes feststellen: Aufsichtsräte müssen dem Vorstand und dem Unternehmen herausfordernde ESG-Ziele setzen. Diese sind insbesondere im Bereich des Sozialen und der Governance derzeit noch wenig ausgearbeitet. Hilfe liefern hier Vorschläge verschiedener Institutionen, beispielsweise vom Weltwirtschaftsforum (WEF 2022). Diversität und Mitbestimmung helfen auch hier, anspruchsvolle Ziele zu entwickeln, die für alle Stakeholder die Ernsthaftigkeit des Unternehmens deutlich machen, aber dadurch auch die Attraktivität des Unternehmens als Produzent, Arbeitgeber und Investment erhöhen können.

Quellenangaben

DCGK (2022). Deutscher Corporate Governance Kodex in der Fassung vom 28. April 2022. Abgerufen am 30.12.2022, *https://www.dcgk.de/files/dcgk/usercontent/de/download/kodex/220517_Begruendung_DCGK_2022.pdf.*

Probst, A. & Velte, P. (2021). Nachhaltigkeit: Herausforderungen für den Aufsichtsrat. Der Aufsichtsrat 11/2021.

Probst, A. & Velte, P. (2022). Nachhaltig bessere Corporate Governance durch aktuelle Reformen. Panel-Befragung in Zusammenarbeit mit Prüfungs- und Beratungsunternehmen Deloitte und der Leuphana Universität Lüneburg. Der Aufsichtsrat 11/2022.

Rapp, M. S. & Wolff, M. (2019). Mitbestimmung im Aufsichtsrat und ihre Wirkung auf die Unternehmensführung. Herausgegeben von der Hans-Böckler-Stiftung. Abgerufen am 25.1.2023, *https://www.uni-goettingen.de/de/*

document/download/983ae635cffc19d56590f64ccb519880.pdf/Study_hbs_424.pdf.

Rosen, L.A. (2022). Mehr Agilität im Aufsichtsrat. Interview mit Lawrence A. Rosen. Der Aufsichtsrat, 6/22, 89.

Russell Reynolds (2021). DAX 30 Aufsichtsanalyse 2021. Abgerufen am 25. 1. 2023, *https://www.dropbox.com/s/zxj9qxs7u4ez39r/Russell_Reynolds_DAX30_Aufsichtsratsanalyse_2021.pdf?dl=0.*

Scholz, R. & Vitols, S. (2016). DER MITBESTIMMUNGSINDEX MB-IX. Wirkungen der Mitbestimmung für die Corporate Governance nachhaltiger Unternehmen. Herausgegeben von der Hans-Böckler-Stiftung. Abgerufen am 25. 1. 2023, *https://www.boeckler.de/pdf/p_mbf_report_2016_22.pdf.*

Serafeim, G. (2020). Social-Impact Efforts That Create Real Value. Harvard Business Review. Abgerufen am 30. 12. 2022, *https://hbr.org/2020/09/social-impact-efforts-that-create-real-value.*

WEF (2022). 5 Actions corporate boards can take to advance ESG. Abgerufen am 25. 1. 2023, *https://www.weforum.org/agenda/2022/10/5-actions-corporate-boards-can-take-to-advance-esg/.*

Rainer Gröbel, Tanja Jacquemin & Norbert Winkeljohann

FAZIT III: Anforderungen an Mitbestimmung und Nachhaltigkeit im Wandel der Zeit

Die Kernthemen der Aufsichtsratsarbeit werden in diesem Buch in einem systematischen Dreiklang diskutiert: aus Sicht der Wissenschaft, aus Sicht der Kapitalseite und aus Sicht der Arbeitnehmerinnen und Arbeitnehmer im Aufsichtsrat. In Exkursen wird die Aufsichtsratsarbeit in nachhaltigen Unternehmen von weiteren Stakeholdern beleuchtet. Die Beiträge verdeutlichen, dass im deutschen System der Unternehmensmitbestimmung große Wettbewerbsvorteile auch und gerade für die nachhaltige Ausrichtung der Unternehmen stecken. Das ist nicht nur wissenschaftlich begründbar, sondern wird auch in den Praxisbeiträgen dieses Buches deutlich. Wenn sich die Vertreterinnen und Vertreter von Anteilseigner- und Arbeitnehmerseite auf Augenhöhe begegnen und gemeinsam an den strategischen Fragestellungen arbeiten, erzeugt dies neben einer professionellen Überwachung eine innovationsfördernde Unternehmenskultur.

Ungeachtet der Hindernisse, die dabei bestehen, sollten diese Chancen erkannt und genutzt werden. Die gebündelte Expertise aus unternehmensexternen und -internen Vertreterinnen und Vertretern im Aufsichtsrat muss als Kraft zur nachhaltigen Entwicklung der Unternehmen eingesetzt werden. Angesprochen sind hierbei nicht nur die großen DAX-Konzerne, die bereits einen gelebten sozialen Dialog führen, sondern gerade auch mittelgroße Unternehmen, die mit zunehmender internationaler Konkurrenz und wachsendem Druck seitens ihrer Stakeholder konfrontiert sind. Eine nachhaltige Ausrichtung stellt für Unternehmen der mittleren Größe (2000 bis 10 000 Beschäftigte) oft eine enorme Herausforderung dar.

Neben der mitbestimmten Aufsichtsratsarbeit ist ebenfalls eine aktive Industriepolitik erforderlich, die die Nachhaltigkeitsbedürfnisse der Gesellschaft und nicht zuletzt die Anforderungen an eine soziale Nachhaltigkeit berücksichtigt. Wir befürworten einen industriepolitischen Ansatz, der den sozialen Zusammenhalt in der Gesellschaft und die Sicherung von guten Arbeitsplätzen im Blick hat. Dazu gehört auch, in einer breiten wissenschaftlichen und gesellschaftlichen Diskussion die Bedeutung des »S« = Sozial im Begriff »ESG« klarer zu definieren.

An ESG-Kriterien führt – das wird in diesem Buch mehr als deutlich – jedenfalls kein Weg mehr vorbei. Klar ist heute, dass Nachhaltigkeit nicht mehr eindimensional gedacht werden kann. Die Mehrdimensionalität und die Verknüpfung kausaler Mechanismen mit bestimmten Maßnahmen machen es erforderlich, Regeln und Maßnahmen in den Unternehmen hinsichtlich ihrer Auswirkungen auf Nachhaltigkeit zu evaluieren. Hierfür werden die Unternehmen in Zukunft mehr Zeit und Ressourcen aufbringen müssen. Und sie werden feststellen, dass der zusätzliche Aufwand eine Rendite haben wird. Sei es die Verlagerung einer Produktion, die Einführung neuer Produktionsverfahren oder der Einsatz künstlicher Intelligenz: Auswirkungen auf Beschäftigungsverhältnisse, Nachhaltigkeit und globale Verflechtungen müssen stärker ins Zentrum rücken.

In diesem Buch werden die aus unserer Sicht relevanten Herausforderungen für die Aufsichtsratsarbeit im Nachhaltigkeitskomplex abgedeckt: Unternehmensverantwortung im globalen und europäischen Kontext, Strategie, Produkt- und Prozessinnovationen, Corporate Governance und Finanzierung, Standorte, Liefer- und Wertschöpfungsketten, Digitalisierung und Talent-Management. Die Vielzahl und Komplexität dieser Themen zeigen, dass es immer schwieriger für Aufsichtsratsmitglieder wird, am Puls der Zeit zu bleiben. Wir werben daher dafür, dass alle Unternehmen systematische Schulungen für ihre Aufsichtsratsmitglieder ermöglichen.

Letztlich wird die Wahrnehmung der Märkte und Stakeholder darüber entscheiden, in welcher Geschwindigkeit die sozialen und ökologischen Notwendigkeiten in den Unternehmen zu Verbesserungen führen. An vielen Beispielen – einige haben wir in unserem Buch vorgestellt – kann schon heute festgemacht werden, dass Unternehmen sich transformieren und nicht an traditionellen Geschäftsmodellen festhalten. Das »S« in ESG wird dafür sorgen, dass die Einführung und Entwicklung neuer Geschäftsmodelle nicht allein zulasten der Beschäftigten und der etablierten Standorte gehen müssen. Auch das zu zeigen war uns ein wichtiges Anliegen. Wir hoffen, dass wir unseren Leserinnen und Lesern weitere Perspektiven eröffnen und einen spannenden Einblick in die Aufsichtsratsarbeit der Zukunft geben konnten.

Verzeichnis der Herausgeber:innen und Autor:innen

Herausgeber:innen

Rainer Gröbel ist Kanzler der University of Labour seit ihrer Gründung im Jahr 2021 und einer der Initiatoren des Gründungsvorhabens. Seit 2015 ist er Geschäftsführer der Academy of Labour gGmbH, der Muttergesellschaft der University of Labour, und seit Dezember 2014 Vorsitzender des Kuratoriums der Europäischen Akademie der Arbeit an der Goethe-Universität in Frankfurt am Main. Bis August 2020 war er über 22 Jahre Personalleiter der Industriegewerkschaft Metall (IG Metall). Zusätzlich leitete er über acht Jahre den Funktionsbereich Organisation beim Vorstand der IG Metall.
Rainer Gröbel ist ehrenamtlich im Bundesverband für Personalmanager:innen (BPM) engagiert und dort verantwortlich für die Fachgruppe Personalmanage-

ment in NGOs und NPOs. Er hat jahrelange Erfahrungen im Aufbau und der Umsetzung von Personalstrategien. Im Rahmen der Zusammenarbeit mit dem BPM entstand im Jahr 2021 der Sammelband »Strategische Personalarbeit in der Transformation«, den Rainer Gröbel zusammen mit der Präsidentin des BPM, Inga Dransfeld-Hasse, herausgegeben hat.
Darüber hinaus ist Rainer Gröbel seit über 30 Jahren Mitglied verschiedener Aufsichtsräte in der Industrie, zurzeit bei der GEA Group AG in Düsseldorf als stellvertretender Aufsichtsratsvorsitzender, und vormals bei der Schunk GmbH in Heuchelheim. Die langfristig strategische Ausrichtung der Gremien und der Unternehmen selbst ist die Zielsetzung seiner Arbeit.
Seinen Berufsweg begann er mit einer Ausbildung zum Industriekaufmann. Anschließend studierte er Volkswirtschaftslehre und Arbeitsrecht an der Goethe-Universität in Frankfurt am Main mit dem Abschluss Diplom-Volkswirt.

Tanja Jacquemin erlangte nach ihrer Ausbildung zur Luftverkehrskauffrau den Abschluss zur Diplom-Kauffrau an der Goethe-Universität in Frankfurt.
Nach dem Studium war sie als betriebswirtschaftliche Beraterin in der Finanzdienstleistungsbranche tätig. Von 2003 bis 2020 war sie in verschiedenen Funktionsbereichen beim Vorstand der IG Metall beschäftigt. Unter anderem leitete sie dort mehrere Jahre die Abteilung Betriebspolitik sowie die gewerkschaftliche Bildungsarbeit.
Seit 2020 ist Tanja Jacquemin an der Academy of Labour tätig und verantwortet dort die Qualifizierungsangebote für Aufsichtsräte und Arbeitsdirektor:innen. Außerdem unterstützt sie beim Aufbau der University of Labour, der Hochschule für eine mitbestimmte Arbeitswelt, und ist dort unter anderem als Dozentin für Finance und Accounting aktiv.
Als Vertreterin der Gewerkschaften ist Tanja Jacquemin seit fast 20 Jahren Mitglied in verschiedenen Aufsichtsräten (z. B. Grammer AG, Porsche AG). Aktuell bekleidet sie ein Mandat im Aufsichtsrat der thyssenkrupp AG.

Prof. Dr. Norbert Winkeljohann ist Wirtschaftsprüfer und Steuerberater. Nach dem Studium der Betriebs- und Volkswirtschaftslehre an der Westfälischen Wilhelms-Universität Münster (Dipl.-Kfm.) und Promotion zum Doktor der Wirtschaftswissenschaften am Lehrstuhl für Bilanz-, Steuer- und Prüfungswesen an der FernUniversität Hagen (Dr. rer. pol.) führten ihn berufliche Stationen nach Düsseldorf, London, Osnabrück und Frankfurt am Main.
Von 2010 bis 2018 war Winkeljohann Vorstandsvorsitzender der PwC Europe SE WPG und Sprecher der Geschäftsführung der PricewaterhouseCoopers GmbH Wirtschaftsprüfungsgesellschaft in Deutschland mit über 20 000 Beschäftigten. Er war zudem Mitglied im fünfköpfigen Führungsgremium der globalen PwC-Organisation, die über 250 000 Mitarbeiter in 160 Ländern beschäftigt. Von 1999 bis 2010 war er als Mitglied des Vorstands und in dieser Zeit Leiter des Geschäftsbereichs Mittelstand und Familienunternehmen in Deutschland und Europa. Winkeljohann ist Autor und Herausgeber einer Reihe von Fachpublikationen und Kommentarwerken.
Seit 2018 ist Winkeljohann als selbstständiger Unternehmensberater tätig. Er ist Vorsitzender des Aufsichtsrats der Bayer AG und Stellvertretender Vorsitzender des Aufsichtsrats der Deutsche Bank AG, ferner ist er in Überwachungsorganen von mittelständischen Familienunternehmen tätig.

Autor:innen

Dr. Claudia Bogedan ist Geschäftsführerin der Hans-Böckler-Stiftung in Düsseldorf. Die Sozialwissenschaftlerin war von 2015 bis 2021 Senatorin für Kinder und Bildung im Senat der Freien Hansestadt Bremen und stellvertretendes Mitglied des Bundesrats. Sie ist Expertin für die Gestaltung der Arbeitswelt, Digitalisierung und politische Entscheidungsprozesse.

Michael Brecht ist Gesamtbetriebsratsvorsitzender des Lkw- und Busherstellers Daimler Truck und Betriebsratsvorsitzender des Mercedes-Benz Werks Gaggenau. Er ist Mitglied der IG Metall und stellvertretender Vorsitzender des Aufsichtsrats von Daimler Truck.

Tatjana Diether ist gelernte Technische Zeichnerin und Kauffrau. Seit 2021 hat sie das Amt der stellvertretenden Vorsitzenden des Betriebsrats inne und vertritt ferner seit 2018 die Interessen der Mitarbeiter:innen im Aufsichtsrat der BASF SE Ludwigshafen.

Oliver Dietrich ist Projektleiter der IG Metall im regionalen Kompetenzzentrum der Arbeitsforschung »Arbeitswelt.Plus«. Ferner Professional Business Moderator & Coach, Beteiligungsmanager sowie ehemaliger Betriebsrat.

Prof. Dr. Elke Eller ist Aufsichtsrätin (K+S AG, thyssenkrupp Steel Europe AG) und Investorin. Sie lehrt Strategisches Personalmanagement an der Hochschule Worms, war bis Oktober 2021 Personalvorständin der TUI Group und in selbiger Position bis 2015 bei VW.

Yasmin Fahimi ist studierte Diplomchemikerin und seit Mai 2022 Vorsitzende des Deutschen Gewerkschaftsbunds. Zuvor war sie bis 2015 Generalsekretärin der SPD und ist seit Oktober 2022 ferner Mitglied im Aufsichtsrat der Bayer AG.

Dr. Sabine Ferenschild ist seit 2011 wissenschaftliche Mitarbeiterin beim SÜDWIND-Institut für Ökumene und Ökonomie in Bonn. Ihre Schwerpunkte sind Arbeitsbedingungen und Arbeitsrechte in der globalen Textilindustrie. Sie hat zu den Arbeitsbedingungen von Textilarbeiterinnen im Rheinland im 19. Jahrhundert an der Universität/Gesamthochschule Paderborn promoviert.

Prof. Dr.-Ing. Jürgen Fleischer leitet am Karlsruher Institut für Technologie (KIT) den Bereich Maschinen, Anlagen und Prozessautomatisierung des wbk Institut für Produktionstechnik. Zuvor war er in mehreren leitenden Positionen in der Industrie tätig.

Anne-Kathrin Göbel verantwortet die Bereiche CSR und Kreislaufwirtschaft beim Gesamtverband der deutschen Textil- und Modeindustrie e. V. Zuvor leitete die studierte Politikwissenschaftlerin den Bereich CSR beim Handelsverband Deutschland e. V.

Antonio Hautle ist seit 2015 Executive Director des UN Global Compact Network in der Schweiz und in Liechtenstein. Zuvor war er bis 2015 u. a. Leiter der Dienststelle Soziales und Gesellschaft des Kantons Luzern. Hautle hat einen Hintergrund in Philosophie, Wirtschaftsethik und katholischer Theologie und verfügt über einen Masterabschluss in Business Administration der Universität Genf.

Dr. Daniel Hay ist Wissenschaftlicher Direktor des Instituts für Mitbestimmung und Unternehmensführung der Hans-Böckler-Stiftung in Düsseldorf. Zuvor verantwortete der Rechtsanwalt und Experte für deutsches und europäisches Unternehmensrecht beim Vorstand der IG Metall in Frankfurt/Main die juristische Beratung von Arbeitnehmervertreter:innen in Aufsichtsräten.

Hubertus Heil ist seit März 2018 Bundesminister für Arbeit und Soziales und seit Dezember 2019 stellvertretender Parteivorsitzender der Sozialdemokratischen Partei Deutschlands (SPD). Zudem vertritt er den Wahlkreis Gifhorn-Peine seit 1998 mit einem Direktmandat im Deutschen Bundestag.

Prof. Dr. Heiko Hoßfeld ist Professor für Betriebswirtschaftslehre an der University of Labour in Frankfurt am Main. Er forscht und publiziert seit vielen Jahren zu den Themen CSR und Mitbestimmung.

Prof. Dr. Christian Kellermann ist Senior Researcher am Deutschen Forschungszentrum für Künstliche Intelligenz und vertritt eine VWL-Professur an der Hochschule für Technik und Wirtschaft in Berlin. Außerdem ist er Fellow am Institut für die Geschichte und Zukunft der Arbeit.

Gunnar Kilian ist seit 2018 Arbeitsdirektor und Konzernvorstand für Personal und Truck & Bus der Volkswagen AG.

Georg Lanfermann ist seit März 2021 Präsident des DRSC e. V. und kümmert sich dort schwerpunktmäßig um die Entwicklung des Themas Nachhaltigkeitsberichterstattung für das DRSC. Er ist Wirtschaftsprüfer und Steuerberater.

Simone Menne war Mitglied der Geschäftsführung von Boehringer Ingelheim. Zuvor war sie Finanzvorstand bei Lufthansa. Derzeit ist sie Aufsichtsrätin bei der DPDHL und Henkel sowie Non Executive Director bei Johnson Controls International.

Prof. (hc) Dr. sc. tech. Peter Pleus ist ehemaliger Vorstand der Geschäftsleitung Automotive der Schaeffler AG, Herzogenaurach. Er war außerdem Ehrenprofessor der Universität Brasov, Rumänien.

Roger Podstatny ist Verfahrenstechniker (Dipl.-Ing.) und seit 2011 in verschiedenen Aufsichtsräten und Betriebskommissionen als Arbeitgebervertreter auf kommunaler Ebene tätig.

Thomas Rühl ist nach dem Studium der Sozialwissenschaften in Berlin und New York seit 2003 in verschiedenen Stationen bei der Volkswagen AG tätig. Er arbeitet aktuell im Bereich HR Strategie & Steuerung und an strategischen Personal- sowie Nachhaltigkeitsthemen.

Prof. Dr. Siegfried Russwurm war 2008–2017 Mitglied des Vorstands der Siemens AG, ist seit 2019 Vorsitzender des Aufsichtsrats der thyssenkrupp AG und seit 2021 Präsident des BDI.

Dr. Alexander Salhi arbeitet seit 2011 bei der Volkswagen AG und ist aktuell im Bereich HR Innovation & soziale Nachhaltigkeit tätig. Zuvor war er wissenschaftlicher Mitarbeiter am Lehrstuhl für Politische Ökonomie an der FU Berlin.

Hendrik Schmidt verantwortet im Corporate Governance Center der DWS die DACH-Region sowie UK und ist Ansprechpartner für Vorstände und Aufsichtsräte. Er vertritt die DWS regelmäßig auf Hauptversammlungen und in internationalen Arbeitsgruppen.

Manfred Schoch ist Diplom-Wirtschaftsingenieur, deutscher Gewerkschafter (IG Metall) und war von 1987 bis März 2022 Vorsitzender des Betriebsrats Standort München sowie Gesamtbetriebsratsvorsitzender der BMW AG, ferner stellvertretender Vorsitzender des Aufsichtsrats der BMW AG.

Dr. Harriet Sebald ist eine der Gründer:innen der hkp/// group, bei der sie als Senior Partner im Bereich Strategic HR Advisory tätig ist. Als Investorin liegt ihr Fokus auf dem Bereich HR-Tech Startups.

Dr. Sebastian Sick, LL.M.Eur., ist Leiter Unternehmensrecht und Corporate Governance im Institut für Mitbestimmung und Unternehmensführung der Hans-Böckler-Stiftung sowie Mitglied der Regierungskommission Deutscher Corporate Governance Kodex. Der Rechtsanwalt berät zu Aufsichtsratsarbeit und Mitbestimmung.

Dr. Nadine Sterley ist Chief Sustainability Officer bei der GEA Group – einem der größten Systemanbieter für die nahrungsmittelverarbeitende Industrie sowie angrenzende Branchen. Das international tätige Technologieunternehmen mit Sitz in Düsseldorf konzentriert sich auf Maschinen und Anlagen sowie auf Prozesstechnik und Komponenten.

Prof. Dr. Roman Stöger ist Professor für Strategische Unternehmensführung an der University of Applied Sciences FH Kufstein Tirol, Mitglied des ÖGB, seit 25 Jahren in der Privatwirtschaft und seit 15 Jahren in Aufsichtsfunktionen tätig.

Sanna Suvanto-Harsaae ist eine dänisch-finnische Aufsichtsratsvorsitzende. Derzeit ist sie u.a. Vorsitzende von BoConcept (DK), TCM (DK, börsennotiert), Posti Oy (FIN), Orhex (FIN, börsennotiert) und Mitglied des Aufsichtsrats von Elopak (NOR) und Swedish Match (SWE). Sie ist Mitglied des Lehrkörpers für Unternehmensführung an der Copenhagen Business School (DK) und Mitglied des Beirats der Aalto University Business School (FIN).

Prof. Dr. Michael Wolff ist seit 2011 Professor für Management & Controlling an der Georg-August-Universität Göttingen und ist (CO-)Gründer und Gesellschafter der European Center for Board Effectiveness (ECBE) GmbH. Zuvor war er Professor für Corporate Governance an der Universität Mainz.

Frank Zach ist Referatsleiter in der Abteilung Internationale und Europäische Gewerkschaftspolitik beim Deutschen Gewerkschaftsbund, ferner Mitglied des Boards der Fair-Wear-Foundation.

Stichwortverzeichnis